China unicom 中国联通
创新·改变世界

BEIJING 2022

北京 2022 年冬奥会官方合作伙伴
Official Partner of the Olympic Winter Games Beijing 2022

智慧冬奥　　　联通未来

冰雪激情"码"上体验

是稳定
更是稳稳的幸福
玩视频 更畅爽

联通 光宽带+
岂止于快

沃... WO
精彩在沃

是稳定 | 是快 | 是智能
更是稳稳的幸福　更是快乐　更是轻松掌控

联通光宽带+ 玩视频 更畅爽

 www.10010.com

中国电信
CHINA TELECOM

在线视频
亲子时刻随时随地！

电信光宽带 就是快

快网络 连接爱

手机就买 全网通

1部手机 | 2个卡槽 | 3网通用 | 4G随意切换 | 5大洲漫游

智慧互联　畅连无处不在

持续的技术创新和引领
铸就更强大的基础设施保障
愿连接无限可能
给客户超越感知的互联体验

智慧政企 ｜ ❷ 和互联

智慧教育 知识无处不在

不断多元化的学习资源
满足对知识无止境的探索与追寻
愿连接无限可能
给成长更广阔的天空

 和教育

 中国移动 China Mobile

 www. 10086.cn

 热线 短信 10086

智慧医疗 健康无处不在

每一次认真的分析诊断
都是我对你真挚的承诺
愿连接无限可能
给健康更全面的呵护

  和医疗

 中国移动 China Mobile www. 10086.cn 热线 10086 短信

网络直播
实时互动你的快乐!

电信光宽带 就是快

快网络 连接爱

電信光寬帶 就是快

快網絡 連接愛

中国联通成为北京2022年冬奥会官方通信服务合作伙伴

北京冬奥组委会指定官方通信服务商

国家品牌 匠心网络

广东联通推动数字化创新
"三大转型" 助力广东转型升级

3月5日,国家提出电信运营商"提速降费"新目标,运营商再次成为全国热议的焦点。

中国联通迅速做出回应,将坚决贯彻落实国家有关提速降费政策要求和工作部署,积极采取相应措施,把提速降费作为重点工作全力推进,以实实在在的企业行动,让亿万用户共享行业发展成果。在不少人看来,运营商降低资费的首要动力就是技术创新和进步。实际上,中国联通很早就在数字化转型、服务实体经济等方面进行了创新探索。尤以广东为例,作为制造业大省,同时又是电子信息、互联网产业和应用大省,近年来广东联通着力推进数字化创新"三大转型",发力云、大数据、物联网、全要素集成等创新业务的平台化能力构建,尤其在数字政府和工业互联网重点领域上有大量的实践,同时在政府企业的办公应用上积极布局蓝信企业级移动工作平台等自有产品,推动互联网向产业转型和政务改革领域加快渗透。

数字化创新转型 拓行业服务疆界

早在5年前,广东联通就踏上了创新转型之路。"在以前,我们的增长主要来自于短信、语音等基础通信业务,但在互联网高速发展的今天,传统基础通信业务和个人用户市场已经处于饱和阶段及发展滞胀状态了。"广东联通政企客户事业部总经理闻屏告诉记者,"所以广东联通在几年前战略布局时,以前瞻视野预判到信息化发展趋势,提前在政企和行业市场上布局,通过创新业务的发展驱动公司增长动能的升级和新一轮的发展。"

广东联通坚定不移把新发展理念贯穿于公司生产经营全过程,深入落实集团聚焦创新合作战略,传承改革基因,顺应发展规律,创新驱动发展,率先摸索出一条转型升级之路,持续推动数字化创新"三大转型",即发展方式由"数量规模型"向"质效规模型"转变,运营模式由"传统封闭"的电信运营模式向"高效开放"的互联网运营模式转型,增长动能由"传统通信服务收入"向"大物移云智"("大数据、物联网、移动互联网、云计算、智慧城市"的简称)为代表的"新型数字化服务收入"升级,实现质量、效率、动力"三大变革",与中央精神和集团战略一脉相承、高度契合。广东联通将混改注入的互联网化市场化新基因快速内化于企业的内生基因,以数字化转型为引领,聚焦数字运营、数字服务、数字内容、数字家庭、数字政府、数字产业,是广东联通在新时代积极打造"五新联通"、奋力开创高质量发展新局面的生动实践。

广东联通在推动新型数字化服务过程中,做了大量积极的政府和企业信息化转型的实践,以联通蓝信为广东省食药监系统定制的智慧食药监平台为例,作为政府四大民生工程之一,集食品药品监督、管理、执法于一体,数千名执法监管人员通过手机接入平台,每天的监管执法、任务分配、上行下行报表通过手机终端传入网络,所有的数据通过蓝信统一入口汇集到广东联通提供的私有云上。它是一个典型的端网云数全要素集成整合的案例,让食品药品实现了智慧化监管。目前,广东省各地市正在开展数据对接工作,蓝信应用系统通过试点地区试运行,并在全省推广。

在国家大数据战略下,政府和各行各业都在快速地推动创新转型,我们在创新业务领域已经具备了面向政企市场的成熟的平台化能力,面对的客户包括政府、企业、行业,市场空间和潜力巨大。"闻屏说,"广东联通在过去几年中,接连中标实施了大量如电子政务云、医疗云、公安云、地震云、广东省旅游大数据平台、智慧食药监、全省法律援助热线、格力智能空调、智能电梯等创新业务,快速实现了向新型数字化服务转型的目标,并且这些业务已经连续四年给公司带来了高速增长,成为公司主营业务收入第一增长来源"。

创新驱动升级　助力广东新引擎

广东作为制造业大省，传统产业急需转型升级。有观察人士指出，未来发展产业互联网将成为广东产业转型升级的新引擎。广东联通积极响应广东"发展壮大数字经济"号召，率先布局了大数据、云计算、物联网三大平台，希望通过持续打造产业互联网的核心能力服务实体经济发展。

闻屏介绍到，广东联通已经在大数据方面依靠自主研发、自主运营形成了领先的大数据平台能力，打造了多个行业标杆，其中广发银行大数据项目被中国银监会评为年度一类成果大奖；在云计算方面，发布了政务、医疗、金融、制造等四朵行业云，其中政务云已成为政府主供应商，也成为国内较早制定并成功实施"智慧城市"战略、率先布局"互联网＋"产业发展的省级电信运营商。同时，联通打造的物联网连接管理平台和设备管理平台独具优势，物联网连接数仅广东省内就近2000万个，车联网市场份额超过70%，定制模组"沃芯"合作已覆盖主要产业龙头；已经有超过140家产业链上下游核心企业被整合进广东联通的物联网生态圈。

依靠三大平台化能力，广东联通构建了面向政府和各行各业的端网云数一体化的全要素集成解决方案。在数字政府和工业互联网领域，立足本地化服务优势，聚合产业链资源，依托全要素集成能力，面向政府和制造业开放行业云和公有云服务，并联合省内产学研机构在省内打造数字政府和工业互联网的示范点，助力广东数字政府加速实施，推动广东制造企业向云上智能制造转型升级。

安全专属服务 打造双优势

虽然当前企业、行业或政府需求大相径庭，但共同要求就是安全与专属化服务。在充分保护用户数据安全的前提下，广东联通利用自主研发的大数据核心能力，推动大数据在现代城市运营、工业产业升级、民生服务优化等社会领域应用。以数字政府建设为例，广东联通打造的蓝信政务平台，实现了安全兼专属化服务落地。

专属化服务令企业内部协调办公实现了统一入口。广东联通将蓝信打造成统一的移动入口，蓝信开放平台服务提供了标准的接口能力，OA、ERP系统，HR系统，财务系统等企业传统办公信息化系统可以在蓝信中实现"打包式"集成，打破数据烟囱，快速实现移动化。包括企业内部车辆管理、食堂菜谱、发票管理等，蓝信提供一套系统的工具可以帮助企业实现碎片化、场景化小应用开发，大大提高了管理效率。

闻屏重点介绍到，2018年广东省两会现场，联通蓝信打造的"人大大数据服务平台"再一次为代表履职提供了关键的数据支撑，它聚焦代表的履职需要，开设了"代表履职沟通、议案全程跟踪、数据需求定制、文件导航浏览、文件综合查询、法律法规查询、网络舆情订阅、会议保障、群众问卷调查"等多项功能。"从2015年开始,广东省就通过蓝信为代表履职提供个性化支持保障，历经三年多的时间代表们都持续在蓝信上去履职和提案，真正实现了永不落幕的人代会。她说。

目前包括上海证券交易所、中国华电、中国有色、中国铝业等大型政企组织500万用户都在不同的工作场景中应用蓝信。在多级繁复的组织结构中，蓝信确保文书、政令、信息的传递可做到扁平、高效的精确送达。

四川省南充市借助蓝信的组织通信录及群组功能，把与民生紧密相关的100余个企事业单位的主要负责人形成实名工作群；河北省任丘全市各级干部全员近万名使用蓝信，最多只需5分钟，信息便可覆盖全市党政机关干部……

在闻屏看来，"现在应用蓝信最广泛和最深入的，反而是这种对信息安全要求更严格的政府机构和国有大型企业"。

中国联合网络通信有限公司
上海市分公司

中国联合网络通信集团有限公司（简称中国联通）于2009年1月6日在原中国网通和原中国联通的基础上合并而成，在国内31个省（自治区、直辖市）和境外多个国家和地区设有分支机构，是一家同时在纽约、香港、上海三地上市的电信运营企业，连续多年入选"世界500强企业"。

　　中国联通主要经营固定通信业务，移动通信业务，国内、国际通信设施服务业务，卫星国际专线业务、数据通信业务、网络接入业务和各类电信增值业务，与通信信息业务相关的系统集成业务等。2009年4月28日，中国联通推出全业务品牌"沃"，承载了联通始终如一坚持创新的服务理念。2013年12月4日，中国联通获得LTE/第四代数字蜂窝移动通信业务（TD-LTE）经营许可，2015年2月27日，中国联通获得LTE FDD经营许可。至此，中国联通成为拥有TD-LTE和LTE FDD两种4G牌照的"双4G"运营商，进入4G发展新阶段。2017年，中国联通提出了成为"客户信赖的智慧生活创造者"这一企业愿景，同年8月，中国联通公布混改方案，成为集团整体混改并面向民资开放的通信央企，打造了央企混改的示范标杆。

　　中国联合网络通信有限公司上海市分公司（简称：上海联通）于2008年10月15日与中国联通集团同步完成融合重组，是中国联通在上海市的重要分支机构，拥有包括移动和固定通信业务在内的全业务经营能力。按照上海市主要行政区划分，上海联通共设置了12个区分公司。自融合以来，上海联通坚持规模发展、效益发展、创新发展不动摇，经营业绩稳步提升。收入从融合之时的不足40亿，增长到2017年的近100亿，实现了企业规模跨越式的翻倍增长。

在集团聚焦战略的引领下，上海联通植根上海这一片热土，主动对接地方经济建设和社会发展，助力地方基础设施能级提升。移动网络质量领先行业，根据中国社会科学院——上海市人民政府上海研究院、电信科学技术第一研究所联合发布的《上海市移动通信用户感知度测评报告（2017年）》，上海联通用户感知综合评分连续两年保持领先，9大行业均领先行业评分，其中8大行业排名靠前；政企网络率先全面部署商务楼宇10GPON，通过"万兆进楼"为客户提供G级宽带体验，持续保持固网技术领先、用户体验领先。同时，上海联通大力拓展以物联网、大数据、云计算、人工智能为代表的新兴领域创新能力，为上海市"五个中心"建设，打造全球卓越城市和建设社会主义现代化国际大都市、推动智慧城市建设积极贡献力量，助力城市管理、公共服务和民生质量提升。上海联通率先推出"云联网"，重构以DC为中心的网络架构，着力打造"网随云动"的网络能力，推出了云专线、云宽带、云互联三大产品；率先建成NB-IoT商用网络，实现上海全域覆盖，并成立NB-IoT物联网联合开放实验室，研发了NB-IoT智能烟感服务；打造大数据对外输出能力，成立"海眼"大数据开放实验室以及联通——复旦大数据城市发展研究中心；打造了上海市以人工智能产业为定位的创新基地——"虹桥智谷"。

上海联通将严格履行对社会的承诺，全力创新通信产品，不断提升服务水平，为中国通信业的改革发展，为上海市经济建设和社会发展做出应有的贡献。

中国联合网络通信集团有限公司
吉林省分公司

2017年8月8日《"吉林智慧人社"建设战略合作框架协议》签约仪式

中国联合网络通信集团有限公司吉林省分公司（简称吉林联通）是中国联通在吉林省的分支机构，2009年由原吉林联通和吉林网通合并后组建，属于独资经营公司，公司下辖9个市、州分公司和40个县（市）分公司，是吉林省通信行业主要电信运营商之一，经营范围包括固定通信业务、移动通信业务、数据通信业务、网络接入业务和各类电信增值业务，以及与通信信息业务相关的系统集成业务等，拥有覆盖全国、通达世界的现代通信网络。截至2017年年末，全口径从业人员总量为1.25万人；网上用户总数1915.06万户；主营业务收入完成65.32亿元。

近年来，面对移动互联网时代带来的新挑战与新机遇，吉林联通始终坚持实施集团公司"聚焦 创新 合作"战略，致力成为信息生活的创新服务领导者、互联网产业发展的推动者，在业务创新、产品升级、网络优化、客户服务、管理变革等方面不断提升企业的价值创造能力和核心竞争力，全面满足广大用户的信息服务需求，助力吉林省经济发展，引领吉林省进入移动互联网和社会信息化的新时代。

2017年，公司上下深入贯彻实施聚焦战略，始终坚持问题导向，紧紧围绕以效益为核心、维护企业效益和员工利益的工作主线，"抓党建、促发展、控成本、转机制"，收入、利润顺利双完成任务，公司在转型发展之路上迈出了坚实步伐，经营业绩取得历史性突破。

落实责任抓党建。一是坚持党建统领，企业党建和生产经营深度融合。以公司党委确定的"十条要求"确立党建统领全局的政治站位和工作基调，以上率下做模范。积极推进"两学一做"学习教育常态化、制度化，引领基层党组织和党员聚焦"效益发展"，积极行动。在"增效攻坚先锋行"主题实践活动、"党建引领 沃赢金秋"行销风暴战役、抗洪抢险等各项重大任务中，省公司百支党员先锋队发挥了先锋模范和战斗堡垒作用。二是深入推进党风廉政建设和反腐败工作。坚持靠前监督、深度监督和抓好廉洁风险防控体系建设，聚焦光改、渠道佣金、物资采购等重点领域开展专项监督检查。三是深入抓好文化引领，弘扬吉林联通主旋律。对抗洪抢险、生产经营中涌现出的好员工、先锋党员、优秀标兵进行表彰。在全省举办了11场"平凡中的伟大——优秀员工先进事迹巡回报告会"，全力凝聚发展正能量。

张作良总经理在吉林联通2018年工作会议暨二届五次职工代表大会上做工作报告

吉林联通优化模式促发展。一是移动业务实现规模突破。公司坚持强化网络支撑，聚焦重点城市4G网络覆盖，实施网络超越，2l种业务呈快速上升的趋势。二是以高带宽、IPTV引领视频宽带市场主导地位不动摇。坚持以高品质服务为目标，深入开展"守土有责"专项行动，常抓不懈。通过综合网格划小、营维一体释放服务能力。同时建立抢单、快装的服务机制，破解了内部流程长、客户感知差等短板问题。在宽带竞争严峻形势下，整体能力和正增长态势保持领先。三是在创新业务领域，基本形成吉林省政务云市场主导优势，占据政务云市场的制高点。持续做厚政务云，打造云网一体差异化的政务云平台运营能力，主导完成"1+7+1+1"的政务云布局。强力攻坚行业云市场"智慧党建""智慧人社"、国土云实现快速布局。

吉林联通聚焦效益控成本。一是坚持量质并重有效益发展。坚决控制实体渠道低效无效发展行为，严控终端成本。发展质量、市场成本使用效能大幅提升，成为公司效益改善的第一推动力。二是优化管理模式，提高投资的有效性和精准性。严格控制投资规模和边界，动态、精准高效配置投资资源，非理性投资行为彻底刹车。三是动存量、控成本，效益水平不断提升。四是建立效益责任体系，效益责任显著增强。确定了三年盈利目标，建立了分专业的效益责任体系，设置专业能力提升指标，关注专业能力的提升。建立了分类聚焦的模式，将各地市分为效益型、减亏型、扭亏型，签订三年业绩责任书，形成层层为效益负责的管理机制。

中国联合网络通信集团有限公司
吉林省分公司

吉林联通企务公开"圆桌问政"

　　吉林联通求真务实转机制。一是创新的运营模式。公司围绕内、外部客户感知，全力推进运营模式改革。依托客户触点，整合资源，简化前台受理、强化中台集约，成立了五大支撑中心。同时以提升网格综合能力为重点，推进全场景划小，做大触点、推行以服务带销售的行销模式。与此同时通过机制牵引管理人员下沉历练，成立了"省运营实验基地"，形成孵化平台，做成了实战型的市场部。二是全面实行市场化机制。以市场化机制为牵引，企业出资源，出支撑，出业务，员工和企业进行利益共分享。首先，在经营主体上实现市场化机制全覆盖。在末梢触点实行收入毛利分成、抢单、效益提成等市场化激励，基层单元活力得以充分激发。同时市场、政企、运维专业线及专业团队先期实行市场化，按照效益结果兑现激励，打破封顶与保底。其次，各支撑单元向市场化机制迈进和探索，率先推进产业互联网中心市场化运营。同时以结果指标为主导、能力和服务指标为约束，推进对所有支撑中心的契约化管理。三是瘦身健体。结合互联网化运营的要求，推进瘦身健体工作。随着混改推进，管理职能和生产职能进一步明晰。四是减员增效。借力运营模式改革、组织机构调整，大力推动用工精减。五是强县援县。实施县域突破计划，给予人、财、物倾斜政策。目前，已经将公主岭、榆树、农安、德惠4个收入超亿元的县公司纳入省管。六是增量贡献员工获益。实施增量收益分享激励计划，全省员工人均人工成本同步增长，激发了员工队伍内生动力和活力。在实施增量收益分配的过程中，坚持业绩导向，以价值创造为核心，将激励资源进一步向划小单元等一线倾斜。通过普惠性激励提升全体员工获得感，通过差异化激励提升创造高收益员工的价值感。

中国移动通信集团设计院有限公司

中国移动通信集团设计院有限公司（简称"设计院"），是中国移动通信集团公司直属设计企业，发展历史可以追溯到1952年，是国家甲级咨询勘察设计单位，中国通信企业协会、中国工程咨询协会副会长单位，国家高新技术企业。具有承担各种规模信息通信工程、通信信息网络集成、通信局房建筑及民用建筑工程的规划、可行性研究、评估、勘察、设计、优化、咨询、项目总承包和工程监理、招投标业务的资质。持有电子通信广电行业（通信工程）甲级、电子系统工程专业甲级和建筑行业（建筑工程）、工程测量专业等甲级资质；具有信息系统集成及服务一级资质、信息通信网络系统集成企业甲级服务能力；具有承担国家发改委委托投资咨询评估资格；也已通过ISO9001国际质量体系、ISO14001环境管理体系认证、OHSAS18001职业健康安全管理体系认证。

中国移动通信集团设计院有限公司设计手段先进、服务质量优良，技术力量雄厚。现有职工4226多人，85%以上人员为大学本科以上学历，专业技术人员占全院人员总数的93%以上，其中全国设计大师5人、一级注册建筑师14人、一级注册结构工程师22人、注册监理工程师30人、国家注册咨询工程师（投资）159人，并拥有一批我国信息通信行业的知名专家。目前全院共有11人次获得多级别突出贡献专家称号，有46人次获政府特殊津贴。分支服务机构遍布全国。

中国移动通信集团设计院有限公司不仅在勘察设计领域取得卓越成绩，还通过不断加强的创新能力，围绕"四新"战略，持续提升技术研发和成果转化能力，充分发挥设计院技术优势，加强研发成果的专利、软件著作权等知识产权管理，提高研发自主度。自2015年，总部下设成立了"中国移动网络规划与设计优化研发中心"（中移人[2015]21号），与设计院按照"一套人马，两块牌子"的方式合署运营。作为总部四大研发中心之一，设计院积极响应集团公司战略转型需要、促进业务重点方向发展，牵引产业链向公司战略方向演进，提升公司核心竞争力并实现降本增效的核心诉求，基于网络领域研发创新构建中国移动的核心能力，在标准引领、技术选择、系统测试、网络规划、咨询设计、网络优化、产品牵引、评估诊断、运维调度等对中国移动而言极其重要的核心能力保持广泛应用、持续提升。

中国移动通信集团设计院有限公司围绕"规划、建设、优化、维护"等大类形成11个核心能力共24个子产品。在规划阶段，利用设计院自主研发的无线网络规划方案评估与审核服务、LTE深度覆盖需求精准识别服务等服务，不仅可以进行无线网络规划方案的制定与评估、同时也可应用于无线网络优化方案的制定与评估、还可评估深度覆盖的及弱覆盖发现的问题等；在建设阶段，其发现的网络质量问题可以通过核心能力产品间的组合，提供一体化咨询方案解决，即运用高层楼宇和重点用户TD-LTE深度覆盖解决方案（室外）、多系统共用高性能室分天线（室内）解决覆盖问题。而无线网设计审核平台及服务的推出，以实现全流程审核为抓手，有效解决了网优生产管理工作中遇到的站点审核效率低、数据精确度不高、缺乏信息化手段支撑等问题；在优化阶段，从保障网络质量的目标出发，设计院多年来运用多接口自动测试平台(ADTS)及服务、先进参数集中管理系统（APCM）及服务、自动场景分析及参数配置平台、国漫拨测等服务为总部和各省公司提供网络分析、支撑、优化及实施服务，包括制定网络策略、指标及试点验证，网络测试，多种网络数据综合分析，规划建设评估和现网问题诊断分析，专项优化与实施，日常优化与实施等服务。随着网络优化技术的发展，设计院近年来更是运用多种数据源关联整合，对LTE网络进行总体评估，对LTE网络中存在的各种疑难杂症问题进行深入挖掘，衍生出基于大数据的网络质量分析优化平台服务。而随着网优自动化理念的深入贯彻，ANR、PCI、TAC功率自动优化及分场景参数优化服务自主研发诞生，该项服务依托网络多维大数据的综合分析，引入主流人工智能算法，定位问题，自动制定优化解决方案，全面、精确、高效的开展优化生产。同时，LTE上行干扰排查服务和天馈系统在网检测服务能够快速评估TD-LTE全网上行干扰总体情况和监测、诊断天馈系统故障，从而使消除/减弱干扰影响和缩小了故障排查范围成为可能，大大提升优化效率，最终达到保障网络质量的目的。

中国移动通信集团设计院有限公司运用自主研发的各项核心能力产品，能够有效提升网络性能、提高网络设备利用率和效率，同时节省人力成本。不光在网络领域，在业务领域，设计院自主研发的安全运维及生产分析平台及服务能够实现信息安全管控系统数据资源共享与分析预警，不良信息治理策略智能运营，资产信息安全预警，业务安全自动化评测；随着信息化程度的不断加大，软件工作量评估服务应运而生，该项服务能够快速打开软件黑匣子，最精细的为省公司投资把关、质量把关、效果把关。

中国移动通信集团设计院有限公司面向未来，将秉承中国移动"正德厚生、臻于至善"的核心价值观，努力提升核心竞争力，把握定位、提升服务、争创一流，为中国移动提供全方位支撑，为社会、客户、股东、员工和行业创造优质价值。以优质的服务、创新的态度，向着世界一流咨询设计企业的目标迈进。

组织机构
ORGANIZATION STRUCTURE

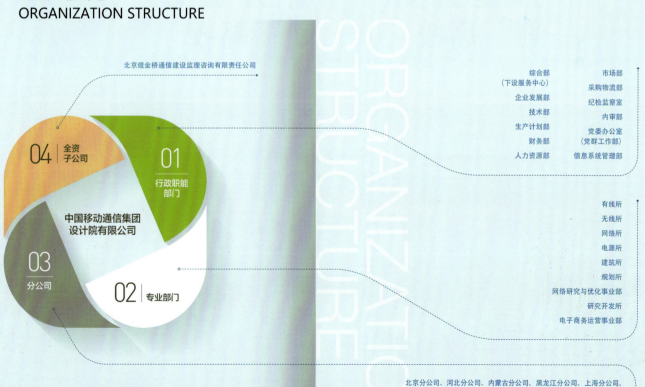

北京煜金桥通信建设监理咨询有限责任公司

综合部
（下设服务中心）
企业发展部
技术部
生产计划部
财务部
人力资源部

市场部
采购物流部
纪检监察室
内审部
党委办公室
（党群工作部）
信息系统管理部

04 全资子公司
01 行政职能部门
中国移动通信集团设计院有限公司
03 分公司
02 专业部门

有线所
无线所
网络所
电源所
建筑所
规划所
网络研究与优化事业部
研究开发所
电子商务运营事业部

北京分公司、河北分公司、内蒙古分公司、黑龙江分公司、上海分公司、浙江分公司、安徽分公司、福建分公司、山东分公司、广东分公司、重庆分公司、四川分公司、陕西分公司、新疆分公司

国家双一流建设高校

江苏高水平大学建设高校

"高等学校创新能力提升计划"高校

"高等学校学科创新引智计划"高校

厚德弘毅 格致笃行

华夏IT英才
成长的摇篮

南京信息产业技术研究院（智慧城市）

南京南邮通信网络产业研究院（新一代无线通信）

"一市一院" 校地特色化合作战略

学校与江苏省各地市建立了校地合作研究院7个，累计获得校地资金投入超过2亿元，使用载体面积超过4万平方米，注入成果超过100个，入住创新团队超过80个，有效服务了江苏地方经济的转型发展。

南邮盐城大数据研究院
（大数据）

南邮扬州研究院
（信息服务）

南邮张家港研究院
（智能制造）

南邮南通研究院（微电子）

南邮淮安互联风技术研发与应用中心（互联网）

网络事件预警与防控技术国家工程实验室

网络事件预警与防控技术国家工程实验室是我校联合公安系统第三研究所按照《关于请组织申报社会治安防控领域创新能力建设专项的通知》（发改办高技〔2016〕380号）的有关要求，共同组织申报"网络事件预警与防控技术国家工程实验室"，已于2017年10月正式获批。

网络事件预警与防控技术国家工程实验室，是国家社会治安防控领域创新能力建设专项的重要组成部分，将被建设成为社会治安防控领域创新平台，服务国家安全战略，支撑社会治理能力提升与现代警务改革创新。作为国家信息安全、网络执法国家战略支撑机构，将在网络事件监测预警、溯源取证、防控反制等领域直接承担、参与重点项目与课题。

无线网络安全技术国家工程实验室

　　无线网络安全技术国家工程实验室于2011年12月成立，同年开始建设，是我国无线网络安全技术研发与应用平台建设的重要基地。西安邮电大学作为实验室的建设单位之一，全面参与实验室建设，重点负责无线通信与无线网络安全领域的基础理论研究与应用平台的建设任务。

　　实验室紧密结合国家战略发展规划，瞄准国际无线网络安全前沿技术，密切结合国家网络空间安全需求，开展无线通信和物联网安全技术、云存储安全技术、基于纠错码的抗量子攻击密码技术、轻量级密码算法等领域的前沿理论与技术研究。先后与新加坡南洋理工大学、华为技术有限公司美国研究院、上海交通大学、北京邮电大学、台湾高雄师范大学、国家密码管理局商用密码检测中心、中科院信息安全国家重点实验室、国家无线电监测中心等国内外高校、高水平研究机构建立了长期的科学研究和人才培养合作关系。近年来，共承担包括国家自然科学基金项目、国家科技重大专项在内的科研项目近20项，发表SCI论文26篇，EI论文17篇，获中国通信学会科学技术一等奖、三等奖各一项、陕西省科学技术二等奖、三等奖各一项、陕西高校科学技术一等奖1项。

中天科技精细服务大连接

打造棒、纤、缆一体化产业链，

为全球用户提供通信产品与服务系统解决方案

股票代码：600522

光纤预制棒

光纤光缆制造设备

宽带ODN产品

海底光缆

射频/泄漏电缆

特种光缆

特种光纤

www.chinaztt.com

智慧联接 美好生活

Smart Link
Better Life

Smart Link
Better Life

未来已来

数据中心解决方案

- 超优异的长飞多模光纤
- 模块设计, 平滑升级
- 超高密度, 节省空间
- 满足40G/100G系统应用

POTEVIO 中国普天

中国普天概况

中国普天信息产业集团公司（以下简称"中国普天"）是以信息通信技术的研发、系统集成、产品制造、产业投资以及相关商品贸易为主业的中央企业，业务覆盖信息通信与安全、低碳绿色能源、创新创业平台、工业自动化与金融电子等领域。

历经百年发展，中国普天认真履行信息通信产业国家队的职责，从邮电工业起步，在不同历史阶段为国家通信事业和信息产业的发展壮大做出了巨大贡献。近年来，中国普天坚持"科技驱动、资本撬动、产融互动"，坚持科技创新、管理创新、商业模式创新和两个"三位一体"管理体系，持续拓展产业空间，全面提升产业可持续发展能力，不断推进企业向业界领先的高科技资产管理公司转型。

中国普天作为国家创新型高新技术骨干企业，拥有5家上市公司，在京津冀经济圈、长江三角洲、珠江三角洲以及中西部地区均建立了重要的产业基地，产品和服务遍及全球100多个国家和地区，Potevio品牌是国家重点支持出口的知名品牌之一。

面向未来，中国普天将坚持创新和绿色发展理念，发挥信息通信产业国家队的优势，积极运用信息通信领域丰富的专业经验，推动行业和社会的创新发展，努力实现良好的社会、经济和环保效益，为国民经济发展与和谐社会建设做出新的贡献！

手机平台

地址：北京市海淀区海淀北二街6号普天大厦 100080
官网：http://www.potevio.com

信息通信与安全

　　在信息通信与安全领域，中国普天拥有从研发、生产、市场到工程服务全产业链的专业能力，面向客户提供从公网到专网通信系统、终端、配套及增值服务的整体解决方案，是国内通信系统与设备的主流供应商。依托产业传统优势，中国普天深耕"互联网+"、物联网、大数据和信息安全等领域，为重大活动的通信安保、国家信息安全、救灾应急通信、智慧医疗、智慧养老等国家战略性需求提供了强有力的技术支持，并在科研领域多次荣获国家科技进步一等奖等表彰，为我国信息产业自主创新之路的探索做出了重要贡献。

低碳绿色能源

　　中国普天将信息技术与新能源产业发展相结合，构建低碳绿色能源产业体系，使能源使用管理更加方便、高效，人们的生活更加智能和绿色。在新能源汽车运营领域，中国普天创新新能源汽车产业链发展的商业模式，推动中国新能源汽车智能化运营管理产业的发展。中国普天是智能化与节能化居住办公环境的驱动者，融合LED照明和智能控制、智能家居技术，拥有多种智慧照明解决方案，LED系列产品作为国家"南南合作-应对气候变化项目"将援外物资出口海外多个国家。

创新创业平台

　　中国普天是全国第二批双创示范基地。通过整合汇聚社会资源，盘活利用企业冗余资产，发挥自身技术和产业优势，搭建创新创业服务平台，推动"大众创业、万众创新"，支持培育新产业、新业态。中国普天在北京、上海、天津、南京、杭州、武汉等地建设了十余个创新创业基地和产业园区，其中包括三个国家科技企业孵化器，发挥技术创新引领和产业示范带动作用，形成了良好的规模效益和社会影响力。

工业自动化与金融电子

　　中国普天将新一代信息通信技术与现代制造业、生产性服务业相融合，在工业自动化装备和金融电子等产业领域取得快速发展。中国普天提供物流自动化装备、轨道交通自动化装备等系列产品，并为现代物流、轨道交通和大型仓储行业应用优化整体解决方案。同时，通过不断调整产业结构向数字化转型，中国普天建立了拥有自主知识产权的金融电子产品体系，为银行、保险、证券、社保、交通等行业提供金融电子解决方案及服务。

国际化经营

　　中国普天坚持面向国际、国内两个市场，稳步推进国际化经营。Potevio品牌已成为国家相关部门在信息通信领域重点支持的出口品牌之一；自主创新产品和服务遍及亚洲、非洲、欧洲、美洲等100多个国家和地区。中国普天通过与具有行业或区域领先优势的外商合作伙伴的合作共赢，推动战略产业合资合作、促进企业健康发展，提升了公司的国际影响力和竞争力。

亨通
全球信息与能源网络服务商

亨通拥有光纤光网、电力电网全产业链及自主核心技术，依托"产品+平台+服务"业务布局和全球化产业及运营能力，以领先技术和卓越品质，服务全球120多个国家和地区，持续为客户创造价值。

创新不止、全心服务，亨通助您智能未来！

亨通集团
公众平台订阅号

亨通通信产业集团
公众平台订阅号

亨通电力产业集团
公众平台订阅号

www.htgd.com.cn

广东长实通信科技有限公司

广东长实通信科技有限公司一直以来专注于通信技术研发、通信网络优化、通信设备及通信线路维护、通信设备及通信线路施工，同时兼顾安全技术防范系统设计、施工维修以及计算机系统集成、计算机系统信息安全服务等业务。致力于在全国范围内为通信运营商、设备制造商、专用通信网及社会公众客户提供各种通信运营服务，是一家通过自主研发、引进吸收通信技术等方式不断创新、不断提供优质服务的综合型企业。

公司成立于2002年4月，注册资金10000万元人民币，拥有通信网络代维（外包）企业通信基站、线路、综合代维、铁塔专业甲级，通信网络信息系统集成企业资质甲级、信息通信网络系统集成服务能力甲级、信息系统集成及服务资质三级、通信工程施工总承包二级、钢结构工程专业承包三级、电子与智能化工程专业承包二级、建筑装修装饰工程专业承包二级、电力工程施工总承包三级、建筑机电安装工程专业承包三级、建筑工程施工总承包三级、建筑装饰工程设计专项丙级、广东省安全技术防范系统设计施工维修资格证未定级、施工劳务不分等级等资质。取得安全生产许可证、安全生产合格证、增值电信业务经营许可证、劳务派遣经营许可证、广东省有线广播电视台工程设计（安装）许可证、高新技术企业证书、ISO9001：2008质量管理体系认证证书、ISO14001：2004环境管理体系认证证书、OHSAS18001：2007职业健康安全管理体系认证证书、TL9000-H通讯质量管理体系认证证书等。并获得广东省企业500强、广东省服务业100强、广东省民营企业100强、广东省守合同重信用企业、广东省优秀企业、广东省诚信企业、通信网络维护服务管理创新先进单位、通信网络维护服务支撑先进单位、通信网络运营维护服务用户满意企业、企业信用评价AAA级信用企业等荣誉。

公司成立以来，以"专业、专注、做中国领先的综合通信网络技术服务商"为目标，始终坚持"诚实守信、客户至上、专业服务、质量第一"的服务理念，是一家专注于提供通信网络技术服务的第三方服务商。公司秉承"责任、专业、务实、学习"的核心价值观，大力推行企业文化核心理念深植工作，促进企业文化融入经营管理、植入员工行为。以科学发展观和科学人才观为指导，坚持以人为本、企业与员工共同成长的社会责任准则，视人才资源为重要资源，尊重劳动、尊重知识、尊重人才、尊重创造，抓住培养、吸引、使用等关键环节，大力开展全员培训。

公司抓住机遇，不断拓展，在发展过程中推行"全国布局、重点发展"的经营战略方针。公司业务起源于广东省通信网络技术服务市场，在经过多年经营，公司积累了雄厚的实力和丰富的经验后，相继进入云南、广西、内蒙、江苏、贵州、四川、上海、河南、山东、天津、安徽、江西、北京、浙江、辽宁、福建、宁夏、河北、陕西、黑龙江、山西等地区的通信网络技术服务市场开展业务，在通信服务行业树立起良好的品牌。与**此同时，公司积极承担企业的社会责任，多次开展"关爱特困家庭"等爱心活动，得到了政府、社会机构的广泛认可。**

创业15年，风雨15年，收获15年，长实通信秉承"以科技为先导、以创新求发展、以质量求生存、以诚信待客户"的企业精神，持续提升管理水平，增强企业综合实力，打造高品质客户服务。未来，在挑战和机遇面前，长实通信将持续深化技术和经营模式创新，积极抢占新兴市场，深耕存量市场，实现内生和外延式发展快速增长，全力助推全国产业转型升级和行业创新发展。

面对未来，我们只有一个目标——"做中国领先的通信网络技术服务商"。我们必将创造出更加辉煌的未来，在新的历史时期，向世人展现出一个更具影响力、更具竞争力的长实。

2015年5月，茂业通信网络股份有限公司（证券代码：000889）收购了长实公司，成为其全资子公司，为公司进一步发展成为行业龙头企业提供有力保障。

中时讯公司作为广东省内信息化企业代表，随同朱小丹省长出访马来西亚，签订第一批合同。

公司与马来西亚的宏大公司签订商务合作协议

公司简介

　　中时讯通信建设有限公司（下称"中时讯"）是中国通信产业服务有限公司（股票代码：0552HK）旗下的具有独立法人资格的全资子公司。中时讯为原广东省邮电管理局下属企业，经过六十多年的伟大创业和发展，整合了广东地区12家通信企业，经过多年转型、创新，中时讯成为位居同行业前三名的国际化公司。

中时讯通信建设有限公司

公司注册资金为2亿元，总部设在广州，下设19个分支机构，拥有各类管理和专业技术人员近3000人。自2010以来，中时讯进入跨越式发展阶段，业务收入每年增长超两亿元。2015年公司业务收入已达18亿元，其中50%以上来自广东省外及海外业务。

企业发展规划
Enterprise develop

中时讯拥有"通信工程施工总承包一级资质""信息系统集成及服务一级资质""建筑智能化工程专业承包一级资质""通信网络系统集成甲级"等行业内顶级资质，已通过ISO9001：2008质量管理体系认证。公司一直致力于为客户提供信息通信技术领域的优质服务，通过项目总承包、多元一体化管理等项目管理解决方案，让客户实现价值最大化。历年来获得近百项优质通信工程奖项，得到各运营商、集团客户的高度认可。

秉承"同心戮力、思行合一"的企业精神，公司以市场为导向，以客户价值为核心，发挥管理优势和产业优势，不断进行服务创新，承担社会责任，实现可持续发展，成为优秀的通信服务解决方案提供者。

公司网址：http://www.gztcc.com/
联系地址：广州市越秀区越华路28号
联系电话：020-833334338
邮　　编：510030

中移铁通有限公司

一、企业简介

中移铁通有限公司是中国移动通信有限公司的全资子公司，注册资本318.8亿元人民币，在全国31个省（自治区、直辖市）设有分公司。

中移铁通前身为铁道部2000年12月26日成立的铁道通信信息有限责任公司，从事固网基础电信业务运营；2008年6月6日并入中国移动通信集团公司；2015年11月27日中国移动上市公司收购中国铁通全部业务、资产和人员，中移铁通成为中国移动旗下的专业公司。

二、公司主要业务

业务定位

本公司服务中国移动大连接战略，主要业务包含全业务代理、铁路集客代理、现有领域网络维护、互联网运营支撑、工程建设五个领域，成为"中国移动全业务发展的支撑、服务和拓展者"。

服务能力

本公司能够在全国范围内提供通信网络和电信业务的建营装维管服一体化运营支撑服务；在家客装维、集客维护、综合维护、核心网维护、网管性能分析、线路维护、IDC维护及内容引入与推送等方面具有全网技术支撑的团队优势；熟悉铁路运营管理流程和安全要求，可以提供铁路沿线光缆、基站、铁塔等通信设施的建设、维护服务。

作为一家十五年的电信运营商积累了丰富的网络维护和管理经验，具有对电信业务运营和服务流程、客户需求的深入理解，具备为铁路、石油、银行等大型和超大型集团客户服务的经验；具备提供电信级服务品质的能力，对客户需求响应及时迅速，代维服务质量行业知名。

组织优势

公司的总部及各省（市、区）分公司地市拥有一批业务过硬、经验丰富的网络维护技术骨干，拥有一支覆盖全国、敬业守纪、队伍稳定的专业化现场维护队伍，采用三级垂直管理的组织架构，能够做到统一决策、统一调度和统一指挥，管理体系和生产作业体系完备。

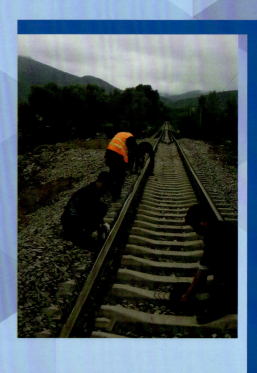

三、企业资质

通信网络代维（外包）企业资质甲级-基站专业　　通信网络代维（外包）企业资质甲级-线路专业

通信网络代维（外包）企业资质甲级-装维专业　　通信网络代维（外包）企业资质甲级-综合代维专业

通信网络代维（外包）企业资质甲级-铁塔专业　　通信网络优化企业资质甲级

质量管理体系认证（ISO9001-2015）

CAICT 中国信通院

中国信通院创新推广

中国信息通信研究院为进一步强化技术研发和市场创新，于2013年发布了《检测认证领域专项经费支持管理办法》。该专项主要支持ICT领域有市场拓展前景的技术研究、测试与认证方法研究、市场预研等，共涉及创新项目36项。截至2016年，检测认证领域专项已获得专利10项、软件著作权13项、研发软硬件28件、系统19套、标准/规范/体系40件。在仿真、实验系统或检测认证标准体系等领域已形成一系列待转化成果，欢迎各界朋友关注商洽。

附：2013~2017年检测认证领域专项成果清单

序号	申报项目名称
1	万兆以太网深层协议流量测试方法的研究
2	太阳能电池组件动态机械载荷检测系统
3	物联网业务层CoAP和网络层6LowPAN协议互操作性测试工具开发
4	通信网络单元安全防护远程测试平台
5	轨道交通中CBTC列控系统干扰和测试研究（工控领域）
6	磁共振设备射频电磁辐射的数值评测技术研究
7	基于通信系统的北斗终端射频性能测试研究
8	卫星移动通信射频测试开发
9	物联网应用系统测试方法研究及测试系统开发
10	物联网风险评估评测工具开发（二期申报）
11	户外产品吹沙试验箱（二期申报）
12	万兆以太网深层协议流量测试方法（二期申报）
13	移动互联网应用安全公共测试服务平台
14	软件定义光传送网测试和试验平台
15	智能可穿戴设备测试系统搭建及认证标准体系建设
16	电信设备电磁辐射信息泄露测试方法研究

磁共振设备射频电磁辐射的数值评测平台

机械载荷和雪载实验平台

机械载荷和雪载实验平台

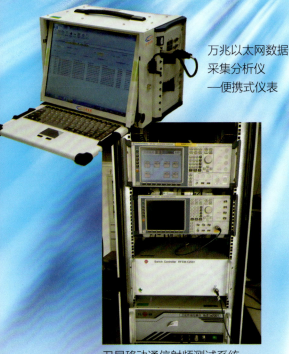

万兆以太网数据
采集分析仪
—便携式仪表

卫星移动通信射频测试系统

17	中国信息通信行业企业社会责任评价体系
18	智慧园区与商圈评估认证标准体系
19	车载信息终端与系统的测试方法研究及测试系统开发
20	中国信息通信设备循环利用交易平台系统
21	信息安全综合拨测工具套件研发
22	100GE网络性能测试系统硬件部分的开发和验证
23	复杂电磁环境北斗终端干扰测试研究
24	网络设备专用漏洞检测平台研究
25	10G EPON协议一致性测试仪研制
26	移动终端快速充电检测平台的建设
27	车载信息终端与系统智能化测试一体机研发
28	行业用户数据流通环境大数据测试工具开发
29	100GE网络性能测试系统软件部分的开发和验证
30	多探头电波暗室探头一致性检测
31	通信建设行业招标信息推送服务项目
32	移动终端通信能力特性获取技术研究和系统开发
33	车联网V2X检测认证系统构建
34	天通卫星终端射频协议综合测试系统
35	车联网关键部件安全检测认证技术研发
36	FCC/IC/CE射频测试自动化系统开发集成

网址：WWW.caict.ac.cn
地址：北京市海淀区花园北路52号
邮箱：yf@caict.ac.cn

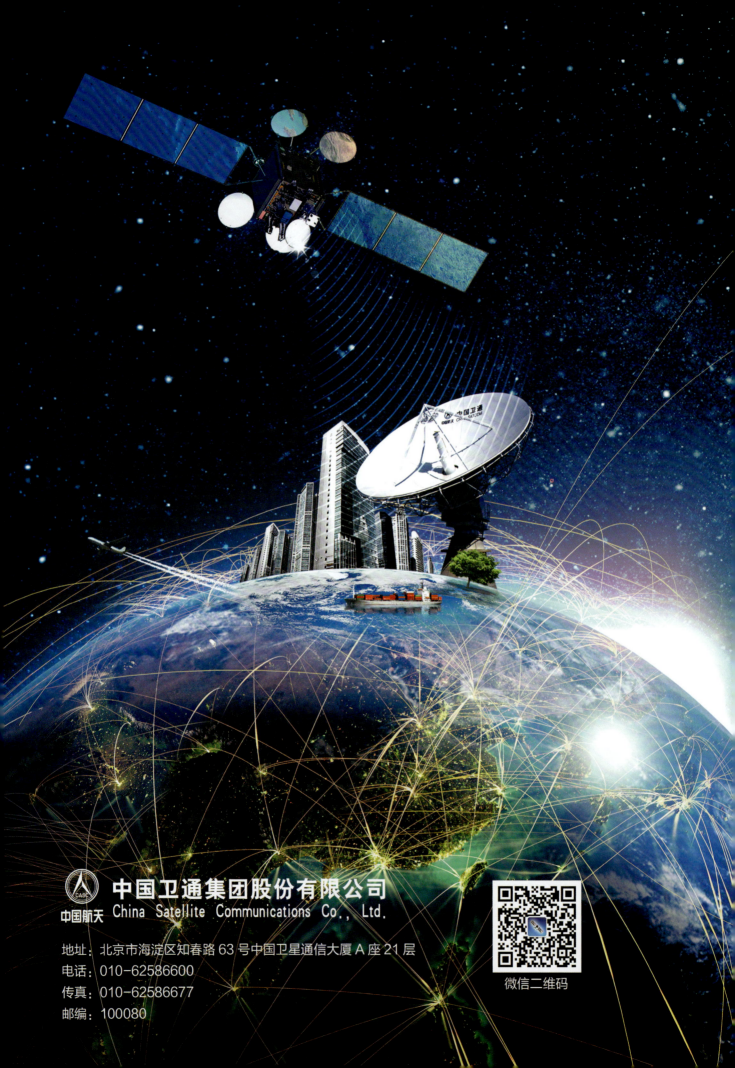

中国卫通集团股份有限公司
China Satellite Communications Co., Ltd.

地址：北京市海淀区知春路 63 号中国卫星通信大厦 A 座 21 层
电话：010-62586600
传真：010-62586677
邮编：100080

微信二维码

卫星互联网

——无处不在　无时不待

中国卫通获得第一类基础电信业务经营许可

公司简介

中国卫通集团股份有限公司（简称：中国卫通）是我国拥有民用通信广播卫星资源并能够自主可控的卫星综合服务运营企业，是行业主管部门直接指挥调度的保障力量，被列为国家一类应急通信专业保障队伍。

中国卫通目前运营管理着 15 颗优质的在轨民用通信广播卫星，以实现卫星通信广播服务更多惠及社会民生为使命，努力构建安全可靠、服务多样、布局科学的天地一体卫星运营服务体系，大力发展卫星空间段运营和卫星应用服务，为广大民众提供安全稳定的广播电视信号传输，为国家政府部门和重要行业客户提供专属服务，为重大活动及事件、城市应急通信、抢险救灾等突发事件提供及时可靠的通信保障，通信能力延伸到陆地、航空、海洋、老少边穷等偏远、光缆无法企及的地区领域。

高通量卫星无处不在，无时不待

2017 年 4 月 12 日，中国卫通发射我国高通量卫星——"中星 16 号"并提供卫星互联网服务。中国卫通还将部署更大容量的高通量卫星，至 2020 年，形成覆盖中国全疆域以及亚太地区的卫星通信能力，满足"一带一路"和"宽带中国"战略的卫星宽带通信需求。

高通量卫星的应用领域

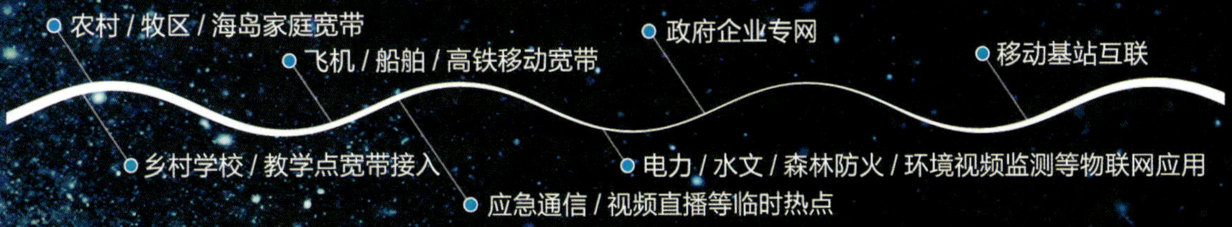

农村 / 牧区 / 海岛家庭宽带

飞机 / 船舶 / 高铁移动宽带

政府企业专网

移动基站互联

乡村学校 / 教学点宽带接入

电力 / 水文 / 森林防火 / 环境视频监测等物联网应用

应急通信 / 视频直播等临时热点

贝斯特集团
Bester Group

武汉贝斯特通信集团股份有限公司 成立于1992年，是专业从事通信网络技术服务的高新技术企业，业务涵盖通信网络规划设计、网络建设、网络维护、网络优化与计算机信息化系统集成，以服务中国移动、中国电信、中国联通等电信运营商为主，同时为中国铁塔、南水北调、中能建、葛洲坝等大型企业与政府单位提供专用通信与信息化服务。

贝斯特集团注册资本2.53亿元，拥有交换、传输、无线网络、光通信、数据与存储、电源供电等专业工程师500多名，其中，一、二级建造师与项目经理100多名，中高级职称职数300多名；集团配备各类系统测试仪表和车辆机械装备1000多台（套）。公司依靠专业化的团队、精细化的项目管理和一体化的服务，已经发展成为面向全国开展服务的主要服务商之一。

公司拥有行业资质：

通信工程总承包	一级	资质
通信系统集成	甲级	资质
电子与智能化	一级	资质
信息系统集成及服务	二级	资质
安防工程	一级	资质
对外通信工程	承包	资质
工程设计	乙级	资质
通信网络代维	乙级	资质

贝斯特集团 业务区域涉及全国二十多个省（市）、自治区，形成了北方、西北、中部、华东、华南五大业务区，面向全国在主要省市设立了近三十个办事处/事业部，通过近200个项目部为客户提供通信网络建设与信息化集成服务。

主营业务

通 信 网 络 建 设：移动通信网络、交换与智能系统网络、光网络传输线路与通信基础设施工程。
通信与信息化集成：企业信息化系统集成、专用通信网络集成、建筑智能化系统集成、智能交通系统集成、智慧城市建设等总承包。
通信网络优化与维护：通信网络优化、网络运行维护。
通信网络规划与设计：技术咨询及网络规划、勘查设计服务。

中国通信企业协会
CHINA ASSOCIATION OF COMMUNICATION ENTERPRISES

中国通信企业协会第六次会员
代表大会

名誉会长奚国华参加2017年中国信息
通信业发展高层论坛

苗建华会长参加2017年通信行业节能
减排大会暨节能创新成果应用交流会

赵中新秘书长参加2017年中国通信
网络运营维护服务年会

中国通信企业协会是经国家核准注册登记，由信息通信产业相关的企业、事业单位组成的全国性、行业性、非营利性的社团组织，成立于1990年。协会以服务、维权、自律和协调为基本职能，发挥桥梁纽带作用，为企业服务，为行业服务，为政府服务，为社会服务，促进通信业发展，促进信息化建设，促进工业化和信息化融合。

协会有团体会员单位1000余家，包括通信运营、通信工程建设、网络运维、增值服务、设备制造、光纤光缆、网络安全等领域的企业及科研院校和媒体等，中小企业占全员总数的90%。协会下设通信工程建设分会、通信网络运营专业委员会、增值服务专业委员会、通信光纤光缆专业委员会、通信网络安全专业委员会、通信器材分会、虚拟运营分会、通信企业家工作委员会、行业信用评价工作委员会、社会责任工作委员会、信息通信法治工作委员会、信息服务工作委员会等分支机构，常设办事机构为秘书处。

主要职能：经政府部门授权起草或参与制定行业标准；通信行业、企业咨询服务与行业统计；举办通信发展论坛、组织通信业发展研究分析；推进通信行业用户满意企业；开展企业管理现代化创新成果、优秀质量管理小组活动；开展技术业务培训；促进行业自律，维护企业合法权益；维护消费者的合法权益；联系境外国家和地区通信行业组织，开展对外经济技术交流与合作，举办国际国内展览会，为政府、企业和行业搭建沟通交流平台。

名 誉 会 长：奚国华

协 会 会 长：苗建华

副会长单位：中国电信 中国移动 中国联通 中国邮政 中国铁塔 华为 中兴 联想 上海诺基亚

中国普天 中国邮电器材 腾讯 奇虎360 中国信息通信研究院 大唐电信科技产业集团

中国广播电视网络有限公司 中国移动通信集团设计院有限公司

秘 书 处：赵中新副会长兼秘书长 武锁宁副会长兼副秘书长 李北林副秘书长

2017~2018
中国信息通信业发展分析报告

 中国通信企业协会 编

人民邮电出版社

北　京

图书在版编目（CIP）数据

2017～2018中国信息通信业发展分析报告 / 中国通
信企业协会编. -- 北京 : 人民邮电出版社，2018.5
ISBN 978-7-115-48345-4

Ⅰ. ①2… Ⅱ. ①中… Ⅲ. ①通信技术－信息产业－
产业发展－研究报告－中国－2017-2018 Ⅳ. ①F492.3

中国版本图书馆CIP数据核字(2018)第071757号

内 容 提 要

　　本书是一部综合反映 2017 年中国信息通信业发展的研究分析报告。书中对 2017 年信息通信业和互联网的发展以及新政策、新业务、新技术和由此带来的影响等进行了深度分析，并对 2018 年信息通信业的发展做出了预测和展望，内容涵盖了运营、市场、业务、技术、管理等众多方面，以及信息通信和互联网产业链的各个环节。书中给出了大量翔实的数据，同时收录了行业内专家针对备受业界关注的热点问题专门撰写的文章。全书具有较强的分析性、研究性和参考性。

　　本书可供信息通信业的各级管理人员、相关研究单位工作人员以及关心中国信息通信业发展的各界人士参考。

◆ 编　　　　中国通信企业协会
　　责任编辑　王建军　刘　婷　李　静
　　责任印制　焦志炜

◆ 人民邮电出版社出版发行　　北京市丰台区成寿寺路 11 号
　　邮编　100164　　电子邮件　315@ptpress.com.cn
　　网址　http://www.ptpress.com.cn
　　北京隆昌伟业印刷有限公司印刷

◆ 开本：880×1230　1/16　　　　彩插：32
　　印张：18　　　　　　　　　　2018 年 5 月第 1 版
　　字数：493 千字　　　　　　　2018 年 5 月北京第 1 次印刷

定价：360.00 元

读者服务热线：(010)81055488　印装质量热线：(010)81055316
反盗版热线：(010)81055315
广告经营许可证：京东工商广登字 20170147 号

前　言

2017 年是党的十九大胜利召开之年，也是实施"十三五"规划的重要一年和推进供给侧结构性改革的深化之年。这一年，在一系列国家战略规划的引领下，信息通信业坚持"创新、协调、绿色、开放、共享"的发展理念，在新一代信息技术创新、宽带网络建设、提速降费惠民、制造业和互联网融合等方面都取得了较大进展，信息基础设施供给质量显著提高，为网络强国建设提供了强力支撑。2017 年，信息通信业学习贯彻党的十九大精神，深入推进网络强国建设，突出抓好网络建设、技术创新、提速降费、业务转型等各项工作，深刻学习并贯彻落实习近平总书记强调的"加快推进网络信息技术自主创新，加快数字经济对经济发展的推动，加快提高网络管理水平，加快增强网络空间安全防御能力，加快用网络信息技术推进社会治理，加快提升我国对网络空间的国际话语权和规则制定权，朝着建设网络强国目标不懈努力"。2017 年，信息通信业持续保持快速增长，创新活力不断增强，助力网络强国建设。

《2017～2018 中国信息通信业发展分析报告》（以下简称《报告》）聚焦通信、互联网及战略性新兴产业领域，全面梳理了中国通信业的发展变化情况，对中国信息通信业的行业发展、宽带及移动通信发展、互联网与信息服务、网络与信息安全、新技术新应用发展、通信设备制造及建设运维、通信运营企业（包括互联网企业）、政策法规等过去一年的重大研究成果及问题进行了比较全面的论述、分析和研究，同时，也对 2018 年信息通信业的发展做出了预测和展望。

针对这一年行业的发展重点，《报告》以专家的视点，从不同的角度对人工智能、"互联网+"、工业物联网、5G 发展、电信资费、《网络安全法》等热点问题进行了深度阐述。同时，书中还搜集了 2017 年中国信息通信业的大事记和通信业的各项评奖结果，并提供了大量全面反映当前信息通信业发展状况的专业统计数据。

《报告》邀请了近百位行业内知名学者、专业人士、行业观察家、分析师、媒体人撰写相关稿件，并得到了中国信息通信研究院，中国电信、中国移动、中国联通等电信运营企业，北京邮电大学和《人民邮电》报以及企协各专业委员会的大力支持。《报告》在成书过程中，也得到了人民邮电出版社的大力支持，其所属的信通传媒公司调动了大量的人力、物力，组织作者编写《报告》，并且进行了认真的编辑加工，使本书能够及时出版。

《报告》还存在需改进之处，真诚希望业内外人士提出宝贵意见，以便我们今后在组织编写的过程中不断改进和提高。

中国通信企业协会

2018 年 2 月

目 录

综合篇

宽带及移动通信篇

企业发展篇

专家视点与专题研究篇

附录 A   政策法规

附录 B   创新成果类

附录 C 数据类

2017 年信息通信业发展分析与展望

中国通信企业协会

一、2017 年信息通信业发展回顾

2017 年，信息通信业认真贯彻党的十九大精神，深入推进网络强国建设，突出抓好网络建设、技术创新、提速降费、业务转型等各项工作，实现信息通信业持续健康发展。

信息通信业不仅是最具成长性的行业，更是整个国家的关键性、战略性的基础产业。在当今社会，信息通信基础设施已经和水、电、气一样，成为社会生产、人民生活不可或缺的公共基础设施。2017 年，信息通信业持续保持快速增长，创新活力不断增强，网络强国建设迈出坚实步伐。

（一）网络能力显著增强

固定宽带用户普及率达到 72.5%，提前实现国家"十三五"规划目标。其中，光纤宽带用户数达 2.9 亿，占固定宽带用户的比重超 83%，50Mbit/s 以上高速率固定宽带接入用户占比达 70%；4G 用户数近 10 亿，渗透率达 70%，超过发达国家平均水平。全国建成 125 个大型、超大型数据中心，云计算关键领域取得突破，部分指标达国际先进水平。

（二）信息服务快速发展

2017 年全年，电信业务总量同比增长 76.4%，电信业务收入同比增长 6.4%，移动数据及互联网业务同比增长 26.7%，2017 年全年平均每月每户移动互联网接入流量达到 1775MB，是 2016 年的 2.3 倍，12 月当月平均每户互联网接入流量高达 2 752MB。上市互联网企业营收连续 6 年增速都超过了 40%，全年达到 $1.4×10^4$ 亿元，总市值突破 $9×10^4$ 亿元；估值过 10 亿美元的"独角兽"企业达 58 家，数量居全球第二。移动 App 数量达 216 万款，分发规模超过 7 600 亿次。

（三）融合应用深度推进

互联网与消费领域深度融合，培育内生增长动力，电子商务、移动支付、共享经济引领全球。截至 2017 年 10 月底，我国网络零售额超过 $5.5×10^4$ 亿元，同比增长 34%；移动支付交易规模近 $1.5×10^6$ 亿元，居全球首位；网约车日均订单数超 2 500 万，共享单车用户规模超 3 亿。同时，互联网与生产领域加快融合，助力实体经济转型升级。目前我国数字化生产设备联网率近 40%，实现网络化协同的制造业企业超过 30%，开展服务型制造的企业超过 20%。在家电、机械、航天等垂直领域，涌现出一批工业互联网平台。制造业骨干企业互联网"双创"平台普及率超过 60%，大中小企业从浅层次协同协作，向深层次融合融通演进。

（四）技术创新快马加鞭

在国家政策规划的引领下，2017 年，信息通信业在创新的道路上一路前行、攻坚克难，在 5G、人工智能和 NB-IoT（窄带蜂窝物联网）等核心技术创新领域交出了满意的答卷。

工业和信息化部、国家发展和改革委员会发布了关于 5G 研发的一系列文件通知，明确发出加速 5G 商用的政策信号。国内三大电信运营商和全产业链在 5G 领域的战略部署愈发清晰。我国成为国际上率先发布 5G 系统在中频段频率使用规划的国家，有力促进了我国 5G 技术研发和产业化、商用化进程，对我国进入全球 5G 商用第一阵营具有十分重要的意义。

人工智能布局迅速，2017 年首次写入政府工作报告。工业和信息化部印发了《促进新一代人工智能产业发展三年行动计划（2018—2020 年）》，提出了四项重点任务，以信息技术与制造技术深度融合为主线，以新一代人工智能技术的产业化和集成应

用为重点，推动人工智能和实体经济深度融合，加快制造强国和网络强国建设。

NB-IoT在通信业的力促下快步疾行，在全国各地掀起商用高潮。工业和信息化部首次颁发了物联网专用号段。中国电信宣布全面建成NB-IoT商用网络，实现基于800MHz的NB-IoT网络部署。中国移动启动395亿元蜂窝物联网集采，实现了346个城市的城区NB-IoT连续覆盖。中国联通宣布成立"中国联通物联网产业联盟"，在全国数十个城市开通NB-IoT试商用，全国300多个城市具备快速接入NB-IoT的能力。

（五）提速降费惠民惠企

自2017年9月1日起，我国全面取消移动电话国内长途和漫游费（不含港澳台地区），至此，长达23年的移动电话长途漫游费终成历史，移动电话用户都享受到提速降费政策带来的红利。不仅如此，三大电信运营商还进一步下调中小企业互联网专线接入资费，降幅达15%～20%，惠及千万家中小企业；主要方向的国际长途电话资费实现"断崖式下降"，降幅近90%。提速降费，"提"的是企业竞争力，"降"的是社会总成本，通过持续降费，两年来通信业累计向用户让利超过1 226亿元，移动电话流量资费水平下降了约64.7%，固定宽带资费水平下降了约86.2%。

（六）防范打击网络诈骗

2017年，工业和信息化部联合相关部门，不断深入开展通信信息诈骗源头治理与综合治理，防范打击工作取得阶段性明显成效。建设完成全国诈骗电话防范系统，形成涵盖部省、企业的多层次、立体化技术防范体系。该系统上线以来，累计处置涉嫌诈骗电话近1.78亿次，为电话用户筑起了一道安全防线。截至2017年10月底，12321举报受理中心接报诈骗电话总量与2016年同期相比下降56%；全国通信信息诈骗发案数、群众财产损失数同比实现"双下降"，分别下降5.3%和27.22%。

（七）推进普遍服务试点

加快偏远地区、贫困农村通光纤宽带，是打赢扶贫攻坚战、决胜全面建成小康社会的重要环节。由工业和信息化部、财政部联合推动实施的电信普遍服务试点，从2015年12月开始到2017年已部署三批，总计投入约400亿元，截至2017年10月底，我国行政村通宽带比例超过96%，贫困村宽带覆盖率已达86%，农村地区宽带网络能力和覆盖水平显著提升。

（八）工业互联网结硕果

2017年，工业和信息化部组织开展制造业与互联网融合发展试点示范工作以及制造业"双创"平台试点示范工作。在智能制造试点示范专项行动中，遴选确定206个智能制造试点示范项目，并对28个工业互联网创新应用项目进行了支持。同时，工业互联网标准体系框架（1.0）发布，一批新型工业App实现商业化应用，个性化定制、智能化生产、网络化协同、服务型制造模式日渐丰富。智能制造试点示范和智能制造专项稳步推进，制造业骨干企业"双创"平台普及率接近70%。

目前我国工业互联网在建设中初步形成了网络、平台、安全三大方向，在企业提质增效、降本减耗、提高核心竞争力等方面正不断发挥积极作用，成为支撑并推动制造业转型升级的新引擎。到2025年，覆盖各地区、各行业的工业互联网基础设施基本建成这一目标的实现，对推动互联网和实体经济深度融合，建设制造强国和网络强国都具有重大而深远的意义。

（九）移动转售业务用户突破6 000万户

截至2017年年底，我国参加虚拟运营商业务试点运营的有42家民营企业，已在29个省近200个本地网范围内开展试点；移动转售业务用户总数突破6 000万户，直接吸引民间投资超过32亿元，间接经济贡献超过128亿元，带动上游新增就业岗位近6万个。

（十）行业环境更优化

继续深化电信领域改革开放的步伐。2017年，移动通信转售业务试点持续开展，累计发展用户超过6 000万户。宽带接入市场开放力度增大，吸引大量民间资本投资，带动上下游新增就业岗位超过5万个。积极推进跨多国陆缆合作新模式、丝路光缆、北极海缆战略等项目，推动建立国际海缆建设发展的长效机制。

▌ 二、2018年信息通信业发展展望

2018年，是全面贯彻党的十九大精神的开局之

年，是改革开放 40 周年。党的十九大报告谋划建设"网络强国"等 12 个强国战略，提出智慧社会、数字中国发展新思路，明确了"我国社会主要矛盾已经转化为人民日益增长的美好生活需要和不平衡不充分的发展之间的矛盾"的重要论断，为信息通信业奋进新时代实现新作为指引了航向。

（一）网络强国建设全面加快

2018 年，我国将正式启动网络强国建设三年行动，围绕城市和农村宽带提速、5G 网络部署、下一代互联网部署等领域，加大网络基础设施建设。其中包括加快百兆宽带普及，推进千兆城市建设，实现高速光纤宽带网络城乡全面覆盖、4G 网络覆盖和速率的进一步提升；全面完成 13 万个行政村光纤宽带建设和升级改造，提前实现"十三五"有关任务目标；完善国际通信网络出入口布局，完成互联网网间带宽扩容 1 500Gbit/s；推进 5G 研发应用、产业链成熟和安全配套保障，补齐 5G 芯片、完成第三阶段测试，推动形成全球统一 5G 标准，并推动 5G 网络商用部署；实施下一代互联网 IPv6 规模部署行动计划，促进 IPv6 产业的发展。

网络强国战略对振兴实体经济意义重大，同时还是确保"中国制造 2025"、制造业与互联网融合发展等国家战略能否顺利推进的关键。2018 年，"中国制造 + 互联网"将迈出实质性步伐，即以工业互联网、智能制造等为抓手，推动制造业与互联网的融合发展，促进实体经济升级；健全网络安全体系，加强关键信息基础设施保护，持续深入防范打击通讯信息诈骗，加大数据资源和用户信息安全防护力度，提升安全保障能力，综合推动网络强国建设和实体经济创新发展。

（二）信息通信业全力支撑数字经济

十九大报告已明确指出，发展数字经济，抢占全球新一轮产业竞争制高点，促进实体经济加快转型升级。

三大电信运营商均明确表态，将坚决贯彻落实国家有关提速降费的政策要求和工作部署，积极采取相应措施，把提速降费作为重点工作全力推进。

在信息通信技术的支撑下，2018 年，高质量的数字化应用将广泛渗透到政务、民生服务、城市管理、基础设施、安全应急、生态环境等各个领域。信息通信业通过先进的网络技术，向广大群众提供更加实用、更有"温度"的智慧服务。

（三）5G 与万物互联引领行业创新

2018 年，我国将加快推进 5G 研发，推动 5G 全球统一标准，重点突破 5G 核心关键技术，加快测试方案和测试规范的制定，使三阶段的目标通过规范落地；加快试验外场网络建设，具备预商用能力；加快 5G 预商用产品研发，培育 5G 完整产业链。在 3GPP 和 ITU 国际标准化组织的统一框架下，协同国内外产业界开展 5G 国际标准的制定，推动形成全球统一的 5G 标准。中国移动前期预计在若干城市建设每城 20 个基站的 5G 预商用试验网；中国电信将在 2018 年之前完成原型无线组网的验证工作；中国联通计划 2018 年在多个城市启动 5G 外场试验工作。

随着万物互联时代的到来，以 NB-IoT 为代表的物联网技术将迎来巨大的发展机遇。2018 年，我国将全力促进 NB-IoT 发展。信息通信业将进一步推动完善标准体系，加强与产、学、研各界及有关部门的沟通衔接，充分发挥各方优势，加快完善国内 NB-IoT 标准体系。政府主管部门将组织开展 NB-IoT 试点示范、优秀应用案例评选等项目，示范引领 NB-IoT 产业发展，带动行业整体发展水平持续提升；支持物联网、车联网、工业互联网等领域开展 IPv6 应用创新和示范。

（四）《关于移动通信转售业务正式商用的通告》

为贯彻党的十九大关于深化供给侧结构性改革精神，落实国务院关于鼓励和引导民间投资健康发展的决策部署，在总结移动通信转售业务试点经验的基础上，经征求社会各界意见建议，2018 年 4 月 28 日，工业和信息化部正式发布《关于移动通信转售业务正式商用的通告》（工信部通信〔2018〕70 号）。

自 5 月 1 日起，移动通信转售业务由试点转为正式商用，工业和信息化部将持续支持移动通信转售企业发展，进一步鼓励商业和服务模式创新，加强市场监管，切实保证用户合法权益，推动行业健康持续高质量发展。

信息时代新技术、新网络、新业态对云计算发展的意义

吴基传

当今世界，信息技术革命日新月异，对国际政治、经济、文化、社会、军事等领域发展产生了深刻影响。信息化和经济全球化相互促进，互联网已经融入社会生活方方面面，深刻改变了人们的生产和生活方式。云计算的产生首先依赖于互联网。1969 年计算机开始和网络结合，用了将近 20 年的时间实现数字化发展。我国是 1994 年才发出了第一封电子邮件，接入公共互联网。

云计算是美国最先提出的概念，2007 年才被引入到国内。云计算的特点是管控高度集中、分布式的存放和数据处理。云计算的应用一定是高度离散的，因此云服务不是一种计算，而是信息服务的一种业态。

一、云计算前 10 年的发展

2007—2017 年，云计算前 10 年的发展是从概念到实际信息服务的阶段。

云服务的时代是买服务的时代。人们需要什么东西，只需通过云服务提供商就能实现。现在已经有交通云、教育云、医疗云、电商云、文化娱乐云、金融云、搜索云、社交媒体及适时信息交互云等，云信息服务已经无所不在。只要有需求的地方就有提供云服务的供应商，这充分体现了云服务的社会化、集约化和个性化。

现在，电信运营商的"云"刚刚起步，而且都有了一定的规模，已经具备提供云服务的条件，但问题是如何加速当今社会提供云服务的力度。我们从实际服务的状况来看，目前的云服务仍然停留在软件服务层，通过租用三大电信运营商的设备和网络提供服务。因此，基础设施的收入多并不能说明基础设施的云服务水平高。目前，平台服务层已经开始形成。2017 年 7 月，航天集团在成都发布的智能制造平台就是一个典型。三大电信运营商既有雄厚的物质基础，又有好的人才，要面向云服务的市场，我们要开动脑筋，创造业务给用户使用和体验。

二、云计算今后 10 年的发展

云计算今后 10 年的发展是由实际服务到深度智能服务的转变阶段。

我们要想提供深度智能服务，首先必须要有无所不在的网络和信息处理节点。网络企业不仅要提升带宽，还要深入分析宽带里的流量信息。只有通过信息流的分析，我们才能预测将来什么样的服务是需要的，给消费者提供新的服务云，给消费者提供个性化的服务。所以网络是云的一个架构，离开了这个架构，云就无从谈起。

当然，只有了网络还是不行的，还要有对信息的分析。实时地分析数据是云计算的一种资源。信息流里面是些什么样的需求，哪些需求代表着先进的生产力、代表着将来的消费走向，我们都要从这里分析得出结论。过去是结构化的数据分析，现在是非结构化的数据分析；过去是分析完、找出规律供领导决策，现在是对不同类型的数据做实时分析，这是一个新课题。网络加上深度的分析，这就构成了互联网的一个最基本的功能。

当然，这只是一个云的平台。只有有平台还是不行的，还要有云端，即智能移动电话和智能接口。现在的移动电话已经不仅仅是通信终端了，而是个人的信息中心。用移动电话可以解决大部分事情，但这同时又带来安全问题。所以说互联网的特点是个人在网上裸奔，移动电话是个人中心，但它也是靠近你的一个"间谍"，这就是信息时代。

云计算要向智能方向发展，现有的智能程度还有待提高。目前所出现的机器人、智能终端只是独

立的智能终端，将来要把这些终端之间的信息通过云来指挥，所以说今后10年的云计算发展方向是由当前的实际服务、实际应用走向深度的智能服务。

现在的服务云和云相关的服务还是通过传感器来实现，也就是说互联网是传感互联网。随着生物学到了神经网络进入认知阶段，云服务能够进入到智能阶段，就标志着互联网可能从感知进入到认知。从云服务的角度既要看到现有市场的扩张，也要看到向前发展的趋势，必须超前去应对和研究。

云计算发展到智能以后给我们带来了很多新的问题。智能云既是一个自然科学的东西，又是社会科学的交叉学科。智能服务要用哲学来指导，同时又要以数学为基础。智能服务是一门交叉学科，一定要注重对数学的研究。

■ 三、云智能服务提出的挑战

智能云给我们提出了很多挑战，要有强大的计算速度和分析能力、无缝覆盖的网络、新一代的软件和新的数据分析方法和体系。如果没有这些东西，智能服务、智能云只是一句空话。

强大的计算速度和分析能力来自于集成电路的发展。微电子的发展对于我们来讲是一个很大的创造，现在微电子已经到了5nm。CPU的处理芯片是信息通信产业发展。但是如果所有的处理都局限在CPU，处理速度可能不适应。因此，到智能时代以后，CPU的处理芯片是通用的，但不同的专业对云服务有不同的要求，一定会出现新的专用芯片。图像处理芯片GPU可把图片变成数码再去处理，不占用过多的CPU空间。但只有图像也不行，因此又设计了张量处理单元TPU，"阿尔法狗"用的就是TPU。分析神经元的软件固化成芯片，形成神经网络处理单元NPU，将大幅提高CPU的处理速度并节省大量空间。

从智能出发，现在我们进入了万物互联的时代，要求我们的网络必须无缝覆盖，并尽快实现高速率、低成本和超带宽的目标。5G不是做简单的通信，5G将来的重点是在物和物之间的互联上，最大的服务对象是智能生产。

新智能服务必然要求有新一代的软件相适应。完全从原有体系软件的创新可能是不够的，需要研究与人脑神经元网络结构相适应的软件来提升计算机的能力。

新智能服务必须要有超量的海量数据，各种数据的表现形态发生变化，要对这些资源进行适当的分析，所以要取得新的数据、新的数据走向和发展趋势，探索新的数据分析方法和体系，这样才能真正做到智能的大数据的分析。

云计算的发展在以上问题上提出了挑战，但同时也提供了机遇。对于电信运营商来说，流量爆炸性的增长已经不是原来是多少GB的事了，同时流量还存在动态化和不确定性。网络越重要，安全性越凸显。进入智能互联网时代、智能云时代，必须建立智能安全云。不要等出了问题再去堵，再去防，要站得高一点。

现在的安全是事后安全，而不是超前安全。打造智能安全云要有超前、创新的精神，既要继承原来的安全思路，又要超越于原来的想法，要用技术来保卫云服务的安全。从社会角度来讲，国家要制定法律，人要有诚信。在智能云时代，如果使用云和被云服务的个体不诚信，就会出现网络解决不了的问题。当然，企业在管理机制体制上也要做一些面向着未来的改变，为我们国家智能云的发展多做一些贡献。

做大做强信息通信业　打造经济发展新动能

奚国华

一、ICT 是经济发展的重要动力

2017 年上半年，我国经济发展取得了很大的成绩，GDP 增速达到 6.9%。取得这些成绩，是以习近平总书记为核心的党中央为引领，以新的发展理念为指导，以供给侧结构性改革为方向，同时坚持稳中求进工作总基调等一系列政策措施作用的结果。

这其中，ICT 是结构性供给侧改革创新的亮点。ICT 产业有基础性、战略性和先导性三大性质，有倍增效应、广泛性、覆盖性以及渗透性四大特征。ICT 不仅自己造就了一个巨大的产业，而且有倍增效应拉动了其他行业的发展。其广泛性和渗透性在互联网时代更加显而易见。可以说，现在 ICT 技术已无所不在。

ICT 行业对各行各业转型变革都带来了影响。以 5G 为例，根据相关的统计数据，到 2035 年 5G 在全球将创造 1.23×10^5 亿美元的经济产出，拉动全球就业机会 2 200 万个；在中国，创造产值将达到 9 840 亿美元，工作岗位 950 万个。这对宏观经济拉动的影响将是巨大的，所以世界各国都非常重视 5G 的发展。

二、ICT 的十大发展趋势

ICT 行业发展非常之快，下一步将如何发展？互联网的未知远远大于已知，我认为这句话到现在仍然适用。以下十个趋势是值得关注的。

一是 ICT 将引领数字经济强劲发展。数字经济正在成为各国壮大新兴产业、提升传统产业、实现包容性增长和可持续增长的重要驱动力。统计显示，2015 年美国数字经济的规模已经达到 1.02×10^5 亿美元，中国在 2016 年也达到 3.46×10^4 亿元。今后几年，ICT 的发展前景更加广阔，将成为拉动我国经济乃至世界经济的一个强劲动力。当然，这里主要是由创新的成分在驱动。

二是电信运营商正加快数字化转型。中国移动将成为驱动数字化的全球领先的运营商；中国电信提出要做综合智能信息服务运营商；中国联通提出要成为客户信赖的智慧生活创造者。国外的运营商也同样在积极转型。

例如，AT&T 提出了"创造全球最好的娱乐通信体验"的战略目标，在网络方面率先进行网络虚拟化的转型，很早就应用了 SDN/NFV 等技术。

当今，传统电信运营商主要面临两个层次的竞争：一是电信运营商之间的竞争，二是互联网企业的竞争。尤其是社交软件快速发展以后，对传统电信运营业务的冲击是非常大的。

三是移动互联网将成为缩小数字鸿沟的关键。全球都非常关注如何缩小或者弥补数字鸿沟。在这方面，我国做出了巨大的贡献。从邮电部、信息产业部到工业和信息化部，都一直致力于缩小数字鸿沟的工作，标志性的工程就是"村通工程"。目前，我国的市级通信正向农村延伸，光缆向偏僻地区延伸，海拔 4 600 米的西藏也已经光纤到村了。"村通工程"对促进当地经济社会的发展起到了巨大的作用。以电商为例，在原来偏僻落后的地区，很多农产品都卖不出去，"村通工程"之后，不仅产品能够卖出去了，而且还能卖个好价钱。

四是 ICT 全方位地融入了社会生产的各方面。ICT 的广泛应用和渗透，不仅改变了生产方式、商业模式，也改变了人们的生活方式。一方面，ICT 全面融入社会生活，例如大家熟知的社交、支付、购物、交通以及餐饮；另一方面，ICT 融入垂直行业服务，包括政务、金融、能源等。ICT 的融入形成了很多新兴的信息产业。

五是 App 迅速兴起。App 应用的迅速兴起不仅为个人开发者、中小企业等提供了机会，也促进了线上线下经济的发展，开拓了创新空间，开拓了生产力提升的新渠道，开拓了将人和技术、商业融为一体的新模式。例如 Airbnb 是一个民舍闲置资源的出租平台，二手资源、家政服务等都可以到此平台上搜索，非常方便。它通过 App，利用互联网技术将分散的用户和闲置的资源进行匹配整合，提供高效、透明、优质的服务。

六是市场集中度急速提升。垂直行业应用和跨界融合是发展趋势。正因如此，市场集中度急速的提升，引发了一系列并购和融合。从范围来看，它涉及光纤、云计算、人工智能等；从模式来看，它包括横向、纵向。通过融合，一些竞争对手变成了合作伙伴，产业链上下游企业加强了合作。例如，谷歌收购了 DeepMind，因此在人工智能上获得了非常大的战略优势；AT&T 并购时代华纳成为一家媒体公司；现在中国联通推出了混改，进一步加强了和百度、腾讯、阿里巴巴之间的合作。

七是网络安全形势更加严峻。大规模数字化带来了很多网络安全风险，比如网络诈骗、网络攻击、盗窃账户、窃取数据、侵害知识产权、破坏数据等，而且犯罪技术越来越先进。据统计，2015 年全球在网络安全方面损失了 3×10^4 亿美元，到 2021 年将达到 6×10^4 亿美元。因此，必须高度关注网络安全问题。

八是 ICT 创新日新月异。新一代信息技术正成为新旧发展和持续转换的强劲动力。信息技术向各行各业广泛渗透，深度融合，催生了一系列新产品、新应用、新模式，推动了新兴产业的发展壮大。SDN、NFV 等 ICT 技术以及云计算、大数据、虚拟现实等 IT 技术与交通、医疗、文娱乐、工业、能源等产业融合后，无论在新产品、新应用还是在新模式方面都催生了很多新的形态。

九是 ICT 业态发生了重大变化。跨界融合是当今发展的潮流。例如，电商至少跨了贸易、金融、物流、交通 4 个界。在新技术的创新中涌现出很多新的应用。据预测，到 2025 年物联网有 1 000 亿连接，这能够产生巨大的潜在应用市场，对拉动经济

的作用是巨大的。对于现在比较热的车联网，一方面是市场巨大，另一方面认识差距也巨大，互联网与产业深度融合仍然面临成本高、难度大等诸多挑战。业务属性是跨界的，就意味着管理也要跨界，这其中还存在很多行业壁垒，需要我们去克服。当然这其中的难易程度不一样，但无论融合的壁垒是高还是低，现在的关键问题是融合后所创造的产品有没有生命力。融合产品的生命力主要取决于三个因素：一是最终能否为用户带来价值；二是是否具有一定的商业模式和盈利模式；三是技术的成熟性。

十是政府监管变革提速。政府监管变革的重点在加强机构能力与法律受理，主要体现在三个方面：第一，健全监管制度；第二，完善竞争架构；第三，有效的跨部门合作。第三点特别重要，因为互联网的特点就是跨界融合。在这方面，我们还有很长的路要走。

■ 三、ICT 发展建议

第一，继续加快网络的建设和升级，构建适合未来发展的信息通信基础设施。对传统电信运营商来说，"老本行"仍是优势所在，还要继续把它做好。网络是互联网、物联网的基础，没有它很多东西都成了无根之木。这其中还包括完善网络建设、做好服务升级和实现技术创新。

第二，强化关键核心技术的研发攻关，掌握发展的主动权。要达到网络强国的目的，最关键的还是要掌握关键核心技术。芯片技术仍然是我们整个发展过程中的一块短版，一定要把它弥补上。

第三，标准里面蕴含着创新和知识产权，行业能不能引领，关键看标准水平。在加强标准应用和研究之间又要关注两点：一是优化标准体系，要顺应形势发展，进一步完善甚至重构标准体系，建立科学合理高效的标准配套机制；二是提升研制水平，充分开发具有竞争力的技术标准，增强我国信息通信发展核心竞争力，抢占发展先机。

信息通信业是推进供给侧改革，培育经济增长新动能的一个重要动力，我们要加强合作，为促进产业持续发展，支撑经济增长新动能做出更大贡献。

学习贯彻十九大精神　建设网络强国
打造一流企业　共筑美好生活

中国电信集团公司 2018 年工作会议

杨　杰

　　2017 年 12 月 24 日，中国电信集团有限公司 2018 年度工作会在北京召开。会议的主要任务是全面学习贯彻党的十九大及中央经济工作会议精神，回顾总结 2017 年工作，分析当前面临的形势，研究部署 2018 年重点工作任务，动员全体员工坚定信心、创建发展新优势，为国家经济社会发展和信息化建设作出更大贡献。

　　工业和信息化部副部长、党组成员陈肇雄，国有重点大型企业监事会主席国一民出席会议并讲话；中国电信集团有限公司董事长、党组书记杨杰进行战略部署，总经理、党组副书记刘爱力作工作报告。

　　陈肇雄介绍了 2017 年信息通信业发展情况和工业和信息化部信息通信工作进展情况，传达了工业和信息化部 2018 年信息通信工作基本考虑，充分肯定了中国电信 2017 年改革发展成绩：一是加快了网络设施建设步伐，二是圆满完成了提速降费和通信保障任务，三是保持了健康稳定发展势头，四是提升了经营管理和服务水平，为信息通信业创新发展作出了重要贡献。希望中国电信全体干部职工以习近平新时代中国特色社会主义思想为指导，贯彻落实好党的十九大精神，在服务国家战略过程中，不断提升企业发展水平、增强企业发展活力，持续推进网络升级，夯实发展基础；加快推动融合发展，服务数字经济；大力创新服务方式，增强群众获得感；提升安全保障能力，维护网络安全；全面加强企业党建,强化组织保障,不断开创公司发展新局面,为加快网络强国建设作出新的更大贡献。

中国电信集团有限公司董事长、党组书记杨杰在会上再次传达学习党的十九大精神,指出党的十九大举旗定向、继往开来、领航布局,具有划时代的里程碑意义;习近平新时代中国特色社会主义思想是党的十九大的主线和灵魂,是全党长期坚持的指导思想和行动指南。他强调,要按照"学懂、弄通、做实"的要求,将党的十九大精神转化为实际工作任务,以钉钉子精神抓好落实,结合企业实际,重点做到"六个坚定不移":一是坚定不移维护党的核心,牢固树立四个意识。二是坚定不移用习近平新时代中国特色社会主义思想武装头脑。三是坚定不移投身实现两个百年目标的时代洪流,肩负起中国电信应有的担当。四是坚定不移增强"四个自信",以历史性成就和历史性变革激励全体员工团结奋进。五是坚定不移把握新时代社会主要矛盾的变化,结合实际着力解决突出问题。六是坚定不移贯彻落实全面从严治党要求,围绕"5+2"布局抓好企业党建。

会议指出,2017年中国电信党建工作扎实开展,战略转型成效彰显,改革红利不断释放,主要取得了四方面成绩。

第一,强"根"铸"魂"抓好党的建设。全面贯彻党的十九大精神,落实从严治党,为企业改革发展提供了坚强保障。党的十九大精神"大学习、大宣传、大落实"扎实开展,"两学一做"成为常态,"四个意识"持续增强。健全基层组织,党建工作实现全覆盖。基本完成集团公司及所属独资、控股、参股公司党建进章程工作;各省级公司党委工作规则、"三重一大"决策制度、党委(党组)议事决策机制有效落实。贯彻中央八项规定精神,有效遏制"四风"反弹;四个专项治理不断深化;巡视利剑作用彰显,实现内部巡视全覆盖;纪律审查不断强化。

第二,转型升级迈出坚实步伐。一是业务生态形成规模。五大业务生态融通互促成效彰显,成为全球最大的FDD 4G、光纤宽带、IPTV和固定电话运营商。智能连接生态快速扩张,智慧家庭生态基础巩固,新兴ICT生态势头良好,物联网生态已具雏形,互联网金融生态发展加速。二是精品网络基本建成。建成全球最大的光纤到户网络,建成国内首张FDD 4G全覆盖网络,率先建成全球首张全覆盖的新一代物联网(NB-IoT)网络,基本建成全网统一的云基础设施。三是运营能力有效提升。企业级大数据平台建设取得新进展,重点业务端到端运营成效初显,渠道效能显著改善,客户服务能力稳步提升,人才队伍能力不断提升。

第三,改革创新激发企业活力。五年持续探索和实践,逐渐形成"划小承包、专业化运营、倒三角支撑"三维联动的中国电信特色改革模式,有效解决了承包人及承包团队"想干、会干、易干"问题,员工获得感以及企业凝聚力和向心力不断增强。划小承包深入推进,专业化运营体系开始形成,倒三角支撑体系不断完善,科技创新迈出新步伐。

第四,央企责任得到有效落实。网络提速降费成效显著。2012年至今,固定宽带平均接入速率从不到6Mbit/s提高到68Mbit/s以上,单位带宽价格下降了95%;移动宽带全面向4G迁移,手机流量单价下降了81%;从2017年9月1日起,全面取消手机国内长途和漫游费。通信安全畅通持续加强。圆满完成十九大、金砖国家峰会、"一带一路"峰会、抢险救灾等重大通信保障任务。精准扶贫工作扎实开展,完成对口定点扶贫阶段性任务,并且发挥网络信息优势,助力精准扶贫。提质增效取得新进展。法人压减、公司制改革等国资委部署的专项治理工作稳步推进。

会议认为,综观当前企业面临的政策环境、经济环境、行业环境变化,呈现出三个显著特点:一是升级加速,包括经济升级、技术升级、需求升级。二是融合加速,表现为融合发展成为国民经济转型升级新路径;信息技术与实体经济加速融合,数字经济进入快车道;产业链加速向跨界融合、融通发展的生态圈演进;生态圈组织加速走向紧密协同创新体。三是变革加速,体现为变革和创新驱动行业发展模式转变;质量变革带来重大机遇;效率变革推动全面、精准的效率提升;动力变革围绕人、科技、创新,推动新旧动能转换。

会议强调今后一个时期的目标任务是,加快网络智能化、业务生态化、运营智慧化步伐，肩负"加强信息基础设施建设、深化四个融合、提升全要素生产力"三大任务，实现"建设网络强国、打造一流企业、共筑美好生活"三大目标。

2018年是全面贯彻落实党的十九大精神的开局之年，也是中国电信转型升级持续深化的关键一年。全年工作的总体思路是：全面深入学习贯彻党的十九大精神，以习近平新时代中国特色社会主义思想为指导，围绕三大目标、三大任务，坚持党建统领，深化转型升级，推动质量变革、效率变革、动力变革，创建发展新优势，实现质量新突破，奋力谱写新时代的电信新篇章。

会议明确，为落实2018年全年工作的总体思路，要重点做好：坚持党建统领，树风气提士气；加快生态发展，拓规模强根基；深化改革创新，激活力增动力；提升质量效率，补短板强弱项；强化落地执行，盯关键见实效。

会议确定了2018年全年经营工作总体目标，要求做好六个方面的工作：一是创建综合网络优势，筑牢网络强国基础；二是创建融合业务优势，赢得市场应有地位；三是创建支撑使能优势，不断强化智慧运营；四是大力推动三个变革，全面提升发展水平；五是落实国家各项要求，切实履行央企责任；六是全面加强党的建设，新时代呈现新气象。

会议号召全体干部员工不忘初心，牢记使命，以习近平新时代中国特色社会主义思想为指导，求真务实，开拓创新，为全面完成2018年改革发展目标和创建一流企业而努力奋斗。

全面贯彻十九大精神 深入实施大连接战略

中国移动通信集团公司2018年工作会议

尚 冰

2017年12月27日，中国移动通信集团公司2018年工作会在北京召开，会议提出了2018年中国移动通信集团公司工作总体要求：以习近平新时代中国特色社会主义思想和党的十九大精神为统领，以落实新时代党的建设总要求为保障，全面贯彻落实中央经济工作会议精神，坚持新发展理念，坚持质量第一、效益优先，立足当前、布局长远，深化"大连接"战略实施，深化"四轮驱动"融合发展，深化改革攻坚和管理提升，推进转方式、调结构、促创新、提能力，团结奋进新时代，努力实现新发展，为决胜全面建成小康社会、夺取新时代中国特色社会主义伟大胜利贡献更大力量。工业和信息化部副部长陈肇雄出席会议并讲话，中国移动通信集团公司董事长尚冰发表讲话，中国移动通信集团公司总经理李跃作工作报告。

陈肇雄全面介绍了2017年信息通信业发展情况和工信部信息通信工作进展情况，传达了2018年工信部信息通信工作基本考虑，充分肯定了中国移动通信集团公司2017年改革发展工作成绩：一是转型发展取得明显成效，二是技术研发试验实现突破，三是基础支撑能力持续提升，四是信息惠民举措全面落实，五是企业社会责任积极履行，六是党的建设全面加强。陈肇雄希望，2018年，中国移动通信集团公司坚持以习近平新时代中国特色社会主义思想为指导，深入贯彻党的十九大精神，积极落实国家相关战略部署，加快建设新一代信息基础设施，实现更高质量更高水平发展；大力推进信息技术与实体经济融合，培育发展新动能；坚持以人民为中心的发展思想，不断满足人民美好生活新需求；坚持总体国家安全观，提升网络与信息安全管理及防护能力；把握新时代国企党建工作新要求，推动全面从严治党向纵深发展，在转型升级中不断实现新突破，取得新成绩，为建设网络强国和数字中国作出新的更大贡献。

尚冰表示，2017年，在党中央、国务院的坚强领导下，在上级部门的指导支持下，中国移动通信集团公司全集团上下深入学习贯彻习近平新时代中国特色社会主义思想和党的十九大精神，不忘推动信息通信技术服务经济社会民生的初心，坚持以实施"大连接"战略为主线，以推进"四轮驱动"融合发展为着力点，全面抓好稳增长、提能力、促改革、强党建等方面工作，取得明显成效。一是"四轮驱动"融合发展取得良好成效，二是可持续发展能力基础更加稳固，三是深化改革与强化管理取得积极进展，四是党的建设全面加强，五是履行社会责任得到广泛认可。

"当前我国经济社会加快转型发展，信息通信技术发展日新月异，行业竞争形态发生重大变化。"尚冰从四个方面分析了新时代发展新机遇和竞争新挑战。一是党的十九大作出一系列重大部署，为信息通信业指明了发展方向，对公司改革发展和党的建设提出了更高要求。二是技术演进和产业变革日趋加快，实体经济和数字经济深度融合，既为行业和企业带来更广阔的发展空间，也呼唤更大的使命担当。三是信息通信业业务形态呈现颠覆性变化，跨界渗透压力进一步凸显，市场竞争更趋复杂，创新经营发展模式成为必然要求。四是公司推进转型发展、实现战略目标仍面临不少问题短板，需要克服很多困难挑战。

2018年是深入贯彻落实党的十九大精神的开局之年，也是中国移动通信集团公司深入实施"大连接"战略承上启下的关键一年。面对新机遇与新挑战，尚冰提出，中国移动通信集团公司要在党的十九大精神的指引下，保持战略定力，坚持改革创新，面向数字化服务广阔空间，加快推进"大市场"向纵深拓展延伸；紧跟信息技术潮流，加快推进"大网络"向持续领先演进；聚焦战略实施需要，加快推进"大能力"向全面匹配升级；凝聚转型发展合力，加快推进"大协同"向效能提升迈进。同时，尚冰提出了2018年要重点抓好的五方面工作。一是把握发展方向，以习近平新时代中国特色社会主义思想和党的十九大精神统领企业工作，着力在学懂弄通做实

上狠下功夫，确保党的十九大精神在中国移动通信集团公司落地见效。二是抓好战略实施，坚持稳中求进，不断拓展"十大工程"目标举措和重点任务，放大优势，补强短板，重点突破，对标提升，推动"大连接"战略取得更大成果。三是深化"四轮驱动"融合发展，着力保持良好发展态势和经营业绩，坚持围着市场转，盯着效益干，在落实网络提速降费要求的同时保持稳定增长，推动"四轮驱动"融合发展提质增效上水平。四是持续深化改革，提升运营效率和管理水平，坚持"五化"方向，以增强活力、提高效率为中心，深入落实国有企业改革重大部署，大力推进重点改革任务落地见效。五是坚定不移推动全面从严治党向纵深发展，为公司持续健康发展提供坚强保证。突出抓好政治建设这个根本性、统领性任务，坚持用习近平新时代中国特色社会主义思想武装头脑，按照"既要政治过硬、又要本领高强"的要求，着力建设高素质专业化干部队伍和数字化人才队伍，全面加强基层党组织建设，深入推进党风廉政建设和反腐败工作，全面落实党建工作责任制。

李跃指出，2017年，公司加快实施"大连接"战略，坚持"四轮驱动"融合发展，深化改革创新和运营协同，各项工作扎实推进，取得新成效，实现新突破，"四轮驱动"势头良好，质量服务有效改善，转型支撑更加有力，协同效应持续增加，管理改革加快推进，组织保障不断夯实。

"拥抱新时代，认清新形势。"李跃表示，中国移动通信集团公司要认真学习习近平新时代中国特色社会主义思想，全面贯彻落实党的十九大精神，深刻把握党的十九大提出的社会主要矛盾变化、贯彻新发展理念建设现代化经济体系、深化国企改革等新要求，充分认清物联网带来的巨大市场空间，认清大数据和人工智能的发展趋势，认清行业竞争形态发生深刻变化和跨界竞争带来的颠覆式创新，着力解决公司转型发展面临的矛盾和问题，敢于打破传统的"坛坛罐罐"，积极参与跨界竞争和融合创新，在更广阔的数字化服务领域培育竞争优势。

李跃提出，2018年公司发展要站在新的历史起点上，公司上下要围绕全年工作的总体要求，努力保持领先，不断改善，重点做好六个方面的工作。一是坚持"四轮驱动"，确保领先优势。坚持以"四

轮驱动"为市场拓展的着力点和解决发展不平衡不充分问题的抓手,在学习四轮标杆、拓展四轮市场、提升四轮份额上取得更大突破,稳固4G发展领先优势,强化家庭业务品牌效应,提升政企市场竞争能力,扩大新业务规模,加快提升国际业务市场地位,让四轮的驱动力更强劲更持久。二是坚持质量第一,打造"百年老店"。牢记"客户为根、服务为本"理念,推动各业务条线和基层单元把精力聚焦到质量改善上来,提升网络端到端客户感知,增强产品竞争力,推动服务智能化转型,加强集中化IT支撑,全力保障以客户为中心、以体验为标准、端到端的质量,促进企业基业长青。三是坚持效益优先,提升企业价值。既要拓宽发展外延,推出高质量、差异化的业务和服务,也要苦练管理内功,推动提质增效。四是坚持深化改革,推动创新发展。要以"五化"为方向,进一步深化改革,推动公司组织结构创新、发展模式创新、渠道融合创新、协同管理创新,推动开放合作,努力做最容易合作的企业。五是坚持精细管理,深化合规运营。要以精益求精、臻于至善的工匠精神提高管理水平,狠抓制度执行、手段匹配和风险防范,始终确保依法合规运营。六是坚持党的领导,强化发展保障。要按照新时代党的建设总要求以及国有企业坚持党的领导、加强党的建设的部署,全面贯彻落实党的基本理论、基本路线和基本方略,优化组织激励,防控廉洁风险,深化作风建设,保障和谐稳定,加强政治组织保障,推动各项工作落实。

潮起宜踏浪,风来好扬帆。会议号召全体员工紧密团结在以习近平同志为核心的党中央周围,不忘初心、牢记使命,开拓创新、真抓实干,奋力在新时代实现公司新发展,为决胜全面建成小康社会、夺取新时代中国特色社会主义伟大胜利贡献更大力量!

推进互联网化运营　实现高质量发展

中国联合网络通信集团有限公司 2018 年工作会议

王晓初

2018 年 1 月 4 日，中国联合网络通信集团公司 2018 年工作会议在北京召开。会议提出 2018 年总体思路：公司上下要全面贯彻党的十九大精神，以习近平新时代中国特色社会主义思想为指导，按照中央经济工作会议的部署，坚持新发展理念，紧扣我国社会主要矛盾变化，按照高质量发展的要求，深入落实聚焦创新合作战略，培育强健互联网新基因，探索完善公司混改新治理，全力加快互联网化新运营，着力增强创新发展新动能，积极构建外联内通新生态，奋力开创新时代中国联合网络通信集团发展新局面。

工业和信息化部副部长、党组成员陈肇雄出席会议并讲话；中国联合网络通信集团集团公司党组书记、董事长王晓初讲话，党组副书记、总经理陆益民作工作报告。

陈肇雄全面介绍了 2017 年信息通信业发展情况和工业和信息化部信息通信工作进展情况，传达了 2018 年工业和信息化部信息通信工作基本考虑，充分肯定了中国联合网络通信集团 2017 年改革发展工作成绩：一是落实中央决策部署取得新进展；二是企业经营发展取得新成绩；三是混合所有制改革实现新突破；四是通信保障和服务质量实现新提升；五是企业党建和党风廉政建设取得新成效。陈肇雄希望，2018 年中国联合网络通信集团要坚持以习近平新时代中国特色社会主义思想为指导，深入贯彻党的十九大精神，积极落实国家相关战略部署，深入推进聚焦创新合作战略，探索完善公司混改新治理，全力加快互联网化新运营，着力增强创新发展新动能，奋力开创新时代中国联合网络通信集团高质量发展新局面。具体为：一是推动网络基础设施加快演进升级；二是深化信息通信技术跨界融合应用；三是提升网络信息安全保障能力；四是改善信息通信服务水平；五是抓好新时代国企党建工作。

王晓初在讲话中强调，中国联合网络通信集团要全面贯彻落实党的十九大精神，坚持把学习习近平新时代中国特色社会主义思想作为灵魂和主线，牢固树立"四个意识"，切实做到"三个坚决"：坚决以习近平新时代中国特色社会主义思想和党的十九大精神统领工作全局，始终在政治立场、政治方向、政治原则、政治道路上同以习近平同志为核心的党中央保持高度一致；坚决以习近平新时代中国特色社会主义经济思想指导发展改革全局，认真落实中央经济工作会议各项部署，在打好防范化解重大风险、精准扶贫、污染防治"三大攻坚战"中有新担当，在建设"网络强国、数字中国、智慧社会"上有新贡献；坚决落实全面从严治党责任，坚持以党的政治建设为统领，全面推进党的政治建设、思想建设、组织建设、作风建设、纪律建设，把制度建设贯穿其中，深入推进反腐败斗争。

王晓初指出，刚刚过去的2017年，中国联合网络通信集团在以习近平同志为核心的党中央的坚强领导下，在国家发改委、国务院国有资产监督管理委员会、工业和信息化部等上级部委的领导支持下，坚持聚焦创新合作战略，深入推进抓党建、促发展、控成本、转机制，经历了具有重大里程碑意义、极不平凡的一年。一年来，公司上下力同心聚合力、砥砺奋进破困局，扭转了企业经营发展的困难局面，实现了联通历史上标志性、突破性、变革性、转折性的重大变化：标志性变化主要体现在联通作为集团层面唯一一家整体混改的央企，开拓了新时代国企改革新模式、新标杆，探索了国有经济新形态；突破性变化主要体现在公司开拓互联网商业新模式，实现了传统发展模式的重大突破；变革性变化主要体现在首次真正实现了职务能上能下、人员能进能出、收入能增能减；转折性变化主要体现在经营发展呈现量、质同变的历史性拐点，实现了健康发展的既定目标。

王晓初强调，2018年是深入贯彻落实党的十九大精神的开局之年，也是中国联合网络通信集团混改后的新起点、新开局，新起点要有新气象，新开局要有新作为。新的一年要着力打造新基因、新治理、新运营、新动能、新生态的"五新"联通，重

点做好五个方面工作：一是要深入学习贯彻党的十九大精神，坚决把思想和行动统一到习近平新时代中国特色社会主义思想上来，以新思想武装头脑、指导实践、推动工作。二是要全面推进互联网化运营。要结合企业实际深入推进供给侧结构性改革，紧紧围绕提升感知、提升效率的"两个提升"目标，全面推进中国联合网络通信集团的互联网化运营，通过新零售、无界零售，加快新零售互联网化，加快产品互联网化，实现客户随时、随地、随心消费；通过"去三化"即去中心化、去中间化、去边界化，加快实现企业运营管理的互联网化。三是要加快提升创新能力、转换发展动能。坚持创新领域在组织体系、薪酬激励、选人用人等方面与传统领域进行区隔，统筹做好消费互联网、家庭互联网、产业互联网三大领域的创新能力提升。四是要深入推进混合所有制改革。按照"四位一体"深入推进划小承包、人力资源、薪酬激励、绩效考核等机制体制改革。围绕打造联通发展"新生态"，强力推进与战略投资者业务深度合作与协同，通过"赋能"提升"己能"。五是要持续加强基础管理，强弱项、补短板。按照"三个一切"的价值导向，对企业管理进行再组织、再优化、再梳理，降低制度性交易成本，向管理要效率、要效益、要活力。

陆益民作工作报告，全面总结了中国联合网络通信集团2017年各领域工作，对2018年工作进行了安排部署。陆益民指出，2017年是中国联合网络通信集团历史上具有里程碑意义的一年。一年来，公司上下深入学习贯彻习近平新时代中国特色社会主义思想，牢固树立"四个意识"，坚持新发展理念，深化供给侧结构性改革，全面深化实施聚焦战略，按照"抓党建、促发展、控成本、转机制"的工作要求，保持战略定力强基础，坚持问题导向破瓶颈，公司在转型发展之路上迈出了坚实步伐。经营业绩实现根本好转，业务转型迈出坚实步伐，混合所有制改革取得历史性突破，支撑保障能力有了新的提升，企业党建与文化建设显著加强，央企的责任担当得到充分彰显。

陆益民强调，2018年是中国联合网络通信集团实施聚焦战略、深化混合所有制改革、推进互联网化运营的关键一年。新的一年里，要深刻理解党的

十九大作出的新部署，主动顺应信息通信业发展的新趋势，充分认识公司自身的新条件，全面贯彻党的十九大精神，以习近平新时代中国特色社会主义思想为指导，坚持新发展理念，按照高质量发展的要求，深入落实聚焦创新合作战略，打造"五新"联通。

陆益民要求，在总体工作策略上，要全面贯彻党的十九大精神，以习近平新时代中国特色社会主义思想为指导，持之以恒深化聚焦创新合作战略，坚定不移推进互联网化运营落地，以混改为契机充分释放改革红利，发扬钉钉子精神打造企业关键能力。在经营发展上，重点要全力打造"四个体系"，一是全力打造以产品为核心的运营责任体系；二是全力打造以渠道为核心的销售责任体系；三是全力打造以能力为核心的创新业务体系；四是全力打造以客户为核心的品牌服务体系。在能力提升及相关保障上，重点做好六方面工作：一是转变投资建设模式，快速适应市场发展需要；二是建设开放网络服务体系，提升网络竞争力、网络效能和客户感知；三是强化IT能力建设，为互联网化运营提供关键支撑；四是以改革创新激发内生动力，打造国有企业混改标杆；五是持续强化基础管理，实施财务体系转型，强化风险管控，推进法治企业建设，狠抓安全生产，认真履行社会责任；六是以党的十九大精神为引领，持续深化企业党建、廉政建设与文化建设。

凯歌应是新年唱，便逐春风浩浩声。会议号召中国联合网络通信集团全体干部员工要毫不动摇坚决团结在以习近平同志为核心的党中央周围，不忘初心，牢记使命，不驰于空想，不骛于虚声，一步一个脚印，踏踏实实干好工作，走出中国联合网络通信集团高质量发展之路。

工业和信息化部、国家发改委、国有重点大型企业监事会等相关部门领导，中国联合网络通信集团领导班子全体成员，总部各部门、各直属单位及子公司全体负责人，中国联合网络通信集团31个省（区、市）公司党委书记、总经理，以及各省会城市分公司党委书记、总经理出席现场会议，阿里巴巴集团相关负责人到会进行了专题交流。各省（市）公司、本地网公司领导班子，总部各部门、各直属单位及子公司领导班子和全体三级经理，以及职工代表以视频方式参加会议。

贯彻落实十九大精神，实现新时代的新发展新作为

中国铁塔股份有限公司 2018 年工作会议

佟吉禄

2018 年 1 月 22 日至 23 日，中国铁塔股份有限公司在北京召开 2018 年工作会议提出：深入学习贯彻习近平新时代中国特色社会主义思想和党的十九大精神，牢固树立"四个意识"和"四个自信"，按照中央经济工作会议和中央企业负责人会议部署要求，坚持党建统领，坚持高质量发展，统筹推进质量、效率与动力变革，践行发展新理念，履行国企新担当，满足客户需求，培育竞争优势，助力网络强国，服务万物互联，全力开创转型升级新局面。

工业和信息化部党组成员、总工程师张峰出席会议并讲话，中国铁塔股份有限公司董事长刘爱力作了讲话，党委书记、总经理佟吉禄代表公司班子作了工作报告。

三年来，中国铁塔股份有限公司把"三有利（有利于改革成效彰显、有利于三家电信企业整体利益实现、有利于中国铁塔股份有限公司自身持续发展）——做到了、知道了、认可了"作为一切工作的出发点和落脚点，改革发展成效远超预期。一是共建共享成效远超预期，全网铁塔共享率由成立前的 14.3% 增至 43%，新建铁塔共享率更是迅速提升至 70.4%，累计相当于少建铁塔 60.3 万个，相当于节省行业投资 1 073 亿元，减少土地占用 2.77 万亩，经济效益和社会效益十分显著。二是服务网络强国战略落地，累计投资 1 388 亿元，共交付铁塔设施 167.9 万个，超过从三家运营商接收的存量总和，助力了 4G 网络的规模发展。三是遵循品质向上看齐、维护标准就高的原则，提升网络服务保障能力，目前平均断电退服时长、平均故障处理时长较 2015 年年底分别下降 74.1%、41%，服务品质达到了历史高点。四是以"三低一保"、品质向上看齐、端到端成本透明、三个有利于为商务定价原则，以有利于三家运营商作为铁塔初心，越共享，越优惠，实现了

改革红利的充分共享。五是营造良好发展环境，在铁塔站址规划建设和土地确权、基站环评简化、公共资源开放、5G站址规划统筹等方面得到了政府的大力支持，并与电网、铁路、房地产等行业实现深度合作。动力电池梯级利用列入工业和信息化部重大示范工程。六是探索形成以"共享竞合"为核心的"铁塔模式"，成为国企改革的排头兵；形成了"求是求实、自强不息"的企业精神和"开拓创新、务实高效、利益客户、成就员工"的核心价值观，营造出不唯上、不唯书、只唯"是"，对上敢谏言、对下敢要求、对己敢担当的文化氛围。七是党的建设和队伍建设全面加强，实现了党组织建设全覆盖，基本形成了制度框架体系，铸造了一支勇于担当、一往无前的铁军队伍。

张峰在回顾2017年信息通信行业发展总体情况时，从"建设和支撑能力不断增强""共享的广度深度进一步扩展""有效支撑城乡区域协调发展""切实履行社会责任"等方面充分肯定了中国铁塔股份有限公司自成立以来为行业与社会作出的贡献。对中国铁塔股份有限公司2018年工作提出五点希望：一是持续推进信息基础设施建设，服务和支撑网络强国战略，统筹做好后4G和5G站址规划；二是持续构建"命运共同体"，促进行业和谐发展；三是持续做大共享文章，提高基础设施利用率，促进全行业在共建共享共维基础上坚持共进共退，坚持推动"通信塔"和"社会塔"双向开放共享；四是持续推动质量效率动力变革，努力实现做强做优，立志从全球规模最大的铁塔公司向创新力强、效率高、服务好的国际一流迈进；五是持续增强企业社会责任意识，自觉强化责任担当。

刘爱力做了题为《全面贯彻落实党的十九大精神 实现中国铁塔股份有限公司新时代的新发展新作为》的讲话，指出公司三年来的改革成效远超预期，得到了国务院领导的高度认可，得到了国务院国有资产监督管理委员会、工业和信息化部及相关主管领导的高度认可，得到了三家电信企业的总体认可。没有铁塔公司，就没有今天如此显著的铁塔共享成效，就没有4G移动通信的规模发展，就没有电信行业的均衡发展，就没有全社会对信息通信便利使用的强烈获得感。

刘爱力强调，2018年要全面学习习近平新时代中国特色社会主义思想，全面学习领会"八个明确"和"十四个坚持"的核心要义，全面学习领会习近平新时代中国特色社会主义经济思想的深刻内涵。要联系历史地学，学出强烈的认同感；要多方比较地学，学出强烈的自豪感；要联系实际地学，学出强烈的责任感，在思想上政治上行动上同以习近平为核心的党中央保持高度一致。

一、以习近平新时代中国特色社会主义思想为指引，坚定不移地把中国铁塔股份有限公司做强做优做大。要在为电信企业不断降低运营成本的同时增强自身盈利能力，壮大公司综合实力；要在激励机制上狠下功夫，奖励奉献者、奋斗者，淘汰无所作为者、落后者，真正实现干部能上能下、人员能进能出、收入能增能减；要大力拓展非电信企业客户业务需求，做大外部收入和外部效益。二、以习近平新时代中国特色社会主义思想为指引，坚定不移地使市场在资源配置中起决定性作用和更好发挥政府作用。一方面，充分发挥190万站址规模的共享规模和共享优势，通过成本市场化、服务品质市场化、建设模式市场化、业务拓展市场化，使公司成为电信企业最优选择；另一方面，充分发挥政府作用，全面争取政策支持，持续开展社会资源批量获取和有效使用，实现对站址资源的跨界整合和深度共享。三、以习近平新时代中国特色社会主义思想为指引，坚定不移地推动三大变革，要聚焦建设、维护及IT支撑能力，提升产品和服务质量，推动质量变革；要聚焦高效运营，加强调查研究，始终做正确的事，推进集约化管理和市场化配置资源，实现以既定的投入获取最大的产出，推动效率变革；要聚焦企业活力，创造干事创业的良好环境，求是求实建设人力资源发展体系，推动动力变革。四、以习近平新时代中国特色社会主义思想为指引，坚定不移地落实好"两个一以贯之"。一方面，始终坚持和加强党的全面领导，充分发挥国有企业党建工作独特优势，推动从严治党工作取得新成效；另一方面，以上市为重要途径建立健全现代企业制度，打好上市攻坚战，实现国有资本放大，有效降低债务负担。五、以习近平新时代中国特色社会主义思想为指引，坚定不移地把中国铁塔股份有限公司打造成国际一流企业。要对标国际同类领先企业，以标杆管理为基础，建立最佳实践制度和标准化体系，开展"比学赶帮超"，全面提升公司运营管理水平，真正使公司走出行业、走向社会，走出国门、走向国际。

佟吉禄做了题为《以党的十九大精神为指引 奋力开创中国铁塔股份有限公司转型升级新局面》的工作报告。强调以习近平新时代中国特色社会主义思想和党的十九大精神引领公司迈上转型升级新征程，把企业改革发展目标融入"两个一百年"的奋斗目标中，坚定不移地做强做优做大中国铁塔股份有限公司，坚定不移地助力"网络强国"建设，坚定不移地推动质量效率动力变革，坚定不移地推动全面从严治党向纵深发展。要拥抱新时代，迈向新阶段。

当前中国铁塔股份有限公司从"初创探索"迈入"转型升级"新阶段，转型的根本是变革发展方式，提升市场竞争能力，升级的根本是挖潜提质增效，提升价值创造能力，必须以低成本、高品质满足行业需求，给电信企业带来"更快更强更省"的获得感。

佟吉禄指出，要践行新发展理念，促进高质量高效率发展。一要牢固树立客户导向，全力推进共享协调发展。中国铁塔股份有限公司坚持发展与行业同频共振，协同一致，高擎共享旗帜，全力促进各项业务共享协同发展，助力行业降本增效，服务网络强国战略落地。二要构建开放合作产业生态，推进拓展业务跨越发展。立足现有资源，防止和电信企业同质竞争。深耕政企专网、视频监控、数据采集、智慧物联四类业务。三要坚持绿色低碳创新发展，探索动力电池梯级应用。

佟吉禄表示，要推动关键能力提升，培育公司核心竞争优势，重点是强化站址运营理念，提升环境营造能力；立足更快更强更省，提升专业化建设能力；聚焦提质降本增效，提升精准维护能力；强化资产精益管理，提升资产运营能力；保持精干高效优势，提升队伍能力。要聚焦质量效率动力变革，筑牢转型升级基础，重点是建立适应转型升级的体制机制，强化考核激励的导向作用，全面提升基层活力与竞争力，全面推进"简化工程"来为基层减负。

佟吉禄强调，深入学习贯彻习近平新时代中国特色社会主义思想，全面加强党建和党风廉政建设，为改革发展提供坚强保障。要组织开展全系统"大学习"活动，在学懂弄通做实上下功夫，要强化政治责任，推动党要管党、从严治党落到实处，要持之以恒正风肃纪，坚定不移推进党风廉政建设和反腐败各项工作。

"潮涌催人进，风正好扬帆"。会议号召全体员工坚持以习近平新时代中国特色社会主义思想和党的十九大精神为指导，继续统筹推进各方面改革的新突破、新作为、新贡献，勇做中国特色社会主义新时代的践行者，为行业、为社会、为国家创造更大价值。

信息通信业十大趋势（2018—2020）

中国信息通信研究院

过去十年是信息通信业一次大规模的技术浪潮。2007 年苹果手机、安卓操作系统的出现，以及移动互联网的商业化，使我们发现这次浪潮不仅仅是 ICT 产业的，更是 ICT 的模式及理念被推广到了传统的经济部门，形成目前数字经济的蓬勃发展。比如，移动互联形成了大规模的生产解放，大数据提供了认知世界、驱动创新的方法论，人工智能提供了改造世界的新工具。从过去的实践中，我们看到了大范围的跨界融合、生态系统和开放体系，这些变革仍然驱动着各个产业、各个部门的发展。

一、中国引领，驱动 5G 加快迈入快车道

5G 第一版国际标准将于 2018 年 6 月完成，完整版标准将于 2019 年 9 月完成。随着标准和频谱生态环境统一一致性发展，各个国家更加明确和加快了 5G 的商业应用。我国于 2016 年开始 5G 技术实验，预计在 2020 年启动 5G 的商用，进入全球商业应用的第一阵营。2020 年 5G 商用对 5G 研发提出了很大的挑战，未来 3 年，各个厂商将提供 5G 商用平台的产品，构建 5G 完整产业链。关于最受关注的芯片和终端，预计 2019 年第一季度将会发布 5G 芯片，终端将会在 2019 年下半年逐渐投入市场。

二、跨越拐点，开启万物互联新世界

目前，正在大规模部署移动物联网。制造企业、互联网企业、电信运营商等争相建设自己的物联网平台。边缘计算、云计算的结合促进了数据实时处理，除此还有智能感知的进步等。未来两年，物联网大规模发展的要素可能逐步趋于完备，在中国发展已近十年的物联网有可能迎来大规模发展的拐点，并且未来三年物联网有可能实现规模化应用，包括

产业 / 工业物联网应用，消费型智能硬件、家居，以及智慧城市的应用等。2020 年，物联网产业规模会突破 1.5×10^4 亿元，物联网将是未来非常重要的发展方向。

三、边缘到云，重构网络计算新体系

预计未来三年，我国公有云和私有云均保持 20% 以上的增长率，2020 年市场规模分别达到 604 亿元和 762 亿元左右。云计算提供了集中方式配置资源，当大量的物联网终端与设备连接到网络时，计算、存储、控制、安全以及人工智能、机器学习能力将会在云和边缘寻找平衡。预计到 2020 年，全球将有超过 500 亿终端与设备联网，超过 40% 的数据需要在网络边缘侧进行分析、处理与存储。云和边缘、边缘和边缘实现资源和能力的优化配置和协同，形成集中和分散相结合的大规模的基础设施，形成分布式和集中式相结合的计算、网络、控制和智能体系，这将是物联网非常重要的研究方向。

四、算法为王，激发人工智能新变革

目前，人工智能发展形成了数据、深度学习算法及大规模并行计算驱动的格局，其中数据具有核心作用；深度学习是通过算力和应用来学习的方法，但目前算法机理尚无法解释，因此学习能力受到很大限制。未来三年，随着人工智能的深入发展，算法将会有进一步的突破。人工智能将会以算法为核心，降低对数据和计算力的依赖，并且更加符合人类的认知方式。另外，人工智能也将更多地应用到农业、金融、医疗等领域。未来三年，人工智能可能给我们带来更多的惊喜和突破，我们将看到更大范围的在更智能化的人工智能上的探索。

五、创新前行，拓展工业互联网发展新格局

为了满足工业场景差异化与灵活部署要求，未来将通过标准引导、试验验证、产学研用结合等方式全方位地推动工业互联网的网络建设，加快 IT-OT 融合进程。加强工业互联网平台能力建设，加速促进边缘与云端协同，以及工业机理与数据科学深度融合。推进工业智能应用，从云、边缘、端推进与人工智能技术融合创新。需要强调，与人工智能的结合将有可能成为工业互联网未来发展最重要的方向。从另外的角度来看，如果人工智能作用于制造业或其他实体经济，工业互联网将是人工智能的最重要载体。这将是未来的重大突破方向，也将会看到很多的实践探索。

六、AI 为先，重塑智能终端发展新范式

在过去十年中，移动互联网大潮重新定义了移动终端，也改变了全球 ICT 的发展格局。未来智能终端的发展模式将从移动为先转为 AI 为先；从以终端本身的技术演进为主转为由云端向终端延伸、端云协同共同进步；从围绕操作系统和核心应用的发展模式转为围绕核心算法平台的应用发展模式。人工智能技术的加入，意味着有可能重新定义移动终端，带来新的塑造产业格局的机会，带来新的终端形态、系统平台、产业主题和商业模式。

七、突破瓶颈，筑成虚拟现实产业全生态

目前，AR/VR 还没有大规模发展起来，是因为其中有很多瓶颈还没有突破，如近眼显示、网络传输、内容制作、渲染处理等。2020 年有望突破这些瓶颈，这将为 AR/VR 可产业化发展提供前提。到 2020 年，将初步构建出器件模组、终端设备、网络传输、开发平台和内容应用 5 个要素的完整产业生态。所以，在未来三年中，AR/VR 有可能给我们带来新的惊喜。

八、两极分化，探索区块链发展多路径

从区块链应用来讲有两大路径，一是在金融领域的发展，二是和实体经济的结合发展。目前，从专利分布可以看出，区块链领域除金融方面，很多专业的探索已经开始。近期，美国工业发展联盟已推出区块链测试床。在物联网环境下使用区块链技术将会推动整个工业互联网和智能制造的发展。另外，从技术路线上来看，公有链和联盟链代表着两种完全不同的发展方向。有句话特别深刻：区块链可能会长成自己最初讨厌的样子。这可能是区块链技术比较务实的发展方向。

九、数字转型，激发数字经济新动能

预计到 2020 年，数字经济规模将达到 4×10^5 亿元，占 GDP 比重超过 38%，数字产业化部分的规模将达到 9×10^4 亿元，产业数字化部分的规模将达到 3.1×10^5 亿元。我国数字经济规模与美、英等发达国家差距将逐渐缩小，美国与我国数字经济之比将由 2016 年的 3.18 倍，下降到 2020 年的 2.60 倍。

十、以人为本，塑造智慧社会新形态

一切技术、产业最终将回归到人。数字技术、大数据资源、数字平台等使能技术与城市运营、治理、服务、基础设施等城市化要素相结合，正在深刻地改变着社会形态。智慧社会新形态首先是对个人赋能，大力提升人们获取信息、知识的能力以及自我学习的能力。这是智慧社会非常重要的特点。第二是对社会赋权。互联网平台所提供的社交能力和特性，提供了多元协同的社会治理模式。第三是数字孪生。信息与工业系统在融合的同时，也与城市系统相融合。这意味着城市所有设施的数字化、可视化、智能化，从而形成城市大脑，进行科学智能决策及多元协同一盘棋管理。最后是智慧服务，提供普惠均衡、智能便捷的社会公共服务，提升人们的幸福指数和能力，促进社会进一步发展。

以上提到的信息通信技术基本已齐备，过去网络和计算发展很快，但感知能力发展不强。当物联网、人工智能等迅速发展了，意味着信息技术将驱动一个前所未有的、全球性的数字浪潮，或者说是驱动经济社会各领域数字化、网络化、智能化的转型。这是我们未来几年将要经历和可预期的结果。

综合篇

我国信息通信业发展分析与展望

2017 年，我国信息通信服务业蓬勃发展，行业发展在全球排名不断提升，基础电信业加速回暖，重点业务发展成效显著，互联网服务业收入高速增长，对国民经济发展贡献显著。展望 2018 年，我国信息通信服务业将继续保持高速发展态势，电信业基础设施建设换档提速，网络强国基础将得到进一步夯实，互联网服务业规模将持续扩张，新一轮创新浪潮涌现。

一、2017 年信息通信业发展情况

（一）信息通信服务业蓬勃发展，行业发展国际地位稳步上升

信息通信服务业发展稳中有进。2017 年，我国信息通信服务业收入规模接近 3 万亿元，同比增长 23.0%，较上年提升 1 个百分点。其中，基础电信企业收入 1.26 万亿元，同比增长 6.4%；互联网企业收入 1.73 万亿元，同比增长 39.0%，互联网企业收入占比达到 58%，较上年提升 7 个百分点。

我国信息与通信技术发展指数（IDI）排名持续上升，移固宽带高速发展为核心推动因素。根据 ITU 在 2017 年 12 月发布《衡量信息社会报告（2017）》数据显示，中国 IDI 指数排名第 80 位，较 2016 年提升 3 个名次。其中，固定和移动宽带高速发展是中国 IDI 排名提升的核心因素，固定宽带普及率从 2015 年的 19.8% 提升到 2016 年的 22.9%，移动宽带分别从 2015 年的 55.5% 提升到 2016 年的 66.8%；人均国际出口带宽翻番，排名大幅提升。

（二）基础电信业加速回暖，重点业务发展成效显著

4G、宽带等重点业务拉动电信业务收入增速持续提升。2017 年，我国电信业务收入规模达 12 620 亿元，同比增长 6.4%，增速比 2016 年提升 0.8 个百分点。其中，流量、宽带等重点业务对收入的拉动作用显著，移动数据及互联网业务收入占比达到 43.5%，拉动电信业务收入增长 9.7 个百分点，固定数据及互联网业务收入同比增长 9.5%，拉动电信业务收入增长 1.4 个百分点。

流量增长进入消费升级驱动阶段，流量业务发展对领先国家形成追赶之势。移动数据流量资费持续下滑，刺激流量加速增长，2017 年 12 月每 MB 综合资费降至 0.013 元，同比下降 57.1%，降幅远高于去年同期。此外，运营商不断采取举措促进用户内容消费升级：创新合作模式，加强内容领域的流量后向经营，推出大流量套餐和互联网专属套餐；开展视频"内容运营"，打造视频生态圈。中国移动数据流量总量首次超过美国，人均使用量形成追赶之势。

我国光纤化进程基本完成，光纤用户占比全球领先，国际网络通达范围持续扩大。我国政府高度重视宽带网络的建设，国家宽带战略的实施推动了光纤市场的快速发展。2017 年我国光纤化进程基本完成，固定宽带用户达到 3.48 亿户，其中光纤用户占比达到 84.3%，全年提升 7.7 个百分点，超过日韩位居世界第一。普遍服务推动农村光纤网络建设成效显著，自 2015 年开始，我国组织实施了三批次电信普遍服务试点，共支持全国 13 万个行政村支持光纤网络到村建设和升级改造，2017 年我国行政村通宽带普及率达到 97.1%，通光纤普及率达到 89.6%，对比 2016 年年底提升 6.1 个百分点。国际通信基础设施建设不断加快，国际网络和通达范围加速扩大。我国积极加强国际合作，继续发挥中国东盟、中欧、中俄等双边和多边电信高级协商对话和交流合作机制作用，助力区域网络完善。2017 年 6 月，由中国联通于 2012 年发起并主导建设的 AAE-1 海缆系统大部分正式投入商用。

（三）互联网行业高速发展，对国民经济贡献持续加大

互联网行业营收保持高速增长。截至2017年年底，我国上市互联网企业总营收达到1.4万亿元左右，同比增速近40%，行业规模持续扩张，增速远高于同期GDP的6.9%和基础电信业的6.4%，互联网行业营收增加值占GDP比重提升至1.1%。我国上市互联网企业总市值达到8.34万亿，环比上涨15.3%。

互联网业务结构向电子商务集中，业务创新引领全球。2017上半年，电子商务营收占比超60%，远高于其它业务的比重，受益于数字内容订阅、信息流广告等业务的快速发展，社交网络延续高速增长，搜索引擎增速回暖。互联网领域业务创新活跃，"无人超市"、"新零售"正不断吸引着社会各方的关注，中国"新四大发明"中支付宝、共享单车和网购引领全球互联网创新潮流。截至2017上半年，我国移动支付规模达179.26亿笔，无现金社会正在加速形成；共享单车出现爆发式增长，共享单车注册用户约3亿，居世界首位；2017全年我国电商零售总额达7.37万亿元。

互联网市场格局"两超多强"，初创企业持续壮大。2017年，互联网行业市场结构更加向领先企业集中，凭借技术实力的增强、持续的创新、大企业生态系统中各项业务的协同效应，超级企业的非核心业务市场地位逐步提升，例如线上娱乐业务、支付相关、云服务及AI技术的蓬勃发展，推动腾讯、阿里两大"超级企业"市值占比超过67%，营收增速在55%以上；得益于规模优势、平台生态效应等因素的利好，大企业业绩表现持续抢眼，营收前十强的互联网企业占比超过85%。互联网独角兽企业诞生保持较快速度，中国独角兽数量已达到58家，总估值达2 830亿美元，仅次于美国。

▌二、2018年信息通信业发展展望

在信息经济保持迅猛发展态势的背景下，展望2018年，中国信息通信服务业收入将继续保持高速增长，预计收入规模超过3.75万亿元，同比增长25.4%。其中，互联网企业收入达到2.42万亿元，占比65%，基础电信业务收入增长3.2%～4.0%。

（一）电信业基础设施建设提速换挡，继续夯实网络强国根基

基础电信业务收入保持平稳增长。2018年，预计全年基础电信业务收入增长3.2%～4.0%。移动数据流量、高速宽带仍是主要驱动力，内容消费升级带动流量仍保持翻番增长，提速降费及竞争因素推动高速宽带用户可保持较大规模增长。

移动互联网接入流量仍将保持翻番增长。在内容消费升级和流量资费进一步下降等因素的带动下，2018年，移动互联联网接入流量仍将保持高速增长，预计超过600亿GB，同比增长超过140%，12月当月户均使用流量预计超过6GB，同比增长118%。

提速降费进入提质增效新阶段，FTTH端口保持持续增长态势。目前，光纤到户已成为我国最主要的宽带接入方式，2018年我国光纤到户网络覆盖基本完成，传统用户向光纤宽带用户迁移增速放缓，网络资源利用效率逐渐提高，FTTH端口将超过7.6亿个。"十三五"规划纲要中提出城镇地区要具备千兆接入服务能力，2018年地方政府和运营企业共同推动千兆宽带能力建设，加快我国千兆宽带城市进程。

NB-IoT将进入规模运营元年，物联网终端用户开启爆发式增长。2018年，NB-IoT将开始规模运营，用户过亿，推动物联网终端用户数翻番。网络覆盖将进一步完善，预计NB-IoT基站规模达到100万个，从主要城市覆盖向全国范围广泛覆盖推进，同时面向室内、交通路网、地下管网等应用场景推进深度覆盖。NB-IoT产业生态体系进入良性发展期，商用芯片开始成熟，移动物联网业务与应用创新活跃，成为新的蓝海市场。

（二）互联网服务业规模持续扩张，新一轮创新浪潮涌起

受新兴业态加速拓展、上市企业数量快速增加的推动，互联网服务业规模持续扩张。预计2018年，互联网行业营收仍将保持40%以上高速增长，互联网服务业收入将突破2万亿元。同时，新业务持续蓬勃发展，数字内容成为互联网的新战场，以大数据、云计算、人工智能、数字内容等技术、业务为引领的互联网领域，将迎来新一轮创新浪潮。

（中国信息通信研究院　艾宝林）

2017 年基础电信业发展整体态势

2017 年，在网络强国战略的指引下，我国的基础电信业深入贯彻落实党中央、国务院的决策部署，加强信息网络建设，深入落实提速降费，加快发展移动互联网、IPTV、物联网等新型业务，为国民经济和社会发展提供了有力支撑。

一、行业保持较快发展

（一）电信业务总量大幅提高，电信收入增长有所加快

2017 年，电信业务总量达到 27 557 亿元（按照 2015 年不变单价计算），比 2016 年增长 76.4%，增幅同比提高 42.5 个百分点；电信业务收入 12 620 亿元，比 2016 年增长 6.4%，增速同比提高 1 个百分点。2010—2017 年电信业务总量与业务收入增长情况如图 1 所示。

2017 年，全年固定通信业务收入完成 3 549 亿元，比 2016 年增长 8.4%；移动通信业务实现收入 9 071 亿元，比 2016 年增长 5.7%，在电信业务收入中占比为 71.9%，比 2016 年回落 0.5 个百分点。2012—2017 年固定通信与移动通信收入占比变化情况如图 2 所示。

（二）数据及互联网业务稳定增长，话音等传统业务继续萎缩

"宽带中国"战略的加快实施带动数据及互联网业务加快发展。2017 年，在固定通信业务中固定数据及互联网业务收入达到 1 971 亿元，比 2016 年增长 9.5%，在电信业务收入中占比由 2016 年的 15.2% 提升到 15.6%，拉动电信业务收入增长 1.4 个百分点，对全行业业务收入增长贡献率达 21.9%。受益于光纤接入速率大幅提升，家庭智能网关、视频通话、IPTV 等融合服务加快发展。2017 年，全年 IPTV 业务收入 121 亿元，比 2016 年增长 32.1%；物联网业务收入比 2016 年大幅增长 86%。2012—2017 年固定数据与互联网业务收入情况如图 3 所示。

2017 年，在移动通信业务中，移动数据及互联网业务收入 5 489 亿元，比 2016 年增长 26.7%，在电信业务收入中占比从 2016 年的 38.1% 提高到 43.5%，对收入增长贡献率达 152.1%。2012—2017 年移动数据及互联网业务收入情况如图 4 所示。

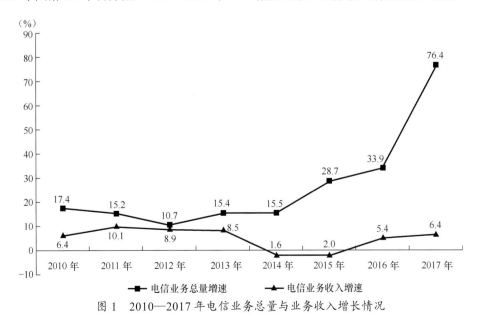

图 1　2010—2017 年电信业务总量与业务收入增长情况

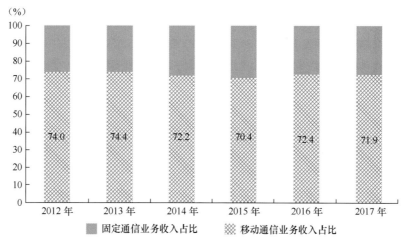

图 2　2012—2017 年固定通信和移动通信收入占比变化情况

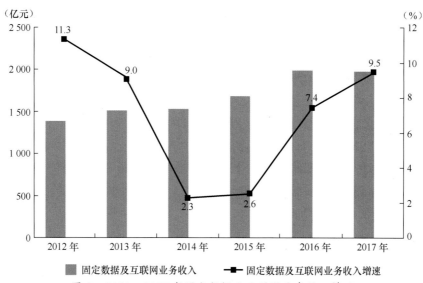

图 3　2012—2017 年固定数据及互联网业务收入情况

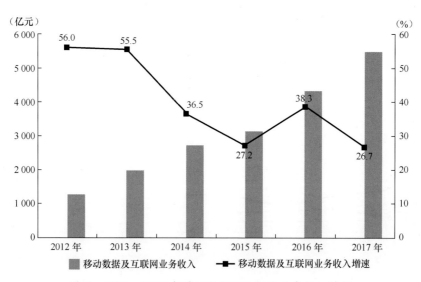

图 4　2012—2017 年移动数据及互联网业务收入情况

随着高速互联网接入服务的发展和移动数据流量消费的快速上升，话音业务（包括固定话音和移动话音）继续呈现大幅萎缩态势。2017 年完成话音业务收入 2 212 亿元，比 2016 年下降 33.5%，在电信业务收入中的占比降至 17.5%，比 2016 年下降 7.3 个百分点。2012—2017 年电信收入结构（话音和非话音）情况如图 5 所示。

二、网络提速和普遍服务效果显现

（一）电话用户规模稳步扩大，移动电话普及率首次破百

2017 年，全国电话用户净增 8 269 万户，总数达到 16.1 亿户，比 2016 年增长 5.4%。其中，移动电话用户净增 9 555 万户，总数达到 14.2 亿户，移动电话用户普及率达 102.5 部 / 百人，比 2016 年提高 6.9 部 / 百人，全国已有 16 省市的移动电话普及率超过 100 部 / 百人。固定电话用户总数 1.94 亿户，比 2016 年减少 1 286 万户，每百人拥有固定电话数下降至 14 部。2000—2017 年固定电话、移动电话用户发展情况如图 6 所示。

（二）网络提速效果显著，高速率宽带用户占比大幅提升

进一步落实网络提速要求，加快拓展光纤接入服务和优化 4G 服务，努力提升用户获得感。截至 2017 年 12 月底，三家基础电信企业的

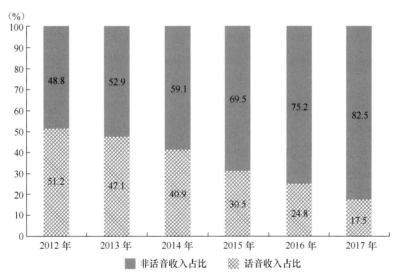

图 5　2012—2017 年电信收入结构（话音和非话音）情况

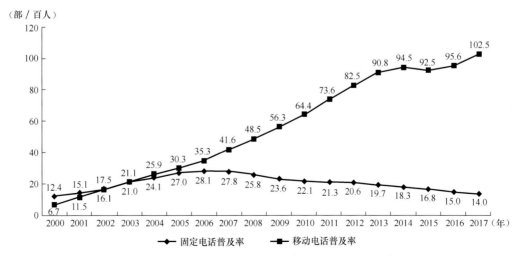

图 6　2000—2017 年固定电话、移动电话用户发展情况

固定互联网宽带接入用户总数达 3.49 亿户，全年净增 5 133 万户。其中，50Mbit/s 及以上接入速率的固定互联网宽带接入用户总数达 2.44 亿户，占总用户数的 70%，占比比 2016 年提高 27.4 个百分点；100Mbit/s 及以上接入速率的固定互联网宽带接入用户总数达 1.35 亿户，占总用户数的 38.9%，占比比 2016 年提高 22.4 个百分点。如图 7 所示。截至 2017 年 12 月底，移动宽带用户（即 3G 和 4G 用户）总数达 11.3 亿户，全年净增 1.91 亿户，占移动电话用户的 79.8%。4G 用户总数达到 9.97 亿户，全年净增 2.27 亿户，如图 8 所示。

（三）普遍服务继续推进，农村宽带用户增长加速

2017 年年底，电信业完成 3.2 万个行政村通光纤的电信普遍服务任务部署。全国农村宽带用户达到 9 377 万户，全年净增用户 1 923 万户，比 2016 年增长 25.8%，增速比 2016 年提高 9.3 个百分点；在固定宽带接入用户中占 26.9%，占比比 2016 年提高 1.8 个百分点，如图 9 所示。

（四）行业融合加深，新业务发展动能强劲

加快培育新兴业务，扎实提高 IPTV、物联网、智慧家庭等服务能力。2017 年年底，IPTV 用户数达

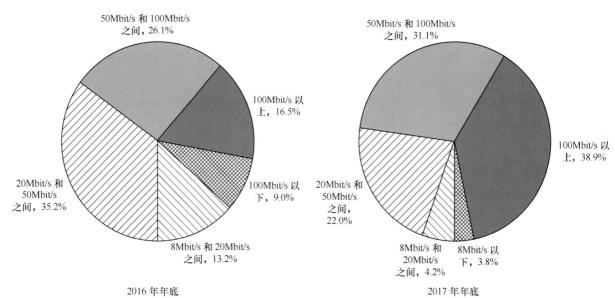

图 7　2016—2017 年固定互联网宽带各接入速率用户占比情况

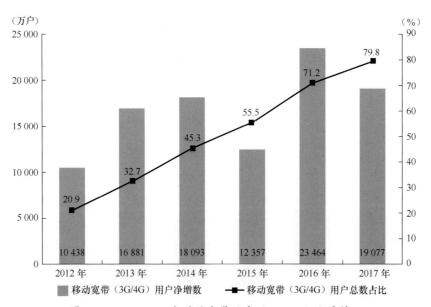

图 8　2012—2017 年移动宽带用户（3G/4G）发展情况

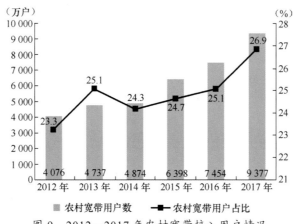

图 9 2012—2017 年农村宽带接入用户情况

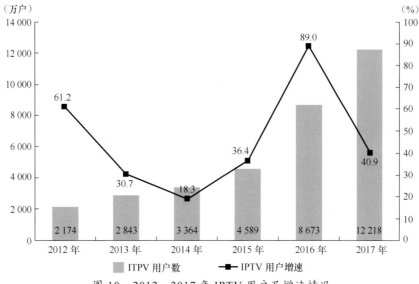

图 10 2012—2017 年 IPTV 用户及增速情况

到 1.22 亿户，全年净增 3545 万户，净增用户占光纤接入净增用户总数的 53.5%，如图 10 所示。

三、移动数据流量消费等新兴业务继续大幅攀升

（一）移动互联网应用加快普及，户均流量翻倍增长

4G 移动电话用户扩张带来用户结构不断优化，支付、视频广播等各种移动互联网应用普及，带动数据流量呈爆炸式增长。2017 年，移动互联网接入流量消费达 246 亿 GB，比 2016 年增长 162.7%，增速比 2016 年提高 38.7 个百分点。全年每户每月平均移动互联网接入流量达到 1775MB，是 2016 年的 2.3 倍，2012—2017 年移动互联网接入流量增长情况

如图 11 所示。2017 年 12 月每户平均接入流量高达 2752MB，2017 年各月每户平均移动互联网接入流量增长情况如图 12 所示。其中，手机上网流量达到 235 亿 GB，比 2016 年增长 179%，在移动互联网总流量中占 95.6%，成为推动移动互联网流量高速增长的主要因素。

（二）互联网应用替代作用增强，传统业务持续下降

2017 年，全国移动电话去话通话时长 2.69×10^4 亿分钟，比 2016 年减少 4.3%，降幅比 2016 年扩大 2.8 个百分点。全国移动短信业务量 6 644 亿条，比 2016 年减少 0.4%。其中，由移动用户主动发起的点对点短信量比 2016 年减少 30.2%，占移动短信业务量的比重由 2016 年的 28.5% 降至 19.9%。彩信业务量只有 488 亿条，比 2016 年减少 12.3%。移动短信

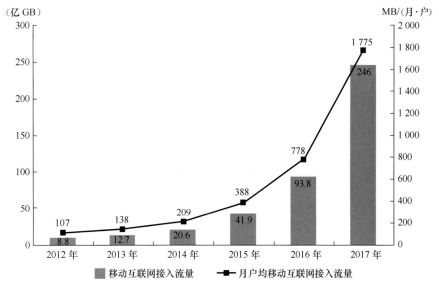

图 11　2012—2017 年移动互联网接入流量增长情况

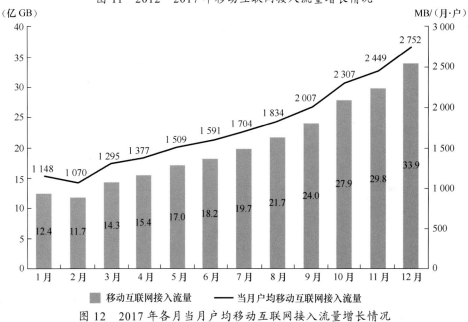

图 12　2017 年各月当月户均移动互联网接入流量增长情况

业务收入 358 亿元，比 2016 年减少 2.6%。2012—2017 年移动电话去话通话时长增速和移动用户净增情况如图 13 所示。

■ 四、网络基础设施建设继续加强

（一）信息网络建设扎实推进，4G 移动网络深覆盖

着力提升网络品质，加快光纤网络建设，完善 4G 网络覆盖深度，不断消除覆盖盲点，移动网络服务质量和覆盖范围继续提升。2017 年，全国净增移动通信基站 59.3 万个，总数达 619 万个，是 2012 年的 3

倍。其中 4G 基站净增 65.2 万个，总数达到 328 万个。2012—2017 年移动电话基站发展情况，如图 14 所示。

（二）光缆加快建设，网络空间综合实力加强

2017 年新建光缆线路长度 705 万 km，全国光缆线路总长度达 3 747 万 km，比 2016 年增长 23.2%，"光进铜退"趋势更加明显。截至 12 月底，互联网宽带接入端口数量达到 7.79 亿个，比 2016 年净增 0.66 亿个，增长 9.3%。其中，光纤接入（FTTH/O）端口比 2016 年净增 1.2 亿个，达到 6.57 亿个，占互联网接入端口的比重由 2016 年的 75.5% 提升至 84.4%，2012—2017 年互联网宽带接入端口发展情况，如图 15 所示。xDSL 端口比 2016 年减少 1639 万个，总

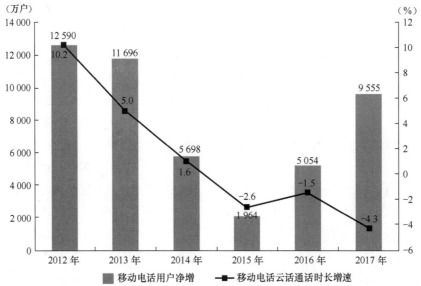

图 13　2012—2017 年移动电话去话通话时长增速和移动用户净增情况

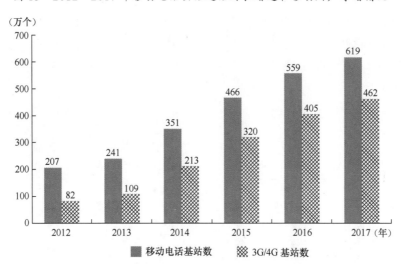

图 14　2012—2017 年移动电话基站发展情况

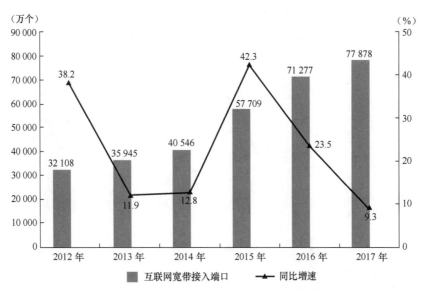

图 15　2012—2017 年互联网宽带接入端口发展情况

数降至 2248 万个，占互联网接入端口的比重由 2016 年的 5.5% 下降至 2.9%，2012—2017 年互联网宽带接入端口按技术类型占比情况如图 16 所示。

五、东部、中部、西部地区协调发展

（一）东部地区电信业务收入继续占据半壁江山，中部和西部地区占比有所上升

2017 年，东部地区实现电信业务收入 6 759 亿元，比 2016 年增长 6.6%，占全国电信业务收入的比重为 53.5%，占比比 2016 年减少 0.5 个百分点；中部和西部实现电信业务收入分别为 2 908 亿元和 2 978 亿元，比 2016 年增长 7.4% 和 8.5%，占比分别为 23% 和 23.5%，比 2016 年提升了 0.1 个和 0.4 个百分点，如图 17 所示。

（二）东部、中部、西部光纤宽带接入用户渗透率均超过八成，西部地区提升明显

2017 年，东部、中部和西部光纤接入用户分别

达到 14 585 万户、7 708 万户和 7 100 万户，比 2016 年分别增长 24.9%、29.3% 和 38.5%。西部地区增速比东部和中部分别高 13.6 个和 9.2 个百分点。东部、中部和西部光纤接入用户在固定宽带接入用户中的占比分别达到 83.2%、85.2% 和 85.9%，其中，西部地区比 2016 年大幅提高 10.4 个百分点，如图 18 所示。

（三）东部、中部、西部移动数据业务均呈现加快发展态势，西部增长接近两倍

2017 年，东部、中部和西部地区移动互联网接入流量分别达到 121 亿 GB、59.9 亿 GB 和 64.9 亿 GB，比 2016 年分别增长 151%、154% 和 198.1%，西部增速比东部、中部增速分别高 47.1 个和 44.1 个百分点。东部、中部和西部地区月户均流量达到 1 780MB/（月·户）、1 680MB/（月·户）和 1 865MB/（月·户），西部比东部和中部分别高 85MB/（月·户）和 185MB/（月·户），如图 19 所示。

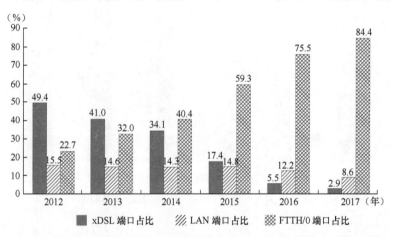

图 16　2012—2017 年互联网宽带接入端口按技术类型占比情况

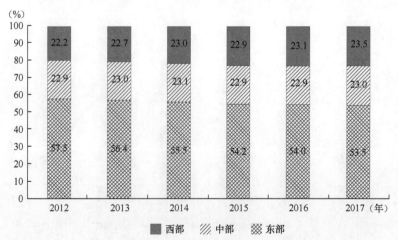

图 17　2012—2017 年东部、中部和西部地区电信业务收入比重

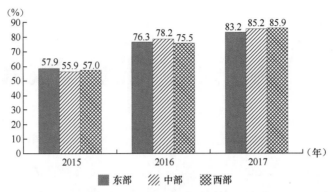

图 18 2015—2017 年东部、中部和西部地区光纤宽带接入用户渗透率

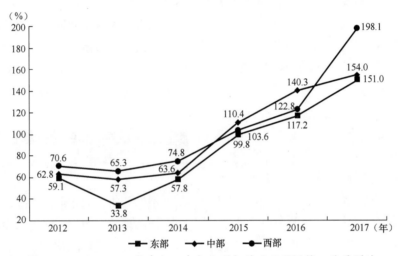

图 19 2012—2017 年东部、中部和西部移动互联网接入流量增速

（汪明宇）

我国电信运营商数字化转型发展分析

进入新世纪以来，以互联网为核心的新技术、新应用、新平台蓬勃兴起，开始逐步对全球电信业的发展路径和模式施以巨大影响，尤其自移动互联网时代起，这一趋势愈发明显。电信运营商不仅需要面对新型OTT应用迭代发展所带来的压力，还面临着用户日趋饱和、电信业内部市场竞争异常激烈、监管政策持续趋严等不利影响。

在我国，电信运营商原有的短信和语音等业务相继受到微信等OTT业务的严重冲击。虽然4G网络快速普及，数据流量呈现爆发式增长态势，但用户规模新增空间已经非常有限，行业竞争的重点已转为存量竞争和第二卡槽争夺。此外，取消移动电话国内长途和漫游费、大幅降低中小企业互联网专线接入资费、降低国际长途电话费以及实名制、营改增、流量结转等政策也在客观上给电信行业带来了较大不利影响。因此，对我国三大电信运营企业而言，加速数字化转型、寻求新的业务和收入增长点以破解"增量不增收"等困局已刻不容缓。

一、万物互联时代，数字化转型对于电信运营商已是势在必行

在历经移动话音、增值业务、OTT竞争以及流量经营4个时代之后，目前电信业正处于"后流量经营"期，在向万物互联时代过渡。综合业内专家观点，万物互联时代将是以"泛在智能终端+云/大数据等+超高速网络（如5G）"为技术特征，以"流量+数字服务"为核心产品，以"平台服务、能力输出、多元数字服务带来新收入"为绩效表现的时代，电信运营商将不但是网络接入者，还将具备多元化的数字能力，可提供丰富的数字化服务。在这一时代，电信运营商的业务结构和商业模式将发生深刻变化，M2M用户规模将迎来持续的爆发式增长，经济社会对电信运营商输出支付/位置/营销等数字化服务能力的需求不断提升，电信运营企业将由卖业务为主的"销售商"转型为以能力开放为基础的平台型企业。因此，数字化转型对于电信运营商可谓是势在必行。

二、数字化转型的基石在于网络重构和运营重构

不同的机构/企业对电信运营商的数字化转型有不同的理解。例如，华为认为，电信运营商的数字化转型有大视频、大IT、大运营、大架构和大管道五大方向，电信运营商面向这五大发展方向，对合作伙伴开放管道、数据、业务等能力，就一定能够优势互补、资源共享，满足客户多样化的需求，真正实现数字化转型。埃森哲认为，电信运营商转型为数字化服务提供商的实质，是要由外及内地建立数字化产品与服务的生态圈，继而实现渠道的数字化转型，并推动内部运营向新的基于数字化平台的运营模式转型，因此，对数字化产品与服务市场的选择与聚焦，是推动数字化转型的关键。

电信运营商对数字化转型同样有自身的见解。中国移动认为，其下一步应围绕新技术、新网络、新生态三个方面，秉持开放创新、合作共赢的理念，着力构建数字化服务新能力；中国电信提出了转型3.0战略，未来计划着重推进网络智能化、业务生态化、运营智慧化，引领数字生态，做领先的综合智能信息服务运营商；中国联通则强调，将在业务体验、内容产品、终端、渠道和信息化应用5个领域加快推进面向数字化、平台化等方面的创新转变，

深化外部合作。

虽然各电信运营商对数字化转型的理解不尽相同，不过其背后却存在相同的本质和核心要求——大幅度提高电信运营商的效率和敏捷度，尽力改善 B2B 和 B2C 用户的体验，使电信运营商的传统业务和数字化新业务的收益都最大化。在此牵引下，电信运营商须直面两大挑战：一是重构网络，推动实现"网络随选、弹性部署、快速配置"，以更敏捷的架构让业务和服务更高效，促成更多的开放合作和创新发展；二是重构运营，结合云计算和大数据等新兴技术，更加精准地定位目标用户群体及其需求，更加智慧地设计开发产品，更加高效地满足其需求，并在此过程中形成持续降本增效的良性机制。因此，网络重构和运营重构的成效将决定数字化转型的成败。

三、我国电信运营商网络重构及运营重构的发展态势及成效

自 2015 年开始，国内三大电信运营商就相继规划和发布了面向未来的网络重构战略及其相应的运营重构战略。

（一）中国电信提出以智能牵引网络转型，构建简洁、集约、敏捷、开放的新一代网络运营系统

2016 年 7 月，中国电信正式发布《中国电信 CTNet2025 网络架构白皮书》，提出以智能牵引网络转型，引入 SDN、NFV、云等新兴技术，构建简洁、集约、敏捷、开放的新一代网络运营系统。

在网络演进升级方面，中国电信成立了网络重构领导小组，在北京、上海、广州 3 个研究院组建了网络重构开放实验室，加快推进 SDN、NFV 等技术的试验和落地；在基础研究方面，明确了 ChinaNet/CN2/DCI 网络定位，确定 IP 骨干网 SDN 引入方案，编制完成 NFVI 及 MANO 系列规范，提出网络 DC 布局及规划方法；在支撑保障方面，中国电信成立了网络重构领导小组，启动 vIMS 全解耦测试，明确"一朵云"统一运营单位，采用人才工作站模式加强自主研发，加入相关国际开源组织；在现网部署方面，完成全球最大规模两层解

耦 vIMS 部署，具备 VoLTE 业务开展条件，开展 vBRAS 现网实验，在广东等 6 省云资源池内试商用部署 SDN，IP 骨干网基于 SDN 试点流量调度，完全自主研发的 OTMS（传输网开放运营管理系统）也开始上线运营；在产品开发方面，陆续上线了面向政企大用户 VPN 自助宽带调整功能，完成面向中小企业的 SD-WAN 智能专线业务上线以及面向家庭用户的 SDN 网关研发和试点。此外，还正式发布了面向中小企业的随选网络、新一代开放传送网运营管理系统（OTMS）、网络 DC 布局白皮书和网络功能虚拟化（NFV）系列标准 4 项网络重构创新成果。

下一步，中国电信将在完善顶层设计、推进项目实施、突破重点领域 3 个方向发力，进一步实现 CTNet2025 网络重构目标：在 2017 年实现随选网络能力初显的基础上，2020 年实现云网协同能力规模提供，2025 年实现全网智能、集约和开放。

（二）中国移动发布 NovoNet2020 愿景，强调新的架构、新的运营以及新的服务

2015 年 7 月，中国移动正式推出下一代革新网络 NovoNet 并发布了 NovoNet2020 愿景，宣布希望融合 NFV、SDN 等新技术，构建一张资源可全局调度、能力可全面开放、容量可弹性伸缩、架构可灵活调整的新一代网络，实现与 5G 协同发展。

随后，中国移动在国内首次进行了 SDN 系统方案的招标测试，在中国移动 10086 公有云中引入了 SDN 技术，并基于 SDN 3 种场景做了技术方案的分析。2017 年 2 月，中国移动正式启动 NovoNet 试验网工程，将基于 TIC 设计并构建两层 DC 架构（未来可实现快速复制），以统一的资源池支持多业务并行，用全局的协同编排器实现全网资源和网络的编排调度。试验网一阶段分别在上海、浙江、广东 3 个省份进行了外场测试，第一期选择的业务场景包括 NovoNet 业务、物联网的业务以及一些以前的宽带业务。2017 年 8 月，中国移动进一步启动了 NovoNet 二阶段的技术验证工作。

中国移动强调，未来还将从顶层设计、标准推动、开源开发等多个层面全面推动 NFV/SDN 产业发展，积极构建 NovoNet 试验网，推动 NovoNet 网络

技术和管理成熟。

（三）中国联通提出通过 SND、NFV 从服务、逻辑和部署的 3 个维度对网络进行解耦，提供弹性灵活的服务

2015 年 9 月，中国联通发布新一代网络架构 CUBE-Net2.0 白皮书，表示将通过 SND、NFV 从服务、逻辑和部署的 3 个维度对网络进行解耦，提供弹性灵活的服务，并凭借泛在超宽带（FTTH+4G/5G+LPWA）、弹性软网络（SDN/NFV+ 云服务）、云管端协同（网随云动）、能力大开放（大数据＋智能管道）实现网络即服务（NaaS）的目标。

两年来，中国联通在 SDN/NFV 方面主要推进了 5 个方面的工作：一是以服务企业用户为聚焦点，构建基于 SDN 的产业互联网基础设施，要面向企业用户来打造新的服务于产业互联的网络基础设施；二是以网络节点 DC 化为突破口，推动电信云的基础设施和边缘云的建设；三是以城域网和移动核心网元功能虚拟化为切入点，开展网络云化试点；四是重构运营管理体系，进行优化和转型；五是积极参与开源社区，增强自主创新能力。

其中，产业互联网是中国联通 CUBE-Net2.0 落地的重点领域。2016 年 9 月，中国联通正式发布面向产业互联网的技术体系和服务产品，通过引入 SDN 等技术来对传统网络进行升级改造，构建端到端网络资源编排和管理系统。2017 年 6 月，中国联通在全国 34 个城市完成了对 IP 承载 A 网的 SDN 改造，并已可提供数据中心的互联服务。截至 2017 年年底，可覆盖中国所有的城市，涵盖中国联通的 330 多个本地网和海外节点。

（四）三大电信运营商的重构均取得了一定成效，但仍有较大不足

截至目前，三大电信运营商的重构均取得了一定成效，尤其以中国电信最为突出，具体内容见表1。

中国电信：在三大电信运营商中，拥有最强大的固网优势，但同时也令其重构现行网络的包袱最大。不过，中国电信也是重构决心和强度最大的运营商，其成果也最丰硕。目前，中国电信在网络流量调度方面，已可基于 SDN 充分利用城域网到骨干网的反向链路空闲带宽疏导 IDC 出口流量，省会城市可节约近 1Tbit/s 带宽；在云资源池系统自动化开通方面，已可基于 SDN 实现计算、存储和网络 3 种资源的一点开通和调度，业务发放时间从 15 天缩减到分钟级；在面向中小企业的随选网络方面，已可基于 SD-WAN 技术提供敏捷发放的随选网络能力；

表 1 我国三大电信运营商网络重构战略及发展态势对比

	中国电信 CHINA TELECOM	中国移动 China Mobile	中国联通 China unicom
名称	CTNet2025	NovoNet	CUBE-Net 2.0
主要内容	四大特征：简洁、敏捷、开放、集约 三大目标：网络可视：面向客户，提供基于应用的网络资源视图 资源随选：面向业务，提供按需、自动化的网络资源部署 用户自服务：面向服务提供基于用户网络的自助管理	融合 SDN/NFV 等新技术，构建一张资源可全局调度、能力可全面开放、容量可弹性伸缩、架构可灵活调整的新一代网络，以适应中国移动数字化服务战略布局的发展需要，为互联网＋发展奠定网络基础	1 个目标：网络即服务 2 个中心：以"用户"与"数据"为双中心 3 维解耦：从服务，逻辑和部署的 3 个维度实现网络架构的解耦，形成立体弹性网络 4 个凭借：泛在超宽带、弹性软网络、云管端协同，能力大开放
落地进展	成立网络重构领导小组，启动 vIMS 部署，开展 vBBAS 现网实验，在广东等 6 省云资源池内试商用部署 SDN；陆续上线了面向政企大用户 VPN 自助宽带调整功能，完成面向中小企业的 SD-WAN 智能专线业务	2017 年 2 月，正式启动 NovoNct 试验网工程、试验网一阶段分别在上海、浙江、广东 3 个省份进行了外场测试，第一期选择的业务场景包括 NovoNct 业务、特联网的业务以及一些以前的宽带业务。2017 年 8 月启动 NovoNct 二阶段技术验证工作	截至 2017 年 6 月，对 IP 承载 A 网的 SDN 改造已在全国 34 个城市开通，并提供数据中心的互联服务。到 2017 年年底，可覆盖到中国所有的城市，涵盖中国联通的 330 多个本地网和海外节点

在家庭网关智能化升级方面，基于 SDN 技术已可实现智慧家庭业务在云端一点部署、全网生效，网关设备在客户侧一次适配、即插即用。此外，在自主研发方面，SDN 编排器、NFV 的 MANO 的自研取得了突破性进展，建设了网络重构开放实验室，加入了开源社区，提升了自主研发能力，但是距离中国电信理想的重构网络差距还比较大。

中国移动：NovoNet 实验室基于标准化电信云数据中心（TIC）快速复制的理念，已复制 6 套不同厂商组合的 TIC，基础设施层的成熟性已得到初步验证，也攻克了不少 TIC 集成的问题。但其他方面进展的信息暂未有更多披露。

中国联通：实现了网络能力的集约化。同时，实现了网络的 API 能力开放化，不但可以自用，也可以面向第三方进行能力输出。同样，在其他方面进展的信息也暂未有更多披露。

■ 四、对我国电信运营商数字化转型及其背后的网络重构和运营重构的若干思考

第一，如前所述，数字化转型的基石在于网络重构和运营重构，网络重构和运营重构的成效将决定数字化转型的成败。因此，网络重构和运营重构必须提速，以加快赶上整个网络演进的步伐以及更好地应对移动互联网企业所带来的跨界竞争压力，在 5G 时代实现未来网络和下一代移动网络的融合，让电信运营商逐步回到 ICT 产业的舞台中央。

第二，工业和信息化部通信科技委常务副主任、中国电信集团公司科技委主任韦乐平认为，对传统运营商和现有设备商而言，网络重构是一场史无前例的、生或死的抉择！网络重构将同步涉及到组织重构、运营重构、流程重构乃至产业链重构等，需要下大决心和动大手术才可能全面完成。笔者对此深以为然，电信运营商的主要领导人亟待加快转变"网络重构只是一项新技术"的观念，要尽快意识到其严重性，以高层的直接强势介入和统一领导，确保重构取得成功。

第三，网络重构同样需兼顾考虑其商业价值。无论用什么样的技术，必须要带来商业价值，否则这项技术就没有持久的生命力。技术和商业的双驱动，才能成为电信运营商网络演进的价值空间的所在，不能为了演进而演进，也不能为了追求某个技术创新而演进。

（中国信息通信研究院 梁张华）

建设专用通道，实现多方共赢

2009 年，为落实国务院促进服务外包产业发展的政策精神，工业和信息化部确立建设国际通信专用通道（现更名为国际互联网数据专用通道，以下简称专用通道）的具体举措，旨在满足服务外包企业的国际通信需求。8 年以来，共计 23 个城市 / 园区先后通过了工业和信息化部评审、获批建设专用通道，其中，19 个城市 / 园区已经建成开通了专用通道。

一、专用通道的基本定义

国际互联网数据专用通道是一类以城市 / 园区为申报单位、以企业为服务对象的信息通信基础设施。专用通道由精品网承载，借助国内段网络优化，在企业与国际互联网出入口之间建立端到端直联链路，经国际互联网出入口接入全球互联网，旨在提升企业的国际通信服务质量。专用通道具备以下 4 个要素。

第一个要素是服务对象。专用通道以企业为服务对象。也就是说，专用通道仅面向企业用户开放网络服务，不会接入任何公众用户、家庭用户，是企业独享的国际互联网访问渠道。

第二个要素是建设运营主体。专用通道的建设运营主体限定在中国电信、中国移动、中国联通 3 大基础电信运营企业范围内。

第三个要素是建设范围。我国的国际通信网络由国内段网络、国际互联网出入口、国际段网络组成。专用通道的建设范围仅限于国内段网络，到国际互联网出入口为止，不涉及国际段网络。

第四个要素是政策符合性。专用通道经国际互联网出入口接入全球互联网，符合我国国际通信管理政策规定。

二、专用通道的部署状况

2009 年到 2017 年，23 个城市 / 园区获批建设专用通道，19 个城市 / 园区建成开通了专用通道。

（一）地理分布

东部地区的通道建设活动更活跃，在获批的 23 条专用通道中，12 条位于东部省份，占获批通道总量的 50% 以上；5 条位于中部省份，4 条位于西部省份，2 条位于东北三省。

（二）获批时间分布

2014 年起通道申报进入第二个活跃期，专用通道的申报活动表现出两个活跃期。

第一个活跃期是 2009 年前后。借国务院支持服务外包产业发展的政策东风，工业和信息化部与地方通信管理局、地方政府积极研究、探索提升地方国际通信网络性能和服务质量的有效途径，确立建设专用通道的具体举措，大力支持各地政府申报专用通道。此段时间，共有 7 条专用通道获批。

第二个活跃期是 2014 年至今。随着"一带一路"、"沿边开放"、"企业走出去"等国家战略的实施，各类企业、不单单是服务外包企业，开展跨国业务营运和机构管理的现象日益普遍，由此产生的国际信息交换需求日益凸显。各地政府申报建设专用通道的诉求急剧增长。2014—2016 年三年时间以及 2017 年一年中，分别有 7 条专用通道获批。专用通道申报的第二个活跃期依然在延续。

（三）用户规模

专用通道已经获得一定的用户认可，不完全统计，建成开通的 19 条专用通道共接入企业用户近 3 000 家，每条专用通道基本都已形成了规模不等的企业用户群。其中，南京、苏州、无锡、青岛、宁波和杭州专用通道的企业用户群规模达到 100 家以上。

三、专用通道的建设意义

国际互联网数据专用通道的建设，需要集行业管理机构、地方政府、基础运营企业等多方力量共同推动。因为，国际互联网数据专用通道的建设，涉及我国国际通信的整体发展战略、地方开放型经济的发展、基础运营企业的网络组织以及企业的国际通信质量。建好、用好国际互联网数据专用通道，可以实现相关方的多方共赢。

（一）对企业用户而言，构建专用通道可以有效提升国际互联网访问质量

国际互联网数据专用通道承载在基础运营企业的精品网上。构建专用通道是提升企业国际互联网访问质量的可行办法。一方面，精品网只服务于企业用户，带宽资源和通信线路由企业用户独享，企业用户进行国际互联网访问时不会受到公众互联网业务的干扰；另一方面，精品网拥有较公共互联网更高的 QOS 保障水平，网络性能指标优于公共互联网，确保企业用户可以享有更好的国际互联网访问体验。

以新近开通的国际互联网数据专用通道为例，企业用户基于专用通道的国际互联网访问时延更短、丢包率明显降低。这表明，构建专用通道可以使企业用户更快捷、更顺畅的获取网络信息。

（二）对地方政府而言，构建专用通道可以助力国际营商环境优化和开放型经济发展

目前，全国各地正在积极融入、参与国家对外开放战略，大力改善国际营商环境，力求不断提升招商引资质量、促进本地开放型经济发展。构建专用通道为地方优化国际营商环境提供了具体抓手。在互联网已经成为全球经济变革重要载体的大环境下，无论是互联网企业、还是传统企业，纷纷尝试或已经将互联网应用于研发、销售、管理、公关、生产等全业务流程。网络基础设施的建设水平，成为企业选择驻地时的主要关注点和考量因素之一。构建专用通道可以强化地方通信基础设施、提升地方国际通信保障能力，促进地方国际营商环境优化，畅通企业国际信息交换渠道，为地方增加招商引资优势，助力地方发展开放型经济并提升对外开放水平。

（三）对基础运营企业而言，构建专用通道为进一步发展国际业务提供了契机

基础运营企业借助各类通信业务开展经营活动、获取收益。构建专用通道为基础运营企业进一步丰富国际业务模式、促进国际业务发展提供了契机。目前，基础运营企业基于公共互联网或者精品网均已形成了一些面向企业的国际互联网业务模式，比如中国电信的国际快车业务。专用通道建成后，基础运营企业可以依托现有业务模式，整合专用通道资源，实现国际业务模式升级创新，形成专用通道业务，推动国际业务发展。

（四）对行业管理机构而言，构建专用通道可以推进提速降费工作，促进地方国际通信服务水平提高

行业管理机构遵从国家大政方针规范行业建设，支撑并促进行业和地方经济发展。构建专用通道有助于行业管理机构落实"宽带中国"战略，推进提速降费工作；推动网络优化，提升地方国际通信服务水平。在专用通道构建过程中，行业管理机构将站在促进地方经济发展、维护企业用户利益的角度，规范、监督专用通道的建设和运营，保障专用通道充分发挥网络效用；并将站在促进行业发展、支持基础运营企业建设的角度，协同地方，努力提升专用通道的可用性和实用性。

四、专用通道的保障措施

近些年，我国外向型经济快速发展，各地地方政府均把提升对外开放水平视为一项重要工作。建

设专用通道可以助力地方提升国际通信服务质量和优化国际营商环境，符合地方政府促进对外开放水平提升和外向型经济发展的诉求。因此，地方政府开始关注和重视专用通道的申报和建设，并从多个层面给予扶持、保障。

地方政府的扶持和保障主要体现在，一是成立由市领导任组长的专项领导小组，从组织架构上保障专用通道申报和建设工作顺利有序开展；二是给予专用通道建设运营主体和企业用户适当资金补贴，旨在降低专用通道的建设运维成本和使用门槛；三是借助新闻发布会、通道启动仪式等活动开展和强化专用通道宣传，扩大专用通道在企业中的知名度、使企业更准确地了解专用通道的作用。

五、结语

国际互联网数据专用通道提出于 2009 年。2014 年起，受经济和产业发展及多样性企业国际通信需求驱动，专用通道的社会影响迅速增强，多地地方政府积极开展专用通道的申报和建设工作。对行业管理机构、地方政府、企业用户以及基础运营企业而言，建好、用好国际互联网数据专用通道可以实现多方共赢，将助力企业用户提升国际互联网访问质量，助力地方优化国际营商环境、发展开放型经济，助力基础运营企业发展国际业务，助力行业管理机构推进提速降费工作、促进地方国际通信服务水平提高。

（中国信息通信研究院产业与规划研究所　张杰　汤子健）

全球信息通信业发展概况与展望

随着全球经济的逐步复苏，数字经济带动全球电信业呈现回暖态势，用户宽带化趋势明显，移动互联网快速发展带动移动流量呈爆发式增长。同时，电信业为承担战略性、公共性属性，所需的密集、高额投入将使电信业面临巨大的资金压力，而投资回报低则是未来电信业可持续发展需面对的关键挑战。未来电信业面向数字化转型的领域拓展和资产轻量化是主流趋势。

一、2017年全球电信业运行情况

（一）全球经济稳步复苏，基础电信业正持续回暖

2017年，世界经济表现良好，数字经济的潮流激荡前行，互联网、云计算、大数据、物联网、人工智能成为响遍全球的高频词汇，数字经济已成为全球经济增长日益重要的驱动力。数字经济带动电信业发展，2017年全球电信业收入规模达到 1.59×10^4 亿美元，同比增长0.8%，增速和2016年基本持平。

从收入结构来看，数据业务收入持续稳定增长，增速超过58%；移动业务占比缓慢提升，从2014年的62%升至2017年的64.6%。其中移动数据业务占比37.0%，比2016年提升3.0个百分点，成为电信业务收入的主要来源；固定数据业务占比21.2%，和2016年基本持平；移动话音业务和固定话音业务持续下滑。

（二）财政投入推动高速宽带普及，光纤用户成为主流

2017年前三季度，全球固定宽带用户数9.1亿户，光纤用户突破5.0亿户，光纤占比达到56.1%。中国的宽带用户快速增长拉动全球市场，平均每季度中国的新增用户占到全球新增份额的一半以上，我国光纤用户占比达到84.2%，位居世界第一。

从各国对高速宽带的支持力度来看，高速宽带作为支撑数字经济的底层基础设施，其战略性和重要性正在成为越来越多国家的共识。如何保证宽带普遍服务所需的持续巨额投资、快速推进高速宽带覆盖是当前各国监管机构面临的首要课题。在追加更多财政资金的同时，也有采用更经济技术方案的思路。

宽带普遍服务向更多国家延伸，各国和组织财政投入持续扩大。

美国：FCC推动宽带成为立法优先事项；推动宽带普遍服务基金；推动建设"千兆机遇区"；推动为低收入社区的宽带建设提供税收优惠。2017年4月，美国成立农村宽带拍卖工作组，负责连接美国基金第二阶段（CAF-II）和移动基金II（MF-II）拍卖工作。

英国：2017年3月1日，英国发布《数字英国战略》，提出建立世界级数字化基础设施的首要目标，计划为全光网和5G网络拨款10亿英镑。

欧盟：2017年5月29日，欧盟推出总投资1.2亿欧元的Wi-Fi 4EU热点行动计划（其中，欧盟政府拨款1 200万欧元），为所有会员国的6 000～8 000个市政当局提供公共免费Wi-Fi服务设备。

德国：将千兆网络计划拨款追加一倍至200亿欧元。从2018年起，德国每年投入30亿欧元，占联邦网络支出的10%左右，项目总投资将达1 000亿欧元。

（三）移动流量高速增长，全球企业加速部署5G网络

2017年前三季度，全球移动电话用户总数达到77.7亿户，普及率为102.69%。到2017年年底，全球4G用户超过24亿户，4G用户在移动电话用户中占比达到30.3%，首次超过3G用户。

在移动平均每户每月流量方面，韩国移动每户每月平均流量遥遥领先，2017年9月已经达到

4.93GB/（月·户），其中 4G 用户流量达到每月 6.5GB。从发展增速上看，中国、法国和印度三国移动流量增长显著。

各国陆续出台 5G 网络试验和商用计划。

美国启动 5G 测试项目。2017 年 3 月，美国国家科学基金会（NSF）宣布，2017 财年将投入 610 万美元，资助其创立的先进无线研究计划（PAWR），开展 5G 测试和应用研究，针对中小城市推广本地特色应用。

欧洲通过 5G 行动计划，发布 5G 实验路线图。2017 年 6 月 1 日，欧洲议会会员（MEP）全体会议通过支持欧盟委员会的 5G 行动计划，呼吁欧盟委员会制订 5G 融资策略；简化法律框架；采用灵活的共同投资模式；5G 政策需要长期的确定性和可预测性，同时强调要避免不同行业间的数字发展不平衡。欧洲 5G 基础设施协会（5G-IA）是代表 5G 基础设施公私合作伙伴关系（PPP）中私人机构的组织，2017 年 5 月，该组织发布了"泛欧 5G 试验路线图" 1.0 版本。

（四）美国推翻网络中立法案建议书，电信业监管趋松

2017 年，美国 FCC 网络中立政策变化：2017 年 4 月，FCC 发布了推翻 2015 年"网络中立"法案的建议书。5 月，FCC 正式投票通过推翻上届政府网络中立条例，不再把宽带服务划归为"Title II"服务中。

FCC 新主席认为，互联网接入服务是具有普遍服务特点的公众基本服务，不代表就必须采用强力掌控式监管。原来的 Title I 分类使互联网保持了 20 年的蓬勃发展，开放互联网不应以牺牲通信业可持续发展为代价：通过不同的带宽和服务优先级获取不同水平的收入，是宽带服务提供商的基本权利。以开放互联网的名义，禁止宽带服务提供商获取差异化服务收入，实际上彻底封死了他们逐步通过技术创新获取增量收入的动力，对通信业发展会带来很大的负面影响。

网络中立政策的反转标志着美国的互联网与通信行业监管政策将做出重大调整。预计 FCC 未来会对电信运营商持续松绑，电信业"轻管制"时代再次开启，电信运营商迎来利好预期。

二、2018 年全球电信业转型发展趋势

（一）全球电信业增长低速回升，移动流量继续高速增长

从全球电信业的发展阶段来看，2009 年是电信业增长的拐点，受金融危机影响，全球电信业增速放缓，并开始低于全球 GDP 增速。经过 2012—2015 年的负增长、零增长和低速增长后，在移动数据业务的拉动下，2017 年全球电信业务收入增速逐步复苏，预计 2018 年全球电信业务收入将达到 $1.6×10^4$ 亿美元，同比增长 1.6%，继续呈现回升态势。从投资来看，全球 4G 网络投资高峰期已经结束，目前处于黄金收割期，投资收入比降至 20 年来较低水平，预计 2018 年，全球电信业投资收入比为 17%。

从全球主要国家手机上网用户 DOU 来看，移动流量继续保持高速增长态势，2017 年韩国手机上网用户 DOU 接近 5GB，美国达 3.9GB，我国超过 2GB。2016 年视频流量占总移动互联网流量的 64%，预计到 2021 年视频占比将达到 78%。

（二）整合产业链，主动融合媒体视频领域

从业务模式来看，电信运营商布局视频内容业务有三个方向：一是流量经营，电信运营商立足管道服务，最大限度地发挥视频业务对流量和用户的规模拉动作用，推出面向视频业务的无线流量套餐，降低流量使用门槛，培养移动视频消费习惯。二是部署网络电视，基于电视视频接入服务，打造家庭服务平台，拓展发展新空间，丰富视频内容，提升客户感知，并通过捆绑销售，扩展用户规模；以智能网关为终端，打造智能家居平台，构建产业生态。三是部署互联网视频，探索互联网化经营，打造互联网视频跨网服务平台，构建以 App 或网页的方式为全网用户提供视频服务的技术能力，以视频内容的丰富性、独特性，操作界面的友好性、功能多样性为主要抓手，拓展用户规模，创新商业模式。

投资并购是国外电信运营商的主要手段。以 AT&T 为例，2014 年，AT&T 收购 YouTube 的重要内容提供商 Fullscreen；2015 年收购 DirecTV，成为美国最大的付费电视服务提供商；2016 年收购时代华纳，通过"渠道＋内容＋广告"的整合和优势互

补，使业务模式、创收渠道更加多元化。从 AT&T 收购时代华纳来看，电信运营商希望通过数字内容资源的获取来掌控用户需求，提高内容生产的主动性。国内电信运营商对视频内容领域的拓展主要以流量后向经营合作为主。

（三）拓展连接范围，进军物联网

随着数字化社会的发展，物联网进入快速发展阶段，国外电信运营商主要采取以下两种模式布局物联网。一是部署网络，2016 年 6 月，移动通信标准化组织 3GPP 宣布完成 NB-IoT(窄带蜂窝物联网) 标准的制定工作，基于授权频谱的低功耗广域网络 (LPWAN) 技术在蜂窝通信阵营内部取得了标准上的统一。Vodafone、AT&T、德国电信等国际电信运营商加大了 NB-IoT 的推进力度，积极部署 NB-IoT 网络。二是聚焦设备，电信运营商与设备制造商合作，为用户提供集解决方案和通信服务为一体的终端设备。Vodafone 推出以 MachineLink3GPlus 为代表的多功能路由器，具备连接、位置、安全、诊断、远程配置、硬件升级、云端适配等多种功能。

国内电信运营商把物联网作为"十三五"期间的重点发展领域。中国移动宣布其成为全球第一个完成端到端 NB-IoT 实验室测试的运营商；中国电信于 2017 年上半年建成覆盖全网基于 800Mbit/s 的 NB-IoT 网络；中国联通大规模 NB-IoT 外场实验计划已经开始启动，并计划在上海建设千站规模。从国内三大电信运营商的动态来看，布局 NB-IoT 专用网络是近期的发展重点，而对于设备和平台领域的探索仍在进行中。

（四）跨界合作，依托连接和平台构建产业生态

近年来，随着互联网与传统行业的快速融合发展，电信业和传统行业跨界融合正经历从业务融合向产业生态融合演进，电信运营商以连接和平台为核心的"T 形"产业生态架构正在逐步搭建，横向上依托管道，向终端和平台层拓展，实现能力开放；纵向上聚焦重点行业，实现解决方案突破，孵化潜力产品。

国外电信运营商依托物联网构建产业生态，向产业链上下游开放测试、认证、计费、安全等能力，与物联网专业平台提供商进行优势合作，在获取收益的同时聚集优质合作伙伴。AT&T 向合作伙伴提供 M2X、Flow、Connection Kite 等平台服务，提供包括网络、存储、测试、认证等能力；德国电信发起名为 Qivicon 的 B2B 智能家居产业联盟，其统一的接口标准和应用界面打通了不同厂商之间的系统；SK 电讯在 2015 年推出了名为 ThingPlug 的物联网平台，为开发者提供海量软件开发工具包和云服务支持，釜山智慧城市试验平台就是基于 ThingPlug 平台而实现的。

国内电信运营商聚焦垂直行业应用，通过加快能力开放和产品孵化，打造融合创新生态。中国电信聚焦工业互联网，开展"互联网＋"工业制造探索与实践。中国移动以远程抄表、环境监控、智能物流、智能家居等典型应用解决方案聚焦垂直市场，创新增值服务。中国联通发布 CUII（产业互联网）1.0，定位智能连接、服务集成、应用使能、产业合作，加强车联网、智能路灯等重点应用领域的运营。

（中国信息通信研究院　刘今超）

无线电监管面临的挑战及对策

自国家政府工作报告中将"互联网+"提升为国家战略后,"互联网+"的概念在社会各领域被广泛认同。无线电管理若能合理借助"互联网+"的相关技术构建监管体系,无疑将会提高无线电管理的水平。

一、无线电监管面临的挑战

(一)"频谱危机"不断加深

移动互联网的快速发展、用户规模的增长以及移动互联网在各个领域的深度应用都产生了海量的数据信息,加之近两年来物联网的发展,各种无线感应设备呈现快速增长的态势。在这种背景下,无线电频谱的需求大幅增加,导致"频谱危机"呈现加速的趋势。

(二)复杂电磁环境给监管带来挑战

新兴的无线电技术正在日益广泛地被应用于工业生产、农业发展以及城市建设等方面,例如物联网、现代农业技术、智慧城市、智能家居等,这些众多的应用方式、应用场景向无线电监管提出了更高的要求。尤其是无线电终端电台设备数量的增长,使电磁环境变得越来越复杂,进而增大了无线电监管的难度。很多频谱资源受到无线电设备频段的占用和干扰,电磁场易被破坏,而且复杂的电磁环境给一些不法人员利用无线电电子器材牟取利益提供了便利。传统的监管技术已难以应对多种状况,给目前的监管带来挑战。

(三)非法的无线电应用造成安全威胁

越来越多的无线电设备被应用到工作、生活中来,它们一方面丰富了人们的生活,提高了通信的便利性,另一方面也给一些设备、无线电环境造成威胁。例如,利用无线电电子器材考试作弊、窃取用户数据信息、泄露机密等;无线电网络的干扰、远程人工控制等手段常被非法使用,侵害人们的利益。这些非法的干扰给正常的无线电使用带来安全威胁,也给社会造成严重的损失,影响人们的切身利益。

二、监管方式存在的问题

传统无线电监管的基础设施不够完善,同时在监管系统、架构布局等方面存在缺陷。在当前无线电技术飞速发展的今天,传统无线电监管显得比较落后。传统监管方式的主要弊端包括以下3个方面。

(一)基础监测设施落后

无线电监管基础设施建设存在一定的滞后性,而且传统的监测以固定监测为主,移动监测站的建设数量远未匹配当前需求。传统的监测在无线电的过程监测、状态监测、数据信息监测方面没有实现及时有效的监测,动态监测的频率不足。无线电监管的计算机系统、联网系统等基础架构不完善,导致后续相关监测设备升级难度大。

(二)无线电监管的标准较低

无线电监管的水平和标准还不够高,这也是目前影响无线电监管时效性的重要因素。无线电的应用需要建设大量的基础设施,但是在一些山区、高原地区安装基础设施之后,由于缺乏有效的维护,其运转效率不高;当地的监管工作人员的技术能力相对不足,监管标准与上级要求相比较低,导致很多不达标的情况一直存在。从技术上看,无线电监测系统由于使用不同的数据接口、数据格式,它在监测、查询时,还要换算数据,影响了监测的效果。此外,由于无线电监管的标准不够高,很多无线电设备、信息的建设和维护做得不到位,这也是很多无线电资源被非法占用的原因。

(三)数据处理方式落后

在互联网、大数据时代,无线电监管面临海量数据处理的任务。如果在数据处理方面，无线电监管不能运用新的技术方法提高数据处理能力，则会导致无线电监管长期处于低效状态。无线电监管的频谱资源信息、用户数据、电磁场数据变化、通信网络等在不同信号之间的变化常量均会产生大量的信息数据，因此需要更加高效的数据处理技术。对互联网、大数据、云计算等先进的数据处理方式开发应用不足，导致无线电监管效率不高，也不能实现精准化的动态监测。

三、实现"互联网＋无线电监管"

（一）在设施建设方面应用物联网、移动互联网技术实现"＋"

物联网突出传感器感知的概念，提供传感数据，同时具备网络线路传输、信息存储和处理、行业应用接口等功能。面对日趋复杂的电磁环境和日益艰巨的监管任务，无线电监管在信息系统架构下，采用物联网、移动互联网技术开发谱传感节点，升级无线电监测系统，提高对微功率信号的捕获能力，实现自动化、机动性监测和智能化信息处理，这将会十分有利于提升无线电监管的智能化水平。

（二）在业务监管方面运用云计算技术实现"＋"

物联网传感器（谱传感节点）和无线电管理过程中生成的大量结构化和非结构化的数据通过网络线路与云计算平台交互，它们向云计算平台提供数据，接受云计算提供的服务。无线电技术应用的迅

猛发展对无线电监管工作的要求越来越高，尤其是对应用与服务多元化的需求越来越紧迫。云计算技术可以实现便捷共享，高效整合台站数据库、频率数据库和监测数据库等已有资源，依托云服务，可以提供无线电监管信息一体化服务，它还包括无线电管理综合信息服务、频率台站数据库服务、监测数据库服务、电磁环境展示服务等。

（三）在数据应用方面采用大数据、人工智能技术实现"＋"

物联网传感器（谱传感节点）感知的实时信息每时每刻都在产生大量的结构化和非结构化数据，这些数据来源不同，并且分散在多个关系型和非关系型数据库（或系统）中，体量极其巨大，对数据本身的访问和理解是核心问题。通过开发不区分数据和数据源的平台，利用大数据处理软件的大计算功能，无线电监管可以对任何数据进行探索、挖掘及可视化处理。无线电监管结合人工智能技术，充分发挥数据效益，直观讲述数据背后的故事，不断推进无线电管理决策的科学化。同时，无线电监管还要按需搭建自助分析框架，利用自动化、标准化技术和可重复的报告框架大大削减时间成本，降低繁重的监管任务对人员数量和工作强度的需求。大部分工作人员都拥有智能移动设备，通过数据管控、设置安全控制和业务做法可以实现自助分析和保护敏感信息之间的平衡，将分析结果按照权限在适当的控制下直接提供给工作人员。

（中国信息通信研究院　刘　恬　王心焕）

宽带及移动
通信篇

2017 年宽带发展分析及展望

■ 一、发展态势

（一）高带宽用户持续增长，普及率快速提升

截至 2017 年 9 月，我国固定宽带接入用户达到 33 728 万户，用户人口普及率达到 24.5%，总移动用户达到 13.9 亿户，比 2016 年年底增加了 7 200 多万户，普及率接近 94%。移动宽带（3G/4G）用户达到 10.9 亿户，移动宽带人口普及率达到 79.2%。LTE 用户增速较 2015 年和 2016 年有所减缓，达到 9.5 亿户，4G 用户渗透率由 2016 年年底的 58% 上升到 68%。

在固定宽带方面，基础电信企业积极落实国家"提速降费"的要求，通过免费提升带宽、加大资费折扣、新推优惠政策等方式降低固定宽带接入资费，让广大群众和中小企业得到更多实惠。固定宽带接入进入高速时代，宽带用户加快向 FTTH 网络迁移，20Mbit/s 宽带产品成为基本配置，50Mbit/s 及以上宽带产品普及率大大提升。截至 2017 年第三季度，我国 FTTH 宽带用户占比达到 82.3%，大幅超过韩国和日本等 OECD 国家领先水平；使用 20Mbit/s 及以上速率、50Mbit/s 及以上速率和 100Mbit/s 及以上速率的固定宽带用户占比分别达到 88.7%、60.6% 和 29.1%，如图 1 所示。

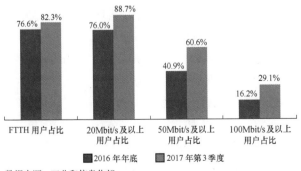

数据来源：工业和信息化部。

图 1　2016—2017 年我国固定宽带用户占比情况

在移动宽带方面，2017 年基础电信企业 4G 持续发力，农村用户、一机多卡等带动整体规模增长，如图 2 所示。从企业发展来看，"中国联通大王卡"等营销策略获得一定成功；中国移动重视第二卡槽用户的拓展；中国电信面向渠道推卡，这些措施均推动了 2017 年移动宽带用户规模的较快增长。

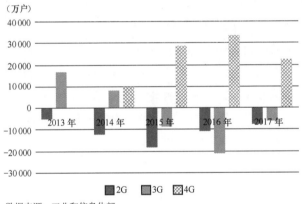

数据来源：工业和信息化部。

图 2　2013—2017 年我国 2G/3G/4G 新增用户情况

由于 4G 网络覆盖日益完善以及《关于实施深入推进提速降费、促进实体经济发展 2017 专项行动的意见》的持续推进，三大电信运营商先后宣布降低国际漫游数据流量费，并推出一系列流量优惠活动，我国用户流量潜在需求得到进一步释放，传统业务和高清视频、基于位置服务的互联网业务、在线游戏等多种业务繁荣发展。2017 年我国移动数据流量继续保持迅猛的增长，截至 2017 年 9 月，移动数据流量累计达到 14EB，与 2016 年同期相比增长近 148%，远远超过全球平均增幅 56%，如图 3 所示。4G 网络流量规模已经远远超过 3G 网络，中国移动 4G 网络流量占比高达 97%。月户均移动互联网接入流量达到 1 423MB，同比增长 114%。

数据来源：中国信息通信研究院。

图 3　2011—2017 年全球及我国移动数据流量及增幅情况

控等应用。

（二）高速宽带网络建设进入平稳发展期，持续推进部署

千兆入户时代正在到来。2017 年我国基础电信企业针对城市地区剩下的铜缆接入小区开展攻坚行动，加快完成光纤到户网络改造，宽带应用推广和电信普遍服务补偿项目继续推动农村 FTTH 建设的大力发展。在"光进铜退"的同时，4K 电视、智慧家庭等高带宽应用逐渐普及，为解决 EPON、GPON 等技术面临的带宽瓶颈，上海市、广东省等地的电信运营企业积极部署 10G PON 技术商用化示范试点。深圳着力提升光纤网络建设与改造，计划在未来 5 年内完成千兆网络的全面部署，打造全球首个规模商用"千兆全光网标杆城市"。

4G 网络建设进入平稳发展期。2017 年我国基础电信企业在移动宽带基础设施领域持续投资，截至 2017 年 9 月，我国 4G 基站总规模达到 386.7 万个，其中室外宏基站约 314.7 万个，室内分布基站约 72 万个，我国的 4G 网络规模全球最大。我国主导的 TD-LTE 技术体制得到大规模应用，TD-LTE 基站在基站总量中占比约 51%。4G 商用以来，移动用户信息消费需求得到有力刺激，随着 3D MIMO 等新技术在 4G 网络中的应用，移动宽带性能将进一步优化，4G 终端也将进入 Gbit/s 时代。面向应用领域，基于 LTE 的 NB-IoT 和 eMTC 物联网标准已经发布，物联网产业链正逐步形成，中国移动等三家电信运营商大力布局物联网业务，均已在全国具备商用能力，能够支持智慧停车、智慧水表、智能路灯和环境监

二、发展要素分析

（一）网络强国战略推动固定宽带业务市场快速发展

十九大报告中再次提及了网络强国战略，数字中国、智慧社会等概念。这些概念的提出将进一步推进宽带网络基础设施的建设以及服务水平的提升，对光网建设和引导用户加快向光纤网络迁移等起到巨大的推动作用，同时也为高速宽带应用的推广普及创造良好的社会环境。2017 年 11 月 19 日，国务院发布《关于深化"互联网＋先进制造业"发展工业互联网的指导意见》，提出打造人、机、物全面互联的新型网络基础设施，这将为推进我国制造业宽带网络基础设施的建设与改造、促进中小企业互联网专线接入的演进升级带来发展契机。总体上看，虽然受移动 4G 网络深度覆盖的影响，光纤覆盖农村家庭等方向的投资将发生一定的调整和变化，但在城镇化与信息化进程等宏观环境的推动下，光纤宽带的发展普及速度会进一步加快。

（二）技术演进是移动宽带快速发展的关键推力

当前 4G 发展取得显著成效，加速布局迎接 5G 的到来是移动通信发展的下一个发展方向。目前 5G 研发和产业化进程加快，5G 技术研发试验的技术方案验证已完成，系统验证正在进行，5G 预商用试验样机正在被研发，系统和终端互操作、多基站组网、典型业务演示等过程正在稳步推进，为 5G 试商用奠

定基础。我国有望成为 5G 技术、标准、产业和应用发展的领先国家之一，从而推动我国数字经济发展迈上新台阶。2017 年 5 月 16 日，工业和信息化部、国务院国有资产监督管理委员会联合发布《关于实施深入推进提速降费、促进实体经济发展 2017 专项行动的意见》，提出要扩大 4G 网络覆盖的广度和深度，提升高速移动宽带网络访问体验。在不久的未来，手机流量和固定宽带平均资费水平将大幅下降，"提速提量"效果将会更加显著，这将进一步激发产业发展的活力。

■ 三、近期发展展望

（一）光纤宽带用户规模持续增长，千兆光纤网络将是后续部署重点

从用户发展来看，我国 2017 年固定宽带人口普及率已接近 25%，根据国际固定宽带发展的成长规律，我国固定宽带发展目前处于成长末期，未来我国固定宽带用户增速会进一步放缓，到 2018 年年底，我国固定宽带用户将达到 37 500 万户，人口普及率将达 27%。我国 FTTH 网络覆盖范围进一步向农村地区扩展，未来几年宽带用户将继续快速向 FTTH 网络的迁移，预计到 2018 年年底，我国光纤宽带用户占比全球第一后，仍将得到进一步提升，使用 50Mbit/s 及以上接入速率的固定宽带用户比例将超过 80%，100Mbit/s 及以上高速宽带产品将被更快地普及。

从网络建设来看，未来几年，基础电信企业一方面将进一步扩大光纤网络的覆盖，针对城市地区剩下的铜缆接入小区开展攻坚工作，加快完成光纤到户网络改造；另一方面基础电信企业将积极部署千兆光纤宽带网络，推广 40Gbit/s 等超高速光接入系统，全面提供千兆宽带接入能力。农村地区在普遍服务试点前三批验收的基础上，将进一步推动电信普遍服务长效机制的实施，加快行政村及边境线区域光纤网络覆盖，综合采用多种技术方式，推进高速宽带网络向自然村延伸，更好地发挥宽带网络在改善农业农村生产生活条件、助力乡村振兴方面的重要作用，满足人民日益增长的生活需要。

（二）4G 从规模建设转向用户体验提升，5G 将进入规模试验阶段

目前，我国 4G 技术及应用发展良好，网络演进技术和关键领域应用将逐步展开。从移动宽带用户规模来看，2018 年我国移动用户达到 14.7 亿户，普及率已突破 100%；总 LTE 用户数达到 12.6 亿，渗透率突破 85%。其中，我国市场将以 TD-LTE 为主，TD-LTE 用户规模达到 8.8 亿户。从移动流量来看，2018 年，我国 4G 网络流量占比超过 95%，2G/3G 将逐渐退出移动数据流量市场，4.5G 网络将成为市场主流，如图 4 所示。5G 标准 R15 预计于 2018 年 6 月完成，我国将进入 5G 规模试验阶段，5G 网络商用预计将在 2020 年实现。

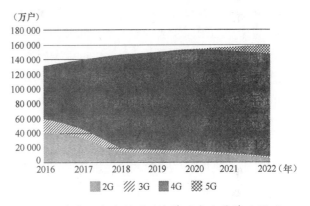

图 4　未来几年我国移动宽带用户发展情况预测

得益于移动宽带的不断普及与流量资费的进一步下降，我国用户流量需求将得到持续释放。预计到 2018 年年底，我国移动宽带月均流量将达到 3.7EB。随着移动视频、VR 业务等热点应用的进一步发展和新业务的不断出现，2022 年我国移动宽带月均流量将达到 25EB，年复合增长率超过70%。未来，随着 3D 视频、虚拟现实、增强现实等新业务的引入，移动数据的流量需求可实现大幅提升。

（中国信息通信研究院　曹　淼）

全球宽带发展分析

一、全球宽带发展及实施进展

（一）全球宽带发展总体情况

自 2016 年起，全球新一轮加快宽带网络发展的行动蓬勃兴起。国际电信联盟和联合国共同发布的《宽带发展状况》表明：截至 2017 年，全球范围内已经有 164 个国家实施了宽带发展或行动计划，全球宽带市场实现了跨越式发展。

宽带发展已被世界大多数国家明确为国家重要发展，宽带成为国家发展中一项重要的公共基础设施，如图 1 所示。宽带技术可以为可持续发展提供催化作用，大大促进医疗、教育和金融等社会相关部门的实质性变革的实现，通过提供新的解决方案来帮助全球范围的愿景目标的实现。在此背景下，联合国制订的 2030 可持续发展目标迎来了前所未有的发展机遇。它的实现将极大地促进世界各国的平等发展，保护社会环境，提高人们的生活质量。

正因宽带发展如此重要，各国政府纷纷加大在宽带领域的投资。例如：德国政府 2017 年提出计划到 2025 年投资 1 000 亿欧元用于建设高性能的国家宽带网络。

宽带提速和普及程度的提高成为各国推进宽带战略的主要举措。一方面，千兆网络覆盖是各国政府提出的在宽带网络中期要实现的目标。例如，美国政府提出宽带网络发展的挑战目标是到 2020 年每个社区可配备千兆网络。德国政府在"2025 数字战略"中提出将在 2025 年建成千兆网络数字基础设施。另一方面，各国继续扩宽宽带网络覆盖范围。例如，德国提出 2018 年 50Mbit/s 接入速率宽带将覆盖全国。

（二）全球宽带战略实施效果

全球宽带市场的快速发展离不开各国国家战略的推动。研究表明：在宽带计划执行良好的发达国家和地区，宽带建设预期的阶段性目标更容易实现。例如，瑞典 2015 年提前实现了 40% 的家庭和企业接入到 100Mbit/s 宽带的目标；美国提前两年实现家庭接入带宽速度下行达到 50Mbit/s 的目标；英国依靠宽带卫星提供的广覆盖提前完成基础宽带 100% 覆盖的目标；德国依靠移动宽带实现了其既定目标。这些典型国家的目标设定及实现见表 1。

在国家宽带发展促进宽带市场发展实现目标的

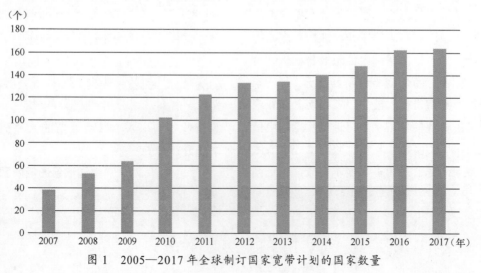

图 1　2005—2017 年全球制订国家宽带计划的国家数量

同时，我们也应注意到，许多国家监管机构持续修订和更新ICT政策，以适应最新技术的发展；同时，监管机构面临着各种不同的压力，需权衡、协调不同团体之间的利益；另外，各国宽带可支付服务价格依然存在挑战，各国政府正努力搭建有利的相关环境，促使本国固定和移动宽带服务变得越来越便宜。

（三）典型国家宽带战略进展

1. 英国

2017年英国政府推出了细化的"英国数字战略"和英国5G战略，以此来保证国家在宽带领域实现可持续发展的目标。

2. 德国

为落实数字化发展，2017年，德国交通及数字化基础设施部发布"面向未来的千兆德国"战略，计划到2025年投资1000亿欧元用于建设高性能的国家宽带网络。在2018年德国新一任政府组阁协议中，数字化策略再次明确了建设"千兆社会"的宏伟目标，到2025年，要让人人都可依法享受"快速互联网接入"，使之成为相当于享受水电煤等公共事务的法定基本权利，并提出通过拍卖5G频率，设立100亿—120亿欧元的基金，以解决宽带建设的资金问题。

相关机构统计，截至2017年，德国互联网宽带普及率达到81%，移动宽带覆盖率达到80%。IDI指数为8.39，全球排名第12位。

3. 韩国

韩国宽带的部署速度一直处于国际前进水平。韩国电信企业利用宽带网络升级实现发展转型。相关统计数据显示，2017年，韩国的宽带网络均值速度达到了28.6Mbit/s，位居全球第一，是全球网速平均值的4倍。韩国的移动宽带普及率为111.5%，位居全球第17位；固定宽带普及率为41.1%，位居全球第7位；IDI指数达到8.85，位居全球第2位。

4. 美国

美国政府凭借互联网的先发优势，在信息化技术创新和业务创新方面一直处于国际领先水平，且一直注重宽带政策目标的实施。为此，政府鼓励企业向数字化转型，通过宽带大幅改善各种社会服务并促进其在经济发展方面发挥作用。

相关统计显示，2017年，美国固定宽带普及率为32.4%，移动宽带普及率为120%；IDI指数为8.18，全球排名第16位。

二、全球固定宽带市场发展现状

（一）用户总数

截至2017年第三季度末，全球固定宽带用户数达到9.13亿，季度增长率为2.38%，同比增长8.32%，全球宽带用户发展总体呈现稳步上升态势，如图2所示。

（二）新增用户

截至2017年第三季度末，全球新增用户达2127万户，环比增长32.93%，同比增长7.20%，全球宽带新增用户规模速度保持相对平稳，如图3所示。

表1　典型国家宽带计划目标设定及实际情况对比

国家	宽带计划	2016年实际水平（每百人）		
		互联网	移动宽带	固定宽带
英国	2015年，接入速率达到2Mbit/s以上 2017年固定宽带覆盖率达到95% 2018年固定和移动宽带覆盖率达到99%	94.8%	91.4%	39.2%
德国	2014年，50Mbit/s宽带接入普及率达到75% 2018年，50Mbit/s宽带接入普及率达到100%	89.6%	80.2%	38.1%
美国	2020年，至少有1亿家庭可以用可接受的价格接入下行速度大于100Mbit/s，上行速率大于50Mbit/s的宽带服务，美国主要机构（政府、学校和医院等）可以享受1Gbit/s宽带服务	76.2%	120%	32.4%
韩国	2015年，100Mbit/s接入速率的宽带覆盖1 450万户家庭	76.2%	111.5%	41.1%
日本	2015年，100%实现100Mbit/s的速率宽带接入	31.5%	131.9%	31.5%

数据来源：国际电信联盟。

（三）TOP10

2017 年，全球固定宽带用户数排名前 10 的国家依旧保持不变。中国依然位居全球之首，美国位居其次，日本和德国分列其后。

（四）宽带普及率

2017 年，固定宽带家庭用户平均普及率为 49.2%，环比增长 2.5%。其中固定宽带人口普及率最高的 10 个国家或地区均分布在亚太地区、阿拉伯地区和欧洲，在这些国家中，除韩国外，其余均为欧洲发达国家。

（五）宽带接入技术构成

截至 2017 年第三季度末，除亚洲国家以外，其他国家的光纤在固定宽带用户中所占的份额继续提高。与此同时，欧洲和大洋洲的国家，由于用户从 cable 网络迁移到 FTTH 和 VDSL 平台，其 cable 用户的份额略有下降，如图 4 所示。

三、未来宽带政策发展建议

各国应持续推进符合各自国情的宽带计划，促进全球宽带普及率特别是移动宽带普及率的快速提升。现在，在许多国家，固定和移动宽带服务正变得越来越可以负担得起，宽带接入变得越来越普遍，人们可以更好地享受宽带给工作、生活和学习带来的创新变革红利服务。

但是，我们也应意识到基础设施的天然垄断性、频率稀缺性和投资限制等因素阻碍宽带网络提速和业务发展，使发达国家与发展中国家之间、城市与

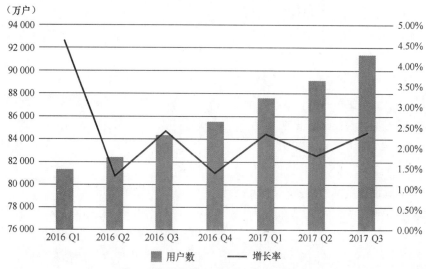

图 2　全球宽带用户数及季度增长率

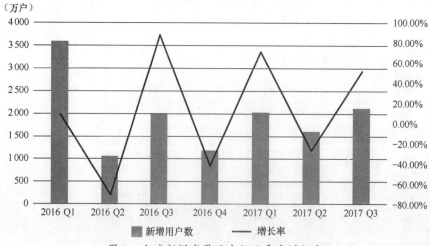

图 3　全球新增宽带用户数及季度增长率

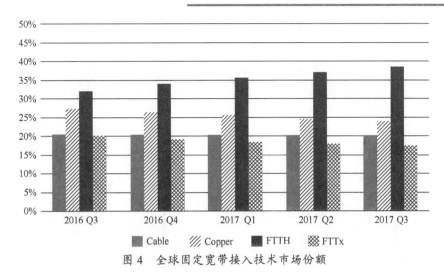

图 4　全球固定宽带接入技术市场份额

农村之间的数字鸿沟呈现扩大态势，因此，国家需在政策层面继续推进其建设，为此，2017 年联合国宽带委员会提出各国未来应在政策层面做好如下工作。

（一）审查和更新宽带监管框架

各国政府和监管机构应定期审查和更新其监管框架，与行业和其他利益攸关方协商制订及时、一致和较好执行的规则，为电信运营商和消费者提供便利。目前，需要更新的监管政策包括物联网、数据隐私和保护等政策。

（二）发展和加强国家宽带计划

未来，各国应制订并定期审查国家宽带计划（NBP），包括提出用户可承受的宽带接入的方法，ICT 监管机构进行更多的跨部门合作（如消费者保护和数据保护等方面）等。NBP 还应确保从规划到监测和评估的各相关流程都考虑到性别平等，国家宽带计划还应考虑投资媒体素养、技能和教育领域，并支持当地内容。

（三）鼓励投资互联网基础设施

有利的投资政策将鼓励相关企业投资，以充分发挥宽带可用性对促进经济增长的作用。各国政府可以通过促进竞争来刺激投资，并通过税收优惠、贴息贷款、普遍服务补贴和公私合作伙伴关系等方式，为宽带投资提供财政支持。

（四）确定电信和 ICT 技术的标杆与发展

各国应根据 ICT 发展的可靠数据和指标，监测宽带基础设施和接入发展、价格、可承受性以及业务使用情况等因素，提出可以实施和改进的政策方案。

（五）考虑实施基础设施共享

各国监管机构可考虑实施基础设施开放接入的政策，包括基础设施共享等。开放接入的方案包括本地环路非绑定（LLU）、批发宽带接入业务、管道等。政策制定者必须确保制定的相关政策条款可公平、合理、平等地接入新宽带设施。

（中国信息通信研究院　马思宇　崔文晶）

4G 发展现状及 5G 发展趋势

4G 网络的规模商用，改善了用户的通信体验，事实证明 LTE 技术在全球范围内取得了巨大的成功，它将全球四分之一的移动用户连接在一起，这是有史以来发展最快的移动通信技术，而这也归功于 4G 技术的稳步发展。

下一代通信技术，它的关注点则聚焦到 5G 技术上。5G 研究的全面展开并逐步深入，业界就 5G 场景划归三大类：eMBB 增强移动宽带、uRLLC 超可靠性低时延通信和 mMTC 大规模机器类通信。5G 技术不仅提供更高体验速率和更大带宽的接入能力，支持解析度更高、体验更鲜活的多媒体内容，还能提供更高连接密度时优化的信令控制能力，支持大规模、低成本、低能耗 IoT 设备的高效接入和管理，同时，提供低时延高可靠的信息交互能力，支持互联实体间高度实时、高度精密和高度安全的业务协作。未来 5G 将满足用户在居住、工作、休闲和交通等各种区域的多样化业务需求，它为用户提供超高清视频、虚拟现实、增强现实、云桌面、在线游戏等前所未有的极致业务体验。

一、我国 TD-LTE 和 4G 产业发展状况

（一）发展策略分析

中国移动 2017 年在 4G 无线网络方面"强化提升深度覆盖水平，适度拓展农村覆盖广度，精准扩容保障厚覆盖容量，持续完善连续覆盖质量"，4G 无线网络建设要实现由关注网络覆盖领先向关注客户感知领先的转变，聚焦解决客户感知不好的重点场景网络能力问题，着力巩固竞争优势。

中国电信 2017 年迈入转型 3.0，着重推进 4G 网络智能化、业务生态化、运营智慧化，着重打造五大业务生态圈，做领先的综合智能信息服务运营商，

筑力网络强国，服务社会民生。做到终端引领，创新驱动，服务升级，开放合作，促进 4G 规模发展。同时，启动 800M LTE 全网重耕，于 2017 年上半年全网覆盖。

中国联通 4G 发展思路为聚焦重点区域加快 4G 网络建设，实现重点区域的 4G 网络质量行业水平相当，且容量充裕；全力驱动全网通双卡槽手机普及，终端供应快速改善；通过流量精准释放，叠加内容及加快 2G/3G 用户向 4G 升级，激发移动数据流量快速增长。

（二）国内 4G 用户达到 9.61 亿

截至 2017 年 10 月，我国移动电话用户总数达到 14.03 亿户。其中，4G 用户总数达到 9.61 亿户，占移动电话用户比重的 68.5%。

综合三大电信运营商（中国移动、中国电信、中国联通）发布的 2017 年 10 月运营数据，4G 用户净用户增数达到 1 716.4 万。

中国移动 2017 年 10 月新增 4G 用户 691.1 万户，4G 总用户数首次破 6 亿户，达到 6.286 68 亿户。10 月新增用户数 322.7 万户，用户总数 8.809 35 亿户。

中国电信 2017 年 10 月新增 4G 用户 515 万户，4G 总用户 1.726 7 亿户。10 月新增用户数 422 万户，用户总数 2.447 8 亿户。

中国联通 2017 年 10 月新增 4G 用户 510.3 万户，4G 总用户 1.653 87 亿户。2017 年 11 月新增用户数 237 万户，用户总数 2.792 36 亿户。

中国电信 2017 年 10 月新增宽带用户数 83 万户，宽带用户总数 1.321 4 亿户。

中国移动 2017 年 10 月新增宽带用户数 357.1 万户，宽带用户总数 1.069 96 亿户。

中国联通 2017 年 10 月新增宽带用户数 6 万户，宽带用户总数 7 746.6 万户。

二、全球 TD-LTE 和 4G 产业发展现状

（一）GTI 已拥有 132 家运营商成员和 162 家合作伙伴

截至 2017 年 12 月，GTI 共发展运营商成员 132 家，厂商合作伙伴 162 家。

（二）LTE 网络进一步蓬勃发展

GSA 最新数据统计，截至 2017 年 10 月，全球有 814 家电信运营商对 LTE 网络有投资，其中，200 个国家的 644 家电信运营商已经商用 LTE 或 LTE Advanced 网络。95 个国家的 205 家电信运营商投资 VoLTE 网络，其中，60 个国家 125 家电信运营商商用了 VoLTE 网络。105 个国家中，有 212 家电信运营商网络支持 LTE-Advanced 技术。103 个电信运营商对 5G 有投资。

运营 TD-LTE 的国家及电信运营商在全球范围内也在快速增长。目前已经有 57 个国家的 100 个电信运营商商用了 TD-LTE 网络。全球有 3 817 款 LTE 终端（占全球 39.9%）支持 TD-LTE。

（三）全球 LTE 用户数已达到 25.4 亿

根据 GSA 统计，截至 2017 年第三季度，全球 LTE 用户数已达到 25.4 亿。与 2016 年相比，全球共增加了 8.38 亿 LTE 用户。

截至 2017 年第三季度，亚太地区 LTE 用户数全球占比为 61%，北美地区 LTE 用户数全球占比为 13%，欧洲地区 LTE 用户数全球占比为 13%。截至 2017 年 9 月，新增 LTE 用户数将接近 8.38 亿，而 2016 年同期接近 7.76 亿。这相当于在 12 个月内上涨了 49.2%。

（四）1 800MHz、2.6GHz 和 800MHz 这 3 个频谱被全球 LTE 商用运营商使用最多

从 LTE 频段竞拍统计情况来看，截至 2017 年 12 月，全球 647 家 LTE 商用网络中，有 316 家使用 1 800MHz。

商用的 TD-LTE 网络中，运营最广的频段为 BAND 40。具体分布见表 1。

表 1　TD-LTE 网络运营频段

LTE TDD 频段	网络数
2 300MHz band 40	39

（续表）

LTE TDD 频段	网络数
2 600MHz band 38	20
2 600MHz band 41	21
1 900MHz band 39	1
3 500MHz band 42/ 3 600MHz band 43	29

（五）全球已推出 9 544 款 LTE 终端，其中 TD-LTE 终端 3 817 款

据 GSA 统计，截至 2017 年 11 月，全球已推出 9 544 款 LTE 终端，同 2016 年 9 月相比，增加了 59%。

全球 LTE 终端中，手机有 6 484 款，其中 67.9% 能够支持所有终端类型。

LTE FDD 终端频段支持情况见表 2，支持 1 800MHz 频段的终端数最多达到 6 171 款。

表 2　LTE FDD 终端频段支持情况

LTE FDD 频段	终端数
1 800MHz band 3	6 171
2 600MHz band 7	5 643
2 100MHz band 1	4 937
800MHz band 20	3 552
800/1 800/2 600 tri-band	3 371
850MHz band 5	2 944
AWS band 4	2 548
900MHz band 8	2 556
1 900MHz band 2	2 293
700MHz band 17	1 877
700MHz band 13	974
APT700 band 28	861
700MHz band 12	778
1 900MHz band 25	463

数据来源：GSA。

TD-LTE 终端频段支持情况见表 3，其中支持 2 300MHz 频段的终端最多，达到 3 010 款。

表 3　TD-LTE 终端频段支持情况

LTE TDD 频段	终端数
2 300MHz band 40	3 010
2 600MHz band 38	2 318

（续表）

LTE TDD 频段	终端数
2 600MHz band 41	2 123
1 900MHz band 39	1 737
3 500MHz band 42	138
3 600MHz band 43	104

数据来源：GSA。

（六）全球205家电信运营商对VoLTE进行投资

随着网络覆盖率的日益提高以及LTE智能手机使用量的增加，许多LTE运营商优先考虑语音服务。

根据GSA统计，截至2017年10月底，全球95个国家205家电信运营商投资建设VoLTE业务，其中60个国家的125家电信运营商已经商用VoLTE业务。

■ 三、TD-LTE 和 5G 技术标准现状

（一）中国移动发布2017年终端质量报告和终端产品白皮书

2017年6月29日，GSMA全球终端峰会在上海召开。中国移动参加峰会，并发布《中国移动2017年终端质量报告》《中国移动4G+手机白皮书》和《中国移动智能硬件白皮书》。开幕仪式上，中国移动李慧镝副总裁作了题为"拥抱变革，拥抱新时代"的致辞，他指出，"技术创新加速社会变革，我们正处在一个数字化的时代，一个软件定义的时代，一个万物互联的时代。面对时代的机遇，中国移动积极布局，与时代同行"。

（二）TD-LTE成为国际主流标准，助力"一带一路"政策

2月28日，工业与信息化部副部长陈肇雄在参观MWC期间，参加了"巴塞罗那GTI国际产业峰会"，并发表致辞。经过多年的不懈努力，TD-LTE已经成为两大主流4G国际标准之一，主导世界移动通信发展路径。他特别提到扩大TD-LTE在"一带一路"沿线国家和全球更广泛领域新兴市场的商用规模。这些地方有通信设施建设投入刚性需求、发展潜力巨大的市场，TD-LTE技术能有效解决4G网络商用过程中遇到的棘手问题，同时，还能大幅降低网络部署成本。最后，他强调需要进一步加强国际合作，构建合作共赢产业新生态，推动全球产业界对4G演进及5G关键问题达成共识。

（三）3GPP第一个5G版本Rel.15正式冻结

2017年12月，3GPP的消息显示，3GPP 5G NSA（Non-Standalone，非独立组网）标准正式冻结。5G标准NSA方案的完成是5G标准化进程的一个重要里程碑，标志着5G标准和产业进程进入实质性加速阶段，5G商用进入倒计时。

在5G标准制定过程中，来自中国的力量起到了重要作用。据了解，中国通信企业贡献给3GPP关于5G的提案，占全部提案的40%；中国专家也占各个5G工作组的很大比重。例如RAN1，它作为定义5G物理层的工作组，华人专家占60%；服务于中国通信企业的中外专家，占总数的40%。

（四）移动物联网产业联盟发布9项NB-IoT团体标准

2017年11月23～24日，移动物联网产业联盟全会在重庆市召开，会议期间召开了联盟各工作组会议和"嵌入式用户识别卡（eSIM）关键技术与产业发展研讨会"。本次联盟全会共通过了9项面向NB-IoT团体标准，分别是《NB-IoT行业应用指南》《NB-IoT基站设备测试规范（实验室分册）》《NB-IoT终端设备测试规范（实验室分册）》《面向窄带物联网（NB-IoT）的eUICC技术要求》《面向窄带物联网（NB-IoT）的智慧照明终端技术要求》《面向窄带物联网（NB-IoT）的共享单车终端技术要求》《面向窄带物联网（NB-IoT）的净水器终端技术要求》《面向窄带物联网（NB-IoT）的电缆测温终端技术要求》《面向窄带物联网（NB-IoT）的智能水表终端技术要求》。

此次发布的面向NB-IoT的9项团体标准，初步完善了NB-IoT标准体系，联盟后续将着重eSIM和安全的标准研制和试验，并启动eMTC相关标准和试验准备工作。

（中国移动通信集团设计院有限公司　董江波
中国移动通信集团有限公司　袁　捷）

移动互联网发展分析与展望

移动互联网正成为拉动中国经济增长、加速产业转型升级的核心动力之一。当前，我国信息网络技术快速演进、信息基础设施不断完善、移动智能终端加快推陈出新，移动互联网转入稳健发展期，呈现出"深融合、广连接"的发展特点，继续在全球范围内保持快速发展，超越固定互联网成为最主要的互联网接入方式，推动了互联网和实体经济的深度融合，已成为创新发展的新领域、公共服务的新平台和产业融合发展的持续动力，已经显现出供给和需求的强力拉动作用。

一、发展现状

（一）基本内涵

移动互联网是在传统的固定互联网基础上发展起来的全新网络形式，其内涵聚焦于创新和价值2个方面。创新主要体现在具有较高的移动性、可定位、精准性、便捷性、感触性、即时性，带来了"随时在线"的全新网络体验。移动互联网的价值在于社会信息化。传统概念上的用户、设备在移动互联网中全部变成了可供利用的信息和数据，改变了人们传统的沟通交流、信息采集分发、城市设施运转的方式。基于移动互联网的移动信息化将催生大量新的行业信息化应用，为中国网络经济的发展留下新的想象空间。

移动互联网的要素有移动终端、移动网络和应用服务，随着"云＋网＋端"的新型网络架构逐渐成形，移动互联网与云计算、大数据、物联网、智能化的结合也日趋紧密。移动终端是移动互联网的信息入口，直接面对最终用户，是现阶段移动互联网发展的关键。智能终端的增长推动了终端硬件性能的提升，在处理能力、显示能力、交互能力等各方面均有较大进步。正如中国工程院院士邬贺铨指出，"智能终端的通信属性已经边缘化，作为消费终端的属性逐步增加，智能终端成为大数据应用的重要出入口"。依托越来越强大的云计算技术和日渐成熟的物联网环境，未来终端将通过"腾云驾物"实现更多功能。移动网络主要承载信息传递，是移动互联网发展的基础。移动网络的双边性特点使其受到无线通信技术和应用服务业务的双重影响。高速、低延迟的网络服务能够提供更好的用户体验，应用的丰富与随时在线服务需要更好的网络支撑。移动应用服务是移动互联网发展的未来，受到用户需求强烈的影响，将进一步促进消费互联网与产业互联网的发展。

（二）基础数据

1. 移动用户

截至 2017 年 12 月，我国网民规模达 7.72 亿，我国手机网民规模达 7.53 亿，手机网民占比达 97.5%，移动互联网促进"万物互联"，主导地位日益强化。2017 年，我国移动互联网网络提速效果显著，用户规模不断扩大。据工业和信息化部运行监测协调局报告，截至 2017 年 12 月底，移动宽带用户（即 3G 和 4G 用户）总数达 11.3 亿，全年净增 1.91 亿户，占移动电话用户的 79.8%。4G 用户总数达到 9.97 亿，全年净增 2.27 亿户。

2. 移动网络

移动互联网的飞速发展与 4G 网络和高速光纤网络的迅速普及密不可分。4G 对经济社会发展的支持效应凸显。4G 正式商用以来，我国已经建成全球规模最大的 4G 网络。2017 年，三大电信运营商着力提升网络品质，加快光纤网络建设，完善 4G 网络覆盖深度，不断消除覆盖盲点，移动网络服务质量和覆盖范围继续提升，移动用户加速向 4G 迁移。2017

年，全国净增移动通信基站59.3万个，总数达619万，是2012年的3倍。其中，4G基站净增65.2万个，总数达到328万。

（三）应用服务

移动互联网服务场景不断丰富，移动终端规模加速提升，移动数据量持续扩大，为移动互联网产业创造更多价值挖掘空间。

1. 移动营销

（1）移动电商

多渠道、多路径、多场景，线上线下加速融合，移动端成为电子商务内容营销的战略高地。截至2017年12月，手机网络购物用户规模达到5.06亿，使用比例由63.4%增至67.2%。2017年6～11月，电子商务类应用超过40.8万款。电子商务服务模式、技术形态、赋能效力不断创新突破。阿里巴巴、京东、苏宁等大举"进军"农村，农村淘宝，京东服务帮等带动农村电子商务快速发展，2018年初，万达与腾讯、京东联合苏宁、融创合作，形成国内最大规模的无界零售联盟。

（2）移动广告

2017年中国网络广告市场规模为2 957亿元，比2016年增长28.8%。广告主的投放预算以更快的速度向移动端转移，主流互联网广告运营商的广告收入结构呈现移动端压倒PC端的态势。媒体形态丰富，信息流广告玩法多样，移动视频广告颇受青睐，短视频、直播的原生广告发展较快。伴随移动广告交易平台的成熟，广告主精准投放的愿望已经得到部分实现。移动互联时代将"以受众为中心"这一观念升级为"以社群为中心"。

（3）无人零售

无人零售领域百花竞放，服务布局向线下聚拢。以苏宁云商、美团点评、京东、饿了么等为代表的无人零售，以猩便利、果小美、每日优鲜等为代表的办公室便利无人货架，以淘咖啡、盒马鲜生、便利蜂、7FRESH、缤果盒子、F5、未来商店、24爱购、Take Go、神奇屋等为代表的无人便利店兴起，为零售史的一大变革，带动消费业态进一步升级。

2. 移动支付

截至2017年12月，手机支付用户规模达到5.27亿，年增长率为12.3%，使用比例达70.0%。移动端占据第三方支付主流。2017年第三季度，交易规模结构中移动金融占比18.7%，个人应用占比67.7%，移动消费占比11.7%，支付宝、财付通占据约94%的市场份额。2017年，支付宝、腾讯和中国银联发起的支付场景争夺战，在商超、便利店、外卖、打车、共享单车等高频支付场景之外，延伸至公交出行、校园和租房领域。

3. 移动视频

移动视频直播发展迅猛，付费服务和广告收益仍是主要盈利模式。截至2017年12月，网络直播用户规模达到4.22亿，较2016年增长22.6%。

4. 移动阅读

《2016年度中国数字阅读白皮书》显示，"80后、90后"成为数字阅读的主体，占比达64.1%。截至2016年年底，通过手机阅读网络新闻的用户达到6.14亿，通过手机阅读网络文学的用户达到3.33亿。2017年下半年，国内两大网络文学平台阅文集团和掌阅科技相继上市。原创内容的扶持和听书业务的发展是2017年网络文学领域变化的两个重要特点。

5. 移动生活服务

（1）移动旅游

手机成为在线旅行预订的主要渠道。截至2017年12月，通过手机在线旅行预订的用户规模达到3.40亿，比2016年年底增长7 782万户，增长率为29.7%。

（2）移动教育

截至2017年12月，手机互联网教育用户规模为1.189亿，增长率为21.3%。预计未来5年，移动互联网教育年复合增长率为52%。互联网教育实际用户以70、80后的中产阶层为主。移动端在线学习成为新趋势。

（3）移动医疗

移动医疗以移动App为载体，提供在线疾病咨询、在线挂号、线下陪诊、在线购药、电子健康档案、疾病风险评估、远程诊疗和疾病康复等多种形式的医疗服务。截至2017年第二季度国内共有移动医疗类移动App 11 000余个，累计下载量超过20亿次。根据速途研究报告显示，40.5%的患者生病后会选择上网或使用 App 咨询问诊，而在线购药、在线挂号类移动 App 也分别达到整体规模的 22% 与 16%。

（4）共享单车

共享单车用户规模增长显著，国内用户规模已达 2.21 亿。ofo 与摩拜两强领跑。2017 年摩拜单车融资总金额近 10 亿美元，ofo 完成融资总金额超过 12 亿美元。

6. 移动游戏

2017 年网络游戏产业呈现移动化、国际化、竞技化发展态势。2017 年 1～11 月，网络游戏业务收入 1 341 亿元。移动网络游戏在行业的营收中占比 90% 以上。移动网络游戏市场竞争演化为游戏作品、用户资源、知识产权（IP）、渠道等产业链整合综合竞争。截至 2017 年 11 月底，游戏类应用数量超过 111 万款，占比达 28.4%。

（四）产业发展

互联网与传统产业不断融合创新，移动互联网应用正在逐渐从跟随者、借鉴者向创新者、引领者发生转变。2017 年，中国互联网企业 100 强的研究数据显示，产业互联网取得新进展。百强企业中以服务实体企业客户为主的产业互联网领域企业数量已达 32 家。产业互联网平台呈生态化发展趋势，内容生产与营销一体化，多平台同步孵化产品。

中国政府明确发展 IPv6 的战略和目标以及时间表，引导向工业互联网的发展，促进互联网和实体经济的深度融合，启动了 5G 第 3 阶段的试验，强力推动大数据战略的实施，标志着互联网发展进入了新时代。

二、发展趋势

移动互联网将互联网带入了新的产业周期，从业务改造转向模式创新，大数据挖掘应用正引领智能社会发展，重塑竞争边界。移动互联网应用平台将持续强化内容的衍生开发、垂直细分领域的差异化运营、优质 IP 的生命化管理以及市场的开拓培育。

（一）技术发展趋势

1. 自主创新，技术先行

以我国为主的 TDG 技术网络全球部署，全球最大 5G 试验场第 1 阶段已完成测试，华为、中兴、阿里巴巴等企业在人工智能、虚拟现实、微机电、区块链等技术领域都取得了很大的进展。我国在麦克风、手机摄像和指纹识别三大领域已形成规模竞争优势。技术创新已成为互联网企业市场角逐的核心竞争力。

2. 人机交互，加速融合

移动互联网时代将虚拟与现实世界的融合叠加抬升到全新的高度。在技术进步驱动下，虚拟与现实的感知、交互、服务边界正在快速消失。人机交互边界正全面弥合。"新型智能硬件"与"智能互联网 +"成为智能融合时代引领发展竞争的战略业务平台。汽车将成为继手机产业之后的第二大移动互联网入口，传统的智能手机产业正快速吸纳新周期特征要素实现升级演化。

（二）业务发展趋势

1. 新技术带来新场景和新应用

人工智能使人机交互界面转向语音化，同时拓展更多服务场景。区块链被广泛应用于票据、保险、物联网、知识产权和医疗信息等多个领域。"直播 +"丰富内容和场景。

2. 资源整合创新盈利模式

移动互联网将充分考虑市场需求，加强与电信运营商合作，构建系统平台，完善综合产业链，推出各类专业定制产品，创新盈利模式。搜索业务将随着智能语音和穿戴式设备发展，逐步成为移动互联网的盈利支点；随着移动智能终端屏幕变大和流量资费降低，移动广告的效果和接受度将大幅提高；移动游戏与社交网络服务有机结合，用户的付费意愿加强；移动支付技术环境的成熟，促进移动电子商务快速发展；移动互联网由传统的娱乐型向商业型和实用型转换。

3. 海外布局成效显现

已有数千家中国互联网公司开发出针对海外市场的移动互联网应用产品，中国智能手机厂商在东南亚、印度、非洲、俄罗斯和巴西等新兴市场占据了一定份额，从中国出口的 App 已经覆盖了除中国大陆地区以外全球近 47% 的安卓用户。移动互联网的海外市场发展潜力不可小觑。

（三）产业发展趋势

产业互联网正加速向实体领域拓展，消除各环节的信息不对称，催生更多新产品、新业务、新模式。未来，智能制造将实现泛在感知、实时监测、精准控制、数据集成、运营优化、供应链协同、需求匹配、服务增值的发展态势。"农业互联网生态圈"逐步形成，不断融通产业链的物质、资金和信息流。互联网将全方位向教育、金融、医疗、媒体、医疗、娱乐等服务业各领域延伸。

■ 三、安全挑战

移动互联网主要面临的安全挑战来自以下 3 个方面。

（一）业务应用的安全

随着移动互联网的多元化多样化发展，移动电话银行、移动办公、移动定位等业务在满足用户需求的同时也带来了安全隐患。

（二）通信网络的安全

移动互联网的网络威胁主要体现在传统的网络攻击行为如恶意攻击、非法接入、后门软件攻击、窃取用户信息等方面。

（三）移动终端的安全

移动智能终端本身的安全漏洞，及其操作系统本身可能存在恶意程序，这些都给移动终端带来了隐患。

我国互联网发展进入了新时代，增长创新高，市值持续向好。主管部门为新生态审慎包容和及时治理营造了良好的互联网发展环境，互联网企业瞄准新技术和新场景纷纷做重大战略调整，布局未来更大的发展空间，各方面所取得的成就显示出中国已经成为当之无愧的互联网大国。移动互联网时代已经到来，对技术和应用的持续创新提出了更高要求。只有准确地认识和理解移动互联网，才能抓住移动互联网带来的发展机遇，把握智能社会发展的需求，从而助推网络强国，发展数字经济。

（中国互联网协会　连　迎　李　娟）

移动芯片技术产业发展态势分析

一、智能手机整体发展态势

2017 年，全球智能手机出货量和销售额均有上涨，但增幅略有放缓。据捷孚凯统计，2017 年全球智能手机销售量达 14.6 亿部，同比增长 3%，保持连续 4 个季度持续增长；销售额总计 4 787 亿美元，增长率达到 9%。其中，中东欧和拉丁美洲地区市场增长最快，中国仍是全球最大的智能手机市场，但市场增长乏力，2017 年出货总量首次出现下滑，同比下降 4%。究其原因，国内 4G 市场已趋于饱和，5G 尚未到来，市场增长力主要来源于存量市场换机需求，但是智能手机质量与性能稳步提升，产品同质化严重，导致用户换机需求下降，换机周期拉长。

二、移动芯片整体发展态势

移动芯片市场竞争激烈，寡头趋势明显。高通借助积累优势掌控超过半数的移动芯片市场份额，且高中低档全面布局全面占优，中端芯片骁龙 623、骁龙 652 分别占据 10% 和 6.63% 的市场份额，位列整体排名前两位，旗舰款骁龙 835 芯片凭借高性能的异构计算能力成为 2017 年业内最受关注的芯片产品。联发科位居第 2 位，约占据 15% 的市场份额，旗舰级 Helio X20 和 X32 处理器在通信、计算、功耗等方面均落后于竞争对手，连续失利导致市场份额直线下滑，为挽回颓势联发科放弃高端市场，主攻中低端 Helio P 系列产品研发设计。华为经过长期技术积累和多代产品迭代，市场份额稳步提升暂列第 3 位，2017 年推出的麒麟 970 芯片表现亮眼，芯片跑分追平高通骁龙 835 芯片，并协助搭载的华为 P10 和 Mate10 两款旗舰手机树立高端产品的地位。

移动芯片多核架构产生新变革，芯片核数之争以八核终结。2017 年第二季度我国八核智能机出货占据 67.3% 的份额，十核智能机未能实现市场突破。高通、三星和华为近年来推出了多款高端八核 SoC 移动处理器，而联发科的十核高端芯片 X30 客户流失亏损严重，仅有魅族 PRO7/PRO7 Plus 手机采用，导致联发科暂时停止旗舰芯片的研发投入，转战中低端市场。与此同时，移动芯片多核异构计算效率正在不断提升。ARM 推出了 big.LITTLE 的演进技术 DynamIQ，能够面向多样化、差异性应用场景实现对单一计算丛集的大小核进行硬件资源弹性配置以及电源、频率独立控制，显著提升多核异构计算效率。例如，面向车载电脑、笔记本电脑等高性能计算场景，采用"四大核 + 四小核"配置最大化处理性能；针对智能手机等能耗限制场景，可选择"一大核 +N 小核"配置提升能效。

三、新兴移动芯片技术应用发展趋势

智能手机市场疲软，产品同质化严重，导致市场增长趋缓。为寻求市场破局，移动芯片企业多瞄准下一代 5G 通信网络、人工智能、VR/AR 等新兴终端附加功能研发布局，寻求新的市场增长需求。

（一）移动通信

4G 全网通成为主流，芯片国产化率稳步提升。从移动芯片网络制式角度，依据中国信息通信研究院 2017 年国内手机市场运行分析报告，2017 年，我国 4G 手机出货量达 4.62 亿部，占比达到 94.1%，全网通手机越来越受消费者青睐，并成为手机终端市场的主流，在 4G 中占比超过 85%。国内企业以华为海思、展讯为主力军不断实现 4G 芯片出货量扩张，国产化率由 2016 年不足 15% 的规模增长至 2017 年上半年超过 18%，占比数据仍在稳步提升。

终端基带芯片实现千兆级数据传输速率。载波聚合、高阶调制、MIMO 等关键技术不断推动移动终端通信基带芯片快速升级，目前，基带已达到下行 Cat.18、上行 Cat.13 的通信标准。高通和英特尔在 2017 年 2 月分别推出 X20 和 XMM7560 基带芯片，下行速率分别达到 1.2Gbit/s 和 1Gbit/s，商用产品将于 2018 年推出。华为海思 2017 年 9 月推出麒麟 970 芯片，基带下行速率达到 1.2Gbit/s，成为业界首颗达到 Cat.18/13 标准的 SoC 芯片产品，已应用于华为手机终端产品 Mate 10。三星也于 2018 年 1 月发布了 Exynos 9810 处理器，基带下行速率同样是 1.2Gbit/s。因此，我国在基带技术上已具备参与全球竞争的实力。

高通、三星、华为和联发科移动芯片旗舰级产品参数见表 1。

表 1　高通、三星、华为和联发科移动芯片旗舰级产品参数对比

厂商	芯片	核数	工艺	基带	时间
高通	骁龙 835	8	三星 10nm	Cat16 DL 1Gbit/s Cat13 UL 150Mbit/s 支持全网通	2017 年
	骁龙 845	8	三星二代 10nm	Cat18 DL 1.2Gbit/s Cat13 UL 150Mbit/s 支持全网通	2018 年
三星	Exynos 8895	8	三星 10nm	Cat16 DL 1Gbit/s Cat13 UL 150Mbit/s 不支持 CDMA 的 2/3G 网络	2017 年
	Exynos 9810	8	三星二代 10nm	Cat18 DL 1.2Gbit/s Cat13 UL 150Mbit/s 支持全网通	2018 年
华为	麒麟 960	8	台积电 16nm	Cat12 DL 600Mbit/s Cat13 UL 150Mbit/s 支持全网通	2016 年
	麒麟 970	8	台积电 10nm	Cat18 DL 1.2Gbit/s Cat13 UL 150Mbit/s 支持全网通	2017 年
联发科	Helio X30	10	台积电 10nm	Cat10 DL 450Mbit/s Cat13 UL 100Mbit/s 支持全网通	2017 年
	Helio X40	—	—	—	取消

（二）人工智能应用

人工智能正成为移动智能手机发展路线图的重要组成部分。伴随深度学习算法不断演进、趋于成熟，人工智能在智能手机侧可实现用户认证、个人分析、情感识别、AR 视觉、设备管理、内容审查等多样化智能体验，正成为企业推动智能手机迭代升级、打破产品趋同化、营造用户体验个性化、争夺市场份额的新手段。据 Gartner 统计 2017 年全球仅有 10% 的智能手机集成人智能功能，且局限于旗舰款智能手机。2018 年初，高通和联发科均发布了搭载人工智能架构的中端移动芯片，标志着人工智能迅速由高端机型扩展中端产品将成为智能手机必备能力。据预测到 2022 年约有 80% 的智能手机将集成人工智能功能。

移动芯片架构革新升级加速人工智能处理能力。移动芯片的计算和内存受限且低功耗的特性难以支撑人工智能密集型计算任务需求，终端芯片企业多围绕升级现有异构能力和叠加专用计算两方面提升面向人工智能任务的性能表现，并首先聚焦图像视觉、语音识别、机器翻译等应用场景。例如，ARM 推出 DynamIQ 技术可弹性配置 CPU、GPU 和协处理器的异构结合方式，并通过分享三级缓存提升协处理器的加速性能；高通通过升级异构性能，推出的高通骁龙 835 移动芯片基于 CPU+GPU+DSP 的现有移动异构计算平台，重点提升 DSP 单元针对神经网络处理速度和能效至 CPU 的 8 和 24 倍，并且 DSP 与 ISP（图像信号处理）配合支持拍摄应用。华为、苹果主要是通过集成专用计算加速单元，华为海思麒麟 970 芯片全球首款集成深度学习内核 NPU 的手机 SoC 芯片，其中，NPU 提升深度学习任务处理速度和能效至 CPU 的 25 和 50 倍，大幅提升人工智能性能；苹果也推出了集成专用神经引擎的 A11 芯片，支持快速人脸解锁，运算速度达到每秒 6 000 亿次。

（三）VR/AR 功能

VR/AR 加载在移动终端上主要面临视觉、听觉、交互和续航 4 个方面的技术挑战。移动芯片通过 SoC 异构架构，实现 VR/AR 任务的图形渲染、视觉和听觉处理、直观交互等功能，打造沉浸式体验。

以高通骁龙 835 芯片为例，视觉处理主要通过集成 GPU 支持实时动态图像渲染，实现超高清画质；听觉借助定位音频、3D 环绕声和噪声消除等技术打造高保真音质；交互通过六自由度传感器和 DSP 实现精准预测和快速响应，机器学习辅助实现手势追踪和物体识别；续航则是采用 CPU+GPU+DSP 异构实现高效低功耗，支持 2 小时以上游戏时间。此外，VR/AR 与人工智能技术融合势头加剧，视觉处理芯片成为业界布局焦点。英特尔推出了视觉处理芯片 Movidius VPU，提供高速低功耗的视觉感知能力，实现 VR/AR 设备能够实时地看到、理解和响应周围环境。

四、国内移动芯片产业发展建议

智能手机创新应用层出不穷，加速移动芯片产品迭代升级。为把握新兴技术发展机遇，我国应夯实已有基础，准确研判技术发展态势，持续加大研发力度，整体推动布局，全面提升芯片核心竞争力。一是 5G 移动芯片正处于即将商用部署的关键时期，高通、英特尔等国际巨头已完成移动端 5G 商用芯片部署，国内华为虽已发布支持 5G 频段的基带芯片，但功放、滤波器等高频器件仍受国外垄断。应充分发挥国家政策引导和支持，结合重大专项、产业基金等配套措施，统筹布局 5G 高频器件、射频前端、通信基带芯片以及集成 SoC 等整体，强化化合物半导体制造及封装工艺支撑能力，系统他推进 5G 商用芯片布局。二是人工智能、VR/AR 等新兴技术已成为刺激智能手机市场增长的新焦点，对移动芯片的并行计算、图像渲染等能力提出更高的能效需求，我国芯片企业应强化底层指令集、芯片架构、SoC 异构体系等芯片技术创新，结合算法、IP、操作系统、应用软件等协同推进移动芯片研发部署。

（中国信息通信研究院　丛瑛瑛　王骏成）

我国移动通信转售业务发展现状及未来展望

一、我国移动通信转售业务发展现状

（一）产业发展

近年来，国家持续出台相关政策鼓励和引导非公经济、民间资本进入电信业务领域。作为其中一项最重要的措施，2013 年 5 月 17 日，工业和信息化部发布了《移动通信转售业务试点方案》，开始启动移动通信转售业务试点工作。42 家移动通信转售企业获得试点批文，其中 41 家企业均已先后开展业务。开展业务的转售企业大部分为通信产业链上下游企业。例如，通信终端销售企业、通信终端制造企业、信息内容/行业应用企业、互联网基础设施企业等，也包括航空、金融、服装等其他行业的企业。

在这 4 年多的时间里，我国的移动通信转售用户规模实现了跨越式的增长。2014 年 5 月转售企业开始放号，仅 6 个月时间用户规模已突破 100 万户，在此之后短短 3 年时间用户规模已猛增至 6 000 万户，其发展速度之快与市场规模之广引起全球业界广泛关注，如图 1 所示。

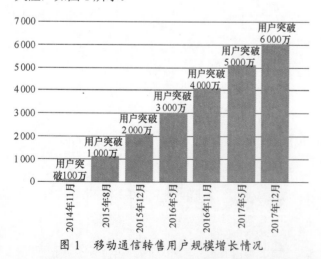

图 1　移动通信转售用户规模增长情况

截至 2018 年 1 月底，移动转售用户数达到 6 305.06 万户，占我国移动电话用户数的 4.22%。从用户结构看，移动转售出账用户数、活跃用户数与总用户数基本保持同比增长。截至 2018 年 1 月，移动转售出账用户数为 2 896.46 万户，活跃用户数为 2 324.52 万户，如图 2 所示。

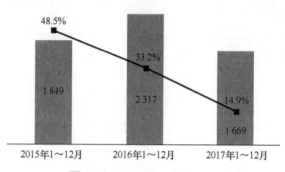

用户净增（单位：万户）
转售累计净增占全国移动累计净增比例

图 2　移动通信转售用户规模净增情况

从用户净增看，2017 年全年移动转售用户数净增 1 669 万户，月均净增 139 万户，与 2016 年同期相比，净增用户数略有下降。同时，移动转售用户净增占全国移动用户累计净增的比例显著下降，这主要与基础电信企业资费大幅下调，基础电信企业净增用户增长迅猛有关。随着正式商用政策的出台，以及依据过去 3 年历史净增进行测算，预计 2018 年将持续月均 150 万～200 万户的增长。

（二）用户分布

通过移动通信转售用户码号归属地分析，截至 2018 年 1 月，移动通信转售用户规模最大的前 5 个省份（含直辖市）分别为广东省、江苏省、山东省、浙江省和河南省，5 省总用户数占全国移动通信转售用户数的 40.3%。自移动通信转售业务开展以来，东部沿海地区始终发展最快，这与东部经济较为发达、人口密集有较大关系。但自 2017 年起，码号归属于中西部地区的转售用户占比有所上升，其用户数从 30% 上升至 32%，用户净增占比从 2016 年同期的

30%上升至34%。其中河南省增长最为显著，其用户数已超过北京市和上海市，跃居全国前五。

（三）产业格局

截至2018年1月底，我国共有24家转售企业用户规模超过50万，17家转售企业用户规模超过100万，4家企业的用户数超过500万户。与2017年同期相比，2018年新增6家企业进入在网用户百万户俱乐部，当前，已超过四成的转售企业在网用户超百万，如图3所示。

自2016年下半年以来，行业排名前10的转售企业的收入、用户占比均在70%以上，且保持相对稳定，说明行业已产生了聚集效应，且用户排名持续大体保持稳定。排名靠前的转售企业已经具备了先发优势，"跑马圈地"已然成型。从行业前20名的转售企业看，基本已经占据了行业90%以上的收入和用户份额。

从行业整体情况看，我们通过比对转售企业净增用户数与用户到达数发现，绝大多数用户数排名靠前的企业2017年的用户增幅也保持领先。用户数排名前10的转售企业净增用户均超过50万户，排名前20的企业贡献了91%的用户增长规模。

从单个企业看，蜗牛移动连续3年用户规模高居榜首，其转售用户数已突破千万户，用户规模高是第2名的2倍，并且其净增用户排名也牢牢稳居第一，2017年全年净增用户数接近250万，是第二名的1.6倍。有些企业2017年用户增长同样显著，例如，渠道企业（迪信通、天音）、非ICT行业类型企业（海航、星美）、互联网企业（巴士在线）等企业用户增长较快，净增用户超过或者接近100万户。

我国移动转售市场出现市场分化和高度集中是正常现象。从国际经验看，在成熟的移动虚拟运营市场中，马太效应凸显，即领先的MVNO更容易获得生存空间。在欧洲，用户排名靠前的MVNO拥有本国整体MVNO市场70%以上的份额。例如，英国排名前3的MVNO用户累计占MVNO总用户的87.5%；德国排名前4的MVNO累计占MVNO总用户的70%；比利时排名前4的MVNO用户累计占MVNO总用户的75%。

（四）盈利状况

国外业绩领先的移动虚拟运营商一般在市场运营3～5年后才实现当季盈利，5～7年实现累计盈利。目前，我国已经出现了多家转售企业实现当季盈利为正的情况，行业发展情况属于比较健康的发展轨迹。从盈利企业类型看，盈利企业主要是渠道背景企业和互联网背景企业。2017年，移动通信转售行业整体盈利情况明显改善，主要表现在以下3个方面。一是从累计亏损缩减看，与2016年同期相比，2017年亏损状况明显好转，累计亏损同比缩减达67.2%。二是行业整体平均毛利率总体呈逐月上升趋势，从2017年初的19.1%增长至2018年1月的28.0%。三是从盈利企业数量看，2017年已实现从2016年的位数增长至两位数。截至2018年1月，共14家转售企业实现了当月盈利（全成本口径，包括人员成本、营销成本、系统开发成本等都纳入计算），其中13家转售企业已成功实现2017年当年累计盈利，如图4所示。

究其原因，主要是上述企业在兼顾用户规模发展的同时，亦较好地实现了成本控制，走出了低成本高效运营的道路。成本控制主要分为2个方面。

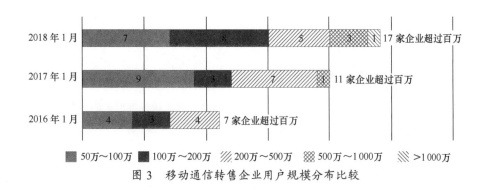

图3　移动通信转售企业用户规模分布比较

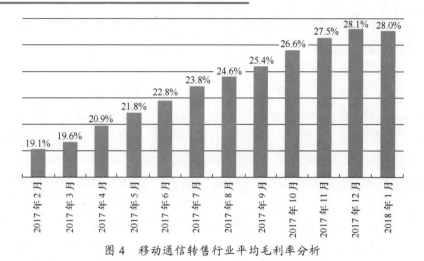

图 4　移动通信转售行业平均毛利率分析

一是确保一定的毛利率，毛利率是转售企业盈利的前提，通过研究发现，转售行业整体平均毛利率为 23.7%，而已实现累计盈利的转售企业毛利率基本在 20% 以上，平均毛利率为 31.4%，排名前 20 的转售企业平均毛利率为 26.8%。二是人工成本控制较好。对比分析已盈利转售企业的各项成本占收比发现，盈利企业的平均人工成本占收比仅为 8%，比行业平均值低 11 个百分点。有的转售企业尽管网络租赁成本占收比较高，但人工成本占收比控制在 3%～5%，亦实现盈利，如图 5 所示。

（五）与运营商的合作情况

通过分析 3 家基础电信运营商与转售企业的合作情况发现，与 2016 年同期相比，尽管中国联通合作企业用户数占比有所下降，但其在网转售用户占比仍然最高，占总用户比例为 74%；中国移动占比 18%，中国电信占比 8%。从转售业务结算收入看，3 家基础运营商所获得的转售业务结算收入占比与其用户数占比大约相当，中国联通所获得的结算收

入最高，结算收入占比达 74%，中国移动占比 17%，中国电信占比 9%。2017 年全年移动转售用户增长 1 669 万户，其中 75.1% 的用户增长来源于中国联通合作企业，如图 6 所示。

（六）物联网应用

从物联网业务应用看，物联网用户规模（在此特指使用移动转售码号资源开展物联网业务的用户数）持续保持稳步增长。截至 2018 年 1 月，超过 3 成转售企业已使用移动通信转售码号资源开展物联网业务，物联网用户规模与移动转售总用户数基本保持同比增长，月平均占比为 13.03%。研究表明，同期基础电信运营商物联网用户平均占比在 15% 左右，因此，比较转售物联网用户占比与基础电信运营商的物联网用户占比，两者比重差别不大，并且占比均保持稳步增长态势。这意味着，在人口红利逐渐消失、流量价格不断走低、网络制式和相关技术不断成熟的背景下，物联网已经成为三大电信运营商及转售企业未来增长的新引擎。

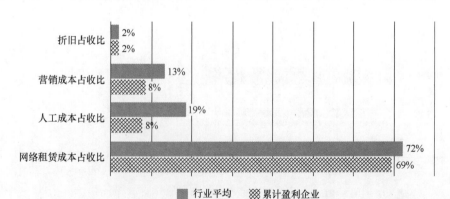

图 5　已盈利转售企业的平均成本与移动通信转售行业平均成本分析比对

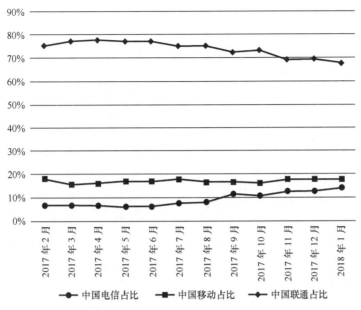

图 6　三大电信运营商合作移动通信转售企业当月结算收入分析

■ 二、创新情况

2017 年，转售企业在优化原有创新、开拓物联网业务、搭建业务平台等方面不断创新，为促进移动市场竞争、推动跨界融合创新、为消费者提供差异化服务方面进行了有效探索。根据面向的用户群体不同，转售企业呈现出不同的创新类型及创新形式。

从面向个人用户方面看，转售企业的创新主要包括流量创新、国际化漫游、可穿戴设备应用 3 种形式的创新。一是流量创新，流量不清零、流量共享、流量交易等基础通信业务创新，以及流量日租卡、流量日包等套餐；二是逐步细化完善国际漫游业务体系，例如，蜗牛移动、海航通信、爱施德、中麦通信、红豆电信、民生通讯、迪信通等多家企业均提供国际漫游业务，服务方式以短期境外卡、国内外一卡通、Wi-Fi 等形式为主；三是提供可穿戴设备满足细分市场需求。2017 年，多家转售企业继续以定制自有终端、与热点终端企业合作 2 种方式继续探索健康、儿童等细分市场，终端形式仍以智能手表为主，例如，天音移动、民生通讯、国美极信等。

从面向企业级客户方面看，转售企业主要包括物联网、企业信息化、构建平台化生态体系 3 种形式的创新。一是物联网成为转售企业的创新焦点。2017 年，三分之一以上的虚拟电信运营商强势切入物联网市场，如小米移动、联想懂的通信等以硬件优势切入物联网业务；远特通信、北纬蜂巢互联、海航通信等以物联网通信卡为基础切入物联网业务；二是政企客户信息化综合服务持续推进。在企业信息化领域，部分转售企业将转售业务融入到行业信息化应用中，为企业提供信息化应用服务，代表企业有用友推出的"用友嘟嘟"，以及红豆电信的一卡通平台等；三是平台化运营构建产业生态体系。代表企业有远特通信、海航通信、爱施德、联想懂得通信、国美极信、天音移动等，上述转售企业均基于业务发展方向开始建设平台。

■ 三、监管政策及落实情况

2017 年，政府主管部门持续推进移动转售领域互联互通、实名制落实、防范打击通信信息诈骗等监管工作，促进转售业务规范化发展。一是不断完善监管政策，推动转售业务规范发展，包括互联互通行业标准制定工作再获新进展，网络信息安全监督管理力度进一步加大。二是转售企业实名制落实情况整体趋于好转，从抽查结果看，大部分转售企业能够按照电话用户实名登记管理要求，严格做好新入网用户实名登记，并落实实体渠道现场拍照留存、"一证五卡"限制等要求，实名制落实情况较2016年整体趋于好转；三是随着转售企业整顿代理渠道、落实主体责任、加强整改等行动的展开，在防范打击通信信息诈骗、垃圾短信、骚扰电话治理方面取得了积极进展，用户相关投诉举报量总体呈下降趋势。

四、国际移动虚拟运营发展现状及趋势

移动虚拟运营业务（MVNO）经过多年的发展，用户规模不断攀升。截至2017年年底，全球MVNO用户规模达到3.3亿，约占全球移动用户总数的4.3%。从区域看，MVNO发展最为成熟的地区为西欧和北美市场，MVNO用户占移动用户的比重分别为23%和15%。从新增市场看，亚太地区表现十分抢眼，超过半数的新增MVNO用户来自于亚太地区。2017年，亚太地区MVNO用户总数已突破1亿，约占全球比重的近1/3。

从国际MVNO的市场分布看，MVNO市场的主导力量为连锁零售品牌、低成本廉价品牌、国际漫游及移民品牌。值得一提的是，物联网/消费电子类MVNO近2年增长迅猛，目前已占据美国2/3的MVNO连接份额。从创新模式看，MVNO市场主要以物联网、四合一服务，即通过MVNO方式提供四合一（电视、宽带、固话、移动）服务、企业信息化服务等方式为主。

Strategy Analysis公司预测，在物联网和发展中国家新增市场的双重推动下，预计未来3年全球MVNO市场规模将继续保持10%以上的年均增幅。与2017年相比，预计2020年MVNO连接总数将增长50%以上，其中超过半数将为物联网和消费电子类的连接。

五、业务发展存在的挑战与建议

（一）移动转售业务收入增长放缓，我们建议转售企业将发展重心由"扩张用户"转向"用户规模与价值并举"

根据比较健康的转售企业发展轨迹，放号0～3年为用户拓展期，3～5年迈入价值运营期，5年后逐步进入价值收割期。与历史同期比较，2017年全年行业累计收入同比增幅从3位数下降至2位数，2016年全年的行业累计收入同比增幅为121%，而2017年全年行业累计收入同比增幅缩减为12%。伴随着用户规模的增长放缓，转售行业累计收入同比增幅呈现逐步放缓态势，如图7所示。这意味着，经历了用户规模高速增长阶段以后，移动转售业务的发展整体将从用户扩张期逐步向用户拓展与价值运营并举的阶段过渡。建议转售企业在重点方向持续推进创新探索，发展重心由"扩张用户"转向"用户规模与价值并举"。

（二）调整收入结构，重点加强流量经营

在转售业务的收入中，以话音收入为主，数据及流量业务占比偏低，建议调整收入结构，重点加强流量经营。从收入结构看，截至2018年1月底，话音收入占比41%，数据及流量业务收入占比27%，与2017年同期相比，尽管数据及流量业务收入比重有所上升，而话音收入占比从47%降至41%，但移动通信转售用户仍以话音消费为主。截至2018年1月底，基础电信运营商的话音与数据收入占比分别为19%和64%，因此，与基础电信运营商相比，移动转售业务的话音收入占比偏高，数据及流量业务收入占比偏低。建议转售企业将未来价值增长的重点放在流量经营上，进一步提高数据及流量业务收入占比，如图8所示。

图7　移动通信转售行业累计收入同比增幅分析

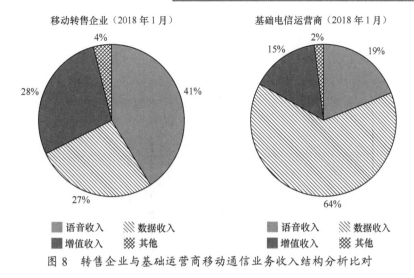

移动转售企业（2018 年 1 月）

4%
28%
41%
27%

基础电信运营商（2018 年 1 月）

2%
15%
19%
64%

■ 语音收入　　▨ 数据收入
■ 增值收入　　▧ 其他

■ 语音收入　　▨ 数据收入
■ 增值收入　　▧ 其他

图 8　转售企业与基础运营商移动通信业务收入结构分析比对

■ 六、发展展望

经历 4 年多的试点，通过行业主管部门、基础运营商、转售企业及协会等各方的共同努力，我国移动通信转售业务发展已取得了显著的阶段性成果，未来的发展重心将逐步从用户扩张过渡为用户拓展与价值运营并举，我们建议转售企业在业务创新方面持续加强，在物联网、流量经营等领域重点发力。根据全球虚拟运营业务发展经验，若业务发展到成熟阶段，用户渗透率将维持在相对稳定的水平，用户渗透率一般可达 10%。比照全球经验，假设未来我国移动转售用户渗透率达到 10%，则在网用户还能增长近 1 亿户，因此，仍存在巨大的增长空间。若从价值空间看，则存在更大的发展空间，若活跃用户比例提升到 80%，则价值还有 4 倍增长空间。

（中国信息通信研究院　刘芊岑）

互联网与信息服务篇

2017 年中国互联网发展综述

2017 年，是中国互联网产业蓬勃发展、加速融合的一年。国家出台了一系列与互联网发展有关的政策。2017 年，十九大报告多次提及互联网发展，互联网在经济社会发展中的重要地位更加凸显。2017 年，中国互联网产业发展加速，网络强国建设迈出重大步伐，互联网建设管理运用不断完善，互联网、大数据、人工智能和实体经济从初步融合迈向深度融合的新阶段，转型升级加速汇集，中国数字经济发展步入快车道。

一、中国互联网发展概况

（一）规模

截至 2017 年 12 月，我国网民数达 7.7 198 亿人，比新增网民 4 074 万人提升 2.6%。其中，手机网民数达到 7.5 265 亿人，比新增 5 734 万人。

（二）结构

1. 性别与年龄

截至 2017 年 12 月，我国网民男女比例为 52.6:47.4，与人口性别比例（2015 年年底，中国人口男女比例为 51.2:48.8）逐步接近。截至 2017 年 12 月，10 ～ 39 岁群体占网民的 73.0%。其中 20 ～ 29 岁年龄段的网民占比最高，达 30.0%；10 ～ 19 岁、30 ～ 39 岁群体占比分别为 19.6%、23.5%。60 岁以上高龄群体占比也有所提升，互联网继续向高龄人群渗透。

2. 城镇与乡村

截至 2017 年 12 月，我国农村网民占比为 27.0%，用户数为 2.08 亿人，同比增长 4.0%；城镇网民占比 73.0%，规模为 5.63 亿人，同比增幅为 6.2%。我国农村网民数量持续增长。截至 2017 年 12 月，我国城镇地区互联网普及率为 71.0%，农村地区互联网普及率为 35.4%，不同地区互联网应用的使用率也存在明显差异。

（三）行为

1. 场所

从场所来看，我国网民通过单位、家庭、学校电脑接入互联网的比例有小幅上升，在网吧等公共场所上网的接入比例略有下降。截至 2017 年 12 月，我国网民在家通过电脑接入互联网的比例为 85.6%，同比降低 2.1%。

2. 设备

2017 年，通过手机、电视上网的网民规模保持快速增长，台式机、笔记本的用户上网用户比例持续下降。截至 2017 年 12 月，我国网民使用手机上网的比例为 97.5%，同比提升 2.4%。智能电视作为家庭娱乐上网设备，上网用户比例持续攀升，达到 28.2%，相比 2016 年年底提升了 3.2 个百分点。

二、基础资源

截至 2017 年 12 月，我国 IPv4 地址数量为 3.3 870 464 亿个，IPv6 地址为 23 430 块。我国域名总数为 3 848 万个，相比 2016 年减少 9.0%，但 ".CN" 的域名增长迅速，达到 2 085 万个，在我国域名总数中占比为 54.2%。我国网站总数为 533 万个，".CN" 网站数量达到 259 万个。国际出口带宽同比增长 10.2%，达到 7.320 Tbit/s。

2017 年，4G 移动电话用户扩张带来用户结构不断优化，支付、视频广播等各种移动互联网应用普及，带动数据流量呈爆炸式增长。2017 年，移动互联网接入流量消费达 246 亿 GB，比 2016 年增长 162.7%，增速较 2016 年提高 38.7 个百分点。全年每月每户平均移动互联网接入流量达到 1 775MB/（月·户），是 2016 年的 2.3 倍，2017 年 12 月当月户均接入流量高达 2 752MB/（月·户）。其中，手机上网流量达到 235 亿 GB，比 2016 年增长 179%，占移动互联网总流量的

95.6%，成为推动移动互联网流量高速增长的主要因素。

三、市场规模

（一）移动通信业务收入占比超七成

2017 年电信业务总量达到 27 557 亿元（按照 2015 年不变单价计算），比 2016 年增长 76.4%，增幅同比提高 42.5 个百分点。电信业务收入 12 620 亿元，比 2016 年增长 6.4%，增速同比提高 1 个百分点。2017 年固定通信业务收入完成 3 549 亿元，比 2016 年增长 8.4%。移动通信业务实现 9 071 亿元收入，比 2016 年增长 5.7%，在电信业务收入中占比为 71.9%，较 2016 年回落 0.5 个百分点。

（二）移动数据业务增长贡献突出

"宽带中国"加快实施，带动数据及互联网业务加快发展。2017 年，固定通信业务中固定数据及互联网业务收入达到 1 971 亿元，比 2016 年增长 9.5%，在电信业务收入中占比由 2016 年的 15.2% 提升到 15.6%，拉动电信业务收入增长 1.4 个百分点，对全行业业务收入增长贡献率达 21.9%。受益于光纤接入速率大幅提升，家庭智能网关、视频通话、IPTV 等融合服务加快发展。2017 年 IPTV 业务收入 121 亿元，比 2016 年增长 32.1%；物联网业务收入比 2016 年大幅增长 86%。

四、中国互联网应用服务发展情况

2017 年，我国面向服务的互联网应用保持快速增长，网络支付、网络约车、网络餐饮、网络娱乐、网络医疗、网络教育的用户规模获得显著增长，其中，移动互联网应用的用户规模增长尤为显著。

（一）社交通信领域

截至 2017 年 12 月，使用即时通信的网民数达到 7.20 亿，较 2016 年年底增长 5 395 万人，网民渗透率达到 93.3%。其中手机即时通信用户达 6.94 亿人，较 2016 年年底增长 5 562 万人，手机网民渗透率达到 92.2%。

（二）搜索资讯领域

1. 用户规模

截至 2017 年 12 月，我国搜索引擎用户数达 6.40 亿人，网民使用率为 82.8%，新增用户 3 718 万人，同比增长 6.2%。其中，手机搜索用户数为 6.24 亿人，同比增长 8.5%。搜索引擎用户继续保持移动化的趋势，手机搜索用户增长速度平缓，但增量超过整体用户增量，是搜索应用用户规模增长的主要推动力。

2. 市场营收

2017 年搜索引擎企业营收市场规模持续增长，2017 年百度第三季度财报显示移动营收占比 73%，环比提高 9 个百分点；2017 年搜狗第三季度移动搜索流量同比增长 38%，移动搜索付费点击量同比增长 64.8%、环比增长 27.3%，搜索引擎企业移动营收在总营收中所占比例继续提高。

3. 技术创新来

人工智能继续为搜索市场注入增长动力，帮助搜索引擎应用继续保持于互联网应用的基础和重要地位，并为平台多元化发展提供宝贵的数据红利。搜索技术创新主要体现在两方面：一是持续改进推荐算法，帮助机器更好地理解用户的搜索需求，提供更高价值的连接服务，促进搜索广告产品的营收转化率；二是语音识别、图像识别等技术的产品化提供了更加方便的搜索体验，与嵌入式硬件结合，拓展了搜索引擎数据获取和信息索引的领域，提供了新的产业发展想象空间。

（三）商务交易领域

截至 2017 年 12 月，我国网络购物用户数达到 5.33 亿人，占网民比例 69.1%，同比增长 14.3%；其中，手机网络购物用户数达到 5.06 亿人，同比增长 14.7%，使用比例提升至 67.2%。网络零售保持高速增长，2017 年交易额达到 7.175 万亿元，同步增长 32.2%，增速较 2016 年提高 6 个百分点。

截至 2017 年 12 月，我国网上外卖用户数达到 3.43 亿人，年增长率达到 64.6%，继续保持高速增长。其中，手机端用户数达到 3.22 亿，使用比例提升至 42.8%，提升 14.9 个百分点。

截至 2017 年 12 月，在线旅行预订用户数达到 3.76 亿人，同比增长 25.6%；网上预订火车票、机票、酒店和旅游度假产品的网民比例分别为 39.3%、23.0%、25.1% 和 11.5%。手机成为在线旅行预订的主要渠道，通过手机进行旅行预订的用户数达到 3.40

亿人，较 2016 年增长 7 782 万人，使用比例提升至 45.1%。

（四）网络金融领域

截至 2017 年 12 月，我国使用网上支付的用户数达到 5.31 亿人，新增 5 661 万人，年增长率为 11.9%；手机支付用户数量增长迅速，达到 5.27 亿人，同比增长 12.3%，网民渗透率达到 70%。我国购买过互联网理财产品的用户数为 1.29 亿人，网民使用率为 16.7%，较 2016 年提升 3.2 个百分点。

2017 年我国移动支付用户规模持续扩大，用户使用习惯进一步巩固。移动支付深入渗透到个人生活中。移动支付的应用场景涵盖了外卖、购物、公共服务、公共交通、公共医疗等领域，中国互联网支付市场向"产品创新、服务升级"阶段过渡发展。2017 年网络支付领域的线上支付加速向农村网民和老龄网民渗透，移动支付的安全性和便捷性进一步提升。2017 年，互联网金融行业整治成为重点，网贷、数字货币等多行业出台管理规范，进一步促进行业合规发展。

（五）网络娱乐领域

截至 2017 年 12 月，我国网络视频用户数量达 5.79 亿人，使用率为 75%，其中，手机视频用户数量为 5.49 亿，新增用户 4 870 万人。

我国网络音乐用户数量达 5.48 亿人，新增用户数 4 496 万人，占网民总体的 71.0%；其中，手机网络音乐用户数量达到 5.12 亿人，新增 4 381 万人。

（六）公共服务领域

截至 2017 年 12 月，网约车用户数量达到 2.87 亿人，新增 6 188 万人，同比增长 27.5%；网约出租车使用比例提升 6.4 个百分点，达到 37.1%；网约专车或快车用户数量达到 2.36 亿元，增长率 40.5%。

2017 年共享单车用户规模增长显著，截至 2017 年 12 月，国内用户数量已达 2.21 亿人，用户规模半年增加 1.15 亿元，增幅达 108.1%。共享单车业务已经覆盖国内主要城市，并渗透到 21 个海外国家和地区。

■ 五、中国互联网发展环境

以大数据、人工智能、移动互联网、云计算、物联网为代表的新一代信息网络通信技术与经济社会各领域全面深度融合，催生了很多新产品、新业务、新模式，互联网产业的主要技术体系逐渐形成，并逐步促进生产方式、商业模式、产业组织的创新，未来发展市场潜力巨大。

（一）我国信息网络建设扎实推进，网络速度持续提升，固定宽带普及目标提前完成

我国全面建成光网城市，3 个新增骨干直联点全部投入运行，共有 13 个骨干直联点。数据显示，互联网骨干直联点开通后，网间延时降低 60% 以上，从 120ms 降低到 40ms 以下，丢包率降低 90% 以上，网络响应速度提高 85% 以上。网络运营商已经实现按需服务的功能，能够智能化响应面向服务的带宽和连接请求。网络基础设施支撑能力大幅提升，网络互联瓶颈实现突破，区域流量效率得到提升。

（二）2017 年我国网络提速降费成效显著，移动网络体系建设加快推进

2017 年全国 50MB 以上宽带用户比例超过 60%，4G 用户平均下载速率较 2016 年同期提高 30%，互联网骨干网间互联带宽扩容目标超额完成，手机国内长途和漫游费全面取消，手机流量资费、中小企业专线资费大幅下降。在 4G 网络提速降费方面，中国移动自 2015 年 4 月至 2017 年 11 月期间，上网流量单价累计下降 68%，4G 客户人均 DOU（平均每户每月上网流量）达到 3G 时期的 13 倍。

（三）我国物联网络部署取得进展，面向飞机、高铁、导航的专有网络连接更加广泛

2017 年 5 月，中国电信宣布建成了全覆盖的 NB-IoT（窄带物联网）商用网络，共计 31 万个 NB-IoT 基站覆盖。中国联通已在上海等 10 余座城市开通了 NB-IoT 试点。其中，上海联通是建成 800 个站点的全国最大规模试商用网络，是国内首家实现全域覆盖的省级运营商。2017 年 1 月，中国移动在江西省鹰潭市建成了第一个覆盖全城的 NB-IoT 网络，涉及基站 100 多个。2017 年 5 月，浙江移动率先在省内开通杭州、宁波、温州、嘉兴四地的蜂窝物联网网络，拉开中国移动 NB-IoT 网络部署试验大幕。2017 年 12 月，中国移动上海公司正式发布商用 NB-IoT 网络，已建成具备 NB-IoT 能力的基站超过 2 万个，首批开通超过 3 500 个，成为上海域内规模最大、覆盖最好

的 NB-IoT 网络。2017 年 12 月，全球最大的全自动化码头—洋山港四期码头投入运行，装卸区通过基于 5G 技术的无线网络实现互联，由工作人员远程控制集装箱的装卸。

截至 2017 年第四季度，国内安装有基于 Ku 波段卫星的机上互联网系统的飞机已经超过 100 架，机上互联网覆盖率已达 3%，以东航宽体客机为主。2017 年 4 月 12 日，中国首颗高通量卫星"中星 16 号"（又称实践十三号卫星）成功发射，为我国建设覆盖大部分地区、近海海域、飞机、高铁、偏远山区的高宽带移动通信系统奠定坚实基础。2017 年开通的京沪高铁"复兴号"动车组实现了 Wi-Fi 全覆盖，对今后高铁 Wi-Fi 的运营具有重要参考意义。2017 年 11 月 5 日，我国成功发射了两颗北斗三号组网卫星，其测速精度可达 0.2m/s，授时精度可达 20ns，正式开启了北斗卫星导航系统全球组网时代。

（四）2017 年我国产业互联网全面深度融合，服务实体经济创新发展

互联网与传统产业在全面融合和深度应用，消除各环节的信息不对称，在设计、生产、营销、流通等各个环节进行数字化和网络化渗透，形成新的管理和服务模式，在推进供给侧结构性改革、振兴实体经济、实现产业转型升级等方面发挥的作用日渐凸显。中国互联网百强企业中，以服务实体企业客户为主的产业互联网企业数量已达 32 家，互联网业务收入规模达到了 1 258.62 亿元，占百强企业比重达 11.77%，服务企业数量超过 700 万户。越来越多的互联网企业紧抓与传统产业融合发展的重大机遇，整合线上线下资源，为传统产业提供新的基础

支撑、拓展新的价值空间，实现生产和服务资源在更大范围、更高效率、更加精准的优化配置，产业数字化、网络化、智能化发展取得新进展。

（五）2017 年，我国互联网企业从应用创新向技术创新挺进，商业化应用竞争加剧

随着中国互联网用户红利逐步消退，产业逐步向技术创新方向挺进，在机器学习、智能机器人、商业无人机、自动驾驶汽车等智能技术应用不断突破。在全球市值排名前十的互联网公司中，阿里巴巴网络技术有限公司、深圳市腾讯计算机系统有限公司、北京百度网讯科技有限公司、北京京东世纪贸易有限公司四家中国公司入列，科技创新成为企业市场角逐的核心竞争力。2017 年 4 月，百度阿波罗开放计划旨在广泛集聚全球产业资源，打造自动驾驶技术开放生态。今日头条创新实现了媒体个性化精准信息推送，开启变革全球媒体分发行业大幕。2017 年 7 月，阿里巴巴网络技术有限公司推出无人超市，融合人脸识别 +RFID 技术，助推服务从线上向线下拓展，倒逼实体商超转型升级。

2017 年是中国互联网产业蓬勃发展、加速融合的一年。在这一年，我国互联网产业在引领经济发展、推动社会进步、促进创新等方面发挥了巨大作用，互联网用户和市场规模庞大、互联网科技成果惠及百姓民生、互联网与传统产业加速融合、互联网国际交流合作日益深化、互联网企业竞争力和影响力持续提升。与此同时，我国网络强国战略、制造强国战略、国家大数据战略等重大国家政策不断细化落实，互联网产业发展前景广阔。

（中国互联网协会　陆希玉）

互联网热点领域市场分析

第41次《中国互联网络发展状况统计报告》显示，截至2017年12月底，中国网民数量达7.72亿人，互联网普及率为55.8%，较2016年年底提升了2.6个百分点。

随着多层次监管以及行业自律的互联网金融管理体系初步成型，互联网金融行业持续降温，各类细分市场的商业模式基本稳定，行业开始进入优胜劣汰阶段，各金融平台不断谋求多元化、协同化发展。

互联网政务在2017年保持了高速的增值态势，微信城市服务、政务微博、政务头条号等应用活跃用户显著提升，政务服务不断走向智能化、精准化和科学化，服务内容也不断细化，预计在云计算、大数据等新技术引领下，未来互联网政务将加快实现跨部门的信息共享和业务协同。

互联网教育行业整体市场规模、企业数量、用户规模等都保持高速稳定增长，移动化程度进一步深化，各细分领域在深入渗透的基础上更加专业化、精细化，AI等新技术的应用也推动互联网教育行业的进一步拓展。

互联网餐饮外卖市场呈现出平衡而稳定的发展

特征。各服务提供商持续优化升级业务和用户体验，人工智能、无人配送等前沿技术进一步推动行业服务能力的升级。

2017年我国共享经济产业正从起步期向成长期加速转型，主要集中在交通出行、房屋出租、共享金融、知识技能、生活服务、生产能力六大领域。该行业不断向着服务规范化、精细化发展，逐步形成以信用为核心的共享经济规范发展体系。

一、互联网金融

（一）互联网金融市场规模

CNNIC第41次《中国互联网发展状况统计报告》显示，截至2017年12月，我国使用网上支付的用户数达到5.31亿人，较2016年年底增加5 661万人，年增长率为11.9%，使用率达68.8%；我国购买互联网理财产品的网民数达到1.29亿人，同比增长30.2%；第三方互联网在线支付市场交易规模达154.9万亿元，增速较2016年明显放缓，如图1所示。

2016—2017年，网络理财如火如荼，2017年，

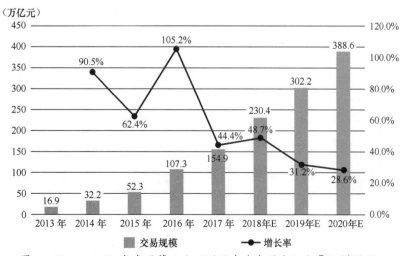

图1 2013—2020年我国第三方互联网在线支付市场交易规模预测

银行间市场的利率走高，使余额理财类产品的市场热度进一步提升。但在余额理财模式之后，再无有影响力的网络理财创新模式出现，用户增速也会放缓。而网络信贷市场依然热度不减，2017年，大批的互联网信贷平台上市，在公司业绩拉动和现金贷等新模式的推动下，用户增速有反超网络理财的趋势。2017年，网络信贷人数增长到2.0亿人，同比增长23.1%。而网络理财用户数为5.0亿人，同比增长15.1%，如图2所示。

支付的基础设施作用依然很强。人口红利的不断减少是2017年互联网面临的压力之一，在支付领域，2017年用户增速下降到10%以下。一方面行业内用户争夺会更加激烈，另一方面在支付普及程度如此高的情况下，支付账户将成为串联起各大金融集团业务线的天然纽带。2017年，互联网支付用户数达5.31亿人，同比增长11.8%，使用率达68.8%，其中，移动支付用户数达5.27亿人，同比增长12.4%，使用比例达70%，如图3所示。

（二）互联网金融细分市场份额

1. 第三方支付

2017年第三季度，中国第三方支付互联网支付市场交易规模为63 815.51亿元人民币，环比增长8.59%。第三方互联网支付市场竞争格局仍然延续第二季度排名，支付宝以24.94%的市场占有率继续保持互联网支付市场第1名，银联支付保持行业第2的位置，市场占有率达到23.51%；腾讯金融以10.21%的市场占有率位列第3，前3家机构共占据互联网支付行业交易份额的58.66%。2017年第三方支付在行业整治过程中，有19家公司牌照被注销，69家公司遭处罚，整个行业出现良币驱逐劣币的态势，如图4所示。

2. 互联网理财

2017年中国互联网金融在理财的普惠性正在随着网络资产的普遍性而逐渐减弱。普通用户享受网络资产带来的财富增值效应，其渠道在过去两年内

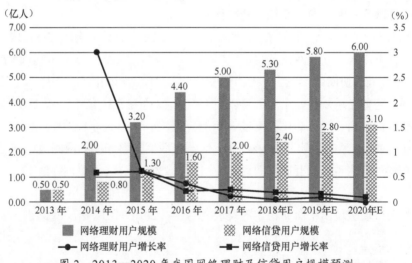

图2　2013—2020年我国网络理财及信贷用户规模预测

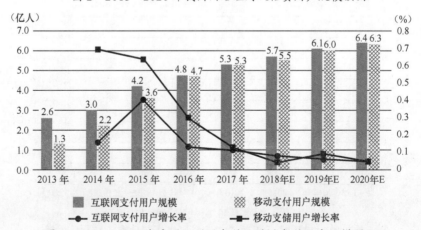

图3　2013—2020年中国互联网支付及移动支付用户规模预测

均没有大幅度拓宽。如图 5 所示。

3. 互联网保险

2017 第一季度保险服务移动应用活跃用户数量增速大幅下滑，受 2016 年政策影响，互联网保险市场的快速发展得到抑制。由于保险企业参与数量逐步增加，预计风险整治后的互联网保险市场仍将继续快速发展，如图 6 所示。

（三）互联网金融发展趋势

1. 互联网金融平台将逐步开放

互联网金融综合性平台（如蚂蚁金服、腾讯金融、拉卡拉金融、京东金融）具有全面的业务类型覆盖，并具有专业的金融科技力量，互联网金融具有普惠性和多样性，而互联网强调的个性化需要全面、专业、有针对性的服务才能实现，因而各大互联网金融综合平台将逐步实现平台全面开放，拥抱各类第三方互联网金融企业，并实现持续发展。

2. 生态化和专业化趋势明显

一方面，互联网金融生态化发展格局突显。近年来，蚂蚁金服积极打造全产业链生态发展路径，其生态链已涵盖支付、银行、消费金融、众筹、网销保险、网络理财、供应链金融、金融云等众多领域。另一方面，互联网金融专业化发展模式显著。专业化发展主要针对中小型互联网金融机构，其专注于某一个垂直细分领域（如 P2P、征信、保险等）方向发展。实施专业化经营策略的互联网金融企业，要聚焦专业市场领域，提升专业化服务，以增强自身运营实力。

3. 互联网金融趋向智能化方向发展

一是区块链技术深刻影响互联网金融。区块链技术在金融领域存在众多优势，一旦具备成熟应用基础，将深刻影响当前的金融格局和运行方式。二

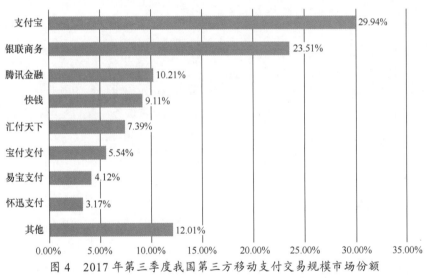

图 4　2017 年第三季度我国第三方移动支付交易规模市场份额

图 5　2013 年—2020 年中国网络资管规模

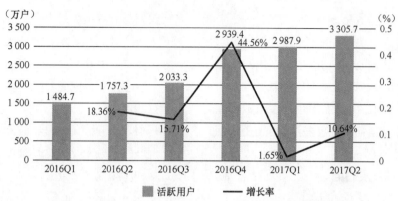

图6 2016第一季度—2017第二季度中国保险服务移动端活跃用户规模

是通过大数据和云计算等技术，可进一步帮助互联网金融降低成本和提升效率；同时通过大数据分析能改善经营决策，为管理提供可靠的数据支撑，使经营决策更加高效便捷，促进互联网金融智能化发展。

■ 二、互联网政务

（一）互联网政务市场规模

2017年，我国互联网政务服务线上化速度明显加快，网民线上办事效率显著提升。大数据、人工智能技术与政务服务不断融合，互联网政务服务不断走向智能化、精准化和科学化。同时，服务内容不断细化，支付宝、微信开通政务服务入口并逐步完善服务内容，从多方面全方位覆盖用户生活。

截至2017年12月，我国在线政务服务用户数量达到4.85亿人，占总体网民的62.9%。其中，通过支付宝或微信城市服务平台获得政务服务的使用率为44.0%，是网民使用最多的在线政务服务方式，较2016年年底增长26.8个百分点；其次为政府微信公众号，使用率为23.1%，政府网站、政府微博及政府手机端应用的使用率分别为18.6%、11.4%及9.0%，如图7所示。

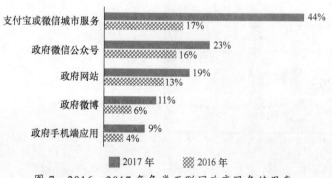

图7 2016—2017年各类互联网政府服务使用率

（二）互联网政务市场各细分市场发展现状

1. 微信城市服务

截至2017年12月，微信城市服务累计用户数达4.17亿人，较2016年年底增长了91.3%。

截至2017年12月，在微信城市服务上可查询和办理的服务达到9 930项，涉及公安、人社、公积金、交通、税务、司法、教育、民政等30个类别。其中，交通违法类累计用户数为各类服务中最多，达到5 236万人，其次为气象类，累计用户数为3 398万人。同时，覆盖城市及省份最多的服务类型为气象、公共交通、教育及加油服务，覆盖全国362个城市。

2. 政务微博

截至2017年12月，通过新浪平台认证的政务机构微博达到134 827个，省部级行政单位共开通政务微博255个，县处级以下行政单位共开通超过15万个政务微博，地方政务信息线上化工作成效明显。社会团体、党委、检察院等机构均普遍开设了政务微博。其中，政府开设的政务微博数量最多，共开通88 215个，其次为社会团体，共开通33 792个。政府开设的机构类政务微博中，包括公安、外宣、基层组织、卫计、司法行政、交通运输及旅游机构等服务类型，其中，公安机关开设的政务微博最多，为20 863个。

3. 政务头条号

截至2017年12月，共有各级党政机关开通政务头条号账号70 894个，较2016年年底增加36 811个，增幅达108%，主要包括公安、信访、检察、司法、基层组织、法院、共青团等在内的100多个垂直系统开通了政务头条号。其中，公安政务头条号占比为14.8%，其次为信访，占比9.3%，如图8所示。

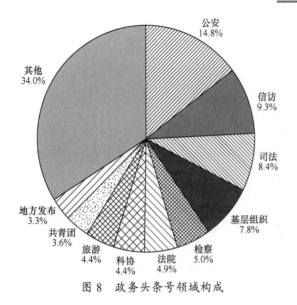

图 8 政务头条号领域构成

(三)互联网政务发展趋势

1. 大数据技术加强互联网政务的信息共享与统筹

随着互联网政务服务在全国的普遍开展,行政服务的效率与方式出现出了质的变化。近几年大数据技术的产生与发展,更是为互联网政务的运行模式注入了新鲜的血液。进一步提高互联网政务的服务效率,离不开不断挖掘政府部门的大数据潜能。未来该市场将打破"信息孤岛"的现状,通过加强有关大数据标准体系的建立,设立涵盖各个领域、不同类型,且能实现不断动态更新的数据库,实现各级信息系统的信息互联、网络互通与资源共享。

2. 智能化技术应用保障互联网政务服务精确合理

实现智慧互联网政务是建立智慧政府的重要前提。我国互联网的发展实践证明,以物联网、云计算、智慧城市、社交网络以及移动互联网为代表的新技术新思想的出现和普及对于经济社会的发展有着巨大的推动作用。而将这些新技术新思想应用到政府管理创新领域中,将对提高政府决策水平、提高政府运行效率、增强政府过程透明度、加强政民互动、提升国家治理水平和治理能力有着重要的促进作用。因此,技术创新与政府管理创新的结合将成为下一步政府管理创新和互联网政务发展的主要趋势。

三、互联网教育

(一)互联网教育市场规模

纵观 2017 年中国互联网教育市场发展,业内在理性开发、多态布局的基础上延续了教育形式多样、教育产品差异化及渠道多元化的态势,并且整体行业市场规模、企业数量、用户规模等都保持稳定高速增长。2017 年中国互联网教育市场规模达到 2 512 亿元人民币,同比增长 57%。2017 年,互联网教育在资本和技术的推动下,整体出现回暖迹象,展现出互联网教育的巨大潜力。截至 2017 年 12 月 31 日,2017 年教育行业一级市场全年共有 412 起融资活动,总金额达 282.86 亿元人民币。互联网教育也面临巨大的竞争,预计该市场未来的发展速度将会放缓,呈现平稳理性发展,如图 9 所示。

(二)互联网教育市场各细分领域市场发展现状

当前中国互联网教育市场可以分为以下几个细分领域:学前教育、K12 教育、高等教育、留学教

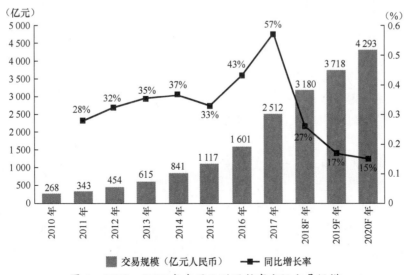

图 9 2010—2020 年中国互联网教育市场交易规模

育、职业教育、语言教育、兴趣教育以及综合平台等。目前中国互联网教育细分领域众多且发展阶段差异化明显，其中，K12教育、学前教育、高等教育、语言教育等细分市场优势突出。

2017年12月互联网教育领域移动App月度活跃用户排名中，K12教育类App和外语教学仍然是我国互联网教育用户的主要应用领域，教育培训中，排名第一的产品为视频课程类（42%），其次是学习工具类（39%）和文字资料类（19%）。随着应用的细分和融合发展，依托互联网的大数据、云计算、人工智能等先进技术，各类App将向平台化、规模化发展，各细分领域将涌现行业巨头。

（三）互联网教育发展趋势

1. 移动化程度进一步深化，移动教育产品类型愈加丰富多样

智能设备的快速普及与移动互联网的发展升级为互联网教育创造了更多的机会，移动端与PC端形成互补，使得教育产品形态不断趋向综合产品，随着移动教育渗透率的不断提高，线上线下教育深度融合，移动端教育产品日益成为厂商标配，互联网教育的移动化程度也随之进一步深化，移动教育产品市场逐渐成为各商家快速入门的机会。

2. 理性多态布局，构建高效率高产业化能力的教育生态体系

互联网教育行业整体的产业化能力逐步增强，预计未来在资本助力，加之政策利好的影响下，互联网教育行业整合的深度和力度会持续加强。互联网教育巨头厂商更加注重在理性的前提下，增强开放性，加大行业内多元合作，逐步实现品牌的多赛道布局，多项业务并举，从而回归教育本质，提供优质的教学内容，构建综合高效的教育生态体系。而新进入该领域的厂商则会带来越来越多新鲜的商业化模式，各细分领域在深入渗透的基础上将朝着专业化、精细化方向迈进。

3. 技术不断创新升级，大规模个性化互联网教学应用场景成为可能

近年来，创新技术不断应用于互联网教育领域，如大数据和云计算将海量的数据和用户需求进行高效的处理，并针对各种需求，为学生匹配教师或团队，提供精细化和个性化的教学需求解决方案，创造出良好的用户体验。而AI技术又进一步发现、判断、分析并最终解决了用户的隐性需求和衍生型需求。新技术的应用在一定程度上将推动互联网教育整体市场规模的扩大。同时，教育直播互动的推广打破了时空的界限，也加快了互联网教育向三四线城市及以下城市转移的进程，多样化自主选择的教学模式可以更好地服务于用户需求。

四、互联网餐饮

（一）互联网餐饮市场规模

2017年中国互联网餐饮外卖市场继续保持高速增长的态势，整体交易规模达2 078亿元人民币，较2016年上涨83.4%。互联网餐饮外卖市场呈现出平衡而稳定的发展特征。各服务提供商持续进行业务和用户体验的优化升级，注重以科技创新或新业务开拓来实现企业市场战略部署与调整，从而形成独特的竞争优势。

（二）互联网餐饮各细分市场交易份额

从中国互联网餐饮外卖的三大细分市场交易份额占比情况来看，2017年第四季度白领商务细分市场交易规模达到560.4亿元人民币，占据整体互联网餐饮外卖市场的82.7%份额，份额进一步提升；校园学生细分市场份额占比为7.6%，市场份额与第3个季度的占比相比则有小幅度的下降。与此同时，生活社区市场在第四季度市场份额占比达9.7%，如图10所示。

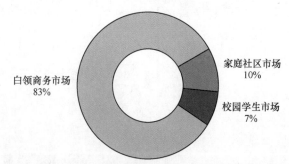

图10　中国互联网餐饮外卖各细分市场交易份额

2017年第四季度"饿了么＋百度外卖"的市场交易份额占比达49.8%。与此同时，美团外卖以

43.5% 的交易份额占比站稳市场。双方在第 3 个季度的基础上，市场交易份额均有所提升，互联网餐饮外卖市场三足鼎力的局面基本定型，如图 11 所示。

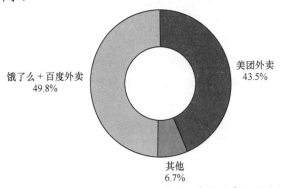

美团外卖 43.5%

饿了么＋百度外卖 49.8%

其他 6.7%

图 11　2017 年四季度互联网餐饮外卖服务提供商市场份额

（三）互联网餐饮市场发展趋势

1. 品质要求更为严格，网络餐饮监管进一步加强

2017 年 12 月底，为进一步落实即将实施的《网络餐饮服务食品安全监督管理办法》中对"入网商家要有实体店，线上线下需同质"等一系列保障消费者权益方面的有关要求，促使国内各网络餐饮服务平台明确各自责任。饿了么等餐饮平台审核清查商家准入标准、资格认证、环保餐具、派送员的安全与道德问题及平台入驻商家的后厨卫生等问题，外卖平台市场环境进一步净化，外卖行业乱象有望得到进一步解决。

2. 科技创新优化配送服务，机器人助力楼宇内最后 100 米

互联网餐饮外卖平台逐步开始向技术密集型企业转型，利用互联网的大数据分析、人工智能等科技创新实现外卖配送效率的提高和服务品质的提升。资金和技术将是进入外卖平台的两大不可或缺的重要支撑条件。

3. 人工智能确保安全配送

2017 年 11 月 21 日，饿了么及百度外卖举行了"未来物流"战略发布会，会上发布供骑手通过语音交互操作手机的智能耳机模块。同年 12 月 21 日，美团外卖也在北京举办了智能语音助手发布会。双方基于丰富的大数据及多项人工智能技术，让骑手在送餐过程中能用语音交互完成接单、上报等操作，不再需要手动操作移动电话，同时系统还将根据骑手骑行状态自动唤起交通安全提示，更加注重科技人性化以减少配送途中的安全隐患，保障配送骑手的生命安全。

五、互联网共享经济

（一）互联网共享经济市场规模

2017 年我国互联网共享经济继续保持高速发展态势，新业态、新模式持续涌现，技术创新应用明显加速，成为新时期中国经济转型发展的突出亮点，我国共享经济正从起步期向成长期加速转型。2017 年中国共享经济市场全年交易额约为 49 205 亿元，比 2016 年增长 47.2%。

非金融共享领域（包括生活服务、生产能力、交通出行、知识技能、房屋住宿等）市场交易额约为 20 941 亿元，比 2016 年增长 66.8%。金融共享领域市场交易额约为 28 264 亿元，比 2016 年增长 35.5%。我国共享经济结构继续改善，非金融共享领域市场交易额占总规模的比重从 2016 年的 37.6% 上升到 42.6%，而金融共享领域市场交易额占总规模的比重则从 2016 年的 62.4% 下降到 57.4%，下降了 5 个百分点。

共享经济领域"独角兽"企业成长迅速。根据 CB Insights 公布数据，截至到 2017 年年底，全球独角兽企业共有 224 家，其中，中国企业达到 60 家，占总数的 26.8%，如图 12 所示。

（二）互联网共享经济各细分领域市场发展现状

目前，我国的互联网共享经济主要集中在交通出行、房屋出租、共享金融、知识技能、生活服务、生产能力 6 大领域，2017 年，这 6 大领域的市场交易额分别为 2 010 亿元、145 亿元、28 264 亿元、1 382 亿元、13 214 亿元、4 120 亿元，如图 13 所示。

从各领域增速看，2017 年知识技能、生活服务、房屋住宿三个领域市场交易额增长最快，增速分别为 126.6%、82.7% 和 70.6%，如图 14 所示。

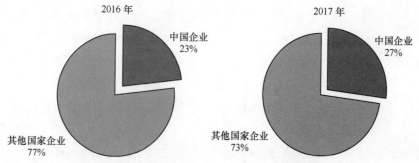

图 12　2016—2017 年中国独角兽企业占全球独角兽企业比例的变化

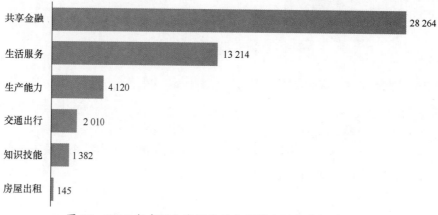

图 13　2017 年中国共享经济重点领域市场交易额（亿元）

图 14　2017 年我国共享经济重点领域市场交易额增速

（三）互联网共享经济的发展趋势

1. 共享经济从起步期向成长期转型

共享产品和服务的领域范围越来越广阔，从生活消费向生产制造、公共服务、社会民生等渗透融合；平台企业间的竞争也将日趋激烈，行业并购会越来越多，精细化运营成为企业竞争焦点；与起步期相比，未来将更注重共享经济整体发展质量的提升。随着信息技术创新应用不断加速，人们认知水平的明显提升，以及政策法规的日趋完善，我国共享经济在未来5年有望保持30%以上的年均增长速度。

2. 共享经济发展将逐步走向规范化

未来，政府将围绕营造公平有序的市场环境，积极创新监管方式，推进公共数据开放共享，加快完善法制建设，大力推动试点示范方向发展。平台企业将更多的以"用户为中心"，依靠价值创造来构建可持续发展能力，并通过与监管部门的互动和数据共享，推动平台的健康发展。

3. 信用体系建设与共享经济发展的双向促进作用将更加凸显

共享经济是典型的信用经济。一方面，共享经济的快速发展对社会信用体系建设提出了新的更高要求；另一方面，共享经济与信用体系的双向促进作用将更加凸显，为信用体系建设提供数据和技术支撑。

相关部门将积极推进各类信用信息无缝对接，打破信息孤岛，推动建立政府、企业和第三方的信息共享合作机制，积极引导平台企业利用大数据技术、用户双向评价、第三方认证、信用评级等手段和机制，健全相关主体信用记录；同时，也将加快建设守信联合激励和失信联合惩戒机制、设立诚信"红黑名单"，形成以信用为核心的共享经济规范发展体系。

（中国信息通信研究院　夏　文）

2017 年中国制造业与互联网融合发展概况及展望

2017 年，党的十九大报告多次提及互联网，互联网在经济社会发展中的重要地位更加凸显。这一年，我国新旧发展动能接续转换得到进一步提升，深入开展"互联网+"行动，实行包容审慎监管，实施《中国制造 2025》，推进工业强基、智能制造、绿色制造等重大工程，制造业加快发展；中国互联网产业发展加速融合，新兴产业蓬勃发展，传统产业深刻重塑。互联网、大数据、人工智能和实体经济从初步融合迈向深度融合的新阶段，转型升级的澎湃动力加速汇集，广大人民群众在共享互联网发展成果上拥有更多获得感，中国数字经济发展步入快车道。随着互联网与经济社会各领域全面深度融合，我国互联网产业蓬勃兴起，工业互联网创新发展，制造强国建设迈上新台阶，产业竞争新优势持续构建。

一、我国制造业与互联网融合的发展现状和动态

（一）新一代信息通信技术与经济社会各领域全面深度融合

以大数据、云计算、移动互联网、物联网为代表的新一代信息通信技术与经济社会各领域全面深度融合，催生了很多新产品、新业务、新模式，尤其是互联网与生产领域的深度融合和应用创新，引发各个产业发生重大变革。互联网与传统产业全面融合与深度应用，消除各环节的信息不对称，在设计、生产、营销、流通等各个环节进行数字化和网络化渗透，形成新的管理和服务模式，有利于提高生产效率，节约能源和成本，扩大市场，为用户提供更好的体验和服务。互联网全面服务提升传统产业，在推进供给侧结构性改革、振兴实体经济、实现产业转型升级等方面发挥的作用日渐凸显。

（二）制造业与互联网融合发展

制造业与互联网的融合发展，一方面加速了传统工业的转型升级，优化了资源配置，从而提升了工业经济效益；另一方面培育出了诸多智能化、网络化、服务化、个性化的新兴产业。

（三）工业互联网创新发展，成为我国实现智能制造、抢占国际制造业制高点的必然选择

工业互联网是互联网和新一代信息技术与工业系统全方位深度融合所形成的产业和应用生态，本质是以机器、原材料、控制系统、信息系统、产品及人之间的网络互联为基础，通过对工业数据的全面深度感知、实时传输交换、快速计算处理和高级建模分析，实现智能控制、运营优化和生产组织方式变革。作为新一代信息技术与工业系统全方位深度融合的产业和应用生态，工业互联网已成为各主要工业强国实现智能制造、抢占国际制造业竞争制高点的共同选择。

《中国制造 2025》全面实施，国家级示范区启动创建，智能制造试点示范和智能制造专项稳步推进。未来，工业和信息化部将开展工业互联网发展"323"行动（打造网络、平台、安全三大体系，推进大型企业集成创新和中小企业应用普及 2 类应用，构筑产业、生态、国际化三大支撑 7 项任务），实施工业互联网三年行动计划，制订出台工业互联网平台建设及推广指南，实施工业互联网安全防护提升工程，深入实施智能制造工程，实施制造业"双创"专项，推动出台促进数字经济发展指导性文件，深入贯彻国家大数据战略等。

（四）《中国制造 2025》全面实施

2017 年，围绕《中国制造 2025》，国务院先后下发了《国务院关于深化制造业与互联网融合发展

的指导意见》等一系列指导性文件，并成立了国家制造强国建设领导小组，纵向联动、横向协同的工作机制进一步完善。稳步推进国家制造业创新中心建设、智能制造、工业强基、绿色制造、高端装备创新五大重点工程，启动创建《中国制造2025》国家级示范区，持续推进工业强基工程"一揽子"重点突破行动；浙江、湖北、辽宁、陕西等省份细化落实《中国制造2025》分省市指南，试点示范城市建设取得突出成效。制造业数字化、网络化、智能化发展水平不断提高，智能化生产、个性化定制、网络化协同、服务型制造等新模式继续涌现。

（五）大众创业、万众创新成为制造业转型升级的重要依托

2017年，大企业"双创"平台持续普及，制造业骨干企业"双创"平台普及率接近70%，30%以上的制造业企业实现网络化协同，以制造企业构建基于互联网的"双创"平台和互联网企业建设制造业"双创"服务体系正在建设。"双创"利用先进的互联网技术和平台，通过线上集众智、汇众力，发挥出推动制造业与互联网融合发展的新动力。在协同研发方面，企业依托"双创"平台，调动企业内部、产业链企业和第三方创新资源，开展跨时空、跨区域、跨行业的研发协作；在客户响应方面，依托"双创"平台实现企业对客户需求的深度挖掘、实时感知、快速响应和及时满足；在产业链整合方面，依托"双创"平台，大企业协同中心企业促进产业链生态系统的稳定和竞争能力的整体提升。

二、我国制造业与互联网融合的发展趋势分析

（一）互联网与传统产业融合构筑经济发展新动能

从传统产业和生产领域视角看，产业互联网将更多面向生产体系各个层级的优化，通过机器之间、机器与系统、企业上下游的实时连接与智能交互，实现泛在感知、实时监测、精准控制、数据集成、运营优化、供应链协同、需求匹配、服务增值等。从互联网视角看，产业互联网将从营销、服务、设计环节的互联网新模式、新业态带动生产组织实现智能化变革，基于互联网平台实现精准营销、个性定制、智能服务、众包众创、协同设计、协同制造等。依托产业互联网在这些领域的潜力和优势，可以更好地提升产业发展水平，推动新旧动能转换，助力实体经济振兴。

（二）利用互联网发展现代制造业

工业互联网作为新一代信息技术与制造业深度融合的产物，将成为深化"互联网+先进制造业"的重要基石，对未来工业发展产生深层次的影响。工业互联网的应用路径将初步形成：一是在企业内部打通设备、生产和运营系统，实现数据的获取和分析；二是在企业之间进行协同，实现产品、生产和服务创新，打通企业内外部价值链；三是在平台端汇聚协作企业、产品、用户等产业链资源。

数字化生产、网络化协同、个性化定制、服务型制造等新模式继续推广：设备预测性维护、生产工艺优化等应用服务帮助企业用户提升资产管理水平，制造协同、众包众创等创新模式实现社会生产资源的共享配置，用户需求挖掘、规模化定制生产等解决方案满足消费者日益增长的个性化需求，智能产品的远程运维服务驱动传统制造企业加速服务化转型。

（三）制造业与互联网融合的行业解决方案将继续突破

围绕制造业与互联网融合，推动相关领域关键技术研发和重点行业普及应用，进而提升制造业软实力和行业系统解决方案质量。通过关键技术的突破和产业化，推进产业链上下游相关单位联合开展制造业+互联网试点示范工程，以全面提升行业系统解决方案能力为目标，面向重点行业、智能制造单元、智能生产线、智能车间、智能工厂建设，探索形成可复制、可推广的经验和做法，培育一批面向重点行业的系统解决方案供应商，组织开展行业应用试点示范，形成一批行业的优秀解决方案。

（四）我国制造业智能化转型的市场广阔，企业提升自身核心竞争力的需求迫切

未来将会有更多的企业拓展业务进入行业系统

解决方案市场，在实践中不断提升服务能力，为开辟新市场、寻求新的增长空间提供保障。越来越多的制造业企业、互联网企业、软件和信息服务企业将开展跨界合作与并购重组，通过优势互补、协同创新，强化制造业与互联网融合解决方案的自主提供能力，行业解决方案将成为领先制造企业新的利润增长点。

（五）制造业与互联网融合的安全保障将成为关键

随着制造业与互联网融合发展的不断深入，越来越多的工业控制系统及其设备连接在互联网上，造成的安全风险持续加大。随着控制环境的开放，工厂控制环境可能会被外部互联网威胁渗透；工业数据在采集、存储和应用过程中存在很多安全风险，大数据隐私的泄露会为企业和用户带来严重的影响，数据的丢失、遗漏和篡改将导致生产制造过程发生混乱。因此，工业基础设施、工业控制体系、工业数据等重要战略资源的安全保障机制必须加快形成，通过制定工业企业网络安全系统相关政策，发展工业互联网关键安全技术和完善工业信息安全标准体系，组织开展重点行业工业控制系统信息安全检查和风险评估，推动访问控制、追踪溯源等核心技术产品产业化，提升制造业与互联网融合的安全可控能力。

（中国互联网协会　赵亚利　苗　权　李　玲　刘叶馨　韩兴霞）

电子政务的发展与展望

伴随着信息技术的发展，互联网便捷、迅速的优势日益凸显，信息化在提升政府效能、促进政府改革等方面的重要作用日渐显现，我国电子政务的发展极大地促进了政府管理创新与新兴信息技术的深度融合。在全面实施网络强国战略背景下，推进电子政务的发展已成为新时期全面提升政府治理能力，实现国家治理能力现代化的重要支撑。

一、新时期我国电子政务发展的主要成效

（一）发展环境日趋完善

一是推进信息化建设是党中央的重大战略任务。没有信息化就没有现代化，在信息技术迅猛发展的全球化环境下，信息化是国家综合实力和现代化程度的重要标志，是转变经济发展方式的战略举措，是新形势下实现科学发展的重要手段；大力推进信息化建设，成为新时期发展的客观需要，更是贯彻落实党中央、国务院战略决策的重要行动。

二是电子政务被纳入国家战略。自2016年两会提出电子政务以来，党中央、国务院高度重视电子政务相关工作的部署和开展。2016年9月14日，李克强总理主持召开的国务院常务会议，首次研究部署加快推进电子政务的重点工作。2016年12月，国务院印发《"十三五"国家信息化规划》，提出支持善治高效的国家治理体系构建、形成普惠便捷的信息惠民体系等重点任务，将电子政务列入12项优先行动。要依托统一的数据共享交换平台，推动各部门业务系统互通对接、信息共享和业务协同，形成"前台综合受理、后台分类审批、统一窗口出件"的服务模式。总体来看，加快推进电子政务，已经成为提升政府治理水平和服务经济发展的新引擎，标志着电子政务被纳入国家发展的战略体系。

三是重大政策进入全面实施高峰期。2016年，党中央、国务院着眼于国家治理体系和治理能力现代化的提升，围绕完善顶层设计、加强统筹协调、强化信息共享等方面协同推进，作出一系列重大部署。完善顶层设计与推进制度建设为电子政务的健康、协调、可持续发展提供了强有力的保障。

（二）发展路径逐渐清晰

一是统筹协调成为主流发展趋势。近年来，各地区、各部门的电子政务与信息化统筹协调部门不断建立与发挥作用，各地、各领域信息化主管部门运用互联网思维与大数据技术，按照统一规划实施和统一标准规范的原则，加大力度构建省级电子政务在线服务体系，集约化建设统筹协调的电子政务在线服务平台。通过整合分散在各级政务部门的信息资源，搭建信息流转和共享的数据通道，为跨地区、跨部门协同办理提供具体场景和业务模式，实现了"公众线下与不同政府部门打交道"向"通过统一平台与政府打交道"的转变，构建了无障碍互联互通的信息流转模式，初步解决了长期制约电子政务走向深入的信息共享和业务协同问题，提升了政府形象和公信力。

二是线上线下相融合成为重要模式。随着电子政务的深入推进，各地区、各部门以群众需求为导向，不断创新工作方法和服务方式，积极发挥互联网在服务型政府建设中的高效便捷优势，充分利用网上服务大厅、实体大厅、手机终端、政务公众号和电话热线等渠道，大力推进实体电子政务在线服务大厅与网上电子政务在线服务平台的深度融合，着力打造"线上线下、虚实一体"的电子政务在线服务新模式。

（三）创新探索不断出现

新形势下，在社会经济飞速发展的同时，社会和公众对各级政府的服务方式转变和服务能力提升也提出了更新更高的要求。当前社会治理模式正在

从单向管理向双向互动转变，从线下向线上线下融合转变，从单纯的政府监管向更加注重社会协同治理转变，在一定程度上也催生着电子政务模式的兴起和探索。总体来看，在公众需求的强力推动下，简政放权改革开始从重视"数量"向更重"含金量"转变，各级政府以提升社会和公众网上办事的便捷性和满意度作为首要目标，积极运用互联网和信息技术，从需求侧和供给侧发力，围绕审批过程中较为普遍的"中梗阻"和"断头路"难题，全面优化电子政务在线服务平台功能，着力疏通服务"堵点"、破解办事"难点"，一批深化创新、推进民生服务智慧化的应用不断涌现。

（四）技术生态初步构建

在信息技术不断发展的今天，云计算、移动互联网、物联网和大数据等新一代信息技术的互动演进，潜移默化地改变着人们的生活习惯，也推动了"互联网+"技术生态的演化和构建，而"互联网+"技术生态的演化，又反过来重塑了云计算、移动互联网、物联网和大数据等新一代信息技术形态和发展模式，共同形成"一体四翼一应用"的技术生态格局。"云移物大"相互作用、相辅相成，形成了以信息通信技术为基础，以互联网平台为载体，以互联网与经济社会各领域深度融合为核心的技术生态体系，为电子政务的建设和发展提供了重要的技术支撑。

■ 二、新时期我国电子政务发展存在的问题

联合国经济和社会事务部与国家行政学院联合发布的《2016 年联合国电子政务调查报告（中文版）》显示，2016 年，我国电子政务排名为第 63 位，较 2014 年上升 7 位，特别是在线服务指数上升到第 29 位，我国在线政务水平已处于全球中等偏上水平，但我国的电子政务发展仍面临一些亟待改善的问题。

（一）电子政务网上服务能力和水平有待提升

近年来，伴随着简政放权和深化行政审批制度改革，各地区电子政务在线服务供给数量持续增加，供给质量不断提升。但是，随着我国迈入"7 亿网民"时代，电子政务在线服务供给水平与我国经济社会发展、社会公众需求不相适应的状况仍然未得到有效改变。

一是电子政务在线服务平台信息资源缺乏集约统一。首先，电子政务在线服务门户不统一、渠道繁杂，企业和群众网上办事不得不登录不同的部门站点，一网办事成为社会的共同呼声。其次，服务数据不同源、信息不共享的现象仍然存在。

二是电子政务服务在线服务办事指南要素缺乏统一标准。电子政务服务在线服务办事指南是在线服务运行的"说明书"。各级政府电子政务在线服务事项标准化程度参差不齐。有的地区提供的办事指南要素多达四五十项，有的仅有五六项，不同地区之间同一服务事项名称、类型、依据、流程、条件等方面存在较大差异，准确性、时效性和实用性不强等问题比较普遍，给群众和企业办事带来不便。

三是在线服务深度有待提升。电子政务在线服务的核心是以数据和应用推动政府治理体系和治理能力的现代化，推动政府信息资源的有效配置，实现政务信息的共享共用和审批业务流程的优化与协同。近年来，以政府门户网站为载体的政府信息服务取得显著成效，但在电子商务强调"用户需求"的影响下，公众对电子政务在线服务的需求，已经从获取政策信息的公开层面转变为高效便捷的在线服务层面。

（二）信息共享和业务协同亟须加强

目前，各地区各部门电子政务信息系统多为独立建设模式，较为注重自身的业务需求，而对于跨地区跨部门的信息资源共享共用和业务协同考虑不多，没有形成多地区多部门协同推动电子政务的有效协调机制，这既制约了政府部门整体性治理水平的提升，也妨碍了政府部门向公众提供方便、快捷、一站式的办事服务。

（三）电子政务在线服务标准体系尚待规范

各地区各部门电子政务建设和发展的起步时间和发展水平、基础设施和应用系统、建设模式和数据标准不尽相同，对部门间和地区间数据的联通和对接构成了障碍，还需进一步从电子政务标准化和精准化出发，大力推动网上电子政务的标准统一和数据共享，特别是推动中央部门与地方政府条块结合，推进共性关键标准的制定和实施，实现电子政务多方数据共享、

平台对接和协同配合，发挥整体效能。

三、新时期我国电子政务发展的趋势展望

当前，全球信息化进入全面渗透、跨界融合、加速创新、引领发展的新阶段。党的十八大以来，我国网信事业在新理念引领、顶层设计、统筹推进、创新驱动、惠及民生、合作共赢和网络安全等方面取得长足进展，电子政务作为国家信息化建设体系的核心，在推动国家治理体系和治理能力现代化建设方面要先行一步，把握新趋势、提供新支撑、打造新引擎、构建新生态。

（一）电子政务治理体系和治理能力建设将成为我国网信事业发展的新动力

2014年2月，中央网络安全与信息化领导小组成立，习近平总书记担任组长，体现了最高决策层加强顶层设计意志、保障网络安全和推动信息化发展的决心，是全面实施网络强国战略迈出的重要一步，标志着国家在"党政军民学，东西南北中"信息化领域的统筹协调力度达到空前，必将推动我国网信事业大发展、大繁荣。

电子政务作为国家信息化建设体系的重要组成部分，中央网络安全与信息化领导小组的成立必然推动电子政务组织体制的创新。当前，我国电子政务建设已经进入新的历史阶段，从初期"一把手工程"逐步向法治化、制度化、专业化的电子政务治理体系转变，需要从宏观层面和微观层面，推动中国特色电子政务治理体系和治理能力现代化。

宏观层面，要围绕"全面深化改革，推动国家治理体系和治理能力现代化的总目标"，加强电子政务新理念引领和顶层设计，完善电子政务治理主体、治理结构、运行机制、相关制度等重要方面的组织制度安排，推动中国特色电子政务治理体系建设。

微观层面，要强化中央和地方网信领导小组工作机制，推动《电子政务法》立法进程，探索建立专职的、参与决策的、有协调权力的政府总信息师制度；加强信息化工作的统一归口管理和管控力度，形成"一把手"挂帅、总信息师具体领导、信息化部门统一组织实施、业务部门全面参与、全体干部群众深度配合的电子政务工作体制机制。要明确电子政务专项预算，确保投资质量。建立电子政务绩效考核制度，作为电子政务绩效评价的重要依据。

（二）电子政务将成为服务国家战略和重大改革的新手段

《国家信息化发展战略纲要》提出以信息化驱动现代化，将信息化贯穿我国现代化进程始终，加快释放信息化发展的巨大潜能，加快建设网络强国。电子政务成为国家信息化体系建设中的关键，必须围绕国家治理体系和治理能力现代化总目标，率先在政府管理、市场监管、社会治理、公共服务等重点领域突破，支撑和服务国家重大改革和国家战略的贯彻落实。

围绕"简政放权、放管结合、优化服务"重大改革，推行电子政务，推进政府管理、市场监管、社会治理、公共服务等治理体系和治理能力现代化。

围绕"国家大数据战略"，建设国家大数据中心，率先推动政府大数据对社会公众共享开放和开发应用，全面促进国家大数据发展行动落地，助力产业转型升级和社会治理创新。

围绕"一带一路"建设布局，坚持国家关注力在哪里、信息化就推进到哪里，推动跨境电子政务网络互联、信息互通，促进沿线国家政策沟通、道路联通、贸易畅通、货币流通、民心相通。

（三）PPP合作将构建电子政务社会化运作的新模式

电子政务是信息化时代政府管理方式的重要变革。作为一种新的服务范式，电子政务在改进公共部门的服务质量、效率和效能，提升政府公共服务均等化水平，推进服务型政府建设方面具有重要的作用，同时，在公共服务模式提供方面亟须有所突破和创新。

当前，PPP是全新的公共服务提供方式，广泛应用于民生、交通、生态环保及智慧城市建设等领域，有效平衡了政府、社会资本、公众三者之间的经济与社会效益，使市场起决定性作用，更好发挥政府作用，提高公共服务供给质量，增加公众公共服务的获得感。

电子政务PPP模式是电子政务领域公共服务的供给主体多元化、市场化和供给模式创新，社会资本参与电子政务公共服务供给，符合我国国家治理

体系和治理能力现代化提出的多方参与、社会共治的方针,有利于破解我国电子政务项目长期由政府直接投资建设与运营管理而导致的部门间各自为政、重复建设开发、建设水平不高、服务能力不强等问题;有利于发挥企业和社会平台的人才、技术、资金等方面力量,加速政府与社会资源深度融合,推动国家信息化发展进程。

(四)一体化电子政务平台成为电子政务发展的新趋势

推进电子政务,是贯彻落实党中央、国务院决策部署,把"简政放权、放管结合、优化服务"改革推向纵深的关键环节。2017年1月,《电子政务技术体系建设指南》的出台,为电子政务加强顶层设计,完善标准规范提出了更具体的要求。

践行"五大发展理念",以人为本,建设跨层级、跨地区、跨部门、跨系统的一站式电子政务平台,优化电子政务在线服务流程,创新电子政务在线服务方式,推进政府大数据开放共享,打通各类信息"孤岛",推行公开透明服务,降低制度性交易成本,持续改善营商环境,深入推进大众创业、万众创新,最大程度利企便民,让企业和群众少跑腿、好办事、不添堵,共享电子政务发展成果,成为我国电子政务的主流趋势。

(五)政务大数据将成为释放数字红利的新引擎

大数据被喻为"未来的石油",作为国家战略性资产进行管理,是人类认识世界和改造世界能力的一次升华,是促进经济发展的新要素和政府治理变革的基础性力量,被用来提升治理效率、重塑治理模式、破解治理难题。

政府部门掌握着全社会绝大多数信息资源,推进政府大数据向社会开放共享,对于提升政府治理水平,增强政府公信力,引导社会发展,服务公众和企业,具有非常重要的战略意义和现实意义。

一直以来制约政府大数据开放共享的主要矛盾是数据资产化理念尚未普及和数据确权问题。只有明确政府大数据的责任方及相关权责利、信息资源属性、财务属性,发挥其资本属性和市场机制,推进政府大数据资产化管理、资本化运营和相关体制机制创新,才是破解政府大数据开放共享难题的有效途径,进而为政府、企业、社会公众提供更加便捷、丰富的服务,释放数字红利,发挥数据公共价值,将成为政府大数据资产创新应用及效能评价的关键。

在大数据时代,大数据有利于提高市场主体和社会公众生产生活的透明度,有效调动社会力量监督市场主体的积极性,形成全社会广泛参与的市场监管和社会治理格局。

(六)现代信息技术将成为提升政府治理能力和服务水平的新支撑

以人工智能、区块链为代表的新兴信息技术掀起了"互联网+"时代技术革命新高潮。

人工智能以深度学习、机器学习为特征,成为提高政府治理能力、公共服务能力的重要驱动力,可以预计人工智能将广泛应用于政府大数据采集、加工处理、分析挖掘、智能服务等环节,通过高效采集、有效整合、充分运用政府数据和社会数据,有利于健全政府运用人工智能技术的工作机制,提高政府服务和监管的针对性、有效性。可见,人工智能已经成为分析挖掘政府大数据提高政府公共服务能力和智能化水平的重要新引擎,有助于加强对市场主体的事中事后监管和社会公众的基本公共服务水平,为推进简政放权和政府职能转变提供基础支撑。

随着"互联网+"深入发展,互联网所创造和承载的价值呈现几何级快速增长,如何保证价值在互联网上进行可靠的价值转移已经成为互联网的核心问题。革命性的区块链技术可以解决这个核心问题,目前,区块链技术广泛应用于金融支付、无人驾驶、共享经济等领域实现价值转移。基于区块链技术可以为政府、企业、社会公众提供一种平等、互信、安全的基础性技术信用机制,使政府、企业、社会公众多元治理主体发挥各自优势、发掘各自需求,推动政府大数据资产共建、共享、共治,实现政府大数据资产公共价值最大化。

(七)标准化将成为倒逼我国电子政务全面升级的新抓手

标准化水平的高低,反映了一个国家产业核心竞争力乃至综合实力的强弱;电子政务标准化水平的高低,反映了一个国家政府治理体系和治理能力现代化水平的高低。

当前,我国电子政务系统普遍存在网上电子政务在线服务内容不规范、服务不便捷,网上电子政务在线服务平台不互通、数据不共享，线上线下联通不畅，电子政务在线服务的规范化程度不够高等"老大难"问题。从根本上破解这些困难和挑战，就需要加强全国一体化的电子政务技术和服务标准化体系建设，建立统一高效的电子政务标准体系、验证机制及实施监督机制，形成以相关法律和法规为依据、以电子政务工程为对象、以标准和有关程序为准则、以第三方标准符合性评价机构为依托的电子政务工程质量评价体系，加强标准实施力度、确保工程建设的质量。

同时，持续深化"简政放权、放管结合、优化服务"改革，把标准化理念和方法融入政府治理之中，更好发挥标准的引领作用，以标准全面提升推动电子政务规划设计、建设运营、电子政务在线服务升级，不断提升各地区各部门网上电子政务在线服务水平，促进政府管理更加科学、市场监管更加规范、社会治理更加有序，提高政府效能。

坚持共商、共建、共享，推动国际间电子政务标准协调与互认，特别是"一带一路"沿线各国电子政务标准互联互通，建设更加平衡、普惠的国际电子政务标准化体系，助力全球政治经济社会可持续、平衡、包容发展。

四、新时期我国电子政务发展的对策建议

（一）继续强化顶层设计和统筹协调

各地区各部门各领域应继续围绕《国家电子政务发展总体方案》的要求，进一步完善顶层设计、加强统筹协调，预先谋划，在战略、业务和组织层面重构政务信息化。按照全国一盘棋、因地制宜的要求，做好电子政务顶层设计，逐步建立覆盖电子政务全流程各环节的技术标准与管理规范，逐步形成线上线下有效融合的新型电子政务运行模式，全面提升我国电子政务工作的成效。

（二）积极推进政务信息资源共享共用

加快完善政府信息资源的归属权限和共享机制的制度建设，推动政务信息系统整合和清理工作，打通部门间数据资源交换共享的渠道。推动政府信息资源开放和共享共用，打通跨部门、跨层级、跨区域信息共享的"任督二脉"，实现政务信息资源高效流动，全面推进政务信息资源共享和业务协同，消除信息的"盲区"和"孤岛"。强化电子政务在线服务大数据开发应用，实现电子政务从粗放式、低效能分散建设向集约化、高绩效协同发展模式转变，最大限度地发挥数据的使用价值。

（三）大力推动电子政务在线服务标准化

编制电子政务在线服务事项实施清单。对纳入电子政务在线服务管理平台的事项进行动态管理，解决电子政务在线服务事项标准不统一、无法通办的问题，实现电子政务在线服务事项数据统一、同步更新、同源发布。积极探索电子政务在线服务统一赋码。以电子政务在线服务统一赋码固化行政权力源头和流程，拴住行政审批和监管行为的"牛鼻子"，解决"万码奔腾"的信息割裂问题。整合对接权力运行平台。汇聚分散在各级政务部门的信息资源，以流程优化精简"长征途"，重构服务模式，以"数据跑路"代替"群众跑腿"，减少各类"奇葩"证明。

（四）着力加强网络信息安全保护

"互联网＋"环境下，信息安全面临新的挑战，网络安全事关国家安全、经济社会发展、社会稳定、亿万网民的切身利益。要将网络信息安全摆在国家安全的高度，按照网络安全法和国家网络安全等级保护制度的要求，建立各方协同配合的信息安全防范、监测、通报和处置机制。健全电子政务安全保障体系，加强对电子证照、统一身份认证、网上支付等重要系统和关键环节的安全监控，完善网上电子政务在线服务平台的信息安全技术系统建设和制度建设。加强数据安全管理，提高网上电子政务在线服务平台各系统的安全防护能力，切实保护国家信息安全以及公民、法人和其他组织的信息安全。

（国家行政学院电子政务研究中心　丁艺）

"互联网+"医疗发展分析

互联网与医疗行业的融合产生了互联网医疗，互联网医疗就是把互联网作为技术手段和平台为用户提供医疗咨询、疾病风险评估、在线疾病咨询、健康指标监测、健康教育、电子健康档案、远程诊断治疗、电子处方和远程康复指导等形式多样的健康管理服务。

可以预见，监测、诊断、护理、治疗、给药等医疗行业的各个细分领域都将进入一个全新的智能化时代，互联网医疗与商业医疗保险行业融合催生的全新的医院、患者、保险的多方共赢商业模式也在蓄势待发，基于医疗大数据平台的诊断与治疗技术正在推动着个性化医疗的快速发展，传统的医疗机构和医疗器械企业的商业模式正面临着被彻底颠覆的风险，"智慧医疗"的时代即将来临。

一、"互联网+"医疗发展的四大驱动因素

2011—2017年，经过6年时间的发展，我国互联网医疗经过野蛮生长进入理性发展阶段。未来，在政策、技术、环境、资本四大要素的推动下，我国互联网医疗的市场空间将进一步扩大，互联网医疗将进一步发展。

（一）相关技术推动

在快速发展的互联网技术的作用下，终端设备与互联网连接的速度越来越快。截至2017年年底，中国网民规模达到了7.72亿，新增网民0.41亿人，同比增长5.6%。互联网普及率达到了55.8%，同比增长1.1%。这些数据表明，以互联网领衔的数字技术正在加速融入社会经济各个领域，对消费不断升级、社会经济转型产生了强大的推动作用，并为新型国家竞争力的构建提供了有效支持。

截至2017年，我国手机网民数量增长到了7.53亿人，同比增长8.3%，手机网民占比达到了97.5%，同比增长2.4%。手机网民规模仍在持续扩大，手机网民占比仍在不断提升。

在无线技术的支持下，医护人员可随时随地查看、录入、修改患者的基本信息、诊断报告、治疗方案，真正实现了医生、护士及相关管理部门的协同，有效提升了医院的服务能力及服务水平，降低了医疗事故的发生率，节省了大量时间，将数据录入成本降到了最低。现阶段，已有很多国家和地区引入了无线技术，在医疗领域，无线技术主要在远程医疗、药物跟踪、患者数据管理、医疗设备管理、医疗垃圾跟踪等方面实现了应用。

近年来，无线技术得到了进一步发展，无线医疗传感器节点逐渐实现了智能化、低功耗、多参数、微型化，无线传感器网络也在医疗领域实现了广泛应用。当前，国内外医疗行业都在探索智能化病房与社区监护系统的构建方法，这是未来医疗行业的主要发展方向。

（二）发展环境变化

近年来，我国人口老龄化程度持续提升。截至2017年年底，我国65岁以上老年人达到了1.58亿人，在全国总人口中的占比达到了11.4%。从全球范围来看，在65岁以上老年人口中，我国占比达到了1/5，且我国65岁以上老年人口规模仍在持续扩大。预计到2040年，我国65岁以上老年人口规模将超过4亿人。

（三）市场资本推动

从2014年开始，我国医疗信息化步入快速发展阶段，出现了一系列新载体，比如可穿戴设备、医疗大数据平台、远程会诊等，同时也催生了许多新概念，比如云端医院、小微医院、空中医院、未来医院等。另外，移动医疗吸引了很多VC/PE风投创投机构关注，吸引了大量投资，为整个产业井喷式发展奠定了强有力的基础。据统计，截至2017年11

月底，我国医疗健康领域发生了 402 起投融资事件，融资规模达到 377 亿元。

2017 年，很多 VC/PE 风投创投机构将目光从医疗信息化领域转移，但从总体来看，在医疗健康领域的投融资中，医疗信息化仍是主要领域。2017 年 1-11 月，医疗信息化领域共融资 53.2 亿元，在医疗健康领域融资总额中占比 14.11%，仅排在生物技术和基础医疗两大领域之后。这 53.2 亿元的融资额来源于 53 起融资事件，在医疗信息化领域总融资事件中的占比为 13.18%，仅排在生物技术与医疗器械两大领域之后。

二、"互联网＋"医疗行业的发展现状

（一）医疗市场环境

随着互联网科技的发展，医疗信息化已经不再是简单的在线医疗，而是聚焦于移动医疗的发展，并通过移动医疗来带动智慧医疗的深入开展。

软件公司、医疗设备生产企业、保险公司等都将进军智慧医疗市场，其服务对象也会囊括患者、医务人员以及政府相关部门的管理者等，随着智慧医疗的不断发展，该领域必然能够形成跨界合作、成熟、稳定的生态圈。

（二）医疗硬件设备

家用和专业的医疗设备、智能医疗辅助设备以及进行智能化升级后的传统医疗设备，都是智慧硬件的组成部分。在现阶段，市场上的医疗设备有便携式血糖仪、血压计、手环、体重计等，这些设备能够自动检测用户的身体健康状况。近几年，越来越多的初创企业参与到医疗设备的研发当中，持续推出新产品。

目前，以生物 3D 打印机、达芬奇手术机器人为代表的智慧医疗硬件吸引了众多目光。国内智能医疗设备生产研发企业也逐渐趋向于在产业链上游进行开拓。

（三）医疗信息系统

随着利好政策的推进，我国医疗信息化市场继续保持较快的发展速度。医疗机构正在实现部门级应用向院级应用转变，而卫生管理部门正在探索区域医疗卫生管理的信息化途径，电子健康档案与电子病历等一系列标准规范的出台进一步刺激了行业信息化应用投资的加速，众多厂商积极成立面向医疗行业的专门部门提供相应的解决方案，以期在行业整体增长中捕获市场机会。

前瞻产业研究院公布的《2017－2022 年中国医疗信息化行业市场前瞻与投资战略规划分析报告》数据显示，2008—2016 年，我国医疗信息化行业市场规模逐年扩大，且增扩速度保持在 20% 以上的较高水平；预计到 2021 年我国医疗信息化市场规模将突破千亿元。

（四）移动医疗应用

App 在智慧医疗应用中占据十分重要的地位，其制作和推广难度低，无需大规模的成本消耗，能够在短时间内得到普遍应用。App 的推出能够实现用户与平台、不同用户间信息的共享。其可借助于手机等移动端的计算及分析能力，围绕用户开展一系列运营。

目前市场上存在各种各样的 App，既有服务于专业人员和医疗机构的移动应用，也有针对普通用户的移动应用；既有以基础功能为主的应用，也有内容全面的平台系统。App 的运营对后台的计算及分析能力提出较高要求，因此，云端服务成为智慧医疗发展的重要推动力。

（五）医疗基础设施

一般性基础设施及专业性基础设施都是智慧医疗基础设施的组成部分，这类基础建设对于技术的要求较高，需要足够的资金支持，要经过长时间才能建设完工，而大多数中小规模企业没有足够的实力承担基础设施建设。

以百度、谷歌、微软为代表的世界级实力企业，凭借自身的技术优势及雄厚的经济基础，相继投资建设健康云服务系统，逐步形成以其核心业务为主导的健康生态体系。云服务的推出给许多中小企业带来了更多的发展机遇，并且能够突破时间及地域因素的限制，推动计算技术在医疗健康领域的有效利用。

智慧医疗拥有广阔的发展前景，其产业链包含众多环节，各个领域内的参与主体都应投身于智慧医疗的发展中，推动其建设。在具体实施过程中，我们要利用各种信息技术，通过资源整合，对原有发展模式进行优化。与此同时，要积极开发现有成

果,学习优秀的发展经验,缩短智慧医疗的发展进程。

三、"互联网+"重构传统医疗模式

在传统的医疗服务链条中有3个主要的环节,分别是医院、医生和患者,每个环节中都有亟待解决的问题,而"互联网+医疗"的出现可以有效解决这3个环节中出现的问题。

在医疗改革即将向更纵深的方向发展之际,互联网技术运用自己的商业逻辑,从根本上扭转了医疗行业的运作方式,用先进的互联网技术推动医疗改革的进行。

互联网医疗出现后,用户通过移动医疗数据段可以对自身的健康数据进行检测,从而及时发现自己身体的异常情况,做好防范;在诊疗的过程中,患者可以使用移动医疗设备进行网上预约挂号、咨询、询诊、支付等流程,既节省了时间,也省去了排队等候的麻烦,从而提升了就诊的体验;在诊疗完成之后,医生还可以与患者进行在线交流,随时掌握疾病的治疗情况和效果,以便及时调整用药,提高治疗效果。

四、"互联网+"医疗产业的主要发展趋势

(一)互联网医疗生态体系趋于成熟

医疗健康领域的细分行业较为分散,不同行业之间的联系较少,因而,互联网医疗行业虽然属于互联网行业的范畴,但不容易出现"强者恒强、弱者愈弱"的现象,也就是说,互联网医疗行业中很难出现占有绝对话语权的龙头企业。

虽然BAT等互联网巨头都进军了互联网医疗领域,但分析其当下的发展情形可知,仅凭个人之力,打造出一个运营成熟、结构完整的互联网医疗生态系统是非常困难的。所以,他们的主要发展方向是:定位在产业链中的特定环节上,在发展自身的同时,加强与其他环节的互动。

互联网企业所处的生态闭环在整个产业链中发挥的作用,决定了该公司的影响力,而企业的竞争地位也取决于此。从目前互联网医疗的总体发展态势来看,互联网医疗企业在竞争过程中逐渐走向整合,整个互联网医疗生态体系也正在趋于成熟。

(二)互联网医疗并购案例呈上升趋势

近年来,互联网医疗领域的并购案例明显增加。互联网医疗企业寻求并购的目的有两方面:一是某些企业在发展过程中奠定了雄厚的资本力量,通过并购获得更多资源优势,以此来拓展企业的业务范围;二是一些传统医疗企业在发展中意识到互联网平台的优势所在,寻求自身的改革,适应现代化需求,利用并购进军互联网医疗领域。如今,互联网医疗生态体系的发展十分迅速,吸引更多优势企业寻求拓展,并购案例会持续增加。

(三)分级诊疗和多点执业为互联网健康医疗带来新机遇

医疗体系问题的诱因要从供给侧找寻,主要原因是医疗资源供给不足,该问题由两大因素造成:一是就医途径没有分级,二是医生定点执业。在各种因素的影响下,居民的就医需求持续增加,如果医疗机构仍维持原有的供给规模,不能创造新供给,就无法满足不断增长的就医需求,互联网在医疗领域的应用效果就会受到严重不良影响。就目前的形势而言,这是互联网健康医疗最亟需解决的问题。

随着医疗改革的不断推进,分级诊疗、医生多点执业是必然发展趋势。这两大措施的落地能有效增加医疗资源供给,为互联网健康医疗事业的发展带来更多新机遇。

当然,要想提升现有医疗体系的价值,互联网医院还需解决很多问题。作为一种拥有良好发展前景的新型服务形态,互联网医院的发展需要政府、医院、互联网企业提供帮扶,以提升医院系统的服务水平和效率,更好地满足患者的就医需求,提升政府监管的价值,实现多方共赢。

(北京盛世卓杰文化传媒有限公司　王景)

国内增值电信业务市场分析

一、增值电信业务市场总体情况

（一）市场规模稳步增长

近年来，我国增值电信业务市场保持较快发展势头，持证企业数量和营业收入稳步增长，市场规模进一步扩大。根据2017年年检统计数据，截至2016年年底，全国增值电信业务持证企业达39 318家，同比增长19.5%。其中工业和信息化部颁发《跨地区增值电信业务经营许可证》企业（以下简称部颁证企业）共5 430家，同比增长40.1%，各省、自治区、直辖市通信管理局颁发《增值电信业务经营许可证》企业共33 888家，同比增长16.7%，如图1所示。

根据2017年年检统计数据，截至2016年年底，全国增值电信业务收入约6 471.4亿元，同比增长16.6%。其中，工业和信息化部颁证企业收入911.5亿元，同比增长25.4%；各省（区、市）颁证企业收入5 559.9亿元，同比增长15.3%。

（二）业务结构情况

全国持证的39 318家增值电信企业合计拥有48 177个许可项目。其中，25 631个信息服务业务（仅限互联网信息服务），11 243个信息服务业务（不含互联网信息服务），3 470个国内呼叫中心业务，2 960个在线数据处理与交易处理业务，2 716个互联网接入服务业务（以下简称ISP），1 074个互联网数据中心业务（以下简称IDC），其他业务1 083个，如图2所示。

信息服务业务持证企业数量超过全国增值电信业务持证企业总量的70%以上，占市场主体地位。呼叫中心业务、互联网接入服务业务、在线数据处理与交易处理业务和互联网数据中心业务持证企业数量较往年也有所提高，而其他增值电信业务持证企业占比不到5%。

二、主要增值电信业务发展情况

（一）互联网信息服务业务

根据2017年年检统计数据，截至2016年年底，国内互联网信息服务业务持证企业共25 631家，其中，工业和信息化部颁证企业33家，各省、自治区、直辖市颁证企业25 598家。按企业属地分类，如图3所示。排名前6且数量超过1 000的省市分别为北京市、广东省、浙江省、江苏省、四川省和上海市，企业数量分别为6 100家、3 925家、3 022家、1 936家、1 373家和1 042家，约占全国互联网信息服务

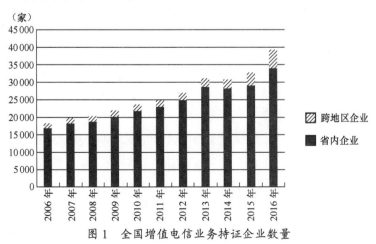

（家）

图1　全国增值电信业务持证企业数量

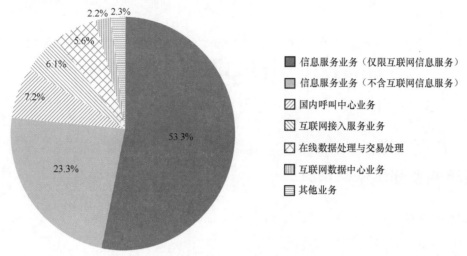

信息服务业务（仅限互联网信息服务）

信息服务业务（不含互联网信息服务）

国内呼叫中心业务

互联网接入服务业务

在线数据处理与交易处理

互联网数据中心业务

其他业务

图2　全国增值电信业务许可项目统计

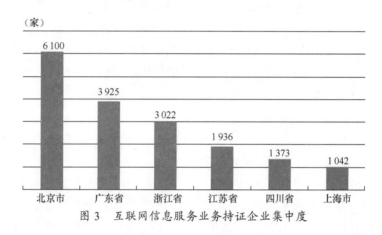

图3　互联网信息服务业务持证企业集中度

业务持证企业总量的67%，集中度较高。

在业务营收方面，国内互联网信息服务业务收入4 377.4亿元。其中，工业和信息化部颁证企业收入20.6亿元，仅占总收入的0.5%，各省（区、市）颁证企业收入4356.8亿元，占总收入的99.5%。主要原因是互联网信息服务业务属地化管理，除少数涉及外资的企业之外，绝大多数互联网信息服务业务经营企业都从其属地省（区、市）通信管理局获得经营许可。2016年省内增值电信业务收入约5 559.9亿元，其中互联网信息服务业务收入4 356.8亿元，占省内增值电信业务总收入的80%以上，互联网信息服务业务收入是省内增值电信业务收入的主要来源。

（二）移动网信息服务业务

截至2016年年底，国内移动网信息服务业务持证企业共11 243家。其中，工业和信息化部颁证企业4 025家，占企业总量的35.8%，各省（区、市）颁证企业7 218家，占企业总量的64.2%。如图4所示，在7 218家省颁证企业中，排名前5的省市分别为广东省、四川省、浙江省、北京市和河北省，企业数量分别为1 121家、587家、544家、422家和412家，占企业总量的42.8%。

国内移动网信息服务业务收入约620.4亿元，同比增长6.3%。其中，工业和信息化部颁证企业收入431.3亿元，各省（区、市）颁证企业收入189.1亿元，移动网信息服务业务收入以工业和信息化部颁证企业为主。

（三）呼叫中心业务

截至2016年年底，全国呼叫中心业务持证企业共3 470家，同比增长25.2%。其中，工业和信息化部颁证企业1 303家，同比增长58.7%；各省（区、市）颁证企业2 167家，同比增长11.2%，如图5所示。

如图6所示，2006—2016年期间，国内呼叫中

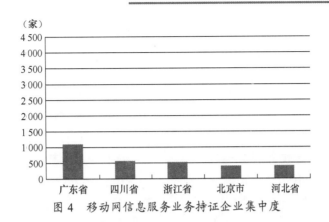

图 4　移动网信息服务业务持证企业集中度

心业务收入呈快速增长态势。2016 年，全国呼叫中心业务收入约 201.9 元，同比增长 20.8%。其中，工业和信息化部颁证企业收入 115.9 亿元，同比增长 47.2%；各省（区、市）颁证企业收入 86 亿元，同比减少 2.6%。

近年来，由于呼叫中心业务的社会需求持续增长，呼叫中心坐席数量也逐渐增多。如图 7 所示，截至 2016 年年底，全国呼叫中心座席数达 42.92 万个，同比增长 124%。其中，工业和信息化部颁证企业座席数为 15.61 万个；各省（区、市）颁证企业座席数

图 5　呼叫中心业务持证企业数量

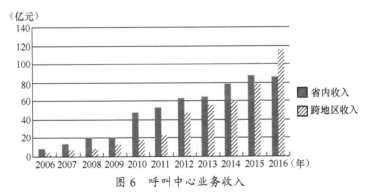

图 6　呼叫中心业务收入

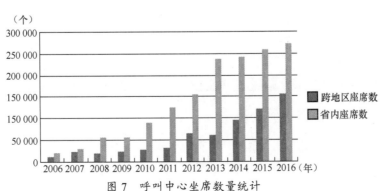

图 7　呼叫中心坐席数量统计

为 27.3 万个。

（四）互联网数据中心业务

截至 2016 年年底，全国互联网数据中心业务持证企业共 1 074 家。其中，工业和信息化部许可的跨地区企业 367 家；各省（区、市）通信管理局许可的本地企业合计 707 家，如图 8 所示。

国内互联网数据中心业务收入约 156.3 亿元，同比增长 41.3%。其中，工业和信息化部颁证企业收入 120.3 亿元，占总收入的 76.9%；各省（区、市）颁证企业收入 36 亿元，占总收入的 23.1%，如图 9 所示。

（五）互联网接入服务业务

截至 2016 年年底，国内互联网接入服务业务持证企业共 2 716 家。其中，工业和信息化部颁证企业 803 家；各省、（区、市）颁证企业 1 913 家。如图 10 所示，颁证企业主要集中在北京市、上海市、广东省等地区，上述 3 个地区企业数量超过总量的 50%。

国内互联网接入服务业务总收入约 329.1 亿元，同比增长 26.1%。其中，工业和信息化部颁证企业收入 152.6 亿元，占总收入的 46.3%；各省（区、市）颁证企业收入 176.5 亿元，占总收入的 53.7%，如图 11 所示。

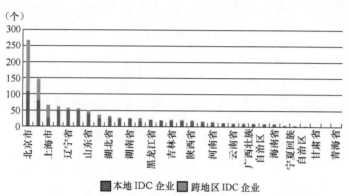

图 8　互联网数据中心发证情况

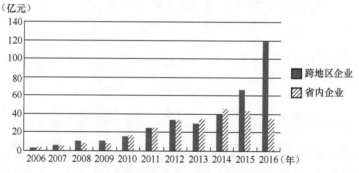

图 9　互联网数据中心业务收入

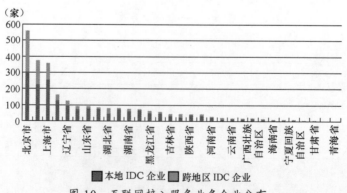

图 10　互联网接入服务业务企业分布

三、增值电信业务发展趋势

（一）新技术革新催化各种增值电信业务的应用

信息通信技术的变革创新，在推动通信业自身加速演进的同时，更与产品制造、软件开发、数字内容、信息技术服务等深入交融，不断产生新服务和新业态，促使其内涵和边界集聚扩展，蕴含新的巨大市场空间。

随着区块链领域在不可信环境中增加信任技术的进一步丰富，其应用范围和应用场景都进一步扩大，涵盖了从被动式数据记录到动态预置行为的较大范围领域。

在智能汽车领域，大数据处理、车联网、无人驾驶、共享汽车等新技术逐渐成为汽车行业发展的新趋势。

在网络金融领域，中国互联网支付市场逐渐从最初的"用户培养"过渡到"产品创新、服务升级"，微信支付、支付宝等相继推出提现收费方案，网络金融企业也在以支付功能作为核心寻求多样化、国际化等新的盈利模式和盈利空间。

在新媒体领域，内容分发网络（CDN）的技术创新和发展推动视频直播业的繁荣与新兴的 CDN 服务商在低带宽、低成本视频直播技术领域展开竞争，在直播的流畅度、端到端的延迟等方面大幅提升了用户的体验效果。此外，针对不同直播平台的场景需求，CDN 服务商通过个性化的定制服务输出不同的直播解决方案，通过技术发展抢占市场先机。

（二）分享经济成为社会热点

互联网正加速向经济社会各领域渗透融合，深刻改变基础业务逻辑，不断催生新产品、新业务、新模式、新业态。在技术创新层面，互联网以跨界融合突破为标志，与制造、能源、材料、生物等技术加速交叉融合，引领新一轮科技革命。智能控制、人机交互、生物传感等领域交叉融合创新方兴未艾，孕育工业互联网、能源互联网等新产品和新业态，引发多领域的系统性、群体性突破。在应用创新层面，互联网使数据成为继土地、资本、劳动之后的第四大生产要素，其广泛渗透传统工业、农业和服务业等各领域，促进产销对接、优化产能利用。目前已衍生出柔性化生产、智能化制造、社会化营销等新模式，涌现出互联网金融、线上线下（O2O）互动商务、大数据应用等新服务，加速现代产业体系的演进重构。

分享经济通过互联网等现代信息技术整合、分享海量的分散化资源，成为创新的新热点。分享经济正在快速地向更广阔的领域扩展。汽车共享和房屋共享是分享经济模式的两大标杆产业，也是分享经济最初的经济模式。随着分享经济的快速发展和扩张，也已经迅速渗透金融、餐饮、空间、物流、教育、医疗、基础设施等多个领域和细分市场，并加速向农业、能源、生产、城市建设等更多领域扩张。

（三）万物互联时代全面开启，物联网应用发展迅猛

国内物联网产业发展取得显著成效。物联网发展正在经历从单点发力向生态体系转变、从简单应用向高端应用转变、从政府投入向市场主导转变的关键时期。互联网也正从"人人相联"向"万物互联"迈进。

在应用范畴，物联网推动互联网应用从消费领域向生产领域扩展，并逐步深入城市管理各个环节。在消费领域，融合互联网与物联网特征的智能可穿

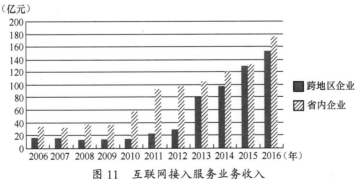

图 11　互联网接入服务业务收入

戴设备快速普及。传统企业主动"触网"转型，利用互联网技术平台、应用平台和市场平台，改变传统模式，发展新型业务，成为产业互联网的主力军。传统企业积极利用互联网构建连接生产与管理各个环节的网络基础设施、数据链及信息系统，并满足自身在研发创新、营销服务、生产制造和产业链协同等方面所产生的新需求。在商业模式、生产方式、组织机构等方面进行深度变革调整，适应互联网时代新型商业基础环境，积极打造新经济形态下的转型升级新优势。

此外，物联网的发展也逐渐呈现出3个方面的发展趋势。一是国内领军企业纷纷布局物联网产业生态。华为、百度、阿里巴巴、腾讯等国内骨干企业相继发布物联网战略，并通过开放物联网平台、操作系统等关键共性环节逐步构建物联网产业生态。二是行业应用和融合类消费应用环境逐步成熟。工业制造、农业、交通、能源等领域传统企业积极应用物联网技术实现不同环节的升级改造，将涉及家居、安全、医疗健康、养老等民生领域的融合类消费应用广泛推进。三是智慧城市成为物联网发展的重要驱动力。其中车联网普及加速，展现巨大市场潜力。车联网借助新一代信息技术，使汽车成为互联网重要节点，实现车内、车与人、车与车、车与路、车与服务平台的全方位网络连接，对解决全球交通问题将发挥关键作用。

（四）网络与信息安全挑战不容忽视

随着国际各国网络与信息安全的威胁和挑战日益突出，并迅速向政治、经济、文化、社会、军事等领域的渗透，各国也开始加大力量积极应对网络信息安全日益复杂的形势和挑战。我国网络与信息安全管理模式已初步成型，网络与信息安全管理开始起步，各种技术要求、管理制度已逐步建立。但信息安全仍然面临严峻挑战，并随着新技术、新业务的快速发展，也将不断出现网络与信息安全方面的新问题并呈现出新的趋势。

新兴技术的应用和普及加剧安全挑战，随着物联网、新型智能终端的广泛应用，可以预见，新型设备将成为入侵、监控信息系统的攻击媒介。而且随着机器以及智能设备在教育、医疗、商业以及研究等领域的普及和扩大，智能终端必将成为新的攻击入口，智能终端自身安全以及终端间连接或通信的安全问题，都将是物联网面临的安全挑战。

信息操纵将扩展到大数据领域。未来，政府和企业将通过大量数据分析来进行精细化运作、制定决策等工作。随着大数据分析的广泛应用，攻击者将找到避开统计分析和异常监测的方法，并且可以利用机器学习加快数据和用户习惯的分析，通过利用各种"污染信息"的方法，使得信息操作成为主要的攻击策略。

目前，电信诈骗形势严峻。近年来，我国电信诈骗案件持续高发，并逐渐发展成为社会关注的热点问题之一。由于非法交易用户信息的黑色产业链猖獗，不法分子可以通过多种途径获取受害人的精准信息，从而通过精心设计的诈骗场景，借助电话、短信、互联网等畅通的通信渠道实施诈骗。此外，在公共网络安全方面，钓鱼网站、手机恶意软件发生率增加，病毒木马、骚扰电话增多，广大网民因诈骗、安全事件造成了各种各样的损失。

（中国信息通信研究院　彭浩熹　刘在东　王　茜）

网络与信息安全篇

网络与信息安全形势分析

一、2017 年网络与信息安全发展综述

（一）安全威胁形势严峻

1. 移动支付迅速发展，App 安全风险增加

近年来，移动支付用户规模及使用率逐年增加。据中国互联网络信息中心报告，截至 2017 年 6 月，移动支付用户数达到 5.02 亿，用户使用移动支付的比例由 2016 年年初的 57.7% 提升至 69.4%。

然而，仿冒金融 App、漏洞、数据泄露等安全风险持续加大。截至 2017 年 11 月，国家互联网应急中心监测发现盗版仿冒金融 App 2 800 余个，累计下载量超过 3 000 万次；监测收集互联网金融 App 漏洞 1 683 个，其中高危漏洞占比 23.3%，较 2016 年 10 月增加 573 个，增加 51.6%。根据中国信息通信研究院泰尔终端实验室 App 安全检测结果，金融 App 位居 App 敏感信息泄露榜首，内存敏感数据泄露风险的金融类应用占比高达 88%。

2. NB-IoT 加快部署，安全威胁初步显现

2017 年是 NB-IoT 商用部署元年，2018 年将呈急剧增长态势。2017 年 6 月，工业和信息化部发布《关于全面推进移动物联网（NB-IoT）建设发展的通知》，加快构建 NB-IoT 网络基础设施，推广 NB-IoT 应用。中国电信宣布覆盖全国的 NB-IoT 网络开始商用；中国联通在北京市、上海市、深圳市等 10 余个城市开展 NB-IoT 试点；中国移动于 2017 年内实现全国范围内 NB-IoT 商用。

随着 NB-IoT 的部署加快，NB-IoT 的安全问题也逐渐暴露，防护及监管挑战开始显现。一是由于低功耗、资源有限等特性，传统安全策略不能直接应用于 NB-IoT 终端设备，NB-IoT 设备僵尸网络正成为高容量 DDoS 的攻击源；二是由于 NB-IoT 终端数量庞大，设备安全管理难度较大，使用周期长，安全更新能力弱，劫持 NB-IoT 设备正成为黑客钟爱的攻击手段；三是由于政策法律体系不够完善，缺乏标准和技术手段支撑，导致以 NB-IoT 设备为跳板，入侵内网，窃取数据的安全事件渐增。

（二）安全防护能力日趋完善

1. 国内外网络安全立法向纵深领域推进

美国、欧洲等国家和地区在关键基础设施保护、跨境数据流动等核心热点上持续突破。澳大利亚、美国、英国等国家的政策法规陆续出台，在关键基础设施保护、跨境数据流动管理和行业网络安全新规探索等方面着重围绕核心制度持续建设完善。

我国《网络安全法》正式施行，相关立法工作向纵深领域展开，《网络产品和服务安全审查办法（试行）》《公共互联网网络安全威胁监测与处置办法》《关键信息基础设施安全保护条例（征求意见稿）》《互联网新业务安全评估管理办法（征求意见稿）》等后续立法工作有序推进。

2. 网络信息安全应急保障日趋体系化

我国网络安全应急保障逐步从被动处置向主动监测应对转变、从单一政府管理向全社会综合性应对转变，从制度规范、保障机制、技术手段和应急演练多个方面提升保障能力。一是加强网络安全应急顶层设计，2017 年出台《国家网络安全事件应急预案》，逐步完善制度规范；二是构建常态化安全保障机制，政府部门组织重点企业、行业机构成立保障专班，建立安全态势监测、报告和应急响应等工作机制；三是提升安全应急技术管控能力，建设全国互联网信息安全管理系统、工业互联网安全监测、网络安全应急指挥等多个全国一体化平台；四是强化应急安全实战能力，结合党的十九大等重大活动，组织开展遍及全国 20 余个省级区域和全国范围应

急演练。

二、工业互联网安全整体布局加快，构建安全生态成为产业发展的关键

当前，信息化、智能化与工业领域深度融合，工业互联网安全已成为全新热点。总体来看，工业互联网安全是传统的安全在工业领域的纵向延伸和横向渗透，构建互联网安全生态成为产业发展的关键所在。

（一）工业互联网安全威胁面临纵向延伸、横向渗透

工业互联网加快实施，产业和行业安全基线尚未建立，企业面临内部脆弱性和外部威胁双重风险，各种高级威胁将对工业互联网乃至更大范围带来安全隐患。在IT与OT融合的开放环境中，控制协议和软件安全机制缺失，信息安全和功能安全矛盾加剧。业务应用安全保护需求各异，安全隔离及安全服务保障要求高。数据在OT、IT，厂内厂外多向流动，数据存在泄露的严重风险；对工业数据进行大数据分析可能导致泄露核心能力和用户隐私。通过协议破解、僵尸网络等方式网络攻击可以直达设备，特定型号设备攻击造成海量通用设备瘫痪。工业以太网、5G/SDN等新技术应用将传统互联网安全威胁引入工业互联网。

（二）工业互联网安全加快部署，构建安全生态

工业互联网安全保障能力关乎全局，国务院发布的《工业互联网安全防护指导意见》中明确指出工业互联网安全保障手段的三同步建设和提升工业互联网安全防控能力总体的原则和要求。在此背景之下，加快构建政策制度，政府监管落实，技术标准完善，防控能够内嵌的工业互联网生态，将成为政府、企业、科研机构多方共同推进的目标。

（三）标准引领，建立工业互联网安全实施标靶

工业互联网安全生产的构建过程中，安全标准应先于发展实施，总体策略、安全监管、安全防护等指导标准亟须出台；同时，应加快部署工业互联网五大要素的安全技术要求、防护策略以及安全架构，完善安全防御体系。目前，中国通信标准化协会已成立工业互联网特设组（TS8），下设安全组（WG5），结合行业发展和企业实际，建立涵盖工业互联网安全基础支撑标准、管理和服务标准以及设备、控制、数据、网络以及平台防护要求等的工业互联网安全标准体系。相关的安全标准出台在即，即将成为整个工业互联网产业发展的安全指引。

（四）技术突破，夯实工业互联网内生安全能力

针对工业互联网"设备安全、应用安全、控制安全、数据安全、网络安全"五大核心要素，推动安全防护技术和产品在工业互联网领域中的应用部署，建设多层次工业互联网安全保障技术体系，是工业互联网安全生态构建的另一个重要环节。同时，加强工业互联网基础设施和控制系统防护能力的构建和应用连接、数据管理可控能力提升，实现内部外防御与内生安全手段的结合，夯实工业互联网的内生安全能力。

（五）平台战略，打造工业互联网安全服务格局

针对平台战略，当前的重点任务为打造工业互联网安全平台体系，建设工业互联网安全模拟仿真、监测预警、测试评估等公共平台，服务政府、产业、行业，构建全面协同的工业互联网安全服务格局。一是打造工业互联网安全模拟仿真平台，开展工业网络、控制系统等安全产品的模拟、试验、测试、验证，研究适应真实工业场景的安全技术和产品；二是打造工业互联网安全监测平台，提升安全态势感知能力，加快建立安全监测、问题发现与预警、应急处置以及事故上报等能力；三是开展工业互联网安全测试评估，基于工业互联网安全标准，采用成型的安全评测技术、评估模式与自建评估体系相结合，开展各环节评测评估；四是加强工业互联网产业、行业安全协同建设，为工业企业、主管单位、研究机构、安全厂商等提供安全支撑、咨询、方案设计、检查检测等公共服务。

（中国信息通信研究院）

移动支付安全分析

2017 年，我国移动支付市场持续高速增长。在支付宝平台上移动支付笔数占比为 82%，创新高；不带钱包出门已成为中国人的新习惯，并成为世界的新时尚。与此同时，移动支付领域的安全问题持续高发。FreeBuf 报告显示，2017 年多达 88% 的金融类 App 存在内存数据泄露漏洞，可被黑客利用恶意转账。移动支付安全仍面临严峻的挑战。

■ 一、移动支付发展新趋势

（一）可穿戴支付日益普及

2017 年，可穿戴设备的支付功能成为终端厂商的重点开发对象，用户使用手表、手环即可完成商品购买、公交刷卡。小米手环与支付宝合作开展免密支付，腾讯智能手环 Qkey 能当公交卡，苹果 Watch、三星 GearS2 等可穿戴设备可通过智能手机预载的移动支付解决方案购买商品。Gartner 预测，到 2020 年，超过 45% 的已售智能手表将无须手机即可完成移动支付。

（二）生物识别走进生活

截至 2017 年年底，全球利用移动生物识别技术的支付额接近 20 亿美元。目前已上市的智能设备中，iPhone X 的人脸识别可用于移动支付验证，而三星 S8 和 Note8 使用虹膜识别开展移动支付验证。艾瑞咨询集团在 2017 年度的支付报告中预测，未来生物识别支付将替代手机支付成为推动无现金社会发展的核心动能，人脸识别等生物识别技术会让大家摆脱手机等硬件的束缚，人走到哪里，账户就跟随到哪里。

（三）大数据分析无处不在

2017 年，移动支付的大数据价值进一步显现。移动支付巨头纷纷通过用户的支付频次、支付时间、支付地点、支付金额等消费数据勾勒用户画像，分析需求变化，为产业上游的柔性化生产，下游的订制服务和产品输出奠定基础。随着移动应用与线下市场的融合，移动支付平台提供方近年一直在布局线下市场，零售商也希望借生活场景的扩大增加用户黏性，培养顾客的消费习惯，打造 O2O 交易闭环。

■ 二、移动支付安全新风险

（一）可信网络环境尚未完全构建

可穿戴支付等近场支付手段的发展，使得蓝牙、Zigbee、Wi-Fi、NFC 等无线通信协议进一步广泛应用。通信协议的多样化、终端操作系统版本的碎片化，导致大量通信协议漏洞无法及时修复，可被黑客利用。2017 年 9 月，Armis 公司曝光了蓝牙协议存在 "BlueBorne" 漏洞，黑客可以对任何蓝牙设备发起隐形攻击，受影响的设备系统包括 Windows、Linux、Android、iOS，设备数目高达 82 亿台。2017 年 10 月，Wi-Fi 被曝光存在密钥重装攻击（KRACK）安全漏洞，该漏洞基于广泛使用的 WPA2 保密协议，几乎影响全部计算机、移动电话和路由器等 Wi-Fi 设备，使黑客可以监听接入 Wi-Fi 网络的设备通信，窃取用户隐私。NFC 安全性虽高于二维码，仍存在手机丢失，以及非知情情形下的接触扣款等安全风险。在移动支付应用高速发展的形势下，安全可信的网络环境尚未同步构建完善。

（二）移动身份认证手段仍需加强

目前移动支付主要基于短信验证码、用户口令、生物识别等方式实现身份认证。手机终端安全漏洞、钓鱼木马、账号 "撞库" 攻击等黑产手段降低了短信验证码、用户口令的安全效能，很多双因素认证成为实质上的单因素认证。而生物特征识别技术的应用在活体检测（对待认证样本是否具有生命特征进行检测）上还不完善，用户的指纹信息和人脸信息仍然存在被复制的可能性。2017年央视"3·15"晚会曝光了人脸识别漏洞，攻击者获取用户的脸部照片后，通过原始图片3D打印用户的脸部面具，能欺骗人脸识别系统。指纹识别和人脸识别等单因素的生物特征识别已被证实在安全性不足的情况下存在风险。因此移动支付行业亟须引入SIM盾、TEE安全校验等适用于移动互联网环境的多因素认证的方式。

（三）大数据环境下用户隐私泄露

随着移动支付场景的不断拓展，越来越多的用户支付数据被深入挖掘、分析，敏感数据泄露事件频发，用户隐私面临极大风险。RBS数据显示，2017年前3季度，全球发生了3 833起数据泄露事件，黑客从中窃取了70多亿条记录，与2016年同期相比分别增长了18.2%和305%。大数据勾勒出的用户画像可以帮助商家进行精准营销，但同时也会成为不法分子的帮凶，被用于实施精准诈骗。大数据环境下隐私泄露的风险，不仅在于泄露的隐私本身，还在于基于敏感数据对用户行为的分析、预测。隐私泄露的途径主要包括两种：一是非交互式泄露，即基于业务漏洞的信息系统内部数据泄露，例如，平台对敏感信息管控不严，用户信息被用于黑产交易；二是交互式泄露，即传输过程中的数据泄露，例如，攻击者对明文存储和传输的数据发起嗅探，从而窃取用户隐私。

■ 三、安全发展展望

（一）创新安全防护技术手段

人工智能、大数据等技术对移动支付安全的提升有重要价值。一方面，在身份认证环节，它可以用人工智能技术分析用户的行为特征，采用机器学习的方式动态更新用户行为模型。结合了用户行为特征的身份认证不仅可以降低安全风险，还可以提高效率，提升用户体验。另一方面，可以借助大数据技术分析用户的行为习惯，不断丰富用户画像，根据具体的服务场景计算或预测出用户未来的行为，识别高危场景，针对不同场景制订相应的防控措施，形成定制化、模型化、智能化的风险控制系统。此外，对于大数据环境下的客户信息保护，采用最新的支付标记化技术可以从源头控制信息泄露和欺诈交易风险，通过支付标记代替银行卡号进行交易验证，同时确保支付标记只能在特定的商户、渠道或设备使用，从而可以防范交易各环节用户敏感信息泄露，并降低欺诈交易发生的概率。

（二）协同构建安全生态环境

构建可信的移动支付环境是保障移动支付安全的前提。可信生态环境的构建需要政府监管部门、金融机构、第三方支付机构、软硬件提供商、用户、商家等共同参与。对政府监管部门而言，需要进一步健全相关法律法规，加大对互联网犯罪的惩处力度，积极引导提升行业安全基准。对金融机构和第三方支付机构而言，需要搭建安全可靠的支付平台，重视平台的用户信息保护，实现多因素加强身份认证，保障平台上的资金和信息安全。对软硬件提供商而言，需要开发更安全的芯片，完善操作系统的安全机制，运用可信技术保证移动终端的通信安全、数据保密和业务稳定。对用户和商家而言，需要提高安全意识，使用可信、可靠的网络连接，使用正规渠道下载App，防范交易终端和二维码被篡改等风险。产业链中各方还需要加强在移动支付标准等方面的交流合作，消除安全短板，实现移动支付产业的协同健康发展。

（中国移动通信集团有限公司　李雨昂　邱　勤　袁　捷）

2017年勒索软件威胁形势分析

勒索软件是近两年来影响最大，也是最受关注的网络安全威胁形式之一。攻击者通过电子邮件、网络渗透、蠕虫病毒等多种形式，向受害者的电脑终端或服务器发起攻击，加密系统文件并勒索赎金。

2017年，勒索软件继续呈现全球蔓延态势，攻击手法和病毒变种也进一步多样化。特别是2017年5月全球爆发的"永恒之蓝"勒索蠕虫（WannaCry，也有译作"想哭"病毒）和随后在乌克兰等地流行的类Petya病毒（包括Petya病毒、NotPetya病毒和BadRabbit病毒3种），使人们对勒索软件的关注达到了空前的高度。在全球范围内，政府、教育、医院、能源、通信、制造业等众多关键信息基础设施领域都遭受到了前所未有的重大损失。

与WannaCry无差别的显性攻击相比，针对中小企业网络服务器的精准攻击则是隐性的，不为多数公众所知，但却成为2017年勒索软件攻击的另一个重要特点。统计显示，在2017年的国内勒索软件的攻击目标中，至少有15%的目标是明确针对政企机构的，其中以中小企业为主要目标。相比于一般的个人电脑终端或办公终端，政企部分的服务器数据的珍贵程度和不可恢复性更强（针对服务器的渗透式勒索攻击一般不会留下死角或备份），因此向勒索者支付赎金的意愿也相对更强。

一、勒索软件的攻击量

2017年1～11月，360互联网安全中心共截获电脑端新增勒索软件变种183种，新增控制域名238个。全国至少有472.5万台用户的电脑遭到了勒索软件的攻击，平均每天约有1.4万台电脑遭到勒索软件的攻击。

特别说明，2017年截获的某些勒索病毒，如Cerber病毒，会向某个IP地址段进行群呼，以寻找可能响应的控制服务器。这样做的目的是避免其服务器被拦截。如果没有服务器响应群呼消息，病毒则会按照其他既定流程执行代码。2017年，360互联网安全中心新增截获此类IP地址段共计51个。

二、勒索软件的家族分布

统计显示，在向360互联网安全中心求助的勒索软件受害者中，Cerber、Crysis、WannaCry这三大勒索软件家族的受害者最多，共占到总量的58.4%。其中，Cerber占比为21.0%，Crysis占比为19.9%，WannaCry占比为17.5%，具体分布如图1所示。

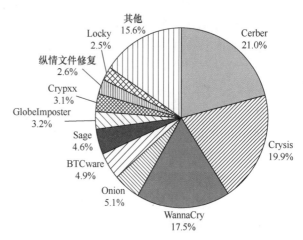

图1 2017年勒索软件家族分布

三、勒索软件的传播方式

360互联网安全中心监测显示，黑客为了提高勒索软件的传播效率，也在不断更新攻击方式，钓鱼邮件传播依然是黑客常用的传播手段，同时他们也开始利用系统自身的漏洞进行传播。2017年勒索软件主要采用以下5种传播方式。

（一）服务器入侵传播

以 Crysis 家族为代表的勒索软件主要采用此类攻击方式。黑客首先通过弱口令、系统或软件漏洞等方式获取用户名和密码，再通过远程桌面协议（RDP）远程登录服务器，一旦登录成功，黑客就可以在服务器上为所欲为。例如，卸载服务器上的安全软件并手动运行勒索软件。所以，在这种攻击方式中，一旦服务器被入侵，安全软件一般是不起作用的。

服务器能够被成功入侵的主要原因是管理员的账号密码被破解。而造成服务器账号密码被破解的主要原因有以下几种：为数众多的系统管理员使用弱密码，被黑客暴力破解；还有一部分是黑客利用病毒或木马潜伏在用户电脑中，窃取密码；除此之外就是黑客从其他渠道直接购买账号和密码。黑客得到系统管理员的用户名和密码后，再通过远程登录服务器，对其进行相应的操作。

（二）利用漏洞自动传播

2017 年，病毒通过系统自身漏洞进行传播扩散成为勒索软件一个新的特点。2017 年上半年震惊世界的 WannaCry 勒索病毒就是利用微软的"永恒之蓝"（EternalBlue）的漏洞进行传播的。黑客往往抓住很多人认为打补丁没用还会拖慢系统的错误认识，从而利用刚修复不久或大家重视程度不高的漏洞进行传播。如果用户未及时更新系统或安装安全补丁，那么即便用户未进行任何不当操作，也有可能在完全没有预兆的情况下中毒。此类勒索软件在破坏功能上与传统勒索软件无异，都是加密用户文件勒索赎金。但因为传播方式不同，导致用户更加难以防范，需要用户自身提高安全意识，尽快更新有漏洞的软件或安装对应的安全补丁。

（三）软件供应链攻击传播

软件供应链攻击是指黑客利用软件供应商与最终用户之间的信任关系，在合法软件正常传播和升级过程中，利用软件供应商的各种疏忽或漏洞，对合法软件进行劫持或篡改，从而绕过传统安全产品检查达到非法目的的攻击类型。

2017 年爆发的 Fireball、暗云 III、类 Petya、异鬼 II、Kuzzle、XShellGhost、CCleaner 等后门事件均属于软件供应链攻击。在乌克兰爆发的类 Petya

勒索软件事件也是其中之一，该病毒通过税务软件 M.E.Doc 的升级包投递到内网中进行传播。

（四）邮件附件传播

病毒通过伪装成产品订单详情或图纸等重要文档类的钓鱼邮件，在附件中夹带含有恶意代码的脚本文件。一旦用户打开邮件附件，便会执行附件中的脚本，释放勒索病毒。这类传播方式的针对性较强，主要瞄准公司企业、各类单位和院校，他们最大的特点是电脑中的文档往往不是个人文档，而是公司文档。最终目的是给公司业务的运转制造破坏，迫使公司为了止损而不得不交付赎金。

（五）利用挂马网页传播

病毒入侵主流网站的服务器，在正常网页中植入木马，让访问者在浏览网页时利用 IE 或 Flash 等软件漏洞进行攻击。这类勒索软件属于撒网抓鱼式的传播，并没有特定的针对性，一般中招的受害者多数为"裸奔"用户，未安装任何杀毒软件。

四、勒索软件的攻击特点

2017 年勒索软件的攻击呈现出以下 6 个明显的特点：无 C2 服务器加密技术流行、攻击目标转向政企机构、攻击目的开始多样化、勒索软件平台化运营、影响大的家族赎金相对少、境外攻击者多于境内攻击者。

（一）无 C2 服务器加密技术流行

2017 年，我们发现黑客在对文件加密的过程中，一般不再使用 C2 服务器了，即现在的勒索软件加密过程不需要回传私钥了。但此类木马仍然可以使每个受害者的解密私钥都不相同。这也就意味着不需要联网，勒索病毒也可以对终端完成加密，甚至在隔离网的环境下，他们依然可以加密文件和数据。显然，这种技术是针对采用了各种隔离措施的政企机构所设计的。

（二）攻击目标转向政企机构

2017 年，勒索软件的攻击进一步聚焦在高利润目标上，其中包括高净值个人、连接设备和企业服务器。特别是中小企业网络服务器的攻击急剧增长，已经成为 2017 年勒索软件攻击的一大鲜明特征。据统计，2017 年约 15% 的勒索软件的攻击是针对中小企业服务器发起的定向攻击，尤以 Crysis、Xtbl、Wallet、Arena、Cobra 等家族为代表。

客观来说，中小企业的架构往往安全单一，相对容易被攻破。同时，勒索软件以企业服务器为攻击目标，往往也更容易获得高额赎金。

（三）针对关键信息基础设施的攻击

以 WannaCry、类 Petya 为代表的勒索软件，则是将关键信息基础设施作为主要攻击目标，这在以往是从未出现过的严峻情况。关键基础设施为社会生产和居民生活提供公共服务，保证国家或地区社会经济活动正常进行，其一旦被攻击将严重影响人们的日常生活，危害巨大。

（四）攻击目的开始多样化

顾名思义，勒索软件自然就是要勒索钱财。但这种传统认知已经在 2017 年被打破。以网络破坏、组织破坏为目的的勒索软件已经出现并开始流行。其中最为典型的代表就是类 Petya。与大多数勒索软件攻击不同，类 Petya 的代码不是为了向受害者勒索金钱，而是要摧毁一切。类 Petya 病毒的主要攻击目的是破坏数据而不是获得金钱。此外，以 Spora 为代表的窃密型勒索软件在加密用户文档时，还会窃取用户账号、密码和键盘输入等信息，属于功能复合型勒索软件。

这些不以"勒索"为目的的"勒索软件"，实际上只是结合了传统勒索软件加密文件的技术方法来实现其数据破坏、信息窃取等攻击目的。相比于勒索金钱，这种攻击将给对手带来更大的破坏和更大的威胁。这不仅会引发网络犯罪"商业模式"的新变种，而且会反过来刺激网络保险市场的进一步扩张。

（五）勒索软件平台化运营

2017 年，勒索软件形成了一个完整的产业链条。在勒索软件服务平台上，勒索软件的核心技术已经被直接打包封装好了，黑客直接购买调用其服务，即可得到一个完整的勒索软件。我们称这种勒索软件的生成模式为 RaaS 服务，而黑市中一般用"撒旦勒索软件"（Satan Ransomware）来指代由 RaaS 服务生成的勒索软件。

RaaS 服务允许犯罪者注册账户，并创建自己定制版本的撒旦勒索软件。一旦勒索软件被创建，那么犯罪分子将决定如何分发勒索软件，而 RaaS 服务平台将处理赎金支付和增加新功能。对于这项服务，RaaS 服务平台的开发者将收取受害者所支付赎金的 30%，购买 RaaS 服务者将获取剩余 70% 的赎金。

（六）境外攻击者多于境内攻击者

2017 年，勒索软件的攻击源头以境外为主，绝大多数的勒索软件攻击者基本都是境外攻击者，国内攻击者较少，而且国内攻击者技术水平相对较低，制作水平也不高。有些国内攻击者编写的勒索软件程序甚至存在很多漏洞，因此也比较容易被破解。比如，MCR 勒索病毒，我们可以直接获取它的密钥从而恢复文件。

五、2018 年勒索软件趋势预测

2017 年，勒索软件的攻击形式和攻击目标都已经发生了很大的变化。以下将给出我们对 2018 年勒索软件攻击趋势的预测。

（一）勒索软件的质量和数量将不断攀升

2017 年 7 月，根据谷歌、加州大学圣地亚哥分校和纽约大学坦登工程学院的研究人员联合发布的一份报告，在过去两年，勒索软件已迫使全球受害者累计支付了超过 2 500 万美元的赎金。

（二）勒索软件会越来越多地使用免杀技术

为了获得更大的经济利益，在勒索软件的制作、传播过程中，黑客的目的是为躲避杀毒软件。以 Petrwrap 为例，它于 2017 年 6 月底在欧洲引发大面积感染，俄罗斯、乌克兰、波兰、法国、意大利、英国及德国也被其感染。但根据《黑客新闻》2017 年 6 月 27 日报道，最近的 VirusTotal 扫描显示，61 款杀毒软件当中只有 16 款能够成功检测到该病毒。

在各界充分认识到勒索软件引发的可怕后果的前提下，攻击者会在利用这种担心和恐慌获取更多的赎金，不断使用更新的技术和更多的变种来突破杀毒软件的防线将成为必然。

（三）勒索软件的传播手段将更加多样化

相比于个人受害者，组织机构更有可能支付大额赎金，感染更多设备会给组织机构造成更大的损失，这是提升赎金支付可能性的重要手段。因此，除了通过更多的漏洞、更隐蔽的通道进行原始传播，勒索软件的自我传播能力也将会被无限地利用起来，其以感染的设备为跳板，然后利用漏洞横向移动，攻击局域网内的其他电脑，形成"一台中招、一片遭殃"的情况将会在 2018 年愈演愈烈。针对各企业对于软件供应链的管理弱点，通过软件供应链通道进行原始传播，在未来一年有很大概率被病毒再次利用。

（四）勒索软件的静默期会不断延长

震惊全球的 WannaCry 的大规模爆发开始于 2017 年 5 月 12 日（星期五）下午，周末正好是组织机构使用电脑的低峰期，这给安全厂商和组织机构应急处置以免蠕虫快速扩散提供了足够的缓冲时间，也让攻击者失去了获得更多赎金的可能。

为了避免"亏本"，获得更多的赎金，未来的勒索软件会在获得更多"勒索筹码"之前尽可能隐蔽自己，一边延长自己的生命周期，另一边选择合适的时间发作，让安全厂商和组织机构"措手不及"。

（五）勒索软件攻击的操作系统类型将越来越多

目前，绝大多数勒索软件攻击的都是 Windows 操作系统，但针对 MacOS 的勒索软件 MacRansom 已经出现在暗网中；针对 Linux 服务器的勒索软件 Rrebus 已经造成了巨大的危害；针对安卓系统的勒索软件也在国内网络中出现。但这也许只是开始，越自认为"安全"、越小众的系统，防护能力可能越弱，一旦被攻破，支付赎金的可能性也就越大，因此，勒索软件不会放过任何一个系统。

（六）经济损失与赎金支付都将持续升高

安全意识培训公司 KnowBe4 曾估测：WannaCry 的大规模爆发，在其爆发的前 4 天中，就已经造成了 10 亿美元的经济损失。而随着勒索软件技术的进一步成熟和平台化，勒索软件的攻击也将会更加频繁，攻击范围更加广泛，造成的经济损失也会不断攀升。

美国网络安全机构 Cybersecurity Ventures 在 2017 年 5 月发布的报告中预测，2017 年勒索软件攻击在全球造成的实际损失成本将达到 50 亿美元，预计 2019 年的攻击损失可能升至 115 亿美元。而相关数据还显示，勒索软件在 2015 年给全球造成的实际损失仅为 3.25 亿美元。

经济损失的不断提高也将促使更多的政企机构向攻击者支付赎金。2018 年，攻击者会在不断提升勒索软件自身能力的同时，也将进一步锁定风险承受能力较差的攻击目标实施攻击，并在加密数据基础上使用更多的威胁方式，例如，不支付赎金就将关键信息公开在互联网上等，迫使组织机构不得不缴纳高额的赎金。

鉴于很多组织机构宁愿承受巨额损失也不交纳赎金，在将来攻击者还可能会开展"针对性服务"，让感染者支付其"能力范围内"的赎金。

（七）通过支付赎金恢复文件的成功率将大幅下降

对于被感染的组织机构而言，在尝试各种方式解密被勒索软件加密的数据无果后，即便想要通过支付赎金的方式来解决问题，其成功率也将大幅下降。其主要原因不是勒索者的信用会快速下降，而是很多现实的网络因素可能会大大限制你支付赎金恢复文件的成功率。

首先，被感染方也可能"来不及付"，交纳赎金一般是有时间限制的，一般为 1～2 天，但国产勒索病毒 Xiaoba 只给了 200s 的反应时间。

最后，被感染方即便通过各种方式支付了赎金，也可能"无法提供付款证明"给攻击者，因为很多勒索软件要求受害者向特定邮箱发送支付证明，黑客才会为其解锁，但越来越多的邮件供应方无法忍受攻击者通过其平台非法获利，而会在第一时间内将其邮箱关停。

（奇虎 360 公司　胡怀亮）

新技术
新应用篇

人工智能发展分析与展望

2017年3月5日，人工智能首次出现在国务院总理李克强的政府工作报告中，2017年3月中国科学技术部"科技创新2030重大项目"决定新增"人工智能2.0"使其上升为国家战略。2017年7月国务院印发《新一代人工智能发展规划》，在国家层面对人工智能进行系统布局，构建我国人工智能的先发优势。2017年可称为我国人工智能战略顶层设计年。

一、成为世界人工智能创新中心的三个发展阶段

2017年7月8日，国务院正式印发《新一代人工智能发展规划》（以下简称《规划》）。

人工智能经过60多年的演进，特别是近年来在移动互联网、大数据、超级计算、传感网、脑科学等新理论、新技术以及经济社会发展强烈需求的共同驱动下，人工智能正在加速发展，呈现出深度学习、跨界融合、人机协同、群智开放、自主操控等新特征。

我国政府敏锐地判断，人工智能发展已经进入一个新阶段，正成为国际竞争的新焦点，它是经济发展的新引擎，它能给社会建设带来新机遇。

《规划》明确提出了3个阶段性的战略目标。

到2020年，我国人工智能总体技术和应用与世界先进水平同步；

到2025年，人工智能基础理论实现重大突破，部分技术与应用达到世界领先水平，人工智能成为带动我国产业升级和经济转型的主要动力；

到2030年，人工智能理论、技术与应用总体达到世界领先水平，成为世界主要人工智能创新中心。

从技术角度看，第1步，到2020年，要在新一代人工智能理论和技术领域取得重要进展和标志性成果；第2步，到2025年，初步建立新一代人工智

能理论与技术体系，在多领域取得引领性研究成果；第3步，到2030年，形成较为成熟的新一代人工智能理论与技术体系，在类脑智能、自主智能、混合智能和群体智能等领域取得重大突破，在国际人工智能研究领域具有重要影响，占据人工智能科技制高点。

从产业角度看，《规划》预计，2020年实现人工智能核心产业规模超过1 500亿元，带动相关产业规模超过1×10^4亿元；2025年人工智能核心产业规模超过4 000亿元，带动相关产业规模超过5×10^4亿元；2030年人工智能核心产业规模超过1×10^4亿元，带动相关产业规模超过10×10^4亿元。如图1和图2所示。

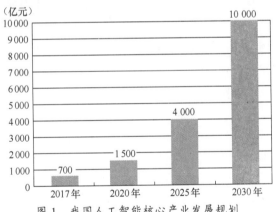

图1 我国人工智能核心产业发展规划

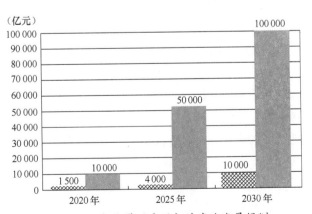

图2 人工智能带动我国相关产业发展规划

二、新一代人工智能战略目标加速落实

要实现 2020 年的第 1 步战略目标，使我国人工智能产业竞争力进入国际第一方阵，这就要初步建成人工智能技术标准、服务体系和产业生态链，培育若干全球领先的人工智能骨干企业。国家、地方政府、企业、科研机构、高校等都在积极行动中。

2017 年 11 月 15 日，中国科学技术部召开"新一代人工智能发展规划暨重大科技项目启动会"，会上宣布成立新一代人工智能发展规划推进办公室，由中国科学技术部、国家发展和改革委员会、财政部、教育部、工业和信息化部、交通部、农业部、国家卫生和计划生育委员会、中国科学院、中国工程院、自然科学基金委员会、中央军民融合发展委员会办公室、军委装备发展部、军事委员会科学技术委员会、中国科学技术委员会 15 个部门构成，他们负责推进新一代人工智能发展规划和重大科技项目的组织实施。

大会还公布了首批 4 家国家新一代人工智能开放创新平台名单，即依托百度公司建设自动驾驶国家新一代人工智能开放创新平台；依托阿里云计算有限公司建设城市大脑国家新一代人工智能开放创新平台；依托深圳市腾讯计算机系统有限公司建设医疗影像国家新一代人工智能开放创新平台；依托科大讯飞股份有限公司建设智能语音国家新一代人工智能开放创新平台。同时，新一代人工智能战略咨询委员会也宣布成立，中国工程院院士潘云鹤任组长，委员会共由 27 位专家组成。

4 家首批国家新一代人工智能开发创新平台的企业，无疑都是实力派领军科技企业，并在各领域初步建立了自己的产业链。

科大讯飞股份有限公司为例，该公司经过 18 年的发展，已成长为亚太地区最大的智能语音与人工智能上市公司，语音合成、声纹识别、人脸识别等核心技术领域都处于国际领先水平。为构建全新移动互联网语音及交互生态，科大讯飞开放平台全面向业界开放十多项核心能力，构建"大创客"带动"小创客"的产业集群发展模式。截至 2017 年 6 月，科大讯飞开放平台的第三方开发团队已达到 37.3 万个。

科大讯飞股份有限公司总部所在地安徽省合肥市也积极围绕科大讯飞股份有限公司这家龙头企业布局打造人工智能产业群。2017 年 9 月，安徽省政府正式印发《支持中国声谷建设若干政策》，该政策明确提出为进一步吸引和鼓励海内外人工智能企业，2017—2020 年，安徽省合肥市每年共拿出 8 亿元人民币，用于智能语音及人工智能产业发展和推广。

2018 年新年伊始，安徽省印发《安徽省人民政府办公厅关于中国（合肥）智能语音及人工智能产业基地（中国声谷）的发展规划（2018—2025）》，该规划提出重点实施"技术领先""应用推广"的八大工程建设"中国声谷"。

该规划具体包括：加强核心技术和前瞻性技术研发，支持技术和产品推广应用，打造示范应用项目，建设智能体验中心，建设行业数据共享交易平台，打造企业培育平台，以及推动创业创新，引进领军企业和项目等。到 2020 年，"中国声谷"预计将实现 3 000 万台（款、套）产品推广应用目标，建成级 10 个智慧医疗、智慧教育、智慧养老、智慧产业小镇等示范应用项目。

"中国声谷"的发展目标还预计，到 2020 年，发展智能语音及人工智能互联网产品用户达到 12 亿户，"中国声谷"企业营业收入达到 1 000 亿元，年均增长 40%。到 2025 年，发展智能语音及人工智能互联网产品用户达到 15 亿户，"中国声谷"企业营业收入达到 2 000 亿元。

"中国声谷"将以智能语音技术、人工智能技术等为主攻方向，创造更多的"耳聪""目明""心灵""手巧"的美好产品，实现"1 亿出国人士语言交流无障碍、1 亿劳动人民繁杂劳务得解放、1 亿生活生产设备更智慧更聪明"的三大目标。到 2025 年，"中国声谷"将会建成国际一流的智能语音和人工智能技术研发和产业化基地。

三、拥抱人工智能时代的到来

当前，人工智能正以前所未有的速度与力量成长为未来科学技术革命的重要驱动力，它将进一步促进关联技术与新兴科技、新兴产业的深度融合，推动新一轮的信息技术革命。

同时，人工智能作为引领变革的技术超越了传

（百万美元）

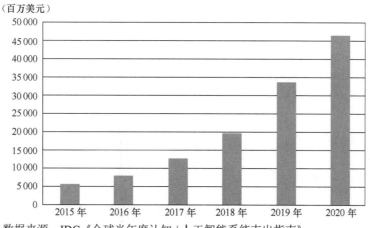

数据来源：IDC《全球半年度认知 / 人工智能系统支出指南》。

图 3　IDC 全球人工智能技术支出预测（2015—2020 年）

统 IT 的范畴，正在推动企业核心业务的数字化转型和创新。未来，企业以数字化转型思维去拥抱人工智能，这将对企业在数字经济时代的快速发展起到至关重要的作用。各大咨询公司也纷纷看好人工智能的发展并给出了乐观的预测，如图 3 所示。

IDC 认为，全球人工智能市场将保持高速增长。2020 年全球人工智能技术支出达到 462 亿美元，2015—2020 年，年复合增长率（CAGR）将超过 50%。

艾瑞咨询集团则预测，2020 年，全球人工智能市场规模将达到 1 190 亿元，年复合增速约 19.7%；与此同时，中国的 AI 规模将达 91 亿元，年复合增速超 50%，远超全球增速。

如果物联网和云计算是更先进的基础设施，则区块链是更先进的生产关系，人工智能是更先进的生产力。

当前，全球人工智能产业有两大体系：一是以美国为主的体系；二是以中国为主的体系。

经过多年的努力，我国已经建成全球产业类别最全的经济体系，中国制造业已有 200 多种产品的产量居世界第一位，2017 年的消费总量超越美国成为世界第一大消费市场。形成世界最多的数据量、巨大的应用市场必将有助于我国围绕 AI 构建起完善的产业生态链，为实现《规划》，预计 2025 年，我国人工智能产业将进入全球价值链高端，新一代人工智能在智能制造、智能医疗、智慧城市、智能农业、国防建设等领域得到广泛应用；2030 年，人工智能产业竞争力达到国际领先水平，为形成涵盖核心技术、关键系统、支撑平台和智能应用的完备产业链和高端产业群的战略目标打下坚实的基础。

历史走到今天，人类是自然进化的产物，更是文化科技发展的结晶。展望未来，正如尤瓦尔·赫拉利在《未来简史》所预言的，人工智能不仅仅是 21 世纪最重要的科学进化，也不只是人类历史上最重要的科学进化，甚至是整个生命创始以来最重要的一种新技术。有机生命的进化规则在过去 40 亿年当中始终保持一致性，人工智能也许会替代物竞天择的自然选择，无机生命逐渐与有机生命大规模并行的社会将会来临，人工智能可以了解人类的喜好，体会人类的情绪，提出适当的建议，最终将替代人类摆脱地球的束缚，探索更广阔的未知世界。不管怎样，机器逻辑能带你从 A 到 B，而人类想象则能带你去任何地方，让我们乐观看待人工智能的兴起，积极拥抱人工智能时代的到来。

（DOIT 传媒集团　李卫忠）

5G 芯片产业发展分析

一、5G 芯片产业发展态势

5G 是第五代移动电话行动通信标准，也称第五代移动通信技术。移动通信自 20 世纪 80 年代诞生以来，约每十年出现新一代技术，其中 1G 到 4G 主要解决人与人之间的沟通，而 5G 将实现人与人之外的人与物、物与物之间的沟通。5G 在用户体验速率、连接数密度、端到端时延、流量密度、移动性和用户峰值速率等关键性能指标上相比较于 4G 都会有巨大提升，如用户体验速率可达 1Gbit/s 以上，是 4G 的 100 倍，连接数密度达到每平方千米一百万，是 4G 的 10 倍。

5G 对芯片需求主要来自于设备制造商的网络和终端设备的需求，5G 将拉动全球半导体千亿美元市场规模。根据 Strategy Analytics 预测，2022 年，全球 5G 终端数将达到 2 亿人，5G 基站数将达到 180 万。增强移动宽带将是早期 5G 网络面向个人消费市场的核心应用场景，智能手机仍将是 5G 商用初期的主要终端类型，预计 5G 手机终端将在 2019 年登场。在 5G 发展初期仍然需要向下兼容 2G/3G/4G，两三年后才有可能实现全部 2G 的清频退网，多模多频通信将对基带、射频芯片尤其是射频前端拉动作用尤为明显。5G 基站部署包括 6GHz 以下中频段和毫米波频段两部分，毫米波在空气中衰减非常大，不太适合在室外距离很远的场合使用，5G 部署初期仍主要以 6GHz 以下中低频段基站为主，高频基站数约占 20%。预计 2022 年全球 5G 终端和基站芯片市场规模合计超过 500 亿美元。

5G 通信关键技术对于芯片能力提出新的需求，推动芯片在设计、制造、封装等领域的系统性革新。多载波聚合、高阶调制、大规模天线、全频谱接入等 5G 关键技术的引入使数据传输速率和带宽容量成倍提升，对 5G 终端与基站的芯片设计、制造工艺、材料、封装集成等环节提出新的需求。设计方面，基带高速并行处理能力的要求大幅提升，5G 数据带宽要求超过 800Mbit/s，工作频率达到 1GHz 左右，对基带的高速并行处理能力提出更高的要求。制造工艺方面，一是半导体先进制程工艺需要持续的升级，以满足基带 5G 高速率和低功耗的需求，预计到 2019 年 5G 预商用时期，终端基带芯片有望升级到 7nm 工艺节点；二是砷化镓（GaAs）/ 氮化镓（GaN）化合物半导体工艺、滤波器制造工艺等特色工艺亟待升级，基站功率放大器（PA）将从硅基器件工艺转向承载功率和高频性能更有优势的化合物半导体工艺，6GHz 以下中频终端滤波器将从声表面波（SAW）器件转向体声波（BAW）尤其是薄膜体声波谐振器（FBAR）器件；三是 5G 毫米波高频通信还将推动基于射频 CMOS 或锗硅（SiGe）等硅基集成工艺技术的发展。封装领域同样面临新的挑战，5G 毫米波射频前端集成化、小型化、一体化需求将推动三维异质异构集成、系统级封装等技术的应用。

二、全球 5G 芯片产业主要进展

全球已经进入 5G 标准制定和产业化关键阶段，5G 中高频基站、终端芯片和器件的竞争日趋激烈。国际芯片巨头正在加速对 5G 芯片技术和产业的布局，企图抢占 5G 市场发展主导权。

5G 终端基带主要由高通和英特尔引领创新。基带芯片的技术门槛高、研发周期长、资金投入大，现阶段高通占领基带芯片 60% 市场份额。高通 2016 年发布支持 28GHz 毫米波频段的 X50 5G 基带芯片，2017 年将毫米波基带芯片扩展到 6GHz 以下频谱，首批商用产品预计于 2018 年上半年推出，搭载 X50 芯片的手机将于 2019 年上半年上市，目前，高通与合作伙伴们共同宣布启动了"5G领航"计划，联想、小米、OPPO、vivo都将成为高通的5G合作伙伴，并承诺2019—2021年将采购高通20亿美元的5G芯片。英特尔在CES 2017发布业界首款全球通用5G调制解调器、收发芯片以及毫米波射频前端，预计2019年中旬推出搭载其5G基带的终端设备。

5G终端射频前端主要由Skyworks、Qorvo、博通、村田等射频巨头垄断。射频前端模块是终端通信系统的核心组件，其中，PA和滤波器是关键的核心器件。终端PA市场由Skyworks、Qorvo、博通、村田等国外企业垄断，产业模式呈现IDM集中化发展态势。除了欧美日龙头企业具备制造能力外，中国台湾企业在GaAs晶圆制造、封装测试等环节占据重要地位，包括稳懋、联颖光电、宏捷科技、环宇等代工企业，菱生精密、同欣电子等封装企业以及全智科技和硅格股份等封测企业。台湾稳懋是全球最大砷化镓晶圆厂，已签下高通PA及射频组件的代工大单。滤波器已成为射频前端成本最高的器件，随着5G频段的增加和MIMO等新技术的引入，滤波器市场将成倍增长。现阶段SAW滤波器市场被村田、TDK和太阳诱电等日企控制，三者市场份额超过80%；BAW滤波器市场被博通和Qorvo垄断，专利壁垒较高，两者市场份额超过90%。

5G基站领域主要核心芯片和器件被国外企业主导。数模转换和射频收发等核心芯片主要被ADI、德州仪器等企业垄断。氮化镓PA市场主要由日本住友、美国科锐和Qorvo主导，并且欧美日企业控制GaN产业链上游材料环节。毫米波应用使传统基站器件进一步小型化，ADI、IBM、Anokiwave等企业利用射频技术优势，大力推动毫米波芯片设计、制造、封装技术研发，现阶段处于技术领先位置。基站厂商多选择与器件厂商合作开发，爱立信基于移动通信系统方面的积累与IBM强强合作，结合其毫米波相控阵芯片和天线封装的技术优势，合作推出基站侧基于封装天线（AiP）技术的28GHz锗硅相控阵芯片。

国际巨头兼并重组正在加速，5G芯片的行业集中度有望进一步提高。在移动通信芯片领域的并购案例更是层出不穷，芯片厂商还在不断加强行业的并购整合，市场格局将面临重构。Qorvo由美国射频巨头RFMD与TriQuint合并而成，安华高并购博通成为新博通，Qorvo和安华高都成为5G射频领域的领跑者。

三、我国5G芯片产业发展情况

（一）发展现状

我国5G技术研发和产业化进程不断提速，企业和科研院所围绕5G芯片不断发力。

终端领域，华为海思、紫光展锐等国内芯片企业近期加速5G基带芯片产品研发，逐渐缩短与高通、英特尔差距。华为海思在MWC 2018正式发布首款5G商用基带芯片巴龙5G01和5G商用用户终端（CPE），同时，正在开发支持5G低频及毫米波频段的手机SoC处理器麒麟990，将于2019年预商用。射频前端方面，国内目前拥有终端PA设计企业近20家，汉天下、紫光展锐、唯捷创芯等企业发展迅速，已在2G和3G手机PA市场占据重要市场地位，并且正在积极研发4G和5G PA产品，与此同时，三安和海威华芯等代工企业的GaAs、GaN工艺产线正在逐渐走向成熟。

基站领域，以华为、中兴为代表的国内移动通信设备厂商为适应国际市场需求，正在联合国内基站芯片、器件厂商加快5G基站设备的研发，嘉纳海威、重庆声光电、美辰微电子等初步具备射频器件以及毫米波芯片设计能力，苏州能讯以及一些科研院所已开展GaN PA的研发与产业化。目前，设备厂商已完成技术验证、原型样机制作和测试工作，预计将于2018年年底推出5G中频段和高频段商用基站设备，2019年具备商用产品批量供应能力。

（二）存在的问题

经过长期积累，我国在移动芯片领域已取得巨大进展，但5G面临的瓶颈问题依然突出，主要存在核心技术缺失、制造水平落后、产业配套不完善、整机带动不明显等问题。

一是核心技术缺失。国内5G芯片产品研发面临国外专利封锁，部分关键核心技术缺失，例如，5G终端使用的BAW/FBAR滤波器和5G基站使用的数模转换、射频收发等芯片，国外技术已经非常成熟，专利布局全面深入，相比之下我国专利储备十分薄弱，自主研发面临诸多壁垒。

二是制造水平落后。国内5G芯片缺乏成熟的商用工艺支撑，数字基带工艺技术落后两代以上，化合物半导体代工技术目前仍不成熟，锗硅和绝缘硅等高频硅基集成工艺技术缺失。

三是产业配套不完善。5G芯片关键装备及材料配套主要由国外企业掌控。设备方面，制造化合物半导体的关键核心设备MOCVD仍主要被德国爱思强和美国Veeco所主导。材料方面，大尺寸高纯半绝缘碳化硅衬底、化合物半导体外延片、封装用高端陶瓷基板等关键材料仍依赖进口。

四是整机带动不明显。当前通信设备整机厂商和国外芯片厂商之间的合作惯性一时还难以打破，国内整机设备厂商缺乏与国内芯片厂商的紧密互动，国产芯片在没有形成技术、成本、质量和规模竞争力之前很难进入整机企业的供应链。

四、对我国5G芯片的发展建议

为抓住5G重大发展机遇，加快我国5G芯片的研发和产业布局，需要攻关5G芯片核心技术，提高制造水平，完善产业配套，促进产业协同，从而推动我国5G产业链加快成熟，抢占新一轮全球产业竞争制高点。

一是攻关核心技术。产学研联动加快推动5G关键芯片及器件技术的攻关，将科研创新成果转化为目标，支持国内企业和科研院所加大对5G终端和基站用的基带、射频收发、功率放大器、滤波器等关键芯片及器件产品的研发布局力度，加强5G毫米波技术及芯片的研发。

二是提高制造水平。加快14nm及以下先进制程研发进程，以满足国内基带芯片厂商的代工需求。提升化合物半导体工艺制造水平，提高功率放大器等中高频器件的可靠性、一致性和成品率。推动锗硅和绝缘硅等高频硅基集成工艺技术的研发。

三是完善产业配套。结合5G芯片制造、封装工艺完善关键装备和材料配套产业的发展，加强5G芯片关键装备和材料技术的研发，增强产业配套能力。加强5G芯片的封装测试产线的建设，加大国内仿真软件和测试仪表环节的研发投入力度。

四是促进产业协同。整机带动器件，支持和鼓励国内整机设备企业与芯片企业联合研发，采购国内芯片企业产品，培养和扶持国内芯片企业，为国内5G芯片的发展提供时间和空间。推动5G芯片设计、制造、封测、装备材料配套等芯片产业链环节间的合作，鼓励5G芯片设计企业在国内流片和封测。

（中国信息通信研究院　王骏成　周　兰）

第四次工业发展趋势及分析

第四次工业革命大潮前，中国正与欧美强国同步起跑，奋勇争先。

一、产能过剩时代来临，呼吁第四次工业革命

如果说，以蒸汽机为标志，人们用蒸汽动力驱动机器取代人力，从此将手工业从农业中分离出来的机械化革命使人类文明进入工业 1.0 时代。以电力的广泛应用为标志，用电力驱动机器取代蒸汽动力，从此将零部件生产与产品装配实现分工的电气化革命使人类文明进入大规模生产的工业 2.0 时代。以 PLC（可编程逻辑控制器）和 PC 应用为标志，用机器接管人的大部分体力劳动和一部分脑力劳动的自动化革命使人类文明进入工业 3.0 时代。

如今，德国、美国、中国等制造业强国纷纷布局第四次工业革命，以应对生产能力开始超越人类消费能力的产能过剩时代。

二、德、美、中抢占第四次工业革命主导权

2011 年，德国政府开始提出"工业 4.0"战略；2013 年 4 月在德国汉诺威国际工业博览会上正式提出工业 4.0 以来，工业 4.0 迅速成为德国的另一个标签，并在全球范围内引发了新一轮的工业转型竞赛。

在美国政府提出先进制造的大背景下，美国通用电气公司（GE）于 2012 年提出"工业互联网"的概念，该公司随后联合另外 4 家 IT 巨头组建了工业互联网产业联盟 (IIC)，旨在现实世界中，让机器、设备和网络能在更深层次与信息世界的大数据和分析连接在一起，带动工业革命和网络革命两大革命性转变。

中国以体系最全、规模最大的制造业为基础，2015 年 5 月 19 日国务院印发《中国制造 2025》，部署全面推进实施制造强国战略。《中国制造 2025》的总体思路是坚持走中国特色新型工业化道路，以促进制造业创新发展为主题、以提质增效为中心、以加快新一代信息技术与制造业融合为主线、以推进智能制造为主攻方向、以满足经济社会发展和国防建设对重大技术装备需求为目标，强化工业基础能力、提高综合集成水平、完善多层次人才体系、促进产业转型升级，实现制造业由大变强的历史跨越。

三、纲领性文件出台，中国迈向第四次工业革命有制可循、有的放矢

2017 年 11 月，国务院印发《关于深化"互联网 + 先进制造业"发展工业互联网的指导意见》（以下简称《意见》），对中国迈向第四次工业革命具有纲领性作用。

《意见》指出，要深入贯彻落实党的十九大精神，以全面支撑制造强国和网络强国建设为目标，围绕推动互联网和实体经济深度融合，聚焦发展智能、绿色的先进制造业，构建网络、平台、安全三大功能体系，增强工业互联网产业供给能力，持续提升我国工业互联网发展水平，深入推进"互联网 +"，形成实体经济与网络相互促进、同步提升的良好格局，有力推动现代化经济体系建设。

《意见》提出 3 个阶段发展目标：到 2025 年，覆盖各地区、各行业的工业互联网网络基础设施基本建成，工业互联网标识解析体系不断健全并规模

化推广，基本形成具备国际竞争力的基础设施和产业体系；到2035年，建成国际领先的工业互联网网络基础设施和平台，工业互联网全面深度应用并在优势行业形成创新引领能力，重点领域实现国际领先；到本世纪中叶，工业互联网创新发展能力、技术产业体系以及融合应用等全面达到国际先进水平，综合实力进入世界前列。

《意见》明确了建设和发展工业互联网的主要任务。一是夯实网络基础，推动网络改造升级提速降费，推进标识解析体系建设。二是打造平台体系，通过分类施策、同步推进、动态调整，形成多层次、系统化的平台发展体系，提升平台运营能力。三是加强产业支撑，加大关键共性技术攻关力度，加快建立统一、综合、开放的工业互联网标准体系，提升产品与解决方案供给能力。四是促进融合应用，提升大型企业工业互联网创新和应用水平，加快中小企业工业互联网应用普及。五是完善生态体系，建设工业互联网创新中心，有效整合高校、科研院所、企业创新资源，开展工业互联网产学研协同创新，构建企业协同发展体系，形成中央地方联动、区域互补的协同发展机制。六是提升安全防护能力，建立数据安全保护体系，推动安全技术手段建设。七是推动开放合作，鼓励国内外企业跨领域、全产业链紧密协作。

《意见》还部署了7项重点工程：工业互联网基础设施升级改造工程；工业互联网平台建设及推广工程；标准研制及试验验证工程；关键技术产业化工程；工业互联网集成创新应用工程；区域创新示范建设工程；安全保障能力提升工程。

《意见》提出，要建立健全法规制度；扩大市场主体平等进入范围，实施包容审慎监管，营造良好市场环境；重点支持网络体系、平台体系、安全体系能力建设，加大财税支持力度；支持扩大直接融资比重，创新金融服务方式；强化专业人才支撑，创新人才使用机制；健全组织实施机制，促进工业互联网与"中国制造2025"协同推进，为工业互联网快速发展提供支撑保障。

四、试水第四次工业革命，2017年中国工业互联网平台百舸争流

截至2017年，中国工业互联网产业联盟已形成了"9+9"的架构，9个工作组分别负责技术标准、试验验证、产业发展、安全、国际合作等工作职责，9个特设组重点围绕工业大数据、工业互联网平台、标识、网络连接等技术焦点，开展深入研究与讨论。同时，专门设立了一个垂直行业特设组，目前，重点聚焦轻工家电、电子信息、工程信息、高端装备、钢铁制造5个领域，未来还将不断扩展延伸。

工业和信息化部信息化和软件服务业司副司长安筱鹏在2018年年初召开的中国工业互联网峰会上指出，工业互联网平台是领军企业竞争新赛道，全球产业布局新方向，制造大国竞争新焦点。工业互联网平台具有工业全要素链接中枢、工业资源配置中心、工控操作系统核心等三大作用。工业互联网平台内涵（功能）可概括为数据采集是基础、工业PaaS是核心、工业App是关键。工业互联网平台发展阶段可谓是格局未定关键期，规模扩张窗口期，占据主导机遇期。

与此同时，工业和信息化部正式启动工业互联网平台建设及推广工程。一是旨在加快工业互联网平台的培育；二是要开展工业互联网平台试验验证；三是推动百万制造企业上云，解决企业相关成本和效率问题；四是培育百万工业App，支撑工业互联网的健康发展。目前，海尔集团、徐工、三一树根互联、航天云网科技发展有限公司、索为、东方国信、富士康科技集团等一批中国工业互联网平台先行者已经从各自的优势领域向第四次工业革命发起冲击。

第四次工业革命将利用所有数字化先进技术与物理世界进行打通融合，如何利用中国在消费互联网方面的规模优势，在产业互联网领域再创辉煌，是摆在中国政府和所有中国企业面前的一个课题。

（DOIT传媒集团　李卫忠）

机器学习及数据挖掘的发展现状及分析

人工智能这一概念最初是在 1956 年的达特茅斯（Dartmouth）学会上提出。60 多年来，人工智能的发展起起伏伏。随着电子技术和网络技术的不断发展，人工智能技术需要的"硬件"技术不断成熟，以及所需的"数据"爆发式增长，使人工智能技术无论是在理论还是在实践上都取得了扎实的进步，人类对于智能的理解进一步加深。

一、机器学习技术的发展

机器学习作为人工智能技术的重要组成部分，致力于研究如何通过计算手段，利用经验来改善系统自身的性能，而这些经验在当前的系统内大多是以"数据"的形式存在的。近年来，机器学习技术作为分析问题、解决问题的有力工具，被广泛应用于各研究领域，如计算机视觉、自然语言处理及信息检索等，相应地，机器学习技术也在诸多领域中得以应用，如人脸识别考勤、自助停车场、人机交互以及智能翻译等。

机器学习算法可以基本分为无监督学习、监督学习和强化学习。无监督学习和监督学习的主要区别在于所使用的数据是否存在标记样本。而强化学习是将学习看作试探评价过程，关注的是整个系统的反馈或者效用。为激发人工智能及机器学习技术的发展，许多开源学习平台不断问世，诸如 TensorFlow、Caffe2、Pytorch、Torchnet 等。同时，机器学习的各类算法也得到深入研究，如回归算法、正则化算法、决策树算法、贝叶斯算法、聚类算法、人工神经网络、深度学习算法等。

二、数据挖掘技术的发展

随着数据库技术的发展和互联网的迅速普及，人们面对的数据量急剧增加。无论是商业、企业、科研机构还是政府部门都积累了大量不同形式的数据。但是，当我们拥有大量数据时，都缺乏对数据中包含的信息和知识的充分理解和应用。依靠传统的数据库进行数据查询、检索等分析手段无法帮助用户从数据中提取确凿的数据。有用的信息远远不能满足数据分析和处理的要求。在这种情况下，数据挖掘（Data Mining, DM）技术应运而生。

数据挖掘是从数据中提取人们感兴趣的知识，这是一种隐含的、有效的、新颖的、潜在有用的、最终可以理解的模型。数据挖掘充分利用机器学习、数理统计、人工智能、模糊逻辑、神经网络、演化计算等理论和方法，它是应用需求驱动下的各学科融合的结果。

随着数据挖掘研究的逐渐深入，3 个强大的技术支柱已经形成，数据库、人工智能和数理统计。因此，机器学习、模式识别和人工智能领域中的传统技术可以应用于数据挖掘。但是，数据挖掘系统通常面临大量更复杂的数据类型。因此，现有技术的改进，综合各种方法技术优点的有效的集成以及研究面向数据挖掘的新技术都是数据挖掘的研究内容。

数据挖掘的任务是从数据中发现模型。模型可根据其功能分为两类，预测型（Predictive）和描述型（Descriptive）。预测模型是一种可以根据数据项的值精确确定结果的模式。用于挖掘预测模型的数据也有明确的结果。描述性模型是对数据中存在的规则的描述，或者基于数据的相似性对数据进行分组。在实际应用中，根据模式的实际效果，通常细分为分类模式、回归模式、时间序列模式、聚类模式、关联模式和序列模式。分类模式和回归模式是最常用的模式。分类模型、回归模型和时间序列模型也被认为是监督知识，因为数据结果在模型建立之前是已知的，并且可以直接用于检测模型的准确性。一般来说，当这些模式建立时，一部分数据被用作样本，另一部分被用来检查和调整模式。聚类模式、关联模式和序列模式是无监督知识，因为在模式建立之前结果是未知的，并且模式的生成不受任何监督。

三、机器学习在下一代网络中的应用

当前人工智能技术在移动网络中应用已经受到学术界和工业界的重视，其推动力之一是为支持新应用提供更高的数据速率。换言之，下一代网络需要学习用户氛围以及人类行为的多样化和丰富多彩的特征，以便自主确定最佳的系统配置。机器学习作为人工智能领域的重要技术之一，可以为未来网络提供更加有效的解决方案。机器学习可以广泛用于建模移动通信网络中多种技术问题，如大规模MIMO、设备到设备（D2D）网络、由毫微微小区和小小区构成的异构网络等。

四、监督模型在移动通信网络中的应用

贝叶斯学习模型作为监督学习模型之一，可应用于移动网络中的频谱特性学习和估计。为了解决在大规模MIMO系统中遇到的导频污染问题，可以借助于稀疏的贝叶斯学习技术估计目标小区中所需链路的信道参数以及进行信道估计时相邻小区的干扰链路的信道参数。基于对接收信号的观察，信道分量首先由混合高斯分布模型进行建模，即通过具有不同方差的高斯分布的加权和，然后借助最大期望算法进行估计。

贝叶斯学习模型也可以应用在认知无线电网络中。对于多天线辅助认知无线电网络支持的主用户，可以凭借基于最大期望算法的协作宽带频谱感知的方法监测。这种迭代技术首先创建了未知频谱占用以及信道信息和噪声的对数似然函数。然后，通过联合检测主用户信号以及估计信道的未知频率响应和多个子带的噪声方差，推断未知信息而最大化对数似然函数。同样地，可以构建一个依赖于双态隐马尔可夫过程的隐马尔可夫模型。此外，调用最大期望算法来查找真实信道参数，例如，可用信道的

逗留时间，主用户的非活动状态以及主用户的信号强度。

五、非监督学习在移动通信网络中的应用

非监督学习在移动通信网络中的应用主要体现在K均值聚类应用于异构网络中。在5G网络中，聚类或许将是一种常见问题，特别是在传播范围不同的蜂窝网络以及Wi-Fi和D2D网络相关的异构场景中。例如，小型蜂窝小区必须聚集起来以防止使用协调多点传输（CoMP）的干扰，同时，移动用户为了遵守最佳的卸载策略而被集群化，这些设备被集群在D2D网络中以实现高能效，Wi-Fi用户被集群以维持最佳的接入点关联等。在光纤和移动网络异构的场景下，可以通过鼓励使用高容量光学基础设施来减少整体无线远程通信量。基于K均值聚类算法，混合整数规划问题被设计为联合优化网关分割和虚拟信道分配，同样基于K均值聚类算法将网格接入点划分成若干组。所提出的方案从初始网关接入点集合开始操作，并可以通过从网格接入点集合中随机选择来采集，或者可以使用有价值的初始化准则确定。接下来，将每个网格接入点分配给其最近的网关接入点。如果有几个合格的网关接入点在附近，则选择具有容易获得的虚拟信道的特定网关接入点。最后，通过使用K均值聚类算法，将网格接入点分成与最接近的网关接入点相关联的K个组。

六、强化学习在移动通信网络中的应用

Q-Learning是增强学习的重要模型之一，它可广泛应用于异构网络，通常与马尔可夫决策模型结合使用。对于毫微微小区的自我配置和优化，它可采用基于强化学习模型的异构全分布式多目标策略。该模型解决毫微微小区网络的下行链路中的资源分配和干扰协调问题。学习过程的主要目标有2个方面，第一，获取频谱分配意识，并确定未使用频谱时隙的可用性，以提供机会性接入；第二，从可用频谱池中选择子信道，并配置由毫微微小区支持的终端在限制下操作以避免干扰并满足服务质量（QoS）要求。另一个例子是密集的小型蜂窝网络关

于其小区停电管理和补偿。该系统的状态由用户对小区的资源块的特定分配和信道质量构成，而这些行为由下行链路功率控制行为构成，信干噪比获得提升。此例结果证明，基于强化学习模式的补偿策略实现性能的提升。

七、数据挖掘在网络优化中的应用

数据挖掘技术在网络优化系统中的作用主要体现在统计分析和预测分析上。其中，数据预处理模块负责对进入优化系统的数据进行预处理。

BSS 往往指计费、结算、账务、客服、营业等系统，数据样本主要包含用户账单及业务详单信息；OSS 往往指网管、网优等系统，数据样本主要包含网络运行参数及网络各项指标。

八、结语

移动通信网络具有庞大的数据资源，正是人工智能技术的大力发展，使这一资源得以利用。随着通信技术的发展，5G 网络即将商用，下一代网络将会提供更加便利的网络服务。人工智能技术与通信技术的互相支持，将会为移动网络的智能化带来巨大发展。尤其是机器学习和数据挖掘技术在移动通信网络中应用，前者将为下一代网络技术产生巨大变革，后者将为网络与人带来巨大影响。虽然近些年人工智能技术获得重大进步，但在未来很长一段时间，人工智能还依然只是人类的工具，在社会和经济生活中扮演协作者、助推器和加速器的角色。

（北京电信规划设计院有限公司　崔玲龙　毛利凯）

2017 年云计算发展情况分析

一、概述

2006 年 8 月，Google 在业界首次提出"云计算"（Cloud Computing）的概念，到 2017 年，云计算已经从一个概念成长为庞大的产业，云计算的市场规模和增速如图 1 所示。

随着云计算的快速兴起，全球企业开始广泛使用云资源，也吸引众多企业参与，纷纷加快在云计算市场的布局。这其中，亚马逊 AWS 以 40% 的全球市场份额占据龙头之位，紧随其后的是微软 Azure，阿里云增速较快跻身全球第三。

根据中国信息通信研究院《中国公共云发展调查报告 2017 年》显示，国内公共云呈现一个非常高速的增长态势，2016 年的增长率超过 60%，规模达到 170 亿元人民币。特别要注意的是，2016 年，IaaS（Infrastructure as a Service，基础设施即服务）规模首次超过 SaaS（Software as a Service，软件即服务）在整个公共云里占比的规模，因为 IaaS 一直以来都是个重资产的市场，IaaS 的成长是云计算公共云市场成熟的标志。

在私有云方面，2017 年我国私有云市场规达到 426.8 亿元，比 2016 年增长 23.8%，预计到 2021 年我国私有云市场仍将保持稳定增长，与 2016 年相比，私有云软件和服务市场的占比继续上升。同时，安全性和可控性依然是企业选择私有云最重要的因素，分别有超过 2/3 和半数的企业出于安全性和可控性考虑而选择使用私有云，高于方便系统迁移、充分利用原有 IT 资源等因素。企业对开源私有云管理平台的认可程度持续提升，2017 年，85.3% 的企业表示认可开源的私有云管理平台，比 2016 年提高了 2.1%。在开源私有云管理平台的选型中，Open Stack 依然最受欢迎，占比达到 57.1%，比 2016 年上升了 29%。

与此同时，国内云计算厂商的竞争则更加激烈，从 2017 年 3 月起，在我国政务云领域先后发生了 4 笔超低价中标事件，主角分别是天翼云和腾讯云。华为也在 2017 年正式成立云业务部。

二、云计算的发展特点

（一）跟随"领头羊"，以差异化并存

以目前的云计算市场份额来看，阿里云是当之无愧的"领头羊"。在 2017 年 10 月举行的阿里云栖大会上，阿里云总裁胡晓明表示："阿里云已拥有超 100 万企业客户，服务覆盖计算、存储、网络、安全等方面，80% 创新公司和 1/3 的中国 500 强企业使用了阿里云的产品和服务。"与其他国内云计算企业不同，阿里云直接面对亚马逊 AWS、微软 Azure 这两位强有力的国际竞争对手，为了加强核心技术这一占领市场的先决条件，阿里巴巴宣布成立达摩院，

图 1　云计算的市场规模和增速

数据来源：中国信息通信研究院《中国公共云发展调查报告 2017 年》。

在未来 3 年将投入 1 000 亿元进行研发。

其他跟随在阿里云后面的国产厂商，都在寻求差异化以实现并存。2017 年 6 月，腾讯云首次发布人工智能战略新品——"AI 即服务"的智能云。2017 年 9 月，百度云发布云计算加速芯片等代表ABC（AI、Big Data、Cloud Computing）技术融合的新产品和服务框架。可以看出，上述两家企业已经从 IaaS 层面的竞争转移，想要通过"AI"打开与其他厂商之间的差异化竞争。

另外，华为在 2017 年将其 Cloud BU 正式提升为公司的一级部门，更加聚焦云市场，并且在我国政务云领域迅速占领第一份额的位置。同华为一样，传统设备厂商如中兴、浪潮也在积极变革，期望在市场上找准自己的位置，竖立品牌形象。

作为电信运营商，经过长达十年的云计算探索和积累，中国移动的大云产品也已经面向政务、金融、教育等行业发布了一系列创新的云解决方案。中国联通沃云和中国电信天翼云也均推出基于各行业的云计算解决方案。

（二）争夺政务云市场

2017 年 2 月，厦门市信息中心公开招标外网云服务，共有 5 家企业参与竞标，最终，腾讯云以 0.01 元的价格中标。继腾讯云之后，2017 年 3 月，中国电信也以 0.01 元的价格中标辽阳市信息中心公共信息资源共享平台硬件建设项目，6 月，中国电信以 0.01 元的价格中标海南政务云，随后迅速在国内政务云市场掀起了一股低价中标之风。

而这种现象背后则是政务云市场份额的争夺战。2016 年年底，国务院发布"十三五"国家信息化规划，指出发展电子政务是近五年国家信息化的重要组成，包括加快国家电子政务内网建设和应用，同时完善政务外网，支撑社会管理和公共服务应用，意在优化政务服务、提高群众办事满意度。在 2017 年的政府工作报告中，强调要加快国务院部门和地方政府信息系统的互联互通，形成全国统一政务服务平台。也就是说，政务云将是下一步政府投资的重要领域。

从表面上看，上述云计算企业超低价入局可能是恶性竞争，但是政务云是一个长期的服务项目，低价中标绝不等于企业会亏本。据业内人士透露，

很多协议中都规定，政府要向服务提供商按需付费，以造船为例，实际上政府只购买了造船的技术，但是没有购买造船的材料，但合同细则中明确写明今后该部门所有造船的材料必须从中标单位处购买，这之后产生的市场机会就无法估计了。而随着"技术+服务"的模式越来越被市场乃至政企客户认可，这种现象应该会成为常态。

■ 三、云计算的发展趋势与挑战

目前，我国云计算产业发展迅猛，呈现四大特点：

一是产业规模迅速扩大，产业结构持续优化，产业链条趋于完整。云计算已经成为政府、金融、电商等诸多行业的重要基础支撑。

二是关键技术实现突破。云计算骨干企业在大规模并发处理、海量数据存储、数据中心节能等关键领域取得突破，部分指标已达到国际先进水平，在主流开源社区和国际标准化组织中的作用日益重要；容器技术在我国云计算领域逐步从实验阶段走向应用阶段；我国自主设计的天蝎整机柜服务器实现了从"中国制造"到"中国设计"的转变。

三是信任体系逐步完善。可信云认证已经得到产业界的广泛认可。

四是有力支撑"双创"发展。云计算正从游戏、电商、视频向制造、政务、金融、教育、医疗等领域延伸拓展，大量中小微企业已应用云服务。云计算降低创业创新门槛，汇聚了数以百万计的开发者，催生了平台经济、分享经济等新模式，进一步丰富了数字经济的内涵。

然而，我国云计算发展过程中还面临着诸多瓶颈，比如骨干龙头企业影响力不足，重点行业用户对云计算的安全性、可靠性、可迁移性仍存在一定顾虑等。对此，工业和信息化部的相关领导对云计算行业提出三大建议：

一是积极发展重点行业应用，加快培育骨干龙头企业。围绕工业、金融、政务等重点行业对云计算的实际需求，不断完善相关采购、运维、安全保障等方面的标准，推进重点行业应用快速发展。骨

干龙头企业应用提高服务能力，创新商业模式，充分发挥骨干企业的带动作用和技术溢出效应，推动产业生态体系建设。

二是加快完善云计算标准体系，深入开展服务能力评测。有关标准化研究机构要加快制定云计算行业关键技术、服务和应用标准，积极开展标准的宣贯实施和应用的示范工作。应建立健全评测指标体系和工作流程，继续深入开展云计算服务能力、可信度评测工作，积极推动与国际主流评测体系的结果互认。

三是持续提升关键技术能力，严格落实安全保障要求。企业、科研单位、高等院校应继续深入研究云计算关键技术，加强核心专利布局，掌握云计算发展制高点。应着力突破云安全核心技术，促进重点行业的安全防护手段落实和能力提升，推动云计算安全服务产业发展。

可以肯定，云计算的快速发展，带动了上下游产业的迅猛发展，成为新的经济增长点，形成了产业发展的新业态和新模式。云计算正释放巨大红利，其应用逐步从互联网行业向制造、金融、交通、医疗健康、广电等传统行业渗透和融合，促进了传统行业的转型升级。云计算和大数据是信息技术领域发生的又一次颠覆性创新，正在深刻改变着人类的生产方式和生活方式，并成为当今产业革命的新力量和经济转型的新引擎。

（《通信世界》 王熙）

2017 年大数据发展情况分析

一、概述

当前，大数据正日益对全球生产、流通、分配、消费活动以及经济运行机制、社会生活方式和国家治理能力产生重要影响。掌握和运用大数据的能力正日渐成为衡量国家和地区经济社会发展程度的重要标志。

2017 年，我国大数据产业依旧保持高速增长态势，并从单一的技术概念逐渐转化为新要素、新战略和新思维。大数据产业正经历从构想迈向应用的过渡期，在政府和市场力量的全力推动下，大数据应用已经全面覆盖政务、商用和民用领域，并且在区块链应用上实现重大突破。

大数据的重要性进一步得到巩固。党的十九大报告中提出"推动互联网、大数据、人工智能和实体经济深度融合"。在技术层面，以分析类技术、事务处理技术和流通类技术为代表的大数据技术得到了快速的发展，以开源为主导、多种技术和架构并存的大数据技术架构体系已经初步形成。大数据技术的计算性能进一步提升，处理时延不断降低，硬件能力得到充分挖掘，与各种数据库的融合能力继续增强。在产业层面，我国大数据产业继续保持高速发展。权威咨询机构 Wikibon 的预测表示，大数据在 2018 年将深入渗透到各行各业。对于我国大数据产业的规模，目前各个研究机构均采取间接方法估算。

中国信息通信研究院结合对大数据相关企业的调研测算，2017 年我国大数据产业规模为 4 700 亿元，同比增长 30%。其中，大数据软硬件产品的产值约为 234 亿元，同比增长 39%。而中国信息通信研究院《中国数字经济发展与就业白皮书（2018 年）》中的数据显示，2017 年我国数字经济总量达到 27.2 万亿元，同比名义增长超过 20.3%，占 GDP 比重达到 32.9%。其中，以大数据为代表的新一代信息技术对于数字经济的贡献功不可没。

二、大数据的发展特点

（一）多项运营商大数据应用落地

纵观我国大数据产业，电信大数据在数据规模、数据精准性和多样性方面，具有突出的价值优势，而且随着物联网的不断发展，万物互联带来电信大数据覆盖深度和广度的不断拓展。在数据规模方面，工业和信息化部最新统计数据显示，我国移动电话用户达 14.1 亿户，移动宽带用户（即 3G 和 4G 用户）总数达 11.1 亿户，在如此庞大规模的用户基础之上，电信运营商每天搜集的数据可达 PB 级。

从应用方向上看，电信运营商大数据应用重点在政企和智慧城市等领域，主要是基于用户属性、使用行为和位置信息等数据内容，形成清晰、准确的用户个人画像，建立理想的目标人群模型，为各垂直行业的合作方提供精准营销、客流统计、商业选址、信用分析和安全预警等数据支撑服务。

中国电信在大数据领域推出不少产品，包括飞龙大数据 PaaS（Platform as a Service，平台即服务）平台、星图金融大数据风控平台、鲲鹏旅游大数据平台、鲲鹏地产大数据平台等。同时，中国电信还定期公布天翼大数据指数，包括智慧家庭指数、智能终端指数和手机应用指数。2017 年，中国电信湖北公司自主研发的公交大数据分析平台在襄阳市公交集团公司正式投入使用，该平台开创性地将电信运营商移动定位能力与公交运营管理相结合，建立公交线路优化分析模型，成为襄阳公交公司智慧化运营管理利器，协助推进公交行业精细化管理，提升公交服务质量及公交线网优化。

中国移动贵州公司也推出了经过一年研发、试用的大数据社会治理产品——"数字天网"，该平台可以直观得到一定区域内流动人口的动态分布情况，如"流动人口大数据分析报告""流动人口热力图展示"等，还能够通过海量数据快速处理城市中流动人口多样性的动态数据，并保证由此产生的大数据分析结果真实可靠，直接运用于管理者的工作和决策中，降低了社会治理管理成本，提升了社会治安的保障能力。

中国联通 2017 年在旅游大数据方面成果丰富，与国家旅游局信息中心成立了"中国旅游产业监测与大数据应用联合办公室"，用户通过浙江联通旅游大数据平台可以得到我国所有景区的信息。该平台利用手机信令采集的大数据，针对景区累计饱和度、景区日累计客流量、实时饱和度排名等统计分析，并在地图上标注景点位置及景点所属级别，为政府部门决策提供客流大数据支撑。

（二）突破区块链技术，解决数据安全

数据作为一种资源，有着重要的价值。随着数据的资源价值逐渐得到认可，数据交易的需求不断增加。从国内来看，我国信息消费市场规模量级巨大，增长迅速。我国潜在的大数据资源非常丰富，从电信、金融、社保、房地产、医疗、政务、交通等部门，到电力、石化、教育、制造等传统行业，再到电子商务平台、社交网站等，覆盖广泛。如果数据交易能健康有序发展，必将对国民经济各个方面起到积极的影响。然而，尽管我国当前大数据存储和挖掘技术已经逐步成熟，但"数据孤岛"的大量存在制约了数据的流通和变现。与此同时，大数据技术的发展赋予了大数据安全区别于传统数据安全的特殊性。在大数据时代新形势下，数据安全、隐私安全乃至大数据平台安全等均面临新威胁与新风险。

区块链技术的出现解决了数据交易中的安全问题，并且该技术在我国得到迅速发展。所谓区块链就是将数据区块以时间顺序相连的方式组合成的一种链式数据机构，并以密码学方式保证不可篡改和不可伪造的分布式账本。

2017 年，基于区块链分布式数据存储、不可篡改、可追溯、可信任等特性，我国贵州省的贵阳大数据交易所利用该技术推进数据资产确认，推进建立基于区块链的数据交易所，记录交易数据，实现数据资产的可信交易，让"沉睡"的海量数据在有序流通中释放其潜在的巨大价值。

三、大数据的发展趋势与挑战

大数据从概念产生到应用成熟，中间横亘着一道又一道的障碍。能否突破这些障碍，关系到大数据能否发挥实效，真正成为引领信息技术变革、助力数字经济发展、提升政府治理能力和公共服务水平的关键因素。中国信息通信研究院在《大数据白皮书（2016 年）》中提出，避免盲目跟风、推动数据共享、强调供需对接、完善法律制度、突出地方特色五点建议。这些问题有些得到了改善，有些仍然是大数据发展过程中较大的问题。

中国信息通信研究院提出针对大数据发展的以下四点建议：

一是制度与技术双管齐下，打破"数据孤岛"。数据流通不畅一直是制约大数据发展的关键障碍。以前信息系统建设都从一个个"烟囱"开始，数据缺乏互通的技术基础。从国家层面到企业内部，情况大同小异。麦肯锡 2016 年年底的一份报告显示，大数据在很多领域没有达到预期效果，很重要的原因就是数据割裂。为了解决这一问题，需要制度与技术双管齐下。这些年，政府一直在推动数据开放共享的政策举措，然而效果与预期还有差距，未来，如果同态加密、差分隐私、多方安全计算、零知识证明技术如能进一步取得突破，数据共享和流通将有望再前进一大步。

二是内部与外部多重并举，推动数据治理。据调查，数据分析工作往往有 80% 的时间和精力都耗费在搜集、清洗和加工数据方面。数据质量不过关，会让数据分析效果大打折扣，甚至使分析结果谬以千里。很多单位的大数据应用效果不佳，多半问题是在数据管理方面。数据资产管理不像大数据分析挖掘那么光鲜亮丽，就像城市的"下水道工程"，短期只有投入没有产出。但从长期来看又不得不做，是战略层面的事情，否则返工的成本巨大。今后，随着每个企业都将成为数据驱动的企业，数据资产管理这样基础性的操作要尽早完成。同时，全行业

的数据治理也应被提上日程。例如，金融行业的《银行金融机构数据治理指引》就将整个行业的数据治理进行了顶层设计，为行业数据融通奠定了坚实基础，也为其他行业的数据治理开了一个好头。

三是业务与数据加速融合，深化数据应用。如前所述，虽然大数据的应用取得了长足进展，但行业与大数据融合的不平衡问题还士很严重的。目前，大数据在互联网、金融、电信等领域产生了实实在在的效益，医疗、工业领域也正在加速。但总体上看，这只能说是刚刚走出了半步，大多数是"平行替代"或"补课"，还远远没有达到"深度融合"的程度。例如，在金融和电信行业，往往只是采用 Hadoop 等工具来重构原来昂贵的数据仓库。

政务、医疗、工业等领域的大数据应用，大多是"补课"：即在业务系统之外，新建原来缺失的数据平台。客观地说，目前这样的阶段对于很多行业来说是"必经之路"。在这一阶段，需要鼓励大数据技术企业不断提升大数据平台和应用的可用性和操作便捷程度，优先支持面向传统企业的产品、服务和解决方案的开发，简化大数据底层繁琐复杂的技术，方便大数据应用的部署。随着这些"替代"或"补课"的深入推进，业务与数据将加深融合，数据驱动的新模式、新业态更值得期待。

四是监管与自律同时推进，保障数据安全。数据安全是大数据发展的底线，我国大数据的安全保障能力还不够强，还未建成安全体系。一方面需要强化数据法律的建设，加强重要基础设施和关键领域的法律监管，尤其在个人信息保护方面需要"重拳整治"。另一方面需要强调行业自律，由于数据不可避免的出现"寡头现象"，部分大企业所拥有的数据涉及到众多用户的信息安全，这就需要企业强化自律。从政府的角度来看，需要主动适应并努力引领新变化，加强政策、监管与法律的统筹协调，动态优化政策法规体系，积极构建大数据健康发展的有利环境。

大数据是信息化发展的新阶段。随着信息技术和人类生产生活的交汇融合，互联网快速普及，全球数据呈现爆发增长、海量集聚的特点，对经济发展、社会治理、国家管理、人民生活都产生了重大影响。在刚刚过去的 2017 年里，大数据在政策、技术、产业、应用等多个层面都取得了显著进展。

（《通信世界》 王熙）

物联网篇

我国智能家居市场的发展与分析

智能家居作为与家庭生活密切联系的应用场景，是人民美好生活的关键组成部分。同时，其作为新兴产业与互联网紧密融合，具有广阔的市场前景和创新空间，纷纷被国际、国内各大巨头看好，他们正在从产业链的不同环节争相介入。培育和发展好智能家居既符合创造美好生活的愿景，也有利于信息通信业的新增长。

一、智能家居的界定

目前全球智能家居的发展均处于技术初中期，对于智能家居的内涵和外延并没有形成明确的界定和产业共识，仍处于群雄逐鹿、创新探索阶段。不同环节的厂商和价值链参与者认为应该发展的重点产品、未来的方向、预估的市场空间也不尽相同。智能家居（Smart Home）、互联家居（Connected Home）、数字家庭（Digital Home）等概念均在使用，彼此相似却又侧重点不同。这在一定程度上反映了当前全球智能家居市场不完全成熟的现状。

本文界定的"智能家居"，主要是指在网络互联的条件下，基于家庭场景的数字化相关应用和服务，以及相应的承载设备等，不包括车联网、传统的家庭宽带、有线电视和手机服务。但基于家庭宽带的多屏融合视频和数字应用，以及基于智能手机、无线网络连接的对家居设施进行智能控制的服务，属于智能家居范畴。

二、我国智能家居的市场规模

由于智能家居的内涵和外延并没有统一的产业界定，因而不同机构对我国智能家居市场规模的预计差异较大。某网从信息通信服务（同时包括了智能硬件的价值）角度预计我国 2020 年智能家居市场规模约为 3 294 亿元，某测控网从家电行业角度分析，预计到 2020 年我国智能家居市场可能为 1.05 万亿。

进一步细分，在应用服务方面，目前我国智能家居产品主要以娱乐与信息服务（缴费、购物、影音娱乐等）、家居安防（家用摄像头、智能锁、家用报警系统等）、家用设施自动化（智能灯、智能开关、智能家电等）、环境与能耗管理（温度感应器、智能空调/净化器、煤气水电管控等）、家庭健康管理（智能健身器械、健康服务终端等）五大类为主，其价值约占应用服务市场的 85% ～ 90%。相应细分市场规模如图 1 所示。

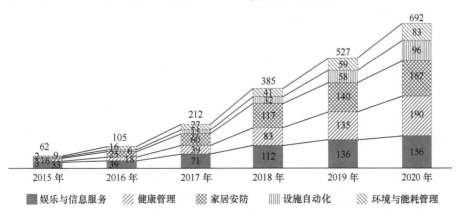

图 1　我国智能家居主要应用服务类型和市场价值（亿元）
数据来源：中国信息通信研究院、Gartner。

三、当前我国智能家居的发展阶段

参考 Gartner 公司对互联家居（Connected Home）产品和技术发展周期的分析，结合我国智能家居市场的发展特征，自互联网技术融入家庭生活以来，智能家居的发展可以概括分为 3 个阶段，娱乐融合阶段、家居智能化阶段和数字生活助理阶段，见表 1。而面向更长远的技术分析，三大阶段之后还可能出现智能微尘（Smart Dust）阶段[1]。但由于该阶段的技术尚处于雏形，市场前景和形态尚未确定，所以暂不纳入此次分析范围。

从国际角度看，美国智能家居技术发展最为领先，已基本处于第 2 阶段向第 3 阶段探索的过渡时期。亚马逊 Echo、苹果 HomeKit、谷歌 Nest 是基于互联网应用场景下智能家居的全球领军企业和产品平台，持续引领着智能家居生态圈的发展，基本实现了家庭娱乐融合和提供相对完整的家居智能化解决方案，并开放了相应的 API，吸引了大批的创新企业。目前，随着 2017 年人工智能技术的革命性突破，美国智能家居领军企业已经开始致力于"数字生活助理"的开发，如苹果的 Siri、谷歌的 Google Assistant、亚马逊的 Alexa、微软的小娜（Cortana）、脸书（Facebook）的 M 都在致力于个人和家居人工智能的发展。Gartner 预计到 2019 年，美国至少有 25% 的家庭会在实际的生活中体验到"智能生活助理"的服务。

从国内角度看，我国基本处于第 2 阶段探索初期，仍以智能硬件开发、智能家居管理平台建设和产业生态圈打造为主。在人工智能应用和语音交互方面虽有建树，但距离"数字生活助理"仍有较大差距。目前，国内智能家居代表企业主要为互联网企业、品牌家电企业、电信运营商。其中，小米作为互联网企业的代表在智能家居领域起步较早，且凭借其优异的生态打造能力、价格竞争力、品牌口碑，已经在市场上占据领先地位。小米公司有小米路由器、无线开关、门窗传感器、智能摄像机、空气净化器、智能电饭煲等一系列智能家居产品，并且打造了"米家"平台。家电代表企业包括海尔、格力、美的、TCL 等，它们凭借传统产品优势，借助"互

表 1 智能家居发展阶段

	娱乐融合阶段	家居智能化阶段	数字生活助理阶段
主要特征	围绕家庭内部个人娱乐、家庭成员娱乐，对内容和信息服务进行跨界融合。 （1）整合家庭内部各类娱乐设备和系统，实现互联。 （2）推动跨领域内容融合，实现多屏、多设备共享。 （3）推动个人随身设备与家庭网络、设备、内容进行互联互通和交互控制	围绕家庭设施、家庭生活需求进行管理和提供相应的解决方案。 （1）家庭设施、设备的信息采集、远程控制。 （2）家庭环境检测、自动调节和管理反馈。 （3）家庭成员的关怀、护理及提供生活便利	建立家庭生活智能管理中枢，并能与人进行实时管理交互，成为家居的"智能管家"。 （1）家居内多系统、多设备的彼此互联。 （2）人工智能交互。 （3）基于口述指令的智能信息处理与问题解决
代表性产品	（1）互联网电视 /OTT 盒子。 （2）多屏互动 / 内容共享。 （3）家庭云	（1）智能家电 / 智能灯。 （2）智能温控。 （3）智能锁。 （4）智能镜子	（1）虚拟家庭助理。 （2）基于手势、语音等行为控制的家庭设备。 （3）家庭关爱机器人

数据来源：中国信息通信研究院、Gartner。

---

[1] 智能微尘（Smart Dust），指的是分布于家居范围内的一系列微型传感器系统，可以检测包括声、光、电磁、震动等各类环境因素，并通过互联网络与智能家居的中枢系统相连，进而与家庭内部各类设施、设备、智能机械、终端等进行信息交互和完成相应管理任务。由于其分布广、探测精度高、按区域执行任务，感知能力类似于微尘分布于家居各个角落，所以称为智能微尘系统。

联网+"推出了一系列家电、厨卫、照明、控制类产品，并形成了一定产业合作优势。电信运营企业凭借宽带入户、用户普及和业务捆绑优势，在智能家居领域也具有市场竞争力。三大电信运营商都已经将智能家居作为未来发展的关键领域。中国电信以"天翼网关"为基础实现了相对完整的智能家居网络和应用服务体系；中国联通与华为等多家企业合作提供智能家居解决方案，并推出"沃家总管"智能家居控制软件；中国移动则推出了一系列的家用智能设备，以物联网为基础打造智能家居。

2017—2018年我国对人工智能、智慧社会、物联网的发展，预计到2020年我国智能家居将形成自身的特色和国际影响力。

四、对我国智能家居产业发展建议

基于我国智能家居产业的发展现状和发展面临的问题，提出如下建议供产业管理部门和行业自律组织参考。一是加强政府和产业层面的引导，促进相对分散的产业联盟和生态圈强化合作，推动产业生态融合、技术标准互联互通。二是推动建立权威监督和评测的第三方机构，强化设备安全监督和用户隐私保护，加速市场对产品的认可和接受。三是增强对智能家居关键技术研发和创新示范项目的支持，如成立产业引导基金，加大对物联网技术、人机交互技术、生物识别技术的投入和应用。

（中国信息通信研究院　王通杰）

工业物联网发展趋势分析

工业物联网作为信息通信技术发展新一轮制高点的物联网技术，正在加速向工业领域广泛渗透，并与未来先进制造技术相结合。

一、工业物联网已成物联网第一大细分产业

2017 年 12 月，《2017 中国工业物联网产业白皮书》（以下简称《白皮书》）在北京发布。《白皮书》显示，2016 年我国工业物联网规模达到 1 896 亿元，在整体物联网产业中的占比约为 19.8%，位居所有行业应用第一位，如图 1 所示。政策推动以及应用需求带动下，到 2020 年，工业物联网在整体物联网产

业中的占比预计达到 25%，规模将突破 4 500 亿元，如图 2 所示。

二、工业物联网是构建新工业生产体系的关键

《白皮书》指出，工业物联网不仅仅简单地等同于"工业 + 物联网"。而是通过工业资源的网络互连、数据互通和系统互操作，实现制造原料的灵活配置、制造过程的按需执行、制造工艺的合理优化和制造环境的快速适应，以达到资源的高效利用，从而构建服务驱动型的新工业生产体系。

工业物联网有智能感知、泛在连通、精准控制、

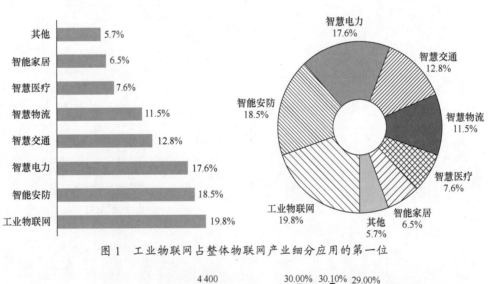

图 1　工业物联网占整体物联网产业细分应用的第一位

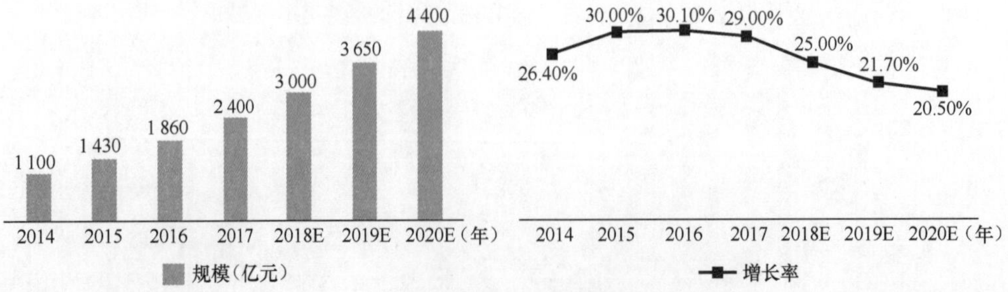

图 2　工业物联网发展规模与增长率

数字建模、实时分析和迭代优化六大典型特征。

工业物联网的实施包括以下 4 个阶段。一是智能感知控制阶段，即利用智能感知技术，随时、随地地进行工业数据的采集；二是全面互联互通阶段，即通过多种通信网络互联互通手段，将采集到的数据实时、准确地传递出去；三是深度数据应用阶段，即利用云计算、大数据等相关技术，对数据进行建模、分析和优化，实现对海量数据的充分挖掘和利用；四是创新服务模式阶段，即利用信息管理、智能终端和平台集成等技术，实现传统工艺智能化改造，提升产业价值、优化服务资源和激发产业创新。

作为数字时代的一种先进的生产模式，工业物联网是智能制造提升的关键所在，它可以提高制造效率，改善产品质量，降低产品成本和资源消耗，最终实现将传统工业提升到智能化的新阶段。

■ 三、工业物联网发展面临的挑战与机遇

（一）要明确工业物联网将带来一场商业模式的变革

传统的商业模式是企业生产什么产品，用户就购买什么产品。随着产能的全面过剩，现在这种商业模式已经一去不复返。企业转变思路，积极拥抱工业物联网，先进的企业可以制造一系列针对用户个性化需求的产品。

（二）工业物联网需要更高的性能与企业协同

物联网产生的各种数据需要更高性能的网络进行传输。在接入层，4G 时代需要的 2.5GbE/10GbE，未来 5G 时代需要的 10GbE，25GbE 甚至 50GbE；在汇聚层，随着 IP 终端的增多，用户需要更大的表项去管理这些设备。

在制程工艺上，每制造一个新芯片的成本越来越高，市场呼吁不同供应商之间通过模块化设计进行协同发展。

（三）呼唤工业软实力

工业物联网时代，基于信息化和工业化的基础实现了硬件的物联网化后，想要发挥工业物联网的更大效果，企业还需提升自身的软实力。例如，美国波音公司在研发 787 机型时，用了 8 000 多种软件，其中只有不到 1 000 种是商业软件，其他 7 000 多种是波音私有软件，它们包含大量的工程方法和技术，有了这 7 000 多种软件，那 1 000 种商业软件才能真正发挥作用，因此，这 7 000 种软件才是波音的核心竞争力。

（四）人才不足制约发展，资金支持需要提升

工业物联网具有应用案例与场景多样化、数据多结构化的特点，现有工业企业所拥有的人才不完全具备相关分析和解决问题的能力。

（五）安全问题有待解决

随着工业物联网的推广，数以亿计的设备将产生海量的数据，与此同时，数据暴露的可能性也将持续增大，将威胁工业系统的生产和应用过程。数据所有权和安全性问题仍是设备制造商和用户讨论的焦点，也是未来工业物联网推广应用急需解决的问题。

（六）企业发展面临不均，中小企业需要平台赋能

对于一些中小型工业企业，传统的系统集成、定制开发的理念无法应用到企业中，由于工业物联网建设成本过高，大企业的成功模式无法在中小企业复制，导致我国工业物联网应用呈现出两极分化的状态。对此，我们可通过设备租用、建设基于物联网的公用云平台等商业模式创新赋能中小型企业，解决工业物联网应用不均衡的问题。

总之，工业物联网是智能制造提升的关键所在。《中国制造 2025》的提出，为工业物联网产业的高速发展创造了大环境，正使其成为全球工业系统智能化变革的重要推手。我国政府在政策方面明确工业物联网产业发展的方向，在相关的政策上和法律上应给予一定的支持和保障，企业应把握国际物联网的发展方向，重视复合型人才的培养，自主研发物联网产业发展的核心技术，中国工业物联网的春天必将早日到来。

（DOIT 传媒 李卫忠）

车联网网络安全发展趋势分析

近年来，随着汽车保有量的持续增长，许多城市的道路承载容量已达到饱和，交通安全、出行效率、环境保护等问题日益突出。车联网作为信息化与工业化深度融合的重要领域，对促进汽车、交通、信息通信产业的融合和升级，以及对相关产业生态和价值链体系的重塑具有重要意义。伴随车联网智能化和网联化进程的不断推进，车联网网络安全事件的不断涌现，用户生命财产安全受到极大威胁，车联网网络安全已成为关系到车联网能否快速发展的重要因素。目前正是车联网发展的关键时期，各国政府均应积极采取措施，从政策、标准、技术与产业等多方面发力强化车联网网络安全保障。我国更应统筹规划，加大战略布局，从国家层面提升对车联网网络安全的重视。

一、着重构建法规政策环境，多措并举强化车联网网络安全引导实施

美国政府正加快车联网网络安全法规政策设计研究。2017 年 7 月 27 日美国立法机构投票通过《自动驾驶法案》（编号 H.R.3388），对美国自动驾驶车辆的生产、测试进行方向性立法，重申自动驾驶产业发展的初衷是提升交通安全、保障人类生命安全，重点提出车辆安全标准的更新和新立、自动驾驶系统的网络安全，以及隐私计划等内容，这些有利于提升企业对安全的重视程度，推动安全措施的落地实施。

欧盟、日本、韩国针对车联网网络安全问题也出台了一系列战略政策。欧盟 eCall（车辆事故应急系统）立法是欧盟立法机构选择的车联网唯一立法切入点，立法于 2018 年 3 月 31 日起在全欧境内强制施行，强制规定了汽车制造商的安全义务、与卫星定位和导航系统的强制兼容等。日本汽车制造商在 2017 年建立了一个共同的工作组，以分享有关黑客入侵和数据外泄的信息，以加强汽车信息安全保护。

近年来，我国政府出台了一系列车联网相关的指导性文件，并将安全作为其中的重要一部分。工业和信息化部于 2016 年 6 月提出的《车联网创新发展工作方案》，是第一个专门针对车联网的发展规划，重点聚焦共性关键技术、标准、网络信息安全等领域。《交通运输标准化"十三五"发展规划》中提出，要着力推进综合交通运输基础信息交换共享、新一代信息技术共性应用、网络与信息安全保障等领域的标准制修订。《2012—2020 年中国智能交通发展战略征求意见》中提出了研制基于物联网技术的智能交通基础性标准，包括智能交通标识体系、专用短程通信、信息安全及认证等标准。《智能硬件产业创新发展专项行动（2016—2018 年）》要求发展智能车载雷达、智能车载导航等设备，提升产品安全性、便捷性，同时加强用户信息安全保护，维护产业良好声誉。2018 年 1 月，国家发展和改革委员会组织研究起草的《智能汽车创新发展战略》（征求意见稿）明确提出要构建全面高效的智能汽车信息安全体系，保障车联网网络安全产业的健康有序发展。

二、注重车联网网络安全标准深化细化，发布白皮书引领安全产业健康有序发展

国际上已有许多安全组织开展相关车联网安全标准研究工作，典型的组织有 ISO、ETSI、FG CarCOM 和 NHTSA 等，关注重点聚焦于安全隐私和安全通信。ISO 是最早制定车联网相关标准的组织，发布了"电子计费的安全架构和安全准则"技术标准，"ITS 系统安全架构""隐私保护""合法监听"等安全相关研究报告。ITS WG5 安全工作组 / 欧盟 C-ITS Platform 发布了 ITS 通信安全、隐私与信任管理、安全威胁评估标准。

我国车联网安全标准研究相对国际其他国家滞后，但近年来不仅研究机构开始研制车联网网络安全相关的标准，而且不少具有代表性的企业也开始助力车联网网络安全标准的发展，关注点聚焦在安全隐私和安全通信上。2017年3月，东软公司参与联合国WP-29提案，并成为WP-29专家组成员，是国际车联网安全标准制定中唯一的中国企业。在该次提案，其定义汽车信息安全关键性风险和威胁、统一并定义处理关键性风险和威胁所需达到的原则或目标。2017年8月，现代公司成为电联标准化机构成员，参与ITU车联网的相关标准制定，构建"相连智能车"平台，提供连接汽车安全性和数据管理的"移动中心"。

我国产、学、研协同联动，共同推进车联网网络安全方面的研究工作，达成共识，发布了一系列引领车联网网络安全产业发展的白皮书。2017年6月，梆梆安全携手北航联合发布《智能网联汽车信息安全白皮书》，首次建立了智能网联汽车信息安全方法论，从本质层面解智能网联汽车信息安全之所急。2017年9月，中国信息通信研究院发布《车联网网络安全白皮书（2017）》，从智能网联汽车、移动智能终端、服务平台、通信、数据和隐私保护5个方面梳理了防护策略。2017年10月，中国联通发布《中国联通车联网白皮书（2017.10）》，从"云、管、端"角度提出安全防护策略。

三、提升车联网网络安全防护能力，切实推动技术创新的应用化

构建覆盖车联网"端、管、云、数据"全方位的网络安全防护体系。智能网联汽车安全是车联网网络安全的核心，也是企业安全防护的重点，主要责任主体是整车厂商，目前以"黑盒防护"为主线，逐步建立以安全生命周期管理为基础，以软硬件安全防护为保障的防护体系，抵御攻击破解和逆向分析，保护智能网联汽车安全。鉴于移动应用风险较大，采取应用加固和渗透测试成为车联网终端应用防护的主要手段。

加强车联网无线通信安全，采用HTTPS应用层和SSL、TLS传输层的分层加密协议，并提出适用于车与车、车与路直连通信的专用安全协议，实现车联网的无线通信安全。通过车辆识别身份绑定的方式实施权限认证管理，保障仅认证后的车辆可进行

相互间以及和云控平台之间的通信。采取流量监测预警、网络访问权限控制等异常管理手段，达到对突发安全事件的预警，提升车联网网络安全防护能力。

车联网云平台承载着众多车联网用户的控制管理、信息存储的重要功能，是车联网网络安全的重要组成部分。目前平台主要利用成熟的云计算技术，同时利用云平台集中管控能力，完善车联网网络安全防护能力，将车联网云平台建设成集数据采集、功能管控于一体的核心平台。建立远程监控服务，通过大数据分析，检测车载终端的异常行为、恶意行为以及隐私数据泄露；完善适配固件和应用软件的远程更新，一旦发现安全漏洞及时处理，降低漏洞暴露时间；建立车联网凭证管理机制，用于车辆、所有者和驱动程序的身份验证，并管理用户配置文件、账号信息、加密密钥和服务。

针对车联网数据安全保护，整车厂商制定内部数据分级管理要求，加强敏感信息管理，分级保护用户数据，采取较高级的管理要求管理涉及驾驶员信息、驾驶习惯、车辆信息、位置信息等敏感数据。仅被整车厂商签名认可的应用才可读取相关数据，其他非签名认证应用仅可读取非敏感数据。针对敏感数据实行单独的存储要求，通过加密提升数据安全级别。加强数据传输、利用环节管理，避免数据外泄，加强数据使用限制，部分车企将车联网数据仅作为内部数据使用，用于车辆故障诊断，拒绝与任何第三方企业共享用户数据，尽可能确用户私密数据安全可控。

四、企业结合自身优势，创新技术研发推动车联网安全产业发展

美国的汽车工程师学会和日本的信息处理推进机构以将安全贯穿于汽车全生命周期的整体设计为宗旨。美国的汽车工程师学会提供信息安全框架和流程，指导厂商识别和评估信息安全威胁，把信息安全防护贯穿到智能汽车研发的整个生命周期，并列举信息安全相关的工具和方法。日本的信息处理推进机构提出汽车信息安全模型"IPA Car"，这个模型涉及信息安全保护对象、信息安全威胁分析和信息安全管理等。

近年来，国内车联网安全产业联盟相继成立，有利地推动了车联网安全的推进。其中，比较有代

表性的产业联盟为由奇虎360联合相关主管机构、多家汽车企业、高校、研究机构发起成立的中国车联网安全联盟，有利地推动了车联网网络安全产业的快速发展。此外，我国也涌现出了具有代表性的企业助力车联网网络安全的发展。以奇虎360、百度和腾讯为代表的典型企业成立了专门的车联网安全研究部门或实验室，致力于覆盖车联网"云、管、端"的完整安全解决方案。奇虎360组建了车联网安全中心，具备提供完整防护产品的能力，建立了汽车全生命周期信息安全服务能力平台，发布了360汽车卫士、CAN-Pick、360车联网安全运行平台。由百度Apollo（阿波罗）提供一个开放、完整、安全的软件平台，建立边界隔离和内容可信的智能车联网；提供一套完整的软硬件和服务的解决方案，包括车辆平台、软件平台、硬件平台和云端数据服务四大部分。腾讯公司成立科恩实验室，针对车联软件的全生命周期提供安全解决方案，从安全管理、概念、风险验证、产品研发、产品运营、技术支持的全面阶段为车联安全提供事前、事中、事后的全面防护解决方案。

五、我国车联网网络安全发展建议

在新一轮车联网发展布局的关键时期，我国应统筹规划，加大战略布局，从国家层面提升车联网络安全的总体规划部署和顶层的设计，从监管和技术等方面构建车联网网络安全保障体系，促进我国车联网产业的安全发展。

车联网网络安全监管的角度需以战略政策为方向，以管理机制为中心，以标准规范为支撑。相应制定出台车联网安全保护战略政策，建立统筹协调的车联网安全管理机制，建立健全车联网安全标准体系。一是完善车联网网络安全相关的法律制度。加强车联网网络安全相关的法律制度研究，在车联网发展的过程中同步考虑已经或可能产生的法律监管问题。重点提出车联网相关的知识产权保护等法律适用建议。二是出台与车联网网络安全相关的战略政策。从国家层面制定出台车联网网络安全保障战略、行动计划等，明确车联网网络安全工作的定位、发展目标和保障措施等。设立车联网网络安全发展专项资金，出台落实财税扶持和投融资政策，全力

支持车联网网络安全的健康发展。三是建立健全车联网网络安全管理机制。明确政府各部门在车联网行业领域的职责划分，按照国家政策规定监督指导相关单位落实车联网网络安全保护责任。加强各部门在车联网网络安全保护工作上的协调配合，建立部门间不定期交流机制，促进监管经验与相关成果共享。四是加强车联网网络安全标准的统筹部署。组织、协调行业监管部门、研究机构、车联网企业、安全厂商等共同合作，研究制定车联网网络安全相关的管理、技术、测评等标准规范。积极主导或参与车联网网络安全国际标准化活动及工作规则制定，推动具有自主知识产权标准成为国际标准，逐步提升我国在车联网网络安全国际标准化组织中的影响力。

从车联网网络安全技术角度看，需以关键技术为依托，加强车联网关键网络安全技术和产品的研发。一是加快国产关键软硬件产品自主研发。支持国内相关厂商与科研院所等联合，研发应用广泛、但严重依赖国外的车联网软硬件产品。二是加强车联网关键网络安全防护技术产品和解决方案的研发，重点突破适用于车联网应用场景的身份和位置隐私保护技术、轻量级的认证协议和加密算法等。三是加快建立车联网网络安全漏洞信息共享平台，实行安全风险和漏洞通报制度，收集并及时发布有关漏洞、风险和预警信息。四是建立车联网网络安全监测预警平台，为重点行业和相关主管部门提供网络空间内重要车联网系统和设备的安全监测和预警支撑服务。

六、结语

随着车联网的不断深化与发展，其面临的网络攻击手段日益复杂，构建贯穿车联网"云""管""端"数据的综合立体防御体系将是保障车联网网络安全发展的必然趋势。坚持安全和发展同步、管理和技术并重、引导和规范并举，落实相关企业网络安全主体责任，提升车联网网络安全监测预警和应急处置能力，强化车联网网络安全技术手段建设，探索构建车联网网络安全检测、评估、认证体系，建立涵盖智能网联汽车、无线通信网络、平台和数据的车联网网络安全保障体系。

（中国信息通信研究院　刘晓曼）

蜂窝物联网基站建设发展与分析

中国移动于 2017 年 8 月启动了蜂窝物联网建设项目。按照以终为始、一步规划、分步实施的建设思路，蜂窝物联网将与 FDD 进行统一规划，2017 年年底全国建设 1.4 万 NB-IoT/FDD 基站。一般情况下天面有 GSM900、DCS1800、LTE/F 和 LTE/D 频段 4 套系统存在，这为 NB-IoT/FDD 基站的建设增加了很大难度。为梳理 NB-IoT/FDD 基站建设思路、优化天面建设流程，本文从工程实施的角度对 NB-IoT/FDD 的基站建设方案、天面建设原则、天馈共天线方式等内容进行详细的阐述，并提出相应的解决方案，方便勘察设计人员根据地市的具体情况选择适合的方案，完成勘察设计工作。

■ 一、蜂窝物联网建设方案探讨

（一）NB-IoT/FDD 基站建设方案

NB-IoT/FDD 基站建设方案根据厂家的具体情况可划分为 3 种场景，分别是新建、TDD 升级、GSM 升级。

新建场景一般用于异厂商区域。建设时需新增 BBU 及配套、RRU 等设备，同时新建或改造天线。新建方案的优点是保证 NB-IoT/FDD 是一套独立的网络，组网简单且便于网络维护，对网络质量有较好的保证。但新建设备投资大、建设周期长，考虑到 NB-IoT 项目工期较短，可能会对工程进度形成较大压力。

TDD 升级场景用于 TD-LTE 同厂商区域。这种建设方案可利用原有 TD-LTE 传输和 GPS，但需要新增 RRU 和基带板，同时新增或与 TDD/GSM 系统共用天馈。在这种场景下，TDD 与 NB-IoT/FDD 共用 BBU，可开通载波聚合等相关特性，达到负载均衡最优化。在维护方面，TDD 与 NB-IoT/FDD 共用传输，节省资源，同时维护团队单一，不涉及其他，如 BSC 异系统协调维护，维护工作量较小。

GSM 升级场景适用于 GSM 同厂商区域使用。这种建设方案需要新增传输资源、主控板、基带板等设备。目前现网 GSM 老旧设备较多，不支持 GSM 到 NB-IoT/FDD 演进，需要更换。同时，由于 GSM 主流天线为 2T2R，为保证 NB-IoT/FDD 网络的性能，需更换为 4T4R 天线，增加了天面施工难度。另外，GSM 与 NB-IoT/FDD 组网对维护优化造成了一定困扰，一方系统的调整会联动到另一系统。

综合工程实施、网络性能及维护运营方面的优劣势来看，新建方案适用于异厂商区域；TDD 升级方案建议部署在核心城区等对网络质量要求较高的区域；GSM 升级方案建议部署在话务量较低、网络质量要求不高的农村乡镇。

（二）NB-IoT/FDD 天面建设优先级原则

为保证 NB-IoT/FDD 的网络质量，方便后期维护优化工作，在天面空间允许的条件下，NB-IOT/FDD 应优先新增独立天线（通过新增或利旧抱杆等方式），确保各网络独立优化。对于天面空间不足的场景，在满足网络质量的前提下，可采用更换多端口天线、与现网合路天线等解决方案。

考虑到性能、产业成熟度，以及竞争对手等因素，建议 NB-IoT/FDD 的天馈系统优先选择 2T4R 的建设方式。与 2T2R 相比，2T4R 在覆盖能力上有明显提升，其下行峰值速率可提升 1 倍，小区下行吞吐量提升 10% ～ 20%。但同时，2T4R 的建设成本比 2T2R 要高出 20% ～ 25%，且工程实施难度略大。

具体天面建设的优先级有以下几点。

（1）当天面可以新增抱杆或利旧原有空余的抱杆时，应新增 4 端口天线。

（2）若不满足，则考虑附近 50m 内可以利用的中国电信、中国联通站址。如果有合适的站址资源，则新增抱杆及 4 端口天线。

（3）以上条件不满足时，考虑原站址是否可通过腾挪原有系统空出抱杆，将腾挪后空出的抱杆位置用于 NB-IoT/FDD 天线建设。

（4）当以上均不满足时，应考虑是否可以通过与现网共天线的方式满足建设需求。

（5）如果站点物业条件恶劣或者天面资源紧张导致共天线或者合路方案均无法实施，则建议另选站址作为新址建设。

（三）NB-IoT/FDD 天馈共天线方案建议

当天面资源紧张无法新增抱杆或腾挪抱杆供 NB-IoT/FDD 使用时，电信运营商应通过与现网共天馈的方式解决。根据现网已存在系统的类型，以及可选择的天线产品，NB-IoT/FDD 共天馈方案可分为以下 6 类。

1. 现场存在独立的 GSM900 天线

当 NB-IoT/FDD 与 GSM 是异厂商时，将原有 GSM900 两端口天线更换为 4 端口天线，新增 NB-IoT/FDD 与 GSM900 各用两个 900MHz 端口，NB-IoT/FDD 网络采用 2T2R 方案。当 NB-IoT/FDD 与 GSM 是同厂商时，将原有 GSM900 两端口天线更换为 900MHz 4 端口天线，新增 NB-IoT/FDD 与 GSM900 共用 900M 端口，NB-IoT/FDD 网络采用 2T4R 方案

2. 现网存在 GSM900、DCS1800，且 GSM900 与 DCS1800 共天线

当 NB-IoT/FDD 与 GSM 是异厂家时，将原有双频天线更换为"4+4"天线，新增 NB-IoT/FDD 与 GSM900 各用两个 900MHz 端口，NB-IoT/FDD 网络采用 2T2R 方案。当 NB-IoT/FDD 与 GSM 是同厂商时，将原有双频天线更换为"4+4"天线，新增 NB-IoT/FDD 与 GSM900 共用 900MHz 端口，NB-IoT/FDD 网络采用 2T4R 方案。

3. 现网有 GSM900（DCS1800）、LTE-F/D，各网络共天线

当 NB-IoT\FDD 与 GSM 是异厂商时，将原有"2+2+8+8"天线更换为"4+4+8+8"天线，新增 NB-IoT/FDD 与 GSM900 各用两个 900MHz 端口，NB-IoT/FDD 网络采用 2T2R 方案。当 NB-IoT/FDD 与 GSM 是同厂商时，将原有"2+2+8+8"天线更换为"4+4+8+8"天线，新增 NB-IoT/FDD 与 GSM900 共用 900MHz 端口，NB-IoT/FDD 网络采用 2T4R 方案。

4. 现网存在独立的 GSM1800

这种场景下方案与厂商无关。将原有两端口天线更换为"4+4"天线，新增 NB-IoT/FDD 接入 4 个 900MHz 端口，NB-IoT/FDD 网络采用 2T4R 方案。

5. 现网存在 GSM1800、LTE-F/D，各网络共天线

这种场景下方案与厂商无关。将原有"2+2+8+8"天线更换为"4+4+8+8"天线，新增 NB-IoT/FDD 接入 4 个 900MHz 端口，NB-IoT/FDD 网络采用 2T4R 方案。

6. 现网仅存 LTE 网络

这种场景下方案与厂商无关。将原有 LTE 天线更换为"4+4+8+8"天线，新增 NB-IoT/FDD 接入 4 个 900MHz 端口，NB-IoT/FDD 网络采用 2T4R 方案。

二、结语

本文介绍了 NB-IoT/FDD 基站的建设方案、天面建设原则以及天馈共天线方案等内容。根据厂商归属及覆盖需求等因素，NB-IoT/FDD 基站的建设方案分为新建、TDD 升级、GSM 升级 3 种类型。为了使网络性能最优化，建议电信运营商优先采用新建的方式，并使用 2T4R 的天线提升覆盖性能。当现场条件不满足时，电信运营商可采用更换天线的建设方式。在更换天线时，其应根据现场已有天馈系统的情况，选择最优的建设方案。

（中国移动通信集团设计院有限公司　谢　宁　杨一帆）

基于 SDN 的城域综合承载网架构分析

一、城域综合承载网网络现状

传统的 MSTP 网络随着应用环境的变化和自身特点的限制，在高带宽供给、三层网络功能提供等方面已经不能适应面向业务 IP 化和宽带化的发展趋势。同时为了应对以移动业务和集客业务为代表的城域网业务分组化、高速化、高带宽的特征，自 2012 年起部分运营商在本地传送网开始引入分组传送技术，该技术命名为本地综合承载网（Unified Transport Networks，UTN）。分组技术基于 IP/MPLS 技术标准体系，并且支持传送多协议标记交换（MPLS-TP）标准协议，具有对电信运营商网络普遍的适用性。目前 UTN 主要定位于承载移动回传业务，采用三层路由器设备组网，核心汇聚层主要定位于业务的汇聚和转发，接入层位于网络边缘用于灵活的业务接入。通过环形结构、口字型结构、链型结构等多种组网结构实现端到端分段 L2VPN，或接入 L2VPN+ 核心汇聚 L3VPN，或者 L3VPN 到边缘等业务承载方式，目前 UTN 网络较好地解决了移动业务回传的承载需求。

二、SDN 在 UTN 网络中的应用

软件定义网络是近年来在全球范围兴起的一项新技术，通过将网络设备控制平面与数据平面分离、对网络的集中化控制，保证网络可以根据业务流量进行网络资源的灵活配置，实现按需使用传输网络计算和存储资源的能力，使基于分布式云架构的新型应用可以按需使用电信运营商基于 SDN 技术的网络资源。总之，SDN 技术的出现为通信网络组网及应用提供了良好的平台。

另一方面，电信运营商需要一个更加拓展的

SDN 架构使网络发挥更大的价值，通过跨越多个层面部署，实现网络拓扑、传输资源和物理信息的相互关联，从而快速部署网络应用和参数，如路由、安全、策略、流量工程、QoS，以达到对全网视图和资源的统一控制的目的，从而提升城域传送网络的灵活性、扩展性和调度管理效率。

对电信运营商而言，SDN 的核心价值是将网络的控制与转发相分离，一方面根据转发能力要求迅速实现硬件的标准化以降低 CAPEX；另一方面通过独立控制器能力提升与能力开放使网络更加智能化、精细化、易操作，从而降低 OPEX。从目前来看，UTN 引入 SDN 的需求主要有以下几个方面。

1. 简化运维

随着 3G/LTE 网络的发展，电信运营商需要部署海量的接入层 IP/MPLS 设备，并且这些设备的组网形态多样，给网络管理带来空前的复杂性。同时，路由器的配置也比较复杂，运行维护还不能完全摆脱命令行手工输入的方式，需要记忆大量的协议信息，进一步加剧网络管理的复杂性。

通过引入 SDN 技术，可以实现汇聚设备对其所在的接入环集中管理。由于移除了大部分控制功能，接入设备自身功能将简单化，还可以虚拟成为汇聚设备的板卡，此时，无须在海量接入设备上线时进行繁琐的路由配置、TE 配置等工作，可以通过控制器自动完成。

2. 路由策略集中控制

UTN 的汇聚和接入层均实现了 SDN 化之后，业务转发路径的计算不需要由设备之间协商完成，而是通过控制器根据全网拓扑信息统一计算和分配。由于控制器独立于转发设备本身，它可以采取服务器集群方式构建，因此其具备几乎无限可扩展的计算能力，能够在路由计算时引入更多的变量作为权重因子加以考虑。

3. 全网虚拟化

UTN 立足综合业务承载网，未来将考虑承载移动回传、集客业务、固网语音等多种业务类型。对于网络的运维人员而言，虽然面对的是一张相同的 UTN 物理网络，但实际业务需求的多样性导致了运维要求的差异。基于 SDN 技术的 UTN 通过控制器的虚拟化可以较好地满足该需求。

4. 便于异厂家跨域互通

网络互通一直是 UTN 要着力解决的问题。引入 SDN 技术后，控制协议上移到了网络控制器，设备实现更为简单。同时，基于标准的 Openflow 协议，国外电信运营商已经尝试开始在接入层引入白盒交换机，未来 UTN 的接入层将能够实现多厂商家的混合组网和控制器标准的南向接口协议下发，若能成功，有助于降低建网成本。即使保持目前各厂商组网的格局，设备互通的问题也可以很大程度上转化为控制器之间的互通，目前讨论较多的是通过北向接口实现多厂商域的互通。

三、SDN 在 UTN 中的架构

结合上文阐述的 UTN 中引入 SDN 的各种需求，运营商提出了 SDN UTN 的架构模型，该模型分为单域设备及控制 / 多域控制和能力开放平台 3 个层面，其中多域控制和能力开放平台外部通过接口与传统网络管理系统或业务运营和管理平台（NMS/OSS）进行对接，共同构成 SDN UTN 架构体系，向外统一提供能力。

1. 单域设备与控制

单域是指单个设备厂商或者电信运营商控制器管理的区域。根据厂商的实现方式不同可以分为 A、B、C 等多种模式，其中 A 模式中厂商网元管理系统（EMS）和控制器融为一体，南向接口采用 Openflow 扩展、CLI 等标准化或厂商私有的形式。B 模式中 SDN 控制器与 EMS 分别设置，彼此通过内部私有接口进行通信。模式 C 是运营商自研控制器直接控制白盒转发设备，采用标准化的南向接口协议。

转发层的作用是根据 SDN 控制器下发的控制信息完成数据转发。转发节点接受控制器的控制并向控制器上报自身的资源和状态。

设备侧具有控制层的控制代理，也可保留一部分控制功能，单域也需要保留网络管理功能，完成转发面网络设备、SDN 控制器各类对象的管理及控制器或第三方应用策略的配置。

2. 多域控制

多域控制器功能是对单域功能的提炼和补充，主要完成跨厂商的业务协同调度与面向用户的能力开放。多域控制器的功能模型主要包括业务管理层、连接建立层、网络资源层和南向 / 北向接口层。其中网络资源层的作用是使多域控制器能够获得全网的拓扑和资源信息，主要完成跨域拓扑的建立以及域间路径计算；连接建立层主要用于建立跨域的管道路径并与端口进行对应；业务管理层负责在路径已知并且 PW 建立以后的 L2/L3VPN 业务快速建立与开通，网络的虚拟化服务以及多域的 OAM 功能和保护功能也在该层实现。面向单域控制器的北向接口负责与各厂商控制器或者网管系统进行对接，一般由电信运营商规范信息模型格式，并采取 Restful 或者 COBRA 的语言描述方式，多域控制器与单域控制器之间是运营商内部规范的标准接口。面向 App 的北向接口对多域控制器信息进行了进一步的抽象，包含拓扑管理、业务下发、业务查询、故障管理等模块。

四、引入思路

SDN 技术搭建了一个实现智能管理的架构，在 UTN 中引入 SDN 应该采取循序渐进、新建和改造相结合的方式。在从传统 UTN 网络向基于 SDN 的 UTN 网络演进和迁移的过程中，电信运营商需要充分考虑与原有网络的兼容、共同组网、互通等场景的要求。

尽管城域传送网的 SDN 化得到了诸多发展，但是还有网络部署的操作性、技术标准化等很多问题亟须解决。然而，可以预见，随着 SDN 标准化的不断完善、应用驱动力的不断加大，具备高度灵活性的 SDN 技术将给网络运营和业务开展带来无限可能，并最终应用到运营商网络中。

（北京电信规划设计院有限公司　贾延寿　毛利凯）

通信设备制造及
建设运维篇

通信网络维护行业现状和趋势

通信网络维护指通信技术服务企业为各电信运营商、广电运营商、部队及市政部门等客户的通信网络提供运行维护服务。这些服务一般包括通信设备及配套、机房铁塔、天馈系统、传输设备、管道线路、接入末梢代维等的现场维护、面向公众用户和部分商业用户的维护工作。

通信网络是基础电信运营商提供通信服务的物质载体。

■ 一、通信网络维护行业发展现状

（一）市场规模

据中国通信企业协会通信网络运营专业委员会统计，2017 年中国通信网络维护企业共约 800 家，销售收入为 680 亿元，约占整个通信网络服务市场的 24%。

（二）人均产值

通信网络服务行业各专业的人均产值差异较大，如图 1 所示。代维属于劳动密集型的行业，在整个通信网络服务行业中属于中下水平。

（三）发展阶段

1990 年之前，我国网络结构简单，对维护能力的要求不高，通常由各地的设计院完成网络的规划和咨询工作，并由各地的电信工程公司来实施系统集成等服务。1990—1998 年，我国第一代移动通信业务开始提供服务，通信业务出现多样性，网络维护的技术能力要求开始提高。1999 年以后，随着电信体制改革的深入，电信业务种类不断分化，通信网络服务走向市场化。电信工程公司、设计院等单位逐步转制为公司，它们成为独立于电信运营商和通信主设备供应商、专注于通信网络技术服务的第三方公司。同时，一批新兴的第三方通信网络技术专业服务商逐步成长、发展起来。

自 20 世纪 90 年代以来，我国的电信业保持高速的增长，电信业务收入年增长接近 6%，2017 年可达 12 500 亿元，同比增长 5.8%。与此同时，电信运营商投入大量资金建设了移动通信设施、传输网设施、宽带基础设施。

不过随着 4G 网络建设高峰期的衰退，各电信运营商的资本开支在下降，2017 年中国移动下降 6%，开支下降至 1 760 亿元，而中国电信和中国联通下降幅度更大，分别为 890 亿元和 450 亿元，同比下降 8.1% 和 37.6%，如图 2 所示。电信行业在移动蜂窝网方面的投资在 2018 年还会继续下调，一直到 2019 年 5G 预商用开始才会逐步回升，最早在 2020 年才会迎来高峰期。

但是我们也应该看到，2G、3G、4G 的网络规模还在继续扩大，前期建设的通信设施都需要在后

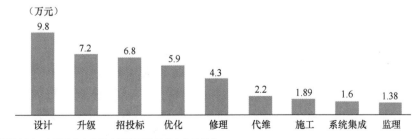

数据来源：中国通信企业协会通信网络运营专业委员会。

图 1　通信网络服务产业各专业人均销售收入

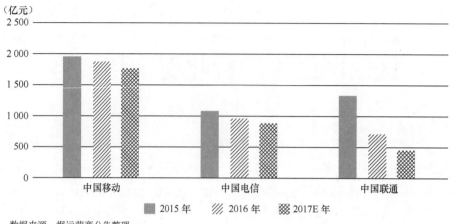

数据来源：据运营商公告整理。

图2　2015—2017年通信运营业固定资产投资规模变化

期进行维护，因此代维业务量仍将继续扩大。另外，进入4G时代以后，保证网络性能、提高用户体验成为各大运营商的首要任务，其盈利能力将取决于信息网络的覆盖、质量、保障能力及网络成本的控制能力，从而促使通信业服务业对通信专业服务的需求依然旺盛。

综上所述，目前网络维护行业跟整体通服行业一样，依然处于由成长期向成熟期过渡阶段，在多年的高速增长后，市场规模转入稳步增长，竞争更趋激烈，如图3所示。

▌二、通信网络维护行业发展趋势

从全球和国内技术、市场趋势看，外包维护市场继续发展并且孕育出成熟的网络服务企业已经是必然的主流趋势。对于目前情况，国内的维护企业尤其需要注意把握市场、技术、资本、政策的各方面趋势，能更快地有利预判，避免可能的风险，在激烈的通服市场竞争中脱颖而出。

（一）市场趋势

1.运营商资本支出趋紧

三大电信运营商虽然在营收方面持续增长，但中国移动、中国电信、中国联通2017年前3季度同比增长继续收窄至5.5%、4.1%和4.1%，利润也进一步下滑，这意味着电信运营商对服务采购成本有更严格的控制、对资本的支出有更加谨慎的态度。

2.三大电信运营商NB-IoT商用

2017年5月17日，中国电信宣布全球首个覆盖最广的商用新一代物联网（NB-IoT）网络建成，6月28日，中国移动计划年内实现全国范围内NB-IoT的全面商用；中国联通宣布在2017年8月全国商用NB-IoT。

3.建设、维护和网优一体化服务趋势

通信网络的建设、维护和优化是一个有机的系统性工程。通信运营商的网络日益复杂多样化，各种服务间协调管理占用了通信运营商大量的精力，

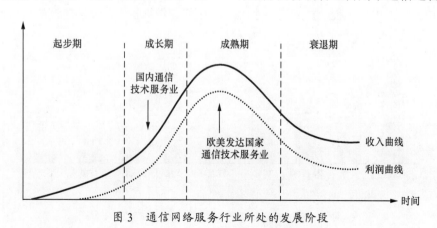

图3　通信网络服务行业所处的发展阶段

将多种服务一体化外包的需求变得日趋迫切。随着网络规模的不断扩大，网络技术的持续升级，网络结构日趋复杂，也使"一体化通信网络服务商"成为电信运营商的新选择。

中国铁塔每年需要维护的铁塔总量超过 180 万座，已成为全球最大的铁塔运营商。2017 年起中国铁塔大力推进建设与维护一体化工作。因此通信服务企业可跟进和聚焦中国铁塔建设与维护一体化等发展趋势，从而带来增量市场的机会。另外，中国铁塔也会逐渐卸下"站址共享"的包袱，逐渐探索并开展各种市场化经营模式和业务，从单一的站址设备代维和铁塔资源租赁服务到提供更多的基础设施服务，同时给各维护企业带来横向延伸市场的机会。

总体而言，维护的铁塔体量大，其相比其他工程项目有一定议价能力，维护企业可推动客户走维护—优化一体化业务。原来网络优化在高端数据参数优化方面有一定地位，现在逐渐归由主设备厂商和电信运营商管理，网络智能化后，网络优化的话语权在逐步下降，大维护业务的整合趋势将越来越明显。

目前，部分通信网络服务商已经具备一体化通信服务的能力。我们对 2016—2017 年上市和拟上市的 10 家通信服务企业进行统计分析，发现有 5 家企业已经具备开展通信网络建设、通信网络代维和通信网络优化一体化业务的能力。实际上具备一体化综合服务能力的公司应该有几十家，并且随着行业并购的整合，数量将会逐渐增多。

4. 工程总承包趋势

2017 年 2 月 21 日，国务院办公厅发布《关于促进建筑业持续健康发展的意见》（国办发〔2017〕19 号），住建部在 2017 年工作的要点中也提出要大力推行工程总承包工作，促进设计、采购、施工等各阶段的深度融合。企业采用工程总承包模式按照合同约定对工程项目的设计、采购、施工、竣工验收等实行全过程承包，它们还对工程的质量、安全、工期、造价全面负责。

目前，各个电信运营商都在尝试和推广工程总承包模式。而且随着"营改增"对通信行业格局深刻重塑效果的逐渐明晰，运营商的避税需求更加推动工程维护和优化作为网络建设或扩容后的优化项目，还有可能纳入总承包工程竣工验收的一部分工作内容。因此，为应对这一趋势，通信工程服务厂商急需扩展或增强网络维护优化的业务和资质能力。例如未来承担总承包项目的企业，就需要具备"通信工程施工总承包"资质和"电子通信广电行业设计"资质。

5. 中国铁塔市场变化的新机会

铁塔公司的成立扭转了国内移动通信的市场格局，加速将中国 4G 推向世界的前列，也给通信服务市场带来了一个新的市场格局。而伴随着中国铁塔的成立与发展，众多民营铁塔公司如雨后春笋般成长起来。

2017 年 5 月 5 日，工业和信息化部、国务院国有资产监督管理委员会发布了《关于 2017 年推进电信基础设施共建共享的实施意见》提出"除中国铁塔股份有限公司之外的其他独立铁塔运营企业（以下简称其他独立铁塔运营企业）等有关建设主体纳入相应共建共享协调机构，进一步完善共建共享协调机制。"民营铁塔也从共建共享的"局外人"发展成"参与者"。

面对来自民营铁塔正式公开竞争和高达 1 800 亿元的负债，中国铁塔希望通过上市降低财务负债，提升运营能力。在落实"一体两翼"战略目标、深挖新业务蓝海、加快转型和市场化步伐的过程中，中国铁塔将提供给通信服务企业更加广阔的市场空间。

（二）技术趋势

1. 网络泛 ICT（信息、通信、技术）化趋势

随着信息技术的不断发展，人们对于网络需求的内涵也在不断扩展，同时，也带来了新的成长方向，拓展了行业原有内涵，驱动通信行业走向泛 ICT。因此，我们需要分析基于不同技术的设备、网络架构技术，研发出适用于这些设备与网络架构下的维护与优化技术，为电信运营商提供灵活、节能、高效的解决方案。

2. 网络技术演进趋势

进入 4G 成熟期，2G、3G 网络还没退出舞台，

网络维护技术更为复杂。而带宽的迅速增加，继续推高维护成本。尤其在 4G 成熟期过后，网络维护将逐步进入 NB-IoT 物联网以及 5G 网络的发展周期。其中 2017 年是 NB-IoT 的发展元年，三大电信运营商均快马加鞭推进建设，提前带来了新的维护需求。而 5G 最快也会在 2018 年进入试商用，2020 年进入正式的商业部署。通信网络从人—人通信时代进入人—人、人—物以及物—物通信时代，包括 VR、无人驾驶、导航、智慧家庭、智能制造、人工智能、流通、万物互联等业务场景的迅速增加将带来基站、通信模块、射频连接器数量的高倍数增长（至 2020 年 NB-IoT 连接数将高达整个无线通信网络连接数的 60% 以上），带来更高、更复杂的挑战。

（三）资本市场趋势

近年来，4G 的大规模建设逐渐结束，5G 的建设周期还未来到，电信运营商的建设投资出现不少下降，行业增速放缓，同行间的竞争更为激烈。而通信网络日趋复杂，再加上运营商的外包通信技术服务的集中化和一体化，促使有一定实力的通信服务企业，利用资本手段打造成具备跨区域、一体化、多设备厂商的综合性服务提供商。

宽带中国、智慧城市、物联网、5G 等国家战略相继推出，这些战略和概念将会刺激投资，带来新的市场业务空间，但拓展新的行业在于技术实力、人员结构，尤其是企业资金实力方面会是不小的挑战。

综合而言，无论是横向业务发展，还是跨界业务发展，面对挑战，越来越多的通信网络工程服务企业谋求通过资本市场迎战、转型、做强、拓展。

1. 加速挤进资本市场

行业环境急剧变化促使通信网络优化服务企业急需寻找新的出路，而进入资本市场（IPO）是比较好的选择。

2. 通过购并平台加速壮大或转型

未来万物联网、流量爆发、产业变革的需求质变将带来底层网络能力供给的质变。以通信网络技术服务为主业的通信服务商要基于底层网络能力延伸技术服务和基于上层网络需求拓展内容和服务，这是当前通信网络服务商的转型之路。

部分已上市或有实力的企业在保持传统工程业务优势的同时，还要依赖在通信技术服务领域积累的技术及运营商和客户资源，寻找业务协同的结合点进入新领域，如云计算、IDC、流量经营、物联网泛 ICT 化转型。它们通过横向或多元化战略收并购，实现由单一的通信服务商向一体化服务商转型。

3. 寻求机会谋求合作

与资本实力雄厚的上市通信企业合作是网络维护服务企业的另一个选择或出路，条件是企业足够优秀，在某一业务领域有一定的实力。

其他代维服务企业一般"体格"比较小，年营收在 2 000 万元至 1 亿元不等。面对当前集团一级集采、网优维护一体化的新趋势，它们并不占优势地位，存在较为强烈的被收购和战略合作需求。

（广州学而优信息技术有限公司　苏焕成）

光纤光缆行业发展分析与展望

1977 年中国诞生了第一根实用光纤。我们从无到有，从小到大，从严重依赖进口到批量出口、海外建厂，中国光纤光缆走过了 40 年光辉发展历程。如今中国光纤光缆已经形成了上游覆盖关键原材料、光纤预制棒、光纤、光缆，下游覆盖综合布线、设备制造、网络工程咨询服务等完整的产业链。中国光纤光缆产销量全球占比超过 57%，已经成为世界光纤光缆产销大国，正阔步走向世界光纤光缆强国行列。

光纤通信是现代通信的主要支柱之一，它已被许多国家列为国家发展战略，是世界新技术革命的重要标志，是未来信息社会中各种信息的主要传送工具。中国实用光纤的诞生开创了我国光纤通信新纪元。

一、光纤光缆发展历程

20 世纪 70 年代中期到 80 年代，中国与世界同步开始光纤光缆的研究，取得丰硕成果和成就，为后来的大发展奠定了坚实基础。

80 年代后期到 90 年代初期，中国光纤光缆由中试阶段转向生产阶段。中国在引进国外资金的同时，引进了先进的生产设备、生产和管理技术，通过合资方式建立国内光纤光缆企业，大大改善了光纤光缆企业设备、技术、工艺的状况。

1986 年我国第一家光纤光缆企业建立。该企业也是第一家合资光纤光缆企业，即西安西古光纤光缆有限公司。

1988 年邮电部、武汉市政府、荷兰飞利浦投资兴建了长飞光纤光缆有限公司。民营光缆企业也在此阶段应运而生。

这虽然是光纤光缆建厂的初始阶段，预制棒、光纤尚属试制阶段，光缆生产也只是初级阶段，但国产光缆开始应用于光通信工程，正逐步改变着光缆依赖进口的局面。

（一）1992 年到 2000 年是中国光纤光缆发展阶段

通信业以两倍于国民经济的速度发展，促进了光纤光缆企业和产量的快速增长。20 世纪 90 年代初光纤光缆仅几万芯公里，1996 年、1997 年国内光缆企业销售 400 多万芯公里，1998 年增长到 600 万芯公里，平均年增长率超过 50%。2000 年年底光缆企业多达 200 余家。

（二）2001 年到 2004 年光纤光缆"特殊"时期

全球光纤短缺导致市场跌宕起伏，致使光缆企业锐减，而有远见卓识和实力的骨干企业坚守通信业，不断加大资金投入，引进技术、人才，在光纤上，扩大生产能力，行业蓄势待发。

这期间，美、日、韩将光纤大量倾销到中国市场，对我国原本脆弱的光纤光缆行业火上浇油，加剧了市场混乱。而也就是在此期间，光纤反倾销在悄然酝酿、进行中。

（三）2005 年至今是光纤光缆行业实现跨越式发展时期

在这个时期，我国光纤预制棒产业实现了群体性突破。预制棒制造企业自主研发、合资合作，全面掌握了光纤预制棒制造核心技术。我国光纤预制棒产业实现了大尺寸光纤预制棒的制造；实现了自主预制棒工艺的阶段性突破，拥有了单模、多模及特种光纤预制棒的研发和生产能力；具备了向全球市场供应的能力，光纤预制棒生产逐步进入产业化阶段。

据不完全统计，2010 年，中国光纤预制棒的自给率仅为 31.6%，到 2016 年年底自给率提升至以上 75%。随着光通信市场的持续向好，国内预制棒企业进一步加大了投资力度扩大生产能力，预计未来 3~5 年，我国光纤预制棒将基本实现自给。

中国光纤产业规模的发展和技术创新能力的提升极大地促进了光纤光缆制造设备的发展和进步，而先进的光纤预制棒、光纤、光缆制造设备则是通信光纤光缆行业持续发展的基础。

我国光纤预制棒骨干企业成功开发出具有自主知识产权的光纤预制棒设备，它们在研发及产业化过程中成功地开发出满足自身工艺产品特性的一系列核心智能装备，实现了预制棒制造设备及系统的自主设计与制造，进一步增强了产业竞争力，技术水平及成本控制达到了国际先进水平与国外同行相当。

光纤光缆其他主要生产设备：光纤制造、着色、二次被覆设备、成缆、护套设备、电力光缆、海底光缆制造设备等，我国在这些设备上的技术已经达到国际先进设备水平，部分种类设备大量出口，在国际设备市场中占有一席之地，结束了光纤光缆的主要生产设备长期完全依赖进口的局面，培养了大批工程技术骨干，完善了我国光通信产业知识产权体系。

与此同时预制棒生产所需的四氯化硅、四氯化锗等关键原材料已部分实现国产化，筑牢了产业健康发展基础。

这一时期光纤光缆更是得到迅猛发展，光纤产能逼近 4 亿芯 km。工业和信息化部、CRU 统计数据显示，光缆平均以每年 23% 左右的速度增长，有些年份还要高一些。从 2002 年到 2016 年，中国光纤光缆市场规模增长了 23 倍，复合增长率为 23.6%，2007—2017 年，中国光纤的市场总量增长了 6.5 倍以上，由 2007 年占世界总量的 7% 上升到 27.8%，到 2017 年的 57.3%，10 年间市场占有率增长一倍，中国已是名副其实的光纤光缆生产销售大国，世界排名前十的光纤光缆企业我国占有六名，而且均排在前七名以内。由此可以看出，中国光纤光缆行业对全球通信业发展的巨大贡献，它们在全球光纤光缆行业发挥着主导作用。

与此同时我国电力系统通信用的光缆产业、海底光缆产业也得到了飞速发展。

至 2017 年 6 月，主流生产企业的 OPGW 总产量超过了 130 万皮长公里，出口占比 20%；ADSS 总产量超过了 85 万皮长公里（不包括非电力系统用 ADSS），出口占比 21%。2008—2017 年 OPGW 和 ADSS 生产交付量分别是前 30 年总和的 5 倍和 5.8 倍，上述企业不但满足了国内需求，还可批量出口。我国已成为名副其实的电力架空光缆生产和应用大国。

发展海洋经济已上升为国家战略，海底光缆和海底电缆作为海上信息、电力传输的"命脉"，已成为发展重点。

光纤光缆发展的前 30 年，实现了我国海底光缆产业起步发展。2002 年后，光纤光缆基本实现了我国无中继浅海底光缆的自主设计、自主生产、自主敷设能力。我国自主投资建设的海底光缆工程基本实现国产化产品供应，打破了我国军方和电信运营商所需的海底光缆完全依赖进口的局面。

随着我国海岛信息通信基础设施建设、全球宽带提速、海底光缆系统扩容以及"一带一路"、智慧海洋、海洋强国战略的深入实施，海洋工程光缆产业在 2008—2017 年得到快速发展，技术实力充分积累，海缆技术能力、系统整合能力完全建立，已经形成集海底光缆制造商，中继器、分支器设备商、海缆施工单位、总承包商的完整的一体化产业链格局，海底光缆产业开始走上世界的舞台。

我国的光纤光缆材料产业伴随光纤光缆产业发展 40 年，取得了骄人的成绩。我国的光纤光缆企业规模壮大、产品种类齐全、指标优异、质量稳定、为我国的光纤光缆行业的发展作出了积极的贡献，并逐步走向国际市场。

我国光纤光缆产业的飞速发展更得益于国家宽带战略的实施，得益于信息通信的飞速发展，而光纤光缆行业的改革创新、转型升级，跨越式的大发展又极大地促进了国家宽带战略的实施和信息通信业的飞速发展，为国家宽带战略的实施和信息通信业的飞速发展作出了积极贡献。

2017 年以来，我国宽带网络加速向全光网升级，2017 年 9 月，全国新建光缆线路 564 万 km，光缆线路总长达到 3 606 万 km，同比增长 25%，保持着较快的增长态势。其中接入光缆占 64.3%、本地网中继光缆占 32.9%、长途光缆线路占 2.8%；光纤端口达到 6.3 亿个，占宽带端口总数（7.62 亿个）比重提升至 82.7%；地级市基本建成光网城市，实现全光网覆盖；渗透率达到全球最高，超越日本、韩国成为全球光纤宽带用户占比最高的国家。

国际化一直是我国光纤光缆行业的重要战略发展方向。在光纤光缆产业的发展初期，我国属于光棒、光纤、光缆、材料、设备、仪表、管理的全产业链国际贸易输入国，随着我国光纤光缆产业的发展，部分产品开始出口，但总量较小。近十年，一方面我国光纤、光缆、材料、设备等产品已经规模化出口，产品的质量、服务、品牌逐步得到世界的认可；另一方面光纤光缆产业中的优秀企业已通过海外独资、合资建厂、收购、EPC 总包等方式进一步输出产品、技术、管理，逐步实现了海外本土化战略，为我国光纤光缆产业的技术提升、管理提升、品牌提升及国际市场竞争能力提升等方面作出了贡献。

工业和信息化部根据《中国制造 2025》的部署，确定"1+X"规划体系为今后 10 年的行动计划。智能制造工程是迈向制造强国战略路径 5 项重大工程实施方案之一，确定了工程目标和重点任务，并提出了具体要求：到 2020 年制造业重点领域智能化水平显著提升，试点示范项目运营成本、产品生产周期、不良品率均要降低 30%；到 2025 年制造业重点领域要全面实现智能化；试点示范项目运营成本、产品生产周期、不良品率均要降低 50%。

智能制造已成为各方面、各领域的看点、重点、热点。智能制造是我国迈向制造强国的战略路径之一。

光纤光缆的主流企业已经开始进行智能制造的研究、探索和应用，并取得了显著成绩，其中光纤预制棒规模化智能制造不仅逐步弥补国内光纤预制棒行业的需求短缺，而且更加有利于国内光纤光缆行业健康发展、有利于保障我国光通信网络的建设与安全。

光纤光缆行业的飞速发展，行业协会做了积极的努力和卓有成效的工作，充分发挥了桥梁和纽带作用，是企业与政府、企业与企业、企业与相关部门沟通交流、上传下达、反映企业诉求的有效平台，增进了企业的团结，促进了行业和谐、健康、可持续发展。

在政府行业主管部门以及上级协会的要求和指导下，行业协会组织开展了"八五""九五""十五"和"十一五"的产业发展规划以及"十二五"和"十三五"的产业发展指导意见编制工作。上述工作充分体现了行业协会"提供服务、反映诉求、规范行为"的宗旨和"以综合信息，引导企业发展；以行业共识，规范行业发展；以反映行业诉求，保障行业协调发展"的思路，为政府制订产业政策提供参考意见。

为保护民族企业，维护企业合法权益，为行业健康发展创造良好的外部环境，自 2002 年 9 月起至 2017 年年初共发起 10 起光纤、光纤预制棒反倾销案，其中 4 起原审案，4 起日落复审案，2 起期中复审案。

值得庆贺的是我们取得了所有案件的胜诉。

光纤和光纤预制棒反倾销是中国光纤产业合理运用国际贸易规则有效保护民族产业合法权益的典型案例，打破了国外对中国光纤、光纤预制棒市场的垄断和技术壁垒，摆脱了中国光纤产业完全依赖进口的桎梏，在中国光纤产业发展史上具有里程碑的重大意义和深远影响。

为保障国家宽带战略的实施，维护网络安全；加强对光纤光缆行业产品质量的监督管理，保障光纤光缆产品质量水平，2015 年 7 月我国依据国家相关法律制定了《光纤光缆行业产品质量自律公约》。这是我国光纤光缆行业第一个自律性公约，并在北京举行了《光纤光缆行业产品质量自律公约》签约仪式。

我国制定《公约》是要规范企业市场行为，有约可守，举行隆重的签约仪式是要促进企业履约的自觉性；彰显光纤光缆行业的社会责任和对国家、对消费者的庄重承诺。《公约》的制定对光纤光缆行业的可持续发展具有极其重大的历史意义和极其深远的影响。

行业协会制定并颁布光缆产品平均制造成本和根据运营商招标技术规范制定的行业光缆产品最低制造成本，报送国家发展改革委员会、工业和信息化部通信发展司备案，并送达电信运营商，为维护企业合法利益做了细致工作和努力。

中国光纤光缆 40 年承载着辉煌与成就，承载着行业的希望与未来，同时清醒地认识到我们虽大但还不强，尚有很多差距和空白要去追赶和填补，创新能力尤其是科技创新能力、核心竞争力的打造、企业管理水平有待新的提升，迈向强国行列尚有许多问题和不足要研究和解决。

二、当前和今后发展展望

以创新作为引领发展的第一动力，这决定着光纤光缆行业发展的速度、规模、结构、质量和效益。以土地、劳动力、资本等为主导的传统发展道路已经行不通了，我们只有依靠创新尤其是科技创新，才能破解行业发展瓶颈。产业改造升级、新兴产业培育发展；产品从中低端迈向中高端；创造新常态下的新优势，根本出路也在于创新。这是光纤光缆企业、行业生存和可持续发展的基础和根本保障。

我们要充分研究和认识光纤光缆行业面对的、所处的国家经济运行、信息通信发展的大环境。

当前，我国的经济运行总体平稳、稳中有进、稳中有好，但有较大的不确定性，面临下行压力，认识新常态、适应新常态、引领新常态是当前和今后一个时期我国经济发展的大趋势。

互联网、物联网、云计算、大数据及新兴工业互联网、5G的快速发展，使信息通信业这个全面支撑经济社会发展的战略性、基础性、先导性行业，边界日益模糊，内涵不断丰富。

光纤光缆行业目前处在一个较好的生存、发展环境，电信运营商需求的增长，比预期强劲。价格有限的理性回归，为行业的生存、发展提供了保障，使光纤光缆产品供不应求，行业处于卖方市场地位。

但我们仍要居安思危。经济运行的较大不确定性、经济下行的压力必然带来光纤光缆行业的不确定性；信息通信业边界日益模糊，内涵的不断丰富也必然对行业产生重大影响。新常态带来了新机遇，同时迎来新的严峻的挑战，要认真研究企业、行业整体的、近期和长远的发展战略、策略，要探讨、制订行业应对措施和解决方案。

光纤光缆行业目前是处在市场需求高峰期，我们要落实和完善《"十三五"行业发展指导意见》，有理性、有节制地扩大产能，协调、平稳发展。

我国要不断加大加强科技研发费用的投入和人才队伍的建设，在充分掌握预制棒制造工艺基础上，以创新为动力，突破技术瓶颈朝着更加快速、更低成本和更加绿色环保的预制棒工艺方向发展，逐步缩小与先进国家的差距。

光纤光缆企业在立足国内市场的同时要继续加强国际产能合作力度，制订更加切实可行的海外战略，这是今后行业发展的必由之路和必然趋势。同时我国还要加强企业在走出去战略的协调与合作，抱团取暖、互利共赢，研究、探讨和完善走出去的策略和方式。

"智能制造日益成为未来制造业发展的重大趋势和核心内容，也是加快发展方式转变，促进工业向中高端迈进、建设制造强国的重要举措，也是新常态下打造新的国际竞争优势的必然选择。"

中国光纤光缆40年辉煌的取得是创新发展结出的硕果，而智能制造则是行业当前和今后新一轮科技革命和产业变革的核心驱动力。

目前，行业主流企业都已开始智能制造的研究、探索和实际应用，成果、成效显著。而且企业在研究、探索和实际应用中各有不同的侧重点和各自优势。我们希望在保障企业商业秘密、维护企业专利和利益的同时加强沟通、交流和借鉴，依据国务院《新一代人工智能发展规划》和工业信息化部《智能制造发展规划（2016—2020年）》制订行业智能制造发展规划，在遵循市场牵引的原则下，大力推进光纤光缆行业智能制造进程，促进行业向强国的迈进，用人工智能点燃行业创新革命，开创光纤光缆行业新时代！

当然，推进智能制造是一项复杂而庞大的系统工程，也是一件新生事物，是一个不断探索和试错的过程，难以一蹴而就，更不能急于求成。为此，行业协会也要用好行业国家级和省级智能制造试点示范这个重要抓手。

要继续做好光纤、光纤预制棒的反倾销工作。在目前贸易保护主义抬头的形势下，行业协会有效利用贸易救济原则，维护企业、行业合法权益；为行业创造良好的内部、外部发展环境，同时着手研究行业发展的具体问题和应对反倾销的策略，保证行业和谐、健康、可持续发展。

行业协会要不断加强对光纤光缆行业产品质量的监督管理，明确产品质量责任，提高全员质量意识；不断提高和保障光纤光缆产品质量水平；促进企业履行公约的自觉性；有效落实和兑现光纤光缆行业的社会责任和对国家对消费者的庄重承诺。

行业协会要在新常态下研究行业发展，焦点、热点和难点问题，在充分发挥协会桥梁、纽带作用的同时，努力开展对行业管理、发展指导工作的研究和尝试，真正做到服务于政府、服务于行业、服务于企业。

（中国通信企业协会）

企业发展篇

电信运营企业 2017 年发展概况及特点

从我国三大电信运营商公布的 2017 年的业绩情况来看，三家电信运营企业的运营收入均实现了正增长。其中，中国联通 2017 年的运营收入达到 2 748 亿元，较 2016 年增长了 0.2%，一举扭转了近年来连续下滑的态势，开始呈现出向好的发展势头。中国移动和中国电信分别实现运营收入 7 405 亿元和 3 662 亿元，同比增幅为 4.5% 和 3.9%，增幅较 2016 年有所回落，如图 1 所示。考虑到业内外的竞争在持续加剧、政府推动"提速降费"的力度未有减弱、全行业处于转型发展的关键期等因素，两家电信运营企业取得的这一增长成绩仍值得肯定。

进一步聚焦三家电信运营企业的主营业务可以发现，其通信服务收入取得的增长成绩更佳。中国移动、中国电信及中国联通 2017 年的通信服务收入分别为 6 684 亿元、3 310 亿元及 2 490 亿元，较 2016 年分别增加了 7.2%、6.9% 和 4.6%，远优于各自运营收入的增幅，如图 2 所示。值得注意的是，三家电信运营企业的通信服务收入均呈现出良好的加速上涨态势，其增速已连续 2 年有所提升。

在净利润方面，三家电信运营企业共达到 1 346

亿元，已基本恢复到电信业营改增全面铺开前的 2014 年的水平。其中，中国移动和中国电信 2017 年的净利润分别为 1 143 亿元和 186 亿元，较 2014 年的这一高点分别增长了 4.7% 和 5.1%。中国联通的净利润为 17 亿元，较 2016 年强劲反弹了 250.9%，如图 3 所示，有效遏制住了连年大幅下滑的势头。

我国的三大电信运营商在 2017 年均取得了较好的发展成绩。本文将对三家电信运营企业的发展概况及特点作进一步深入分析，并试图探讨其背后的原因。

一、中国移动：基于"大连接"战略形成"四轮驱动"融合发展效应，推动公司发展跃上新台阶

（一）个人移动业务、家庭业务、政企业务和新业务全面实现快速健康发展

1. 移动业务结构良性调整带动收入稳步提升

移动业务用户规模较 2016 年上涨了 4.5%。其中 4G 用户达到 6.5 亿户，同比迅猛增长了 21.5%，

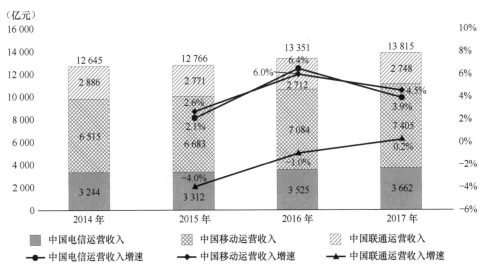

图 1　我国三大电信运营商近年运营收入情况

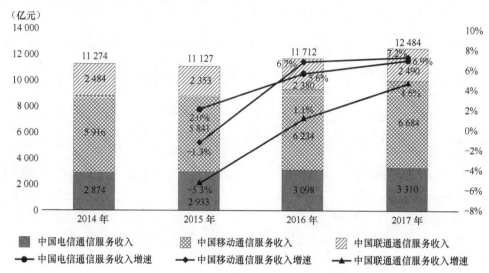

图 2　我国三大电信运营商近年通信服务收入情况

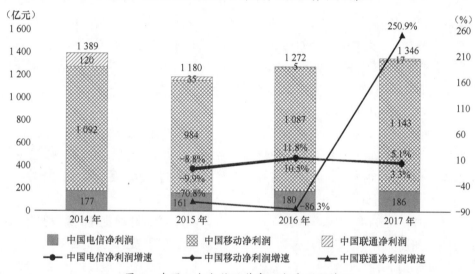

图 3　我国三大电信运营商近年净利润情况

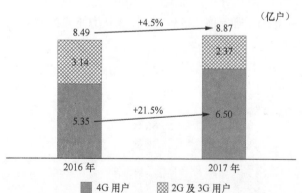

图 4　中国移动 2016—2017 年移动业务用户
规模发展情况

4G 用户渗透率突破 73%，用户结构大为改进，如图 4 所示。

在移动业务用户规模稳步提升、4G 用户规模

迅猛增长的同时，中国移动的流量经营也取得了良好的成效。其移动业务用户的 DOU 达到 1.37GB，较 2016 年翻了一番。其中 4G 用户 DOU 更是高达 1.76GB，同比提升了 76%，流量经营实现大发展如图 5 所示。

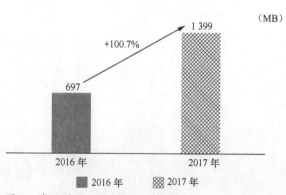

图 5　中国移动 2016—2017 年移动电话上网 DOU 情况

在用户结构持续改善和流量经营大发展的推动下，移动电话上网流量收入达 3 473.29 亿元，同比大幅增长 27%，带动个人移动市场收入突破 5 183 亿元，较 2016 年稳步提升 2.2%。其流量收入占移动业务收入比已接近 7 成，如图 6 所示。

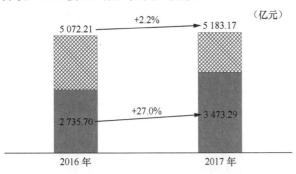

图 6　中国移动 2016—2017 年移动业务收入情况

2. 家庭市场维持迅猛增长势头推动收入大幅上涨

中国移动的家庭宽带用户已接近 1.1 亿户，同比提升 46.9%；在三家电信运营商中的市场占有率达到 37%，增幅 7 个百分点，如图 7 所示。在此带动下，家庭市场收入由 2016 年的 225.23 亿元增至 2017 年的 352.71 亿元，上涨了 56.6%，如图 8 所示。

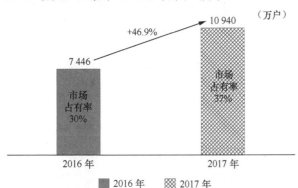

图 7　中国移动 2016—2017 年家庭宽带用户规模发展情况

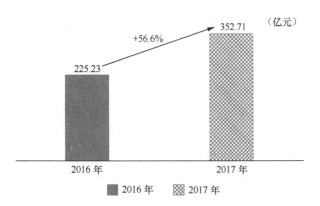

图 8　中国移动 2016—2017 年家庭市场收入情况

3. 政企市场重点业务竞争力持续提升

中国移动在政企市场同样发展势头良好，三大重点业务——专线、IDC 及物联网均取得了突出成绩。其中专线通过实施价格优惠、完善服务流程、提升响应能力等，实现行业份额快速提升，收入达到 150.85 亿元，增幅 30.8%；IDC 在全国建成 4 个国家级数据中心和 45 个省级数据中心，全网投入 10.4 万个机架，实现收入 45.29 亿元，增长 85.9%；物联网业务重点布局车联网、工业互联网等领域，连接数净增 1.26 亿个，达到 2.29 亿个，实现收入 55.36 亿元，上涨 44.4%。

4. 新业务市场增势良好，值得期待

中国移动在数字化服务市场实现了良好增长，2017 年收入达到 471.35 亿元，较 2016 年提升了 10.9%。其中，行业信息化解决方案年收入超亿元的有 9 项，这里面又以"和教育"发展成绩最为突出，年收入超过 40 亿元；魔百和、咪咕、和包虽然体量仍较小，但均已呈现出爆发式增长态势。

（二）基于"大连接"战略形成"四轮驱动"融合发展效应是取得发展佳绩背后的重要原因

从上述分析可以看出，"连接"成为中国移动发力的关键点。中国移动 2017 年的总连接数规模达到 12.29 亿户。其中，移动用户 8.87 亿户，有线宽带（含家庭宽带及政企专线）用户 1.13 亿户，物联网连接数达到 2.29 亿，3 者较 2016 年度均有了较大幅度提升。实际上，这一发展成绩正是得益于"大连接"战略的指引，进而形成"四轮驱动"融合发展效应，实现个人移动业务、家庭业务、政企业务和新业务全面发展。

在"十三五"的开启阶段，中国移动即提出了这一新的指引未来 5 年发展的战略："不断拓展连接广度和深度，着力做大连接规模，做优连接服务，做强连接应用……未来 5 年收入增速高于世界一流电信运营商平均水平，到 2020 年连接数量较 2015 年'翻一番'，成为数字化创新的全球领先运营商。"

在"做大连接规模"方面，中国移动积极发力推动 4G 用户的渗透率和流量占收比大幅提升，使其成为收入的主要组成和主要驱动；推动物的连接数快速增长，使其成为新增连接的主要部分；将有线宽带视为做大连接规模的关键战略控制点，显著拉动公司收入增长。

在"做优连接服务"方面,中国移动打造 4G 精品网络、高速泛在的物联网络和优质的全光纤宽带网络;打造产业领先的数据中心、云计算平台、大数据平台、物联网平台等;引领虚拟化、软件化的下一代网络,奠定未来 5～10 年的网络优势。

在"做强连接应用"方面,中国移动全力打造优质的内容媒体类应用,拉动 4G 流量和家庭宽带收入增长;积极布局智能硬件领域,提升产业影响力;打造多个亿级和十亿级的重点行业解决方案,助力集团市场份额跃升。

显然,在这一战略的指引下,公司资源得以不断向"做大连接规模,做优连接服务,做强连接应用"等领域集中,为其个人移动业务、家庭业务、政企业务和新业务发展持续赋能,形成"四轮驱动"融合发展效应,从而取得上述发展佳绩。

■ 二、中国电信:网络强基、智慧运营和生态化发展等多管齐下,推动公司转型发展取得积极成效

(一)"2+5"业务重构和"一横四纵"重点业务生态圈建设取得显著成效

1.4G 快速发展推动移动业务收入增速超行业平均水平

中国电信 2017 年移动业务用户达到 2.5 亿户,较 2016 年大幅提升了 16.3%,其中,4G 用户为 1.82亿户,同比迅猛增长近 5 成,如图 9 所示。其用户结构发展呈现出良好态势,4G 用户的渗透率为72.8%,与中国移动极为接近。

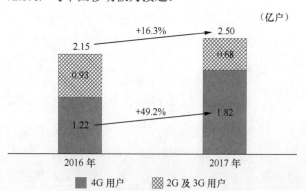

图 9　中国电信 2016—2017 年移动业务用户规模发展情况

中国电信 4G 用户的 DOU 达到 1.96GB,与2016 年相比,接近翻番,如图 10 所示,相比中国移动 4G 用户的 DOU 也高出 210MB。相较而言,中国电信激发用户使用流量的业务偏好的成效更佳。

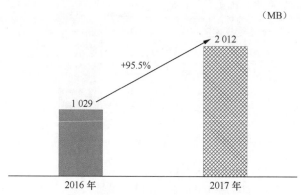

图 10　中国电信 2016—2017 年 4G 用户 DOU 情况

在 4G 用户规模迅猛增长、用户使用流量的偏好被大幅激发的背景下,中国电信的移动数据业务收入达到 1 142.58 亿元,同比增长了 22.4%,增速与中国移动接近,如图 11 所示;移动业务的总收入升至 1 805.35 亿元,较 2016 年提升了 4.8%,增幅超过行业平均水平(3.7%)。

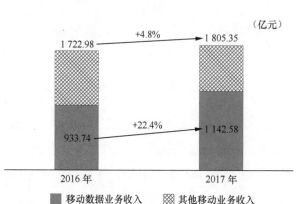

图 11　中国电信 2016—2017 年移动业务收入情况

2.有线宽带市场份额遭受猛烈冲击,价值增长点加速向增值业务转移

中国电信 2017 年的有线宽带用户规模达到1.34 亿户,同比增加了 8.5%,但市场份额有所下滑,截至 2017 年年底,其在三家电信运营商中的市场占有率为 41.4%,下降了 3.2 个百分点,如图12 所示。

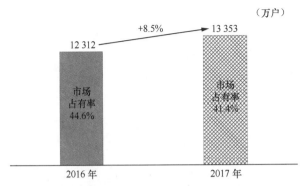

图 12　中国电信 2016—2017 年有线宽带用户
规模发展情况

在竞争加剧以及政府"提速降费"的驱动下，中国电信有线宽带产品的总体价格下降了 37%，导致其有线宽带用户的 ARPU 值由 2016 年的 54.2 元降至 2017 年的 49.8 元，降幅达到 8.1%，抵消了由于用户规模上升带来的收入增加。

不过，中国电信在有线领域同时也出现了一个可喜变化，其天翼高清业务的用户规模较 2016 年增长了近 4 成，达到 8 576 万户，如图 13 所示。在此带动下，该项业务收入超过 64 亿元，同比增幅高达 34.3%，如图 14 所示，呈现加速增长态势，有效弥补了因宽带价格下滑所导致的减收。

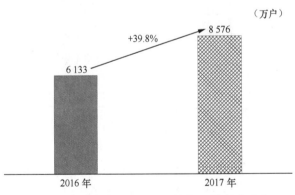

图 13　中国电信 2016—2017 年天翼高清用户
规模发展情况

3. 政企业务和互联网金融业务保持迅猛发展势头

中国电信的政企业务也同样发展迅猛，其中，物联网的连接数达到 4 430 万个，增幅高达 212%，相应的收入增速超过 200%，业务的价值得到较好的保护。包含 IDC、云服务以及大数据等在内的新型 ICT 应用服务收入达 400.5 亿元，同比增长了 20%，其中增长最为迅猛的是大数据业务，其收入增幅为

87.6%，云服务收入的增幅为 61.5%，最低的 IDC 业务的增幅也有 20%。在互联网金融业务方面，翼支付 2017 年的累计交易额接近 1.6×10^4 亿元，同比增长了 53.4%，有效拉动了移动业务用户规模的增长，为主业发展作出了巨大贡献。

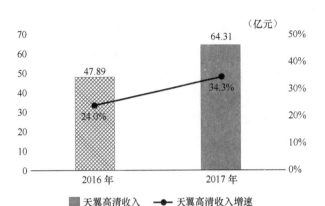

图 14　中国电信 2016—2017 年天翼高清业务收入情况

（二）网络强基、智慧运营和生态化发展是促成电信表现优异的核心因素

显然，中国电信的"2+5"业务重构和"一横四纵"重点业务生态圈建设已开始取得显著成效。4G、宽带两大基础业务实现了用户规模的较大幅度增长，为后续的流量经营和价值经营拓宽了潜在空间。天翼高清、翼支付、物联网、云和大数据以及"互联网+"等业务也已开始进入快速发展轨道。在此背后，是中国电信多维度综合发力的结果。

一是着力构筑 4G 网、物联网、全光网 3 张精品网，进一步强化网络优势。中国电信以 117 万站建成全球最大的 FDD 网络，以 30 万站建成全球最大的 NB-IoT 网络，以超过 96% 的 FTTH 家庭覆盖率建成全球最大的光纤到户网络，以此为 4G、有线宽带、天翼高清、物联网、IDC 等业务的发展奠定了坚实基础。

二是持续提升智慧化运营能力。随着网络建设、升级和演进，中国电信还"苦练内功"，朝精确管理、精准营销、精细服务和精益网运等目标迈进。全力打造以数据驱动为核心的"企业中台"，通过大数据平台建设，深化大数据应用，进而推动能力开放和企业智慧运营水平提升，实现效率和效益的双提高。

三是坚持业务生态化发展的思路。2017 年，中国电信通过战略协同、平台开放、深度合作和能力互补等举措，促进自身与产业链各方形成具有多样性、互补性、灵活性、融合性、创造性的生态圈，在满足用户需求的同时创造新价值。例如，以"互联网＋能力开放平台"，封装通信、位置、流量、安全、自服务等能力，对外开放，汇聚社会优质资源，探索新的合作模式，推动ICT生态的构建；推出面向合作伙伴的天翼网关，支持2.4GHz/5GHz双频段无线信号，具有更稳定的Wi-Fi无线能力，可以配合众多国内外厂商提供的智能化产品服务，实现产品的快速对接；与阿里巴巴合作，实现翼支付与支付宝优势互补，共同为用户提供支付、信用等互联网金融服务等。

三、中国联通：紧抓"混改"机遇，实行差异化竞争战略和培育产业互联网新动能等多措并举，推动公司发展态势取得较大改观

（一）移动业务和产业互联网业务呈现良好增长态势，有线宽带业务亟待扭转不利局面

1. 4G用户规模增速远超友商，流量经营成效显著，促成移动业务收入增幅在业内领先

2017年中国联通的4G用户规模达到1.75亿户，较2016年的增幅接近7成，远超中国移动和中国电信两大竞争对手，如图15所示。其4G用户渗透率为61.6%，相较友商仍有较大提升空间，预计随着聚焦4G发展战略的进一步推进，中国联通2018年的4G用户规模和渗透率仍将会有较大提升。

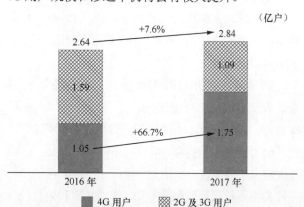

（亿户）

图15 中国联通2016—2017年移动业务用户规模发展情况

另外，中国联通4G用户的DOU为4.42GB，同比接近翻两番，如图16所示，无论绝对值抑或增速均遥遥领先业内两家竞争对手。

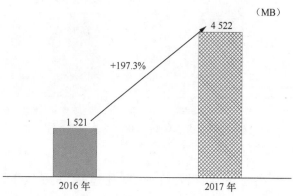

（MB）

图16 中国联通2016—2017年4G用户DOU情况

在上述因素的促进下，中国联通的移动数据流量收入取得了27.1%的业内最高增幅，达到932.83亿元，移动业务总收入的增速也为业内最高，接近8%，如图17所示。显然，中国联通的流量经营成效显著，位列三家电信运营商之首。

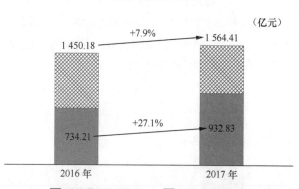

（亿元）

图17 中国联通2016—2017年移动业务收入情况

2. 有线宽带市场份额同样遭受猛烈冲击而导致收入下滑，亟待发掘新的增长点

中国联通2017年的有线宽带用户规模与2016年基本持续，同比仅上升了1.7%，为7653.9万户。市场份额进一步受到中国移动的猛烈冲击而下滑明显，其截至2017年年底在三家电信运营商中的市场占有率为23.7%，下降了3.6个百分点，如图18所示。

同样，受竞争和"提速降费"政策等影响，中国联通有线宽带用户2017年的ARPU值也出现了较大幅度下降，由2016年的49.4元下降为46.3元，降

幅 6.3%。受此拖累，其有线宽带业务的收入减少了 2.6%，降为 427.12 亿元，如图 19 所示。

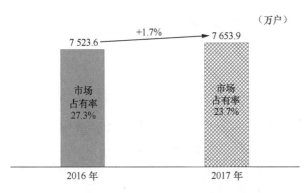

图 18　中国联通 2016—2017 年有线宽带用户
规模发展情况

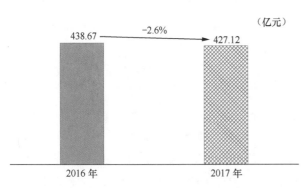

图 19　中国联通 2016—2017 年有线宽带业务收入情况

结合前几年的数据可以发现，中国联通在有线宽带市场的份额已连续 3 年萎缩，且目前未发现有能扭转这一不利态势的因素出现。此外，中国联通也尚未出现有类似于中国电信天翼高清那样突出的增值业务，可有效弥补接入业务收入的减少。面对不利的竞争形势，中国联通亟需加快调整策略作出回应。

3. 培育产业互联网业务为未来的重要增长引擎

中国联通政企业务的发展聚焦在 IDC、物联网、云计算、大数据及 IT 服务等几项重要业务上面，需要对其加大投入力度进行培育。几项业务在 2017 年的收入合共达到 159.07 亿元，同比上升 17.4%，在主营业务收入中的占比为 6.4%，如图 20 所示。预计至 2020 年，中国联通上述业务的收入在主营业务收入中的比例将大幅提升至 15% 左右，成为公司未来的重要增长引擎。

收入（亿元人民币）	2017
产业互联网业务	159.01（▲ 17.4%）
IDC	105.41
IT 服务	33.19
物联网	14.10
云计算	4.79
大数据	1.58

图 20　中国联通 2017 年产业互联网业务收入情况

（二）紧抓"混改"机遇，实行聚焦合作创新的差异化竞争战略以及有意识培育产业互联网业务成为发展新动能是中国联通发展的关键举措

受制于业务体量及投资规模相对较小，且在 4G 起步阶段未能紧抓升级发展机遇等不利因素，中国联通目前的发展状况相较前 2～3 年已是有了较大改观。其背后的重要举措包括以下几项。

一是紧抓"混改"历史性机遇，释放企业发展活力。一方面，通过引入实力雄厚的战略投资者，充分利用他们在零售体系、渠道触点、内容聚合、家庭互联网、支付金融、云计算、大数据、物联网等领域的技术优势开展业务合作，或基于有利条件抢占优先合作机遇，以满足他们庞大的业务需求；另一方面，公司对管理层进行大幅度改革，推进划小承包，成立专业化公司运营新兴业务并针对关键领域加大资本开支，多管齐下提升运营效率。

二是力促聚焦合作创新战略落地，实行差异化竞争。摒弃全面竞争的路线，代之为抓住数据业务需求高速增长的发展机遇，加快驱动用户向 4G 升级。深化流量经营和应用创新，促进流量增长和价值提升。积极探索与互联网公司的开放合作，推出以腾讯王卡、蚂蚁宝卡等为代表的 2I2C 业务，满足不同用户在差异化场景下的流量需求，快速抢夺第二卡槽。

三是在聚焦合作创新战略的指引下，大力推动政企重点创新业务发展。通过开启 NB-IoT 网络试商用，抢占物联网风口；投入巨量资源建设云数据中心，不断夯实 IDC 和 ICT 业务的发展基础等举措，培育增长新动能。

（中国信息通信研究院　梁张华）

中国电信 2017 年发展分析

2017 年，中国电信抓住消费升级的有利机遇，积极应对市场竞争，采取进攻性市场策略，快速扩大规模，不断优化结构，在移动业务、固网宽带业务和政企业务方面均交出了一份可喜的成绩单。

2017 年是中国电信落实全面转型升级战略、构筑全面竞争优势的关键之年。中国电信以转型 3.0 战略为引领，着力推进网络智能化、业务生态化、运营智慧化建设，向"领先的综合智能信息服务运营商"阔步前进。当前，中国电信的转型升级已经初见成效，诸多创新举措为行业的改革发展提供了示范借鉴。

一、移动业务发展强劲，4G 份额 3 年提升 11 个百分点

2017 年，中国电信移动业务的发展势头保持强劲，全年移动用户净增 3 496 万户，净增用户比 2016 年翻一番；总用户数达到 2.5 亿户，市场份额达到 17.6%。比 2016 年年底提升 1.4 个百分点。中国电信在过去一年里积极推进网络智能化建设，打造 4G 精品网，4G 业务规模发展迅速，4G 用户净增达到 6 017 万户，连续 2 年超过 6 000 万户；4G 总用户数达到 1.82 亿户，市场份额从 2014 年的 7.1% 跃升至 18.1%，3 年间提升 11 个百分点。4G 用户渗透率高达 72.8%，处于行业领先地位（中国移动为 73.2%，中国联通为 61.5%）。

在快速发展移动用户的同时，中国电信以流量规模和流量价值双提升为牵引，抓住了大流量窗口期，通过天翼大流量套餐、定向流量包、视频流量卡等大流量应用产品，快速释放用户的流量需求，2017 年数据流量较 2016 年年底实现了 3 倍增长，DOU 达到 3.5GB，拉动流量大幅增长。同时，全网通移动电话助力中国电信开拓用户发展空间，2017 年中国电信全年终端自注册量超过 1.4 亿部，完成销售额近 3 500 亿元，连续 4 年保持增长。

二、固网宽带业务高位快速增长，但领先优势遭大幅削弱

凭借端到端网络、服务和融合经营的全方位竞争优势，中国电信在固网宽带业务方面延续了用户规模快速增长的良好走势，2017 年宽带用户数达到了 1.34 亿户，全年净增 1 041 万户，净增用户连续 2 年超过 1 000 万户，增幅达 8.5%。

2017 年，中国电信坚持丰富差异化内涵，进一步巩固光宽业务产品差异化优势。首先，其在网络能力上坚决提速，以百兆光宽为主流，提升光宽用户端到端感知，截至 2017 年年底，中国电信在全国已累计投入超过 2 000 亿元，光纤到户网络已覆盖全国 4.5 亿户家庭；100Mbit/s 以上用户占比超过 50%，宽带平均接入速率超过 60Mbit/s，上网满意度为第一；其次在套餐组合上坚持融合，推出 4G 不限量套餐 + 百兆光宽 +4K+ 天翼高清、十全十美等融合套餐稳定客户群，并且着重加强内容填充，聚焦智慧家庭推进天翼高清、家庭云、智能组网等应用，强化客户体验；最后在服务能力上持续提升，实施"当日装、当日修、慢必赔"的服务承诺，树立行业新标准。

三、政企业务高速发展，创新业务成为未来增长点

在物联网方面，中国电信用户规模快速提升。2017 年上半年，其物联网连接数净增 1 379 万户，较 2016 年年底接近翻番，达到 2 798 万户。2017 年全年净增 2 500 万户，总数接近 4 000 万户。在"中国电信终端产业联盟第九次会员大会"上，中国电信提出 2018 年物联网终端目标为 6 000 万部，同时中国电信要做 NB-IoT 行业的领导者，重点聚焦税务燃气、智慧小镇、白电厨卫、小牧童四大行业，NB-IoT 市场份额超过 80%。

在新兴 ICT 方面，中国电信的 IDC、云和大数据

业务发展迅速。2017 年上半年，其收入超过 200 亿元，其中 IDC 收入规模接近 100 亿元，同比上升 25%，云和大数据业务收入同比增幅分别达到 62% 和 81%。未来，创新业务将成为主要增长点，中国电信将发挥云网融合、安全可信、专享定制三重优势，做大开放云、大数据及"互联网+"三大平台，持续完善资源布局。

总体而言，2017 年中国电信新兴 ICT 生态势头良好，物联网生态已具雏形。根据中国电信转型 3.0 战略的预期目标，物联网生态圈将产生亿级的连接，新兴 ICT 生态圈将产生千亿元级收入。预计 2018 年，中国电信政企业务将迎来爆发式增长。

四、中国电信 2017 年优秀发展经验总结

（一）打造三大精品网络，部署前瞻性网络

2017 年，中国电信着力构筑 4G 网、物联网、全光网 3 张精品网，网络优势进一步强化。

一是建成国内首张 FDD 4G 全覆盖网络。中国电信在 2017 年全面完成 800MHz 频段重耕，建成优质全覆盖的 4G 网络，用户综合体验行业最优；同步部署 VoLTE，形成试商用网络能力，为移动语音业务升级奠定基础。截至 2017 年上半年，4G 基站达 105 万站套，人口覆盖率为 98%。

二是建成全覆盖的新一代物联网（NB-IoT）网络。中国电信依托 800MHz 4G 网络，充分发挥低频优势，率先建成 NB-IoT 网络，已全面实现商用，赢得物联网业务发展的网络优势。2017 年上半年就实现了 31 万个基站升级。

三是建成全球最大的光纤到户网络。中国电信持续推进光网建设，城镇以上区域光网家庭覆盖率达到 92%，整体用户平均接入带宽达到 62Mbit/s；在主要城市按需部署千兆接入能力，扩大数据中心互联（DCI）网络覆盖范围，推进融合、集约的内容分发网络（CDN）建设，进一步提升高速优质的端到端网络体验。

除了构建三大精品网络外，中国电信还积极发展 5G、eMTC 等前瞻性网络，推动光网升级和云网协同，确保网络能力保持领先优势。

（二）构建"生态魔方"，促进生态共赢

2016 年，中国电信率先实施转型 3.0 战略，着力发展智能连接、智慧家庭、互联网金融、新兴 ICT、物联网五大业务生态圈。2017 年业务生态化拉动了各项业务规模发展，五大生态圈已成规模。

2017 年中国电信对"业务生态化"做了进一步的阐释，提出"生态魔方"的概念，希望依托自身的长板业务协同产业合作共同打造"互补、多变、有机"的生态魔方。

生态魔方的核心是"多"和"变"。产业链上的各类合作伙伴将通过战略协同、平台开放和能力互补，形成具有多样性、互补性、灵活性、融合性、创造性的生态圈，在满足用户需求的同时创造新价值。生态化合作将促进共创、共生、共享、共赢的发展。"三多三共四促"可形象地展现生态魔方。

"三多"是魔方的本身特性：多模块，每个模块（相当于一家企业）都有特定功能，形式各异，但只有组合才能有效互补协同；多组合，不同模块组合灵活多样、变化多端，形成统一的有机体；多业态，模块间的不同组合相互融合、衍生，创造出各种新业态。

"三共"是指魔方实现新价值的方式：共享，各模块的核心能力和资源共享；共创，各模块纵向和横向一体化，能力资源叠加放大，共创价值；共荣，各模块协同演进，共同成长。

"四促"是指魔方给企业带来的价值增益：促进企业生产组织灵活可扩展；促进整体运营质量提升；促进产品和服务创新；促进竞争优势增强等。

生态魔方的最终目的是高效满足用户需求，并创造新需求。未来，中国电信将通过网络演进、平台开放、深度合作、供给升级，做强各自的长板，强化生态协同，携手合作伙伴共建生态魔方，创造新的价值。

（三）持续提升运营智慧化的运营能力

中国电信聚焦大数据应用，倾力打造以数据驱动为核心的"企业中台"，通过大数据平台建设，推动能力开放，深化大数据应用，进而提升企业智慧运营水平，实现效率和效益的双提高。

中国电信运营智慧化主要聚焦四大类数据应用。在人力资源管理、无线接入投资、光网接入投资及客户经营方面注入智慧，全面提升企业营销服务和管理决策能力，从而实现精确管理、精准营销、精细服务和精益网运等目标。

2018 年，中国电信将继续加快网络智能化、业务生态化、运营智慧化的步伐，将建设智慧生活作为中国电信的长期任务。

（中国信息通信研究院　肖纪威　王文静　梁张华）

中国移动 2017 年发展分析

2017 年是中国移动实施"大连接"战略的关键一年，其通过提出"四轮驱动"融合发展思路，深入个人市场、家庭市场、政企市场、新业务[1]市场融合发展，推进"大连接"战略落地，加快转型步伐，实现做强、做优、做大。截至 2017 年年底，中国移动个人市场业务依旧保持领先，有线宽带业务实现爆发式增长。政企业务、新业务也呈现出良好增长势头，有望成为驱动增长的新动能。

一、移动 4G 保持领先

2017 年，中国移动 4G 用户数依旧保持领先。截至 2017 年年底，中国移动的手机用户数达到 8.87亿户，净增 0.38 亿户，市场份额为 62.42%，与 2016年基本持平。其中 4G 用户达到 6.50 亿户，它是中国电信和中国联通 4G 用户加总后的 1.82 倍，并且4G 渗透率达到 73.21%，高出中国电信 72.83%，高出中国联通 61.54%。

中国移动在移动业务保持领先的同时，4G 用户市场份额、增幅却呈下降态势。自 2015 年工业和信息化部向中国电信和中国联通发放"LTE/ 第四代数字蜂窝移动通信业务（LTE FDD）"牌照以来，竞争对手加快推动 4G 网络部署，重耕低频混合组网，提升用户 4G 网络体验，套餐资费方面向用户大幅让利，并根据市场需求推出多种多样的手机流量套餐，满足用户不断变化的通信需求，极大增强了发展后劲。截至 2017 年年底，中国移动 4G 用户市场份额为64.54%，相比 2016 年（70.26%）降幅为 5.72 个百分点。从三大电信运营商 4G 用户同比增速来看，2017年中国移动 4G 用户增幅呈下降趋势，且增幅低于中国联通和中国电信。

二、有线宽带业务发展迅猛，有望超越电信

2017 年中国移动有线宽带业务取得爆发式增长，领先中国联通优势加速扩大，与中国电信差距快速收窄。截至 2017 年年底，中国移动有线宽带用户数达到 1.13 亿户，同比增幅高达 45.17%，远高于中国电信（8.46%）、中国联通（1.73%）。高带宽用户占比持续提升，截至 2017 年上半年，20Mbit/s 及以上带宽用户占比达到 87.5%，较 2016 年年底提升 10.6个百分点。

中国移动宽带网络能力的快速提升，为加快发展家庭数字化服务奠定了基础。2017 年，中国移动积极发展智慧家庭应用和服务解决方案，推出自主智能家庭网络、魔百和（数字电视机顶盒）、和目（家庭安防）、IMS 家庭固话等产品，进一步加强客户黏性，提升服务品质。2017 年上半年，魔百和客户数达到 3 859 万户，比 2016 年年底净增 1 579 万户，渗透率突破 40%。此外，中国移动还积极开展行政村预覆盖、商业楼宇厚覆盖等行动，宽带业务进一步下沉到农村，有望打开农村宽带新蓝海。

三、政企市场、新业务市场有望成为迅速崛起领域

（一）政策利好、市场需求旺盛，促使政企市场大发展

2017 年中国移动积极拓展政企市场，成效显著。中国移动全球合作伙伴大会的召开，为政企市场发展带来了新的利好消息，促使政企市场业务进一步发展。

---

[1] 新业务指运营商的数字化服务。

中国移动 2017 年积极拓展政企市场，规模和收入显著增长。截至 2017 年上半年，其服务的政企客户超过 590 万家，公司集团客户通信和信息化收入市场份额已超过行业三分之一。物联网发展方面，截至 2017 年年底，物联网连接规模已超 2 亿条，净增长超过 1 亿条，涵盖交通、金融、能源、安防、工业制造等多个行业，预计 2018 年物联网连接数将超过 3.2 亿条。数据专线业务、IDC 业务方面，2017 年上半年数据专线收入同比增长 38.4%，IDC 收入同比增长 97.1%。在行业解决方案方面，发展政务云项目 70 多个，智慧城市项目超过 355 个，"和医疗"服务全国 1.06 亿医患，"和教育"服务全国 9 000 多万用户，中国移动还通过不断深耕垂直领域，携手行业组织共同打造工业、农业、教育、政务、金融、交通、医疗 7 个重要行业的解决方案。

在 2017 年中国移动全球合作伙伴大会上，中国移动宣布提供 20 亿元专项补贴，用于推动物联网的各种基础设施建设，并发布了《中国移动能力开放白皮书 2.0》《中国移动多形态终端白皮书》《中国移动 NB-IoT 安全白皮书》等重要文件。同时，其还与中国华电集团有限公司、广汽集团、中兴通讯股份有限公司分别签署战略合作协议，与华为技术有限公司、海尔集团等数百家合作伙伴签署合作意向书；其还进一步推进实施"牵手计划"，在网络互联互通、信息技术协同创新等方面加强深入合作。从集团对物联网业务发展的重视以及各项利好政策的发布可以预期，政企业务市场有望成为继有线宽带业务之后下一个迅速崛起的领域。

（二）新业务市场依托庞大用户基数，正成为新发展突破口

新兴业务市场依托中国移动庞大的用户基数，逐渐成为中国移动创收的新突破口。中国移动通过打造咪咕＋平台，输出内容汇聚变现能力，打造完善的内容原创生产、加工、分发、精准投放、便捷支付为一体的生态链。

在数字化服务方面，2017 年上半年，中国移动应用及信息服务收入增长 12.1%。中国移动加快打造有竞争力的数字化产品，积极培育拓展内容和应用型业务，持续优化客户体验，2017 年上半年，咪咕系列客户端月均活跃用户突破 1 亿人。

在内容资源方面，中国移动通过加大内容引入和 CDN 内容分发，丰富平台内容资源，不断增加客户黏性和应用价值。中国移动还大力发展移动支付业务，2017 年上半年中国移动支付平台"和包"交易额超过 9 500 亿元。同时，其持续提升位置服务能力，基于移动电话定位城市道路实时交通系统已在 110 个城市发布，位置调用量达到 83 亿次。

■ 四、中国移动 2017 年优秀发展经验总结

（一）实施"大连接"战略，推进"四轮驱动"融合发展

2017 年中国移动围绕"大连接"整体战略布局，抓住 4G 与家庭宽带发展契机，坚持推进"四轮驱动"融合发展，从个人市场、家庭市场、政企市场、新业务市场积极拓展，致力于成为全球数字化创新的领先运营商。

做大连接规模方面。中国移动推动业务从无线向有线全连接扩展，连接对象从个人向家庭、企业及万物互联扩展，形成泛在的连接规模优势。在提供优质连接服务的同时，中国移动通过"村通工程"帮助边远乡村搭建起与外界沟通的桥梁，使能够使用移动家庭宽带上网的农村比例不断提升。

在做优连接服务方面。中国移动推动连接服务从管道接入型连接向平台级连接与端到端基础设施服务扩展，实现连接服务的纵向延展。2017 年中国移动认真落实"提速降费"，流量资费 2017 年同比下降 36%，各项降费举措共惠及用户 12 亿人次，为更多个人和企业共享数字化红利进一步降低了门槛。中国移动通过构建"3+1"能力服务体系（通信能力开放平台、统一认证平台、物联网 OneNET 平台和智能家庭网关平台），开放自身优势能力与技术，为合作伙伴提供创新开发平台。基于高速 4G 网络和"3+1"能力服务体系，中国移动不断推出聚焦日常生活和垂直行业需求的数字化信息解决方案。

做强连接应用方面。中国移动推动连接应用从信息消费向垂直行业的数字化生活、生产服务拓展，实现连接应用的实质性突破，创造持续化服务的应

用价值。一方面,中国移动将继续推动消费互联网各类应用,着力打造百亿级收入的内容产品;另一方面,中国移动深入交通物流、能源电力、工业制造等七大垂直行业,以信息化推动生产数字化,打造多个10亿级的垂直应用解决方案。

(二)低价攻势、行政村预覆盖、商业楼宇厚覆盖,成为有线宽带业务新的突破口

2017年中国移动有线宽带业务迅猛增长,给竞争对手带来新压力。中国移动有线宽带业务取得成功有以下3点关键经验。一是全面整合铁通资源。2013年之前,中国移动由于缺乏有线宽带业务牌照,宽带业务一直发展缓慢。从2013年12月获得TD-LTE(4G)牌照,固网禁令被解除,但有线宽带短板一直存在。自2015年11月形势发生转变后,中国移动集团公司通过收购中国铁通的固网资产,快速获得了有线宽带核心资源,此后中国移动有线宽带业务迅猛增长。二是宽带低价攻势。中国移动为响应国家"提速降费"的要求,同时凭借其庞大的移动用户基数,通过融合捆绑等销售形式,有效地打开了中国移动有线宽带市场。三是积极开展行政村预覆盖、商业楼宇厚覆盖等行动。宽带业务将进一步下沉到农村市场、商业楼宇,这为中国移动抢占农村宽带市场,攻坚竞争对手堡垒业务打下了基础。

(三)推动"139"合作计划,服务产业发展

为深化实施"大连接"战略,中国移动深入推进"四轮驱动"融合发展,贯彻新发展理念,培育发展新动力。中国移动在2017年合作伙伴大会上发布了"139"合作计划,它包括1个全新网络、3个产业联盟、9个能力应用。

"139"合作计划通过构建全新移动物联网,充分布局NB-IoT连接。依托物联网联盟、数字家庭联盟、5G联合创新中心三大产业联盟,中国移动设立实验室、"双创"基地,创投基金资源,构建数字家庭生态体系,并利用5G联合创新中心聚焦基础通信、车联网、物联网、工业互联网、云端机器人、虚拟/增强现实等领域,布局5G新生态。其通过整合通信服务能力、统一认证、OneNET共享设备管理、Andlink家庭智能连接、和信用分、和包支付、行业"视频+"、电商一点对接、智能语音云9大重点能力应用,利用API(应用程序编程接口)化、商品化的能力封装和在线展示销售,为开发者提供一站式、便捷化的在线服务。

中国移动通过搭建"139"合作桥梁与平台,为广大用户提供更加优质高效的信息通信服务,同时为中国移动自身多元化发展创造机会。

(中国信息通信研究院　王文静　肖纪威　梁张华)

中国联通 2017 年发展分析

中国联通2017年总体上取得了较好的发展成绩。与 2016 年相比，中国联通在聚焦发展 4G 战略的引领下，推动移动业务持续快速增长，4G 用户增幅近 7 成，移动业务用户增幅近 1 成。政企重点创新业务继续保持迅猛发展势头，已逐渐成为中国联通新的重要增长动能，仅 IDC、ICT 两项业务在 2017 年即可带来近 200 亿元收入。但值得注意的是，中国联通在固网宽带领域仅取得了微弱增长，增幅仅为0.52%，市场份额遭进一步压缩，该业务亟待高度重视，推动局面扭转。

在取得相应成绩的同时，中国联通也贡献了多项优秀经验：紧抓"混改"历史性机遇，释放企业发展活力；力促聚焦合作创新战略落地，实行差异化竞争；在聚焦合作创新战略的指引下，大力推动政企重点创新业务的发展，培育增长新动能等。相关举措将为行业改革发展提供有益借鉴。

■ 一、4G 带动移动业务持续快速增长

中国联通在 2016 年扭转了移动业务用户规模持续萎缩的不利局面后，进入 2017 年，移动业务取得了继续较快增长的佳绩。截至 2017 年 12 月，中国联通的移动业务出账用户数从不足 2.64 亿增至 2.84亿，增幅 7.7%，比 2016 年上升 3.1 个百分点，实现加速增长。其月均复合增长率为 0.6%，比 2016 年上升了 0.2 个百分点。4G 成为拉动移动业务用户增长的核心动力。

其中，4G 用户数从 2016 年年底的不足 1.05 亿增至 2017 年年底的 1.75 亿，用户规模净增超 7 000万户，增幅达 67.3%，月均复合增长率为 4.4%，处于高速增长态势。截至 2017 年 12 月，4G 用户在移动出账用户中的占比约为 62%，连续第二年大幅提升 22 个百分点以上，如图 1 所示。

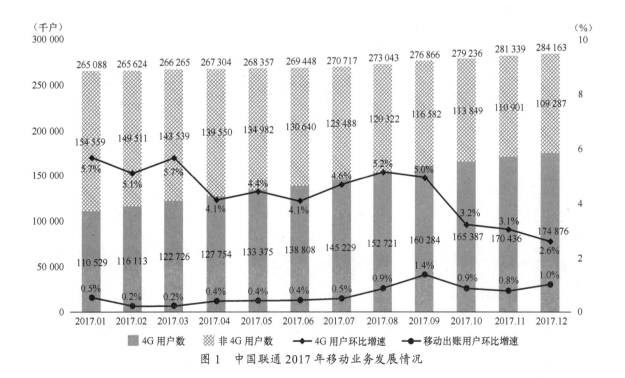

图 1 中国联通 2017 年移动业务发展情况

二、固网宽带业务增长乏力，亟待突破

在固网宽带业务方面，中国联通 2017 年仅取得了微弱增长。其用户数从 2016 年年底的 7 524 万增至 2017 年 12 月的 7 654 万，提升的幅度仅为 0.52%，比 2016 年大幅下降 4.1 个百分点。其用户发展的月均复合增长率为 0.14%，比 2016 年下降了 0.2 个百分点。

纵观中国联通 2017 年固网宽带用户的月度环比增速，实际呈总体下降的态势。尤其值得注意的是，12 月的用户数负增长 1.24%，环比大幅减少了 96.4 万户。中国联通的固网宽带业务无疑已步入增长乏力的困境，亟待突破，如图 2 所示。

2017 年，中国移动继续在固网宽带市场秉持低价竞争策略，中国联通的市场份额进一步下降，从 2015 年年底的 30% 跌至 2016 年年底的 27%，至 2017 年年底降至 24%。而中国移动的份额则由 23% 上升至 28% 进而至 2017 年年底的 35%，其市场份额已远超中国联通，并很有可能在 2018 年内超越中国电信，跃居市场第一。若再结合考察 2014 年的数据，中国联通在固网宽带市场的份额已连续 3 年萎缩。面对不利的竞争形势，中国联通亟须强化在该领域的竞争实力，扭转不利局面，如图 3 所示。

三、政企重点创新业务持续迅猛发展，逐渐成为新的重要增长动能

随着经济社会转型的不断深入和提速，"大连接、

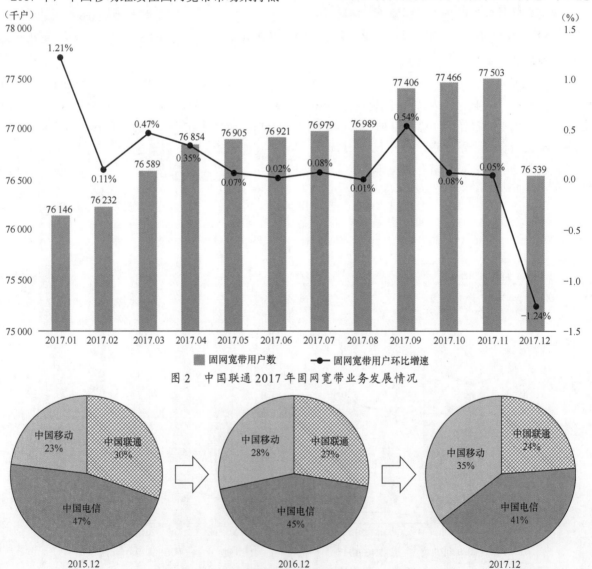

图 2 中国联通 2017 年固网宽带业务发展情况

图 3 三大电信运营商固网宽带业务市场份额近 3 年变动情况

大数据、大计算"已成为经济社会对信息通信业发展方向的新要求。在此大背景下，中国联通以物联网、云及 IDC、ICT 等为代表的政企重点创新业务迎来了快速发展期。

2017 年上半年，联通在云及 IDC、ICT 业务两大领域的收入分别为 58.0 亿元以及 18.7 亿元，比 2016 年同期分别提升 22.0% 和 15.6%，2017 年全年的相关收入可望分别达 115.3 亿元和 68.7 亿元。在物联网方面，中国联通开通了 NB-IoT 的试商用网络，并且连接数已突破 5 000 万，半年间新增连接数约 700 万，增幅 16.3%。

实际上，中国联通针对创新领域进行了全方位布局，详见表 1。自 2017 年"混改"以来，其业务动态绝大部分均与政企重点创新业务相关，可见其坚定促成政企重点创新业务作为新增长动能的决心，详见表 2。中国联通的政企重点创新业务将在未来 3 年迎来爆发式增长。

表 1　中国联通在创新业务领域的全方位布局

创新业务	现有布局
云计算	提供"网络 + 平台 + 产品 6 应用"的全方位云计算服务。2016 年公司与 30 多家芯片、硬件、数据库、软件应用服务、集成服务等厂商共同成立"中国联通沃云 + 云生态联盟"
大数据	2017 年 9 月成立联通大数据公司，发布了"基础产品""标准产品""平台及行业解决方案"三层八大运营产品
物联网	2015 年已经正式上线物联网 CMP 平台，在智慧城市、公共事业、智慧水务等多行业进行应用试点。2017 年 8 月发布了"物联网平台 +"生态战略

表 2　中国联通"混改"后的业务新动态

时间	事项
2017.8	中国联通宣布成立"中国联通物联网产业联盟"并发布了"物联网平台 +"生态战略，百度、阿里巴巴、腾讯、联想、海尔、新华三、中兴、华为技术等 30 多家企业或科研院所都参与进联盟
2017.9	联通大数据有限公司正式挂牌成立，同时发布了基础、标准应用和平台级行业解决方案共 3 层八大产品
2017.10	中国联通宣布和腾讯、阿里巴巴相互开放云计算资源，在云业务层面开展深度合作

（续表）

时间	事项
2017.11	联通与京东的首个合作项目落地广州，共同打造智慧生活体验门店
	中国联通发布 Edge-Cloud 演进路标，2018 年开启商用部署
	阿里云与中国联通关于公共云合作的首个项目：浙江联通"沃云 Powered by Alibaba cloud"平台正式发布上线，助力浙江企业上云，未来该模式也会辐射到全国
2017.12	中国联通与腾讯王卡联合推出业界首个互联网宽带服务"王卡宽带"
	王晓初董事长在论坛活动上发言时透露，中国联通计划在公司内部成立资本运营公司，通过二级单位的资本运作来补短板
	成立面向消费互联网领域的全资控股公司"联通在线"，将实施"185"生态战略，整合与消费互联网相同的各基地，在视频、音乐、阅读、游戏、家庭互联网等领域展开攻势
	阿里巴巴与中国联通合作，上海一家联通营业厅现已升级改造为植入新零售基因的"智慧门店"，未来将以此蓝本进行全国营业厅的复制推广

四、中国联通 2017 年优秀发展经验

（一）紧抓"混改"历史性机遇，释放企业发展活力

2017 年 7 月，中国联通的"混改"试点方案获得国家发展和改革委员会的批复，并成为贯穿中国联通 2017 年发展的主线。本次"混改"实质上不仅是资本的重构，更是对国企制度、运行效率等进行全面深化的改革，具有历史性的意义。

在业务方面，这是全球电信行业发展 140 年以来，首次出现"电信运营商 + 互联网"的资本与业务模式创新，合作领域广阔。一方面，中国联通拥有 3.5 亿户移动宽带和固定宽带用户作为互联网业务和垂直行业应用入口，还有近 80 万 4G 基站、覆盖全国 300 多地市的宽带网络、超过 2 万家的线下渠道以及电信业务经营资质，这些对互联网企业等合作方都是很好的互补资源和输出。另一方面，引入的战略投资者实力雄厚，分布广泛，以百度、阿里巴巴、腾讯和京东四大互联网巨头领衔，并有若

干细分领域垂直行业的优秀企业。他们在零售体系、渠道触点、内容聚合、家庭互联网、支付金融、云计算、大数据、物联网等领域或具有强大的技术能力，或具有庞大业务需求，未来各方的合作具有光明的前景，如图4所示。

图 4　中国联通"混改"战略投资者

在经营管理方面，"混改"后，中国联通大幅度改革管理层，努力提升运营效率。一是新增董事会席位，组成人数拟由目前的7名增至13名。公司的董事会成员中至少包括1/3的独立董事（其中至少包括一名会计专业人士）。新的管理层将会给公司带来新的管理理念。二是改革臃肿的机构，总部带头由27个部门压缩至18个部门，减少了33%机构。在"混改"的过程中，中国联通集团公司党组管理的干部退出率达到6%，此后每年还有1.5%的经营管理者、1%的员工退出，进一步增强公司的活力。三是推进划小承包，中国联通已开始试行按地域和业务分成小的经营单元，单独形成收入和利润中心，并对收入和利润的增量部分实行分成，实现多劳多得。划小承包将激发基层公司的工作热情，提升整体的工作效率。四是在内部成立专业公司，例如资本运营公司、在线信息科技公司，通过二级单位进行资本运作来补足、全面发力消费互联网等业务，提高

创新发展的能力。

在资本开支方面，中国联通"混改"实现融资约744.4亿元，相关资金将主要用于4G能力提升项目以及5G组网技术验证、相关业务使能及网络试商用建设项目，并有部分用于创新业务建设项目，可望为未来发展打下坚实基础，见表3。

（二）力促聚焦合作创新战略落地，实行差异化竞争

中国联通相较于中国移动和中国电信，在用户规模、资本开支、投入产出效益等方面均处于劣势，在三大电信运营商中属于体量最小的一方。中国联通由此提出并努力践行聚焦合作创新战略，力图抓住数据业务需求高速增长的发展机遇，加快驱动用户向4G升级，深化流量经营和应用创新，积极探索与互联网公司的开放合作，促进流量增长和价值提升。中国联通在2017年也改变了用户发展方式，不再与中国移动和中国电信进行简单的渠道和价格竞争。

在聚焦方面，中国联通摒弃了全面竞争的路线，将业务发展焦点聚集在东南沿海大城市。向4G的投资重点倾斜，优先投入到能产生高效益的地区，争取用较少的资金来撬动大的市场。通过工业和信息化部协调，借助中国移动的网络在西藏等地区开展漫游业务。

在合作方面，积极推进与众多实力强大的互联网企业开展合作，并取得了显著成效。中国联通与腾讯合作推出的腾讯王卡截至2017年年底已发展了超过5 000万4G用户。通过将QQ和微信作为电子营销渠道，一方面提升了腾讯业务的体验保障，另一方面凭借其一点接入、全网服务的业务运营优势，实现了快速抢夺第二卡槽，拓展用户及收入增长点。此外，中国联通2017年还推动成立了物联网产业联

表 3　中国联通"混改"募集资金用途情况（单位：亿元）

项目名称	2017 年	2018 年	2019 年	2017—2019 年项目总投资	拟使用募集资金投资金额
4G 能力提升项目	250.3	209	91.6	550.9	398.16
5G 组网技术验证、相关业务使能及网络试商用建设项目	1	80	190	271	195.87
创新业务建设项目		32.13		32.13	23.22
合计	—	—	—	854.03	617.25

盟，将百度、阿里巴巴、腾讯、航天科工集团、电子科技集团、思科、爱立信等 30 多家单位囊括进来，共同打造物联网生态圈。

在创新方面，中国联通持续通过创新业务来实现自身发展：一是继续大力拓展城市交通、政府政务等市场；二是继续联合中国电信推动六模手机、统一 4K 智能机顶盒标准，共建共享 4G 基站等，有效节约了 CAPEX 和 OPEX 等方面的开支。2017 年全年资本开支 450 亿元，比 2016 年大幅下降 37.5%。

（三）在聚焦合作创新战略的指引下，大力推动政企重点创新业务发展，培育增长新动能

一是开启 NB-IoT 网络试商用，抢占物联网风口。中国联通确立以 NB-IoT 技术作为未来物联网建设的主要标准，积极布局基于 NB-IoT 技术的物联网创新业务，力促建成"感知佳、覆盖广、连接快"的全球最大的 NB-IoT 商用网络。目前，中国联通已在上海、北京、广州、深圳等 10 余座城市开通了 NB-IoT 试点，预计在 2018 年即可具备千万级连接的支持能力。此外，还发起成立了中国 NB-IoT 产业联盟，推动产业链上下游企业的合作和生态圈的建设。当前，

联盟内已聚集了 300 多家企业和 1 500 多位业内专家。中国联通的系列行动，为其物联网业务的发展打下了坚实基础。

二是不断夯实 IDC 和 ICT 业务的发展基础。中国联通投入了巨额资源，建设了"M+1+N"分布的新一代云数据中心，实现全国 335 个数据中心的总面积 ≥ 200 万 m^2，全国总机架 ≥ 32 万架，总出口带宽 >60TB，PUE<1.5。不仅如此，中国联通还确立了成为国内行业领先的云计算和数据服务提供商的目标，在全国 12 个大云数据中心和 31 个省分节点建立了云计算资源池，并通过自主研发的沃云平台为政府、企业、行业及个人用户提供云计算服务。同时在 Open Stack 的基础上打造了自研路线，使整个产品体系更安全可靠。此外，自主设计并建设了沃云大数据一体化服务平台，形成了涵盖数据采集、存储、加工、管理、模型构建和开放等全生命周期处理流程的数据服务能力，为广泛的政企用户对接数据资源资产、进行自主数据应用创新提供了普适性的基础大数据支撑环境。

（中国信息通信研究院　梁张华）

中国铁塔 2017 年发展分析

中国铁塔 2017 年的营业收入 686.65 亿元，净利润达 19.43 亿元，开始实现盈利。其自身在迅速发展壮大的同时，还带来了良好的行业效益和经济社会效益。自成立 3 年来，中国铁塔不仅有效地解决了三大电信运营商的重复建设问题，大幅降低了他们的成本支出，还有力地推动了社会资源实现跨行业整合和共享。

一、持续推动铁塔规模快速增长，网络覆盖不断完善

中国铁塔成立 3 年以来，累计投资达 1 388 亿元，共交付铁塔 167.9 万座，已超过全行业过去 30 多年的建设总量。其中，2017 年交付铁塔 53.6 万座，保持了高水平的交付量。

截至 2017 年年底，中国铁塔的铁塔数量已超 190 万座，比 2016 年下半年增加了约 30 万座，实现了"凡有人烟处，皆有通信塔"的目标。中国铁塔的站址规模是目前世界上最大的，非流动资产规模及总资产规模分别已达到 2 921.26 亿元和 3 226.43 亿元。

中国铁塔还全力满足 3 家电信运营商在高铁、地铁、大型楼宇等领域的覆盖需求，加强相关领域的公网覆盖系统建设，截至 2017 年 3 季度，已实现覆盖高铁 60 条，总里程超 11 000km，未来 3 年还将增加覆盖 11 660km；覆盖地铁 66 条，总里程超过 1 600km，未来 3 年还将增加覆盖 3 800km；满足 3 家电信企业室内分布需求 3.3 万个，总覆盖面积超过 8.5 亿平方米。

二、铁塔共建共享取得实质性进展，有效降低行业成本

在促进铁塔规模快速增长、网络覆盖不断完善的同时，中国铁塔还致力于推动基础电信行业的铁塔共建共享，并且取得实质性进展，有效提升行业内的资产使用效率，减少重复建设。截至 2017 年年底，全网铁塔共享率由中国铁塔成立前的 14.3% 增至 43%，新建铁塔共享率更是迅速提升至 72%。其中，中国移动的铁塔共享率从 3.6% 提升到 48.6%，中国电信从 36.6% 提升至 90.1%，中国联通从 20.9% 提升到 92.4%。共建共享让中国电信、中国联通 4G 网络覆盖迅速完善，满足了社会对高速网络的需求。在大幅降低网络建设支出的前提下，中国电信、中国联通两家与中国移动 4G 基站数量差距从近 90 万站缩减至 20 万站左右。不仅如此，全行业因共建共享节省了大量资源，累计相当于少建铁塔 60.3 万个，节约了行业投资 1 073 亿元，减少土地占用 2.77 万亩，节省钢材超过 710 万吨，经济效益和社会效益十分显著，改革成效显著。

以前在高铁、地铁时，3 家电信运营商普遍是各自为战，必然导致成本高、效率低、网络质量不均衡。而自中国铁塔成立后，由于统筹了 3 家电信运营商的需求，实现与铁路方更好的对接，快速高效满足了电信运营商在高铁、地铁等重点场景的网络覆盖，大大提高了建设效率，缩短了建设周期，降低了总体投资成本，提高了整体网络质量。

三、积极拓展行业外社会共享业务，实现多领域增收和发展

虽然中国铁塔的成立节约了大量的行业成本，但如果一直采用建设铁塔出租给运营商的模式，将使中国铁塔的投资成倍增长，也将使 3 家电信运营商的压力和负担越来越大。只有改变这一现状才能既实现中国铁塔的良性发展，又大大降低三大电信运营商的压力。因此，中国铁塔还努力推动深化行

业资源共享为社会资源共享，将单一为通信服务的通信塔转变成广泛为社会服务的社会塔，并积极促进社会资源向铁塔的开放共享，让社会塔也成为通信塔，促进实现多领域的增收和发展。

一是开放站址资源，在铁塔上挂载传感器、气象检测仪、监控摄像头、户外广告等，并结合物联网技术，实现一塔多用、社会化共享。截至目前，已和环保、地震、农/林业、气象、无委、电力、海事、铁路、民航、广电网络等几十家政府部门开展广泛合作。典型业务有环境监测、气象监测、路灯照明等。以广东为例，广东铁塔已在广州、东莞等13个地市开展跨行业的项目合作，对外的"社会共享塔"已达5 000座，通过物联网为智能电网、设备监测、农业灌溉等提供服务。

二是通过数据采集、处理、运营及能力开放，为其他行业提供数据、信息、平台及应用等增值服务，如为环境、气象、地震、森林防火等行业提供了6 300多个应用。以海南近海海域监测项目为例，中国铁塔通过与社会企业合作，为其他行业用户提供一体化的解决方案，包括雷达发现船只、光电监控船只和AIS身份识别等。其应用场景多样化，包括环境保护、海事交通及灾害预报预警等。在业务实践方面，成功构建"人、船、地、海、岛、空、天"立体感知系统，建成海洋业务指挥中心、大数据中心和云服务平台、开发综合业务管理平台和决策支持平台等。

三是提前布局其他新能源应用体系，推动动力电池梯级利用创新。中国铁塔先是在黑龙江、天津、河北等地试点把电动汽车不用的铁锂电池重新应用在移动通信基站备能中，建设了3 000多个退役动力电池梯级利用试验站。确认了退役动力电池在能量密度、功率密度、温度特性、循环寿命等方面优于铅酸电池后，开始大力推广试点省分公司利用梯次电池的实践经验，并用好国家鼓励使用新能源的政策和电网波峰波谷差别定价的政策，在动力、能源等方面组织技术创新和管理创新，降低投资和运营成本。目前，中国铁塔与重庆长安、比亚迪、银隆新能源、沃特玛、国轩高科、桑顿新能源等16家企业签署了新能源汽车动力蓄电池回收利用协议，不仅解决了新能源汽车动力电池的回收难题，还降低了基站电池的成本。此外，中国铁塔已开始提前考虑其他新能源供能手段，加强风光互补、燃料电池等新能源应用的研究和推广工作。

（中国信息通信研究院　梁张华）

2017 年通信行业用户满意企业名单

中国电信股份有限公司宝坻分公司

中国电信股份有限公司保定分公司

中国电信股份有限公司上海西区电信局

中国电信股份有限公司无锡分公司

中国电信股份有限公司衢州分公司

中国电信股份有限公司马鞍山分公司

中国电信股份有限公司三明分公司

中国电信股份有限公司南昌分公司

中国电信股份有限公司洛阳分公司

中国电信股份有限公司邵阳分公司

中国电信股份有限公司乐山分公司

中国电信股份有限公司铜仁分公司

中国移动通信集团安徽有限公司池州分公司

中国移动通信集团北京有限公司密云分公司

中国移动通信集团广东有限公司珠海分公司

中国移动通信集团海南有限公司三亚分公司

中国移动通信集团湖南有限公司常德分公司

中国移动通信集团江西有限公司抚州分公司

中国移动通信集团山东有限公司潍坊分公司

中国移动通信集团山西有限公司临汾分公司

中国移动通信集团陕西有限公司榆林分公司

中国移动通信集团云南有限公司临沧分公司

中国移动通信集团浙江有限公司杭州分公司

中国移动通信集团重庆有限公司璧山分公司

中国联合网络通信有限公司莆田市分公司

中国联合网络通信有限公司定西市分公司

中国联合网络通信有限公司安顺市分公司

中国联合网络通信有限公司石家庄市分公司

中国联合网络通信有限公司周口市分公司

中国联合网络通信有限公司湘潭市分公司

中国联合网络通信有限公司延边州分公司

中国联合网络通信有限公司葫芦岛市分公司

中国联合网络通信有限公司海南藏族自治州分公司

中国联合网络通信有限公司资阳市分公司

中国联合网络通信有限公司天津市南开区分公司

中国联合网络通信有限公司重庆市九龙坡分公司

中国邮政集团公司临汾市分公司

中国邮政集团公司盘锦市分公司

中国邮政集团公司潜江市分公司

中国邮政集团公司佛山市分公司

中国邮政集团公司贺州市分公司

中国邮政集团公司重庆市大足区分公司

中国邮政集团公司铜川市分公司

中国邮政储蓄银行股份有限公司常州市分行

中国邮政储蓄银行股份有限公司漳州市分行

中国邮政储蓄银行股份有限公司厦门翔安区支行

中国邮政速递物流股份有限公司莆田市分公司

中国邮政速递物流股份有限公司西宁市分公司

（中国通信企业协会）

专家视点与专题
研究篇

以混改为契机积极推行全面互联网化转型
——中国联通的混合所有制改革

中国联通研究院　曹善文　胡庆东　张云勇

伴随着数字中国、网络强国的建设，电信行业提速降费已成为不可逆的趋势，在政府大力提倡信息消费、物联网产业发展的要求下，国内电信运营商均在积极进行业务及战略转型。2016年8月，中国联通作为首家集团整体混改、首家面向民营资本开放的通信央企，成功实施混合所有制改革。

按照习近平总书记提出的"完善治理、强化激励、突出主业、提高效率"16字混改方针，中国联通制定了完善的实施方案，成效显著。

一、兼顾混与改，两个"首家"意义重大

2015年9月，国务院发布《关于国有企业发展混合所有制经济的意见》中提出要分类、分层推进国有企业混合所有制改革，尤其在集团层面，要坚持国有资本控股，形成合理的治理结构和市场化经营机制。中国联通混改作为我国首家集团整体层面、首家通信领域央企的先例，对新时代国企改革具有重大意义。

本次混改采用了"定增＋转让＋员工持股"的方式：在"混"方面，引入了与联通主业关联度高、互补性强的14家战略投资者，实现股权多元化，并在创新业务领域进行了深度合作；在"改"方面，实施精简机构和干部首聘等方式。由于通信行业涉及到国家安全和战略，世界范围内的电信国企改革虽然手段、形式不同，但对于企业的重大事项决策，均保留保证国有控股的优先权。本次混改完成后，新引入战略投资者占股35.19%，中国联通集团占股约36.67%，除此之外，在9家增发对象中，加上中国人寿和国企结构调整基金等，最终国有资本在联通A股公司中占比超过53%，保证了国资控股的绝对地位，是国企混改的成功典范。

二、混改成效初步显现，公司面貌焕然一新

（一）组织架构更加优化，管理结构更加综合

在瘦身健体方面，精简机构和人员。中国联通认真落实国务院国有资产监督管理委员会对中央企业瘦身健体的部署要求，针对各级管理机构数量多、效率低等问题，积极打造精简高效的组织机构。2017年，中国联通集团总部的部门由27个减为18个，减少率为33.3%；省级分公司本部机构减少205个，减少率为20.5%；地市级分公司机构减少2 013个，减少率为26.7%。如此大规模的机构精简充分体现了本次改革的决心和勇气。

在法人治理结构上，重组董事会对于公司发展的意义重大。中国联通通过引进互联网公司的高层管理人员，将董事会扩编至13人（独立董事5名，非独立董事8名），腾讯、阿里巴巴、京东、百度和中国人寿获得5个席位，这对于公司未来业务的战略与深度合作大有裨益。在干部聘用上，精简了管理团队，鼓励人员向一线流动。2017年，中层管理人员退出率为14.3%，党组管理人员退出率超6%，以后每年仍会有1.5%的常态化退出比例，全国省级分公司管理人员职数精简9.82%。建立总部员工到基层单位交流常态机制，2017年，已有3批49名处室经理和骨干员工踊跃走进地市一线。除此之外，对管理人员实行市场化考核、契约化管理，充分实现职务能上能下、人员能进能出、收入能增能减的局面。

（二）传统业务收入增幅明显，创新业务逐步发力

通过"定增＋转让＋员工持股"的方式，本次混改总交易对价约780亿元，这部分资金优化了联通的财务状况。2017年，中国联通自由现金流达到人民币429.2亿元，超过2016年24.83亿元的17倍；资产负债率由2016年同期的62.6%下降至46.5%。

在2017年语音漫游费被取消等不利因素的影响下，中国联通移动通信业务收入实现了7.9%的增长，高出行业平均2.2个百分点。中国联通更是借助百度、阿里巴巴、腾讯和京东等大型互联网公司线上营销触点，全力推进2I2C、2B2C等流量型产品的市场拓展，实现全年4G用户净增7 033万户，达到1.75亿户，占比达到61.6%，4G用户增速远高于中国电信和中国移动。在创新业务方面，2017年实现IT服务、IDC与云计算、物联网与大数据等创新业务收入159.07亿元，同比增长17.4%；产业互联网业务占比6.4%，计划2020年增长至15%；政企和创新互联网两块业务占比在28%左右。随着全面互联网化转型战略的进一步实施，2018年将是中国联通创新业务的大发展之年。

■ 三、全面互联网化转型，创新业务领域重点发力

国内电信运营商掌握着我国绝大多数用户的基础数据，但由于数据隐私、数据交易等的界定尚未明晰，这部分数据"金矿"未能得到合理利用。在大数据时代，基于数据清洗、去标签化的数据集的智能推送，可以在不侵犯个人用户隐私的前提下实现数据变现。

在混改前，中国联通已与百度、阿里巴巴和腾讯等互联网公司就物联网、人工智能、大数据及与计算方面达成合作协议。伴随着混改的进一步推进，合作必将进一步深化。当前，对于云计算、大数据、物联网均成立了独立的子公司，在物联网方面，阿里巴巴新增物联网端口全部由中国联通提供；在公有云方面，已经和腾讯、阿里巴巴打通，中国联通提供底层平台、开放资源，阿里巴巴和腾讯负责提供服务，如PaaS、SaaS等。在产业互联网方面，战略投资人可以弥补中国联通在能力上的短板，中国联通也可以结合现有的资源优势，分享增值业务收入来实现产业互联网的发展。为推进互联网化运营，推动新零售互联网化和产品互联网化，实现线上、线下全触点运营。中国联通已与京东、阿里巴巴、苏宁联手打造智慧生活体验店，积极探索新零售业务模式。2017年12月，与阿里巴巴联合打造的"中国联通智慧生活体验店"在上海亮相，除了传统的入网、缴费业务之外，体验店集合了数码家电类产品和阿里巴巴在新零售领域的最新技术。

■ 四、小结

混改将互联网化基因注入到中国联通内部，在全球电信业开创了"电信运营商＋互联网"的资本业务创新模式，这对于联通的创新发展意义重大，但中国联通的管理层面仍面临着较大的挑战。深入分析参与混改的战略投资者的股权结构的我们可以发现，以百度、阿里巴巴、腾讯和京东为首的民资企业大多属于联合入股，相互之间存在着制衡关系。就入股方式而言，百度、阿里巴巴、腾讯和京东属于个人而非公司层面的入股，应该不会深入到中国联通的管理中。因此，进一步发挥企业家精神或者引进符合公司要求的职业经理人机制对于中国联通的发展至关重要。混改后，中国联通将继续深入贯彻习近平总书记系列重要讲话精神，进一步探索完善产权清晰、权责明确、政企分开、管理科学的现代企业制度和国有资产管理体制，在党对国有企业的领导下，按照市场化、国际化的要求，提高企业经济效益和创新商业模式，增强国有企业的活力、放大国有资本的功能、实现国有资产的保值增值，这是中国联通肩负探索混合所有制改革的历史责任。

面向未来，不忘初心，牢记使命，中国联通正站在混合所有制改革后的新起点上，在新时代建设世界一流企业的征程上，继续坚持新的发展理念，深入实施聚焦创新合作战略，全面推进互联网化运营转型，奋力开创新时代中国联通发展的新局面。

完善电信资费监管，推动提速降费，强化对数字经济发展的强力支撑

中国信息通信研究院　何　霞

伴随数字经济的快速发展，以及对经济贡献的大幅增强，电信网络作为全社会经济发展的信息基础设施，已经成为数字经济高速增长的关键动力，同时，提速降费也成为支撑数字经济发展的重要手段。我国十九大提出建设网络强国、数字中国、智慧社会的总要求，并迫切需要通过提速降费提供良好的发展基础。近年来，我国电信监管机构大力推动电信市场开放、加快电信业务资费市场化改革，促进资费监管转型。展望未来，还需要进一步推动资费总体水平的下降，完善电信资费的依法监管，保障用户权益，以进一步支撑我国数字经济的高速发展。

一、全球电信业务资费监管方式转变新动向

当前，国家大力推动电信资费监管转型、强化垄断监管，促进资费水平降低，以提升数字经济发展水平。

一是监管目标从关注整体资费水平转向关注弱势群体的承受能力。随着电信业务的广泛普及，电信资费监管开始由推动资费水平下降以普惠大众，转向关注低收入群体、特殊群体以及公共服务机构的电信服务使用。

二是加强事中、事后执法和惩处，保护消费者权益。通过开放电信市场、强化市场竞争，降低电信资费，给用户更大的选择权。同时，加强企业资费水平监测和定期发布报告，保障用户知情权。加强对运营商价格行为的规范及监管，加大执法力度，保护消费者权益。

三是监管重心从竞争环节向垄断环节转变。国外监管机构对面向零售用户的电信业务资费监管越来越少，交由企业根据市场竞争状况自主定价；而将监管重心转向极易出现市场失灵的批发环节，包括基础电信企业与基础电信企业之间网间结算价格、基础电信企业与产业链下游企业之间的业务批发价，力求矫正批发环节的市场失灵。

二、我国持续推进资费监管方式改革，推动资费水平大幅降低

2014年5月起，我国改革了电信业务资费管理模式，将定价权交给市场，同时，政府加快角色转变，探索构建适应市场化定价的电信资费监管框架，重点推进以下4个方面的工作。

一是高度重视，将提速降费作为推动我国"互联网+"、数字经济发展的重要手段。提速降费可以释放规模群体的信息消费需求，促进以视频、社交为主的应用，带动其他领域消费快速增长，对拉动内需、促进就业和引领产业升级发挥着重要作用，为整个数字经济发展带来基础性、制度性的红利。党和国家领导人高度关心提速降费工作，工业和信息化部围绕社会和用户关注的重点，行业主管部门积极推动基础电信企业顺应国际趋势，简化套餐、优化结构，推动业务资费下降。2015—2017年，提速降费取得重要成效：在固定电话方面，推动国际长途电话资费降幅达90%；在固定宽带方面，光纤宽带网络规模全球第一，70%以上用户使用50Mbit/s以上宽带，宽带用户单价下降了90%；中小企业专线资费大幅下降，中小企业互联网专线资费降低超过15%；在移动通信方面，近10亿用户用上4G网络，全面实施套餐内剩余流量当月不清零服务，全面取消移动电话国内长途和漫游费，移动用户总体资费

下降了 83.5%。

二是电信资费监管重心从价格制定向资费监测和协调企业间批发价转变。2009 年以来，我国开始监测零售业务资费，以住宅用户固定宽带接入费为例，监测数据显示 2009—2017 年该资费年均降幅超过 7%。推动移动转售试点，及时解决批发价格争议，加强规则制定和协调，建立起移动转售批发价动态协调机制，更好地促进移动通信转售业务的健康发展，解决移动转售业务中的"批零倒挂"问题。

三是监管重点从本地资费向区域一体化、国际化拓展。2015 年 8 月取消京津冀移动电话长途和漫游费，2016 年 10 月取消移动电话长途和漫游费。同时，为配合国家"一带一路"等外向型经济发展战略，加强网络互联和信息互通，推动三家电信企业积极与境外运营商就降低跨境漫游结算价格进行谈判，降低国际漫游资费水平。

四是加强电信资费行为监管，维护用户权益。面对复杂多样的"雾价"资费套餐，容易出现侵犯用户权益的行为。监管部门拓宽投诉举报渠道，受理用户申诉，对收费争议等群众举报实行书面问责；同时，对加强监督检查恶意扣费软件、强行捆绑、不明扣费、业务使用提醒不到位等情况。

三、未来，还将进一步深化电信资费改革和提速降费

当今时代，电信业务已全面融入各行业、各领域，成为经济社会运行的关键要素和大众生产生活的基本需求，其业务涉及面广、价格水平和服务质量的社会关注度极高。顺应国际趋势，坚持问题导向，加快推进我国电信业务资费监管转型，着力做好以下几个方面的工作。

一是扩大市场开放，强化市场竞争，进一步释放资费红利。2018 年 1 月 24 日，工业和信息化部公开《关于移动通信转售业务正式商用的通告（征求意见稿）》，将推动移动转售的正式商用，民营企业、国有企业、外商投资企业可依法依规申请经营移动通信转售业务。截至 2017 年年底，参加试点的 42 家民营企业在 29 个省（市、自治区）近 200 个本地网络范围内开展试点，用户总数突破 6 000 万。这些转售企业率先多种创新资费方案，探索线上线下融合的新业态新模式，间接推动了提速降费，丰富了细分市场，受到用户的欢迎和好评。因此，2018 年，仍将持续推动移动转售的商用工作，不断地吸收新的主体进入电信行业，为提速降费、满足用户个性化需求提供新的动力。

二是落实李克强总理在两会工作报告中提出的"取消流量'漫游'费，推动电信资费再下降 30%"的政策措施，让消费者用得起。2018 年，除了取消流量漫游费之外，还将推动流量每季度、每月资费水平的下降。这两项措施加在一起，将使资费水平比 2017 年再下降 30%。下一步还将重点围绕降低移动电话流量费、家庭宽带费、企业宽带费和专线资费等持续加大力度，让群众和企业切实受益。

三是完善事中和事后监管，强化资费信息网上公示和资费水平监测制度，保持用户权益。督促电信企业在多个渠道实现全部在售资费套餐均在资费专区中公示，并定期更新，为用户对比选择提供便利。将资费水平监测制度化、流程化和体系化，提升资费监测数据的准确性，逐步公开监测分析结果。探索加大对低收入群体的关注并出台切实的优惠措施，确保农村及低收入用户群体能够用得上、用得起基本的宽带网络服务，缩小群体间的数字鸿沟。

发挥信息通信技术优势　加快提升全要素生产率

中国信息通信研究院　杨　帅　肖荣美　张　巾　张　群

当前，我国经济进入到"新常态"阶段，需要着力解放和发展生产力，改善供给质量和效率，加快推动创新驱动转型。信息通信技术具有显著的效率提升作用，研究表明，信息通信技术产业的资本存量每增加1%，全要素生产率将同比提升0.4%。未来应紧抓数字经济时代的新机遇，充分发挥信息通信技术的开放、共享、普惠等优势，加快提升全要素生产率。

一、全要素生产率内涵与意义

全要素生产率（TFP）是对投入要素数量之外，研发、新技术、规模经济、管理技术、生产组织变迁等其他影响因素的综合衡量。全要素生产率是创新驱动转型的动力之源。我国已进入工业化中后期，能否顺利实现新旧动能转换、跨越"中等收入陷阱"，关键在于提升全要素生产率。是经济稳健发展的必由之路。依靠技术进步、应用扩散与资源优化配置提升全要素生产率，已成为我国经济保持中高速增长的必然选择。是制造强国建设的战略之举。提升全要素生产率要求更加关注技术研发投入的效益，这是制造强国建设的重要技术保障；要求推动资源要素的自由流动与高效配置，这是制造强国建设的重要制度保障。是竞争优势重塑的根本之策。通过更高层次的开放合作，加快提升全要素生产率，已成为我国重塑竞争新优势的战略举措。

二、提升全要素生产率主要途径分析

一是推进技术创新，加快技术进步。增加研发投入，将研发投入强度逐步提高到发达国家一般2.5%～4%的水平。调整投入结构，提高基础研究和应用研究的公共投入比重。加快创新技术产业化，

建立高效的政产学研用协同创新机制。加强技术改造，重视技术改造及对引进技术的消化吸收。

二是推进管理创新，提升技术效率。一方面，推动企业管理创新。通过管理创新为技术创新在体制、战略等方面提供有效保证。另一方面，促进模式业态创新。通过全生命周期等管理手段提升产业链资源配置能力和管理效率。

三是推进结构创新，提升配置效率。大力发展高新技术产业，加快改造提升传统产业，推动产业结构向中高端升级。通过兼并重组，推动企业做优、做强、做专，促进组织结构优化升级。持续改善供给结构，提高供给质量和效率，加速供给侧结构性改革。

四是推进体制创新，提升制度效率。一方面，通过政府管理体制创新，促进市场制度成本显著降低。另一方面，通过国企改革等促进要素自由流动，释放要素活力，将资源要素配置到高效率领域。此外，通过产业、财税等政策，引导资源向创新领域流动和配置。

三、信息通信技术促进全要素生产率提升机制与障碍

信息通信技术属于通用目的技术，可以通过多种渠道促进提升全要素生产率。一是提高生产效率。信息通信技术促使生产效率高的机械逐渐替代生产效率低的劳动力，加快对传统产业和产品的自动化、智能化改造。同时，信息通信技术催生的开放式创新平台让企业创新效率大幅提升。二是提高管理效率。企业借助信息通信技术手段，不仅可以实现组织的扁平化高效管理，也可以大幅提升商业模式的设计与管理能力。三是提高交易效率。在B2B中，信息通信技术极大降低了交易双方的沟通成本和交易成本。在B2C中，信息通信技术的快速发展大大

提高了跨时空的交易便利性和可靠性。四是提高制度效率。通过"互联网+"行政系统,大幅提升政策和制度的科学性与有效性。通过"互联网+"政务服务,大幅减少企业行政成本和时间成本。

尽管信息通信技术能够促进提升全要素生产率,目前仍存在不少问题。一是国内 ICT 技术产业支撑不足。集中体现在核心技术和装备仍然受制于人。二是企业推广应用 ICT 技术成本高。一方面,传统落后企业改造需求大但投入能力小。另一方面,综合改造成本高昂,制约企业投资积极性。三是融合发展关键人才缺乏。集体体现在新一代信息技术产业、高档数控机床和机器人领域人才缺口不断扩大,数据通信、信息安全、网络存储、云计算等 ICT 产业链上的人才需求也不断增加。四是支持 ICT 推广应用的外部环境不佳。不仅电子政务、完善法律法规、合理化监管政策等基础支撑制度不完善,而且资金、人才、技术等要素保障政策支持力度不足。

四、信息通信技术促进全要素生产率提升的对策建议

一是加大信息通信技术与融合创新技术的研发投入,提升技术进步和生产效率水平。稳步推进宽带中国战略,构建先进、安全、高效的网络基础设施和综合应用平台。推动工业互联网战略出台,引领底层核心技术、架构体系、安全标准等集中突破。着力推动信息通信技术与各产业融合创新,加快推动融合技术创新突破。

二是大力支持企业利用信息通信技术推动管理创新,提升企业自身的管理能力和技术效率。重点支持中小企业信息通信技术应用推广,培育更多第三方信息通信技术解决方案提供商,鼓励企业加强管理体制创新。支持企业充分利用互联网技术探索即时生产管理、业务流程再造、协同供应链管理、全生命周期管理等新型管理手段。

三是加快信息通信技术产业发展,构建一批网络支撑平台,助力产业结构调整与转型升级。加快发展以信息通信技术为特征的先进制造业,推动云计算、大数据、物联网、3D 打印等新兴技术与产业加快发展。建立网络支撑平台促进产业组织结构创新,支持行业龙头企业打造专业性资源集聚网络平台。支持企业利用网络平台,以用户需求为中心创新研发设计、生产制造、资源管理与售后服务。

四是加快电子政务发展,深化体制机制改革,优化信息通信技术渗透应用的创新发展环境。利用信息通信技术推动国企改革、要素价格改革等政策机制的科学设计与公开执行。加快电子政务发展,推动政府管理体制改革,为企业创新发展营造公平竞争环境。加快完善鼓励融合创新创业的支持政策。鼓励企业围绕信息通信技术消化吸收,加快培育高级技术人才。

五是加强中小企业服务体系建设,加快新技术新业务新模式在中小企业中的扩散速度。着力打造中小企业公共服务平台、基地等公共服务载体,重点突出载体技术服务与孵化服务功能。政府通过云服务方式以低成本甚至免费向中小企业提供信息化技术与软件。严格制定并执行行业技术与产品标准,支持具备先进水平的融合性技术扩散与产品推广。

随选网络关键技术及应用实践

中国电信股份有限公司北京研究院 张 园 赵慧玲 邓 桓

一、引言

随选网络——network on demand。随选网络服务就是基于 SDN、NFV 和云技术，为企业用户提供快速接入 Internet、快速上云以及多站点互联等需求，同时它还能够提供防火墙、流量管理等网络功能的随选。AT&T 在 2016 年宣布了 Network Functions on Demand 计划，它用虚拟化的 CPE 接入用户，在网络边缘、x86 服务器上加载防火墙、流量管理等功能，用户可以通过门户网站自行选择需要的网络功能，并通过虚拟化技术快速加载内容，它还能灵活定义自己的 WAN。据悉 AT&T 已经在 75 个地区提供网络功能随选服务。

中国电信在 2016 年 7 月 11 日发布了 CTnet 2025 网络重构计划，并提出了到 2025 年实现 80% 网络功能虚拟化、规模化的提供随选网络服务和部署新一代运营系统的三大目标。在 2017 年 8 月 1 日，在网络重构一周年的成果发布会上，中国电信发布了《面向中小企业的随选网络白皮书》。

二、随选网络关键技术

随选网络主要采用 SD-WAN 技术，以软件定义的方式快速建立端到端 WAN 的路径，满足用户需求。为了满足企业用户快速上云的需求，随选网络系统将网络节点延伸至云数据中心，可以实现云网一站开通、云间互联等云网协同服务。SD-WAN 同时利用 NFV 和云技术，对 WAN 的场景进行网络功能的虚拟化，管理并开放虚拟化的网络功能，实现用户根据业务需求灵活的定制和选择网络。随选网络通过门户网站向企业用户开放网络功能和连接的自定义功能，提供业务随选、一站式订购、敏捷开通的云网融合服务，即"网 + 云 +SaaS 应用。"

随选网络系统由用户自服务门户、协同编排器、SDN 控制器和 CPE、vCPE 组成，如图 1 所示。

客户自服务门户作为用户的入口，供企业用户、用户经理和网络运维人员使用。用户可以通过门户

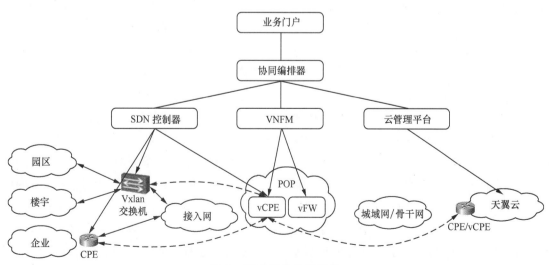

图 1 随选网络系统架构

订购、查询、更改、删除业务，激活随选网络设备。用户可以通过门户网站自主定义上下行网络带宽、QoS、二层或者三层隧道，所需的计算和存储等云资源，及防火墙、DPI 等虚拟化的网络功能。在用户完成业务订购后，门户和协同编排器通过 restful 接口互通，将业务请求下发到网络。用户经理通过门户查看相关用户的业务订购状态，网络运维人员通过门户查看随选网络和用户业务的状态、性能和告警情况等。

在随选网络系统中，协同编排器是随选网络的核心组件。编排在维基百科中的定义是通过相应的工具、脚骨和过程部署（开通）一个业务，此过程实际的软件与硬件需统一部署，需要支持自动化的工作流程。协同编排器向上对接 PORTAL，接受 PORTAL 下发的业务请求；向下对接控制器、NFVO 以及云管理平台，把接受的业务请求转化成原子能力需求，并下发给控制器 NFVO 以及云管理平台。协同编排器承担着业务设计、开发 / 实现、上线、开通、变更、关闭和下线整个生命周期的管理职责，它在业务开通的过程中实现网络功能的自动化配置，因而大幅度缩短了开通的时间。协同编排器主要提供的功能包括业务编排和网络协同两大核心功能。

1. 业务编排功能。编排器根据用户的需求，通过对原子能力进行智能编排，生成新的业务。原子能力包括网络类的原子能力、资源类的原子能力等；网络类的原子能力包括通过 SDN 控制器对网元的配置，通过 NFV 的管理功能拉起 VNF 功能；资源类的原子能力包括查询和预占链路资源等。

2. 网络协同功能。编排器向下对接 SDN 控制器、VNFM 和云管理平台。在网络中，协同编排器需要面对多个厂商的控制器，屏蔽厂商控制器的差异。编排器的接口向上对接 PORTAL 时，一般采用 RESTFUL 接口；向下对接 SDN 控制器时，一般采用 Restful 或 NETCONF 接口；对接 VNFM 和云管理平台采用 Restful 接口。

控制器作为随选网络的组件，向上对接编排器，接受编排器下发的业务需求；向下对接设备，把接受的业务需求，通过相关协议下发给设备。控制器的主要功能包括网络控制、路径计算、智能调度

等。控制器的接口主要有向上与编排器间一般采用 RESTFUL 接口，向下与设备间一般采用 NETCONF、BGP、OPENFLOW、SNMP、CLI 等接口。

CPE/vCPE 设备作为随选网络的转发单元，受 SDN 控制器的控制，实现配置的执行和流量的转发。vCPE 可以在通用的硬件上运行虚拟化的网络功能，替换特定的硬件设备，如基于通用的 x86 服务器或者白盒交换机。vCPE 基于 NFV 技术可以快速地加载功能，包括防火墙、NAT、应用检测、IPS、内容过滤等 SaaS 应用，并能结合用户使用业务链技术（SFC）为用户提供新型的 SaaS 增值服务。结合电信运营商的网络重构，电信运营商开始在网络边缘 DC 和云数据中心部署 vCPE。

三、中国电信随选网络的实践和应用场景

中国电信通过自主和联合研发的模式可以端到端地提供随选网络系统，并在江苏、浙江、江西、广东、重庆等地的物联网公司试点落地。中国电信通过该系统可以提供云网协同、智能园区、智能物联网、企业多站点互联等多种场景和解决方案。

（一）云网协同场景

随着越来越多的企业上云，云资源成为企业 IT 必要的组成部分。用户对云内资源进行管理、调整传送时，需要敏捷安全的入云通道，以及混合云节点之间的云间数据通道。

随选网络云网协同解决方案，通过 SDN 编排器与云管平台协同，自动配置 VxLAN 隧道技术，为用户提供分钟级开通的入云专线通道和混合云间通道。用户可选择利用电信 163 网络或 CN2 精品网承载专线通道，以及高等级数据加密，充分享受电信网络带来的差异化云网协同体验。

随选网络云网协同场景如图 2 所示。

基于该解决方案，用户侧部署 CPE 设备，公有云、私有云节点均部署 vCPE 设备，云管平台需要将云节点内用户与 VLAN 对应信息导入 SDN 编排器，建立云内 VLAN 到 VxLAN VNI 的映射关系。若该解决方案要使用 CN2 网络承载时，CPE/vCPE WAN 口业务地址需预先配置 CN2 IP 地址，并须按要求将

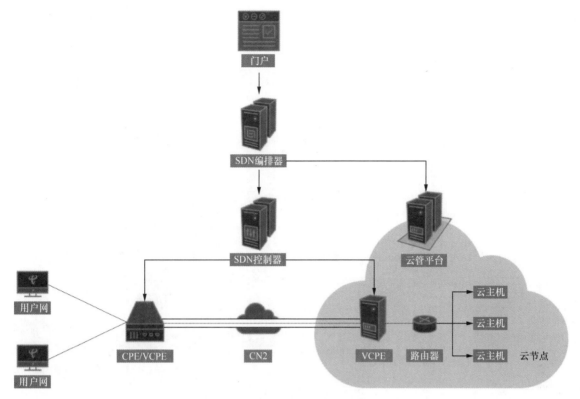

图 2 随选网络云网协同场景

数据包打上 RD 标识和 RT 标识，按照 MPLS VPN 的 MP-BGP 地址族选择路由。

（二）智能园区场景

随选网络智能园区解决方案的面向对象是创业园区或写字楼的中小微企业。它提供零资产、零配置、轻便灵活的云网协同业务。在园区管理方的统一调度下，用户可以在入驻当天获得日常运营所需的网络资源和云资源，无需安装任何终端设备，无需购买服务器设备。随选园区解决方案能够全面满足园区类用户租期灵活、租户流动性大、频繁变更办公室或办公位的要求，同时帮助园区实现管理和服务的转型升级。

随选网络园区场景方案如图 3 所示，主要实现以下功能。

（1）自助开通租户的互联网访问通道，带宽可配置；

（2）自助开通租户云主机，并可配置云的公网地址、访问策略；

（3）自助开通租户工位到云主机的云专线。

图中租户到园区云节点之间使用二层 VxLAN 隧道，租户与使用的云资源、云增值业务采用大二层互联方式。另外，租户通过云内 vCPE 进行互联网访问，园区管理者通过 vCPE 进行带宽限速，并且云节点的云管平台与 SDN 编排器需对接，将云内用户与 VLAN/VxLAN 对应信息导入 SDN 编排器中。

租户在租用园区外公有云的情况下，如外部公有云已部署随选 vCPE 时，由 SDN 编排控制系统从园区提供的云节点内 vCPE 到外部公有云 vCPE 建立 VxLAN 隧道；如外部公有云未部署随选 vCPE 时，则租户直接通过 vCPE 互联网通道访问公有云。

（三）智能物联网场景

随选网络智能物联网解决方案主要以 SDN 自动化配置专线通道方式替代传统拨号专线，服务各类物联网平台用户。该解决方案可使用户购买终端的成本降低 90%，同时用户平台侧无需购买静态 IP 专线产品，各类接入方式均能实现几分钟内开通专线通道。随选网络智能物联网解决方案还为用户提供了自助进行故障溯源的手段和系统自动恢复能力，帮助用户简化日常运维工作。

随选网络智能物联解决方案如图 4 所示。IoT 业务平台侧部署 CPE/vCPE 设备，物联网 PGW 侧部署 vCPE 设备，并且 PGW 以 VLAN 方式连接到 vCPE，

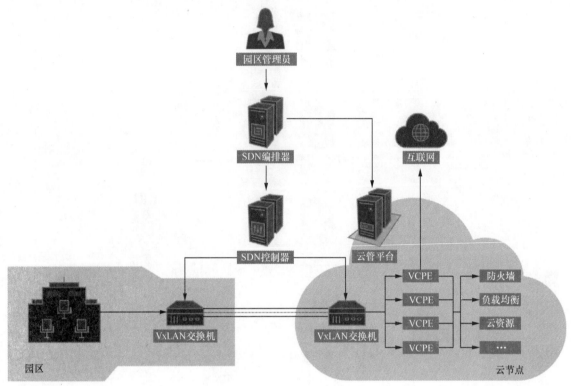

图 3　随选网络智能园区场景

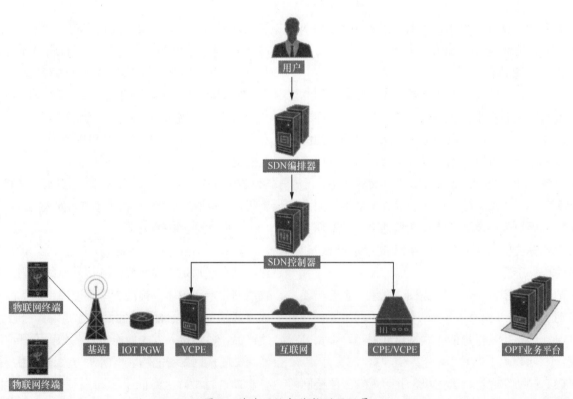

图 4　随选网络智能物联网场景

IoT 将物联网用户与 VLAN 的对应信息导入 SDN 编排器。隧道建立时可选 IPsec 技术进行加密，最终使得物联网用户的终端可通过该隧道连接到 IoT 业务平台。

（四）多点 VPN 场景

随选网络多点 VPN 场景方案，利用 SDN 技术

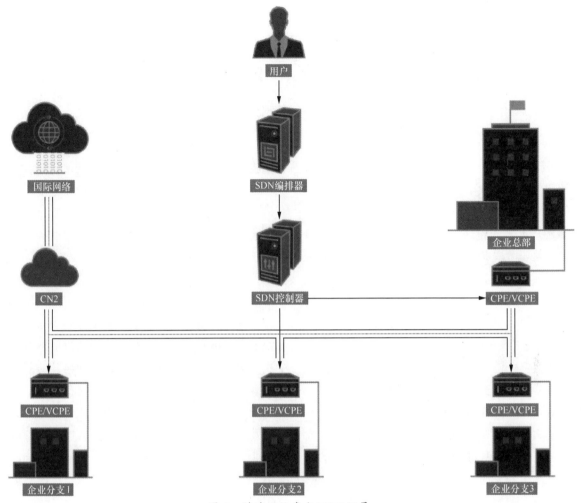

图 5　随选网络多点 VPN 场景

实现多点 VPN 按需控制和灵活配置，服务具有多个分支机构的中小企业用户。该方案支持企业设立新门店、新站点，以及紧急通信场景，能够快速完成多点 L2/L3 的 VPN 组网，并可利用 CN2 精品网实现重点业务的快速通道搭建。另外，对于有国际通信需求的企业，随选网络系统可同步开通国际加速通道，提供低时延、高保障的国际通信体验。

随选网络多点 VPN 场景如图 5 所示。企业客户站点分布在全国，随选网络系统可利用 overlay L3 VPN 实现中国电信与其他电信运营商站点混合组网，并通过目的地址分流，将跨电信运营商流量导入 CN2 旁挂 VxLAN 中继，为用户提供低时延 VPN。随选网络系统还可通过目的地址分流，将国际访问流量导入 CN2 旁挂 VxLAN 中继，提升企业用户的国际通信体验。

四、结语

随着 SDN、NFV 和云计算技术在电信运营商网络的广泛应用，打造随选网络能力是中国电信网络重构和战略转型的关键举措：电信运营商一方面通过引入 SDN、NFV 技术，实现网络的软化、自动化的加载和配置；另一方面通过协同编排技术构建新一代的运营系统，成为电信运营商网络智能化、运营智慧化的"大脑"，基于新型的网络架构为用户提供可视、随选、自服务的全新网络体验。

电信运营商的数字化转型之路

中国信息通信研究院　杨子真

电信运营商转型已开展多年。从转型做综合信息服务提供商到再次聚焦自己的核心管道，开展网络软化，启动网络重构，电信运营商可说是经历了一次螺旋式上升的轮回。这一过程可再精细分为3个阶段：第一阶段是开启业务多元化的进程，从事上层互联网平台的建设与运营，做大平台，做强应用；第二阶段是完成流量业务替代话音业务，流量收入占比超过话音收入占比；第三阶段是实现网络软化，迈进数字化转型阶段。

运营商整个转型期都伴随着社会信息化的进程。在技术进步和资本的助推下，互联网公司作为原生态数字化企业破土而出，如雨后春笋般茁壮生长。互联网的大力发展极大地冲击着传统领域的固有模式，产业格局在这种冲击之下开始进行史无前例的变革。其中，电信业受到的影响和冲击是最早的。电信业原有产业链在形式上开始分离和解耦，而在思维方式、商用模式、生产流程等方面，却又形成了与IT的融合。行业的分离使得管道之上出现了平台层，它的发展迅猛且开始替代话音。运营商开始进入平台和应用领域，想要做综合信息服务提供商。

这一阶段的转型探索成效并不显著。电信运营商此时虽然进入平台业务，但其运营模式仍然沿用传统的电信运营商模式，这很难与互联网公司竞争并适应创新的高失败率。从公司的文化、思维模式上看，电信运营商与互联网公司相比都难谈竞争优势，但面对创新成功的小概率时，电信运营商更是难以适应。目前分离出来从事互联网业务的专业公司与主业藕断丝连，其业务和运营模式多少带有传统电信的影子，难以独立长大。

第二个阶段就是随着上层业务爆发性的增长，社会信息化发展对流量的需求规模高速增长，电信运营商管道流量业务也爆发性增长。电信运营商在经历了流量替代话音初期收入的下跌后，迎来了流量收入对业务收入增长的有力拉动，流量收入成为了电信运营商业务收入的主要来源，电信运营商完成了流量对话音的替代，初步转型成功。未来，随着物联网等的快速发展，管道承载的业务还将大幅增长，管道的转型还将继续。

目前，电信运营商正跨入第三阶段。电信运营商要用信息通信技术的手段重构自己的网络、运营和管理，实现传统电信和IT的实质性融合。这将使得继产业链在上层网业分离之后的供应链侧的再一次分离。硬件与软件解耦，软件网络功能与控制编排解耦，使得电信领域的产业格局再次发生变革，进行生态重组。如果我们把数字化看作是社会信息化发展的高级形式，那么电信业数字化转型就把电信业转型发展送入深水区，其方向更加明确，难度更大，影响更加深远。数字化转型将给电信运营商带来网络、组织、文化等全方位的颠覆性的变革，这决定了电信运营商未来的生存和发展。

电信运营商数字化转型的方向已经在全球电信业形成共识。目前，全球的通信设备商、运营商、IT公司都在积极参与。网络软化的进程中最超前的当属老牌的电信运营商AT&T，2012年提出网络软化的理念后，开发出domin2.0，它可以实现用户对网络业务的自助、随选，大大提升了用户的体验。业务受到市场的热烈追捧。AT&T计划到2020年网络软化的比例要达到75%。其CFO John Stephens表示，一旦公司的网络虚拟化程度达到50%以上，AT&T认为节省的成本将超过额外投资的成本。2017年第二季度，因实施网络软化使得财务指标大幅好转，利润率大幅上升。与此同时，国际先进的电信运营商也大力开展网络软化的进程。VERIZON、VODAFENG、NTT等都在网络软化方面进行了大量的实践。我国的三大电信运营商也都发布了网络重构的白皮书。中国移动和中国电信分别在集团和省公司层面开启了部分实验和推进的工作。另外，通信设备商也在积极转型，思科公司、华为公司都提出了自己的网络软化解决方案，另外还有大量的 IT 公司也参与进来。

电信运营商数字化转型的基础是网络软化。它是基于网络软化的运营模式、流程、业务研发交付模式、网络建设和采购方式的根本变革。网络软化即是把 IT 技术运用到电信网络中，把原来以硬件形态出现的网元设备的功能和处理存储能力软硬分离。网元功能以软件的方式实现，存储与计算采用云的方式以形成共享的资源池，可随时分配和释放，形成资源的弹性伸缩利用，提高利用率。同时由于网元功能的软件被分离出来，可以容易修改和创新，它将出现各种丰富的微服务。而业务的创新就是通过对这些微功能的编排，结合切片等新技术的应用，未来的网络业务将以用户需求为导向，充分利用网络的灵活性研发和推广，由此将产生大量的、丰富的、依场景的个性化的业务和服务。最终的用户无论是企业还是个人，都能得到更大的更好的需求满足。

网络软化是电信业通过信息技术对其核心生产方式的再造，带来了整个产业的颠覆性变化，使产业结构发生分离。三层解耦使得原来由通信设备制造商等的通信设备变为可以由硬件设备商、虚拟平台提供商、不同虚拟网络功能软件提供商和网络集成商等多主体参与竞争的形式。原有通信设备的解耦使得电信运营商的供应商增多，提升电信运营商在行业中讨价还价的能力。但同时网络也变得复杂，提升对 IT 技术能力和将不同软硬件集成的能力的要求，这势必提升对运营商的 IT 与 CT 的综合能力的要求。电信运营商要想在行业中得到更好的发展，就要把握主动，很好地发挥网络软化带来的红利，电信运营商必须要提升自己的技术研发能力，建立起新的竞争优势。

网络软化对电信运营商的影响是全面而又深远的。由于行业结构发生变化，核心能力以及竞争优势的来源也在改变。电信运营商从以前的规模经济，规模决定市场，转变为基于技术研发的差异化业务和网络能力带来的竞争优势。电信运营商除了要解决网络软化的技术问题，以实现畅通的网络组织架构，服务好业务外，还需要从战略层面全面开启战略转型，做好战略定位，尽早入手优化内部运营流程，培养核心人才，从而建立起新的核心竞争力和竞争优势。

一、做好战略定位

网络软化带来软硬件的三层解耦。这三层分别是硬件资源池、虚拟功能层和编排管理（MANO），它们为上层应用业务开发平台提供网络服务。因网络软化，网络的灵活编排成为可能。由此，电信运营商可以改变以前只能提供少量刚性的业务服务变为能够提供大量灵活的、丰富的、个性化的业务服务。运营商可以利用网络的灵活性不断为社会提供优异的网络服务，满足信息化社会的需求。由于客户的需求千差万别，细分市场和应用场景各有不同，电信运营商在自己提供业务的同时还可以开放自己的网络能力，做好平台，供第三方做业务开发。通过繁荣网络业务生态系统，共同为社会提供服务。另外，网络软化之后，产业链的关系已不同于之前通信设备商和电信运营商之间的关系，面临众多的产业主体的加入，如何打造良好的生态系统，实现各方的多赢共同做大产业，这是电信运营商面临的新问题。首先，电信运营商需要牢牢掌握网络建设运营的核心节点，形成产业链的话语权。虚拟化平台、MANO 和业务开发环节的深度介入，电信运营商提升自己的自主研发能力，把控技术演进的方向，联合产业链各方，形成良好的网络解决方案。电信运营商有能力整合产业链，加快产业的演进速度。

二、变革运营模式

网络软化给电信运营商带来了极大的运营模式变革。首先，网络的软化不仅给业务研发带来了足够的灵活性，同时实现了网络的运营维护自动化。未来的运营维护从组织上可以划分为业务运营团队和网络运营团队：业务运营团队负责用户的需求提出、业务的逻辑设计、成本核算、需求迭代等，业务在运营中的前后台的衔接，需要解决快速、高效、采用 DEVOPS 的模式，或实现软件自动化；网络运营团队负责网络稳定高效的运行并负责网络资源池的维护扩容、网络微服务的管理设计和 MANO 的设计和升级维护。业务团队靠近用户，业务需求变化快、迭代快，其运行的模式更加接近互联网公司的特点，因此其转型的力度更大，文化更加开放和敏捷化。作为网络团队，网络功能相对稳定，迭代和创新速度相对较慢，其文化更趋向于稳健，思维方式更加偏向传统通信。由于网络结构转化为三层结构，打破了原有的烟囱式的垂直结构，因此网络的规划、采购、建设都将转变原有按专业开展的模式，该模式分为软件和硬件两条线索开展。

■ 三、培养核心人才

电信运营商无论是想要占据良好的生态位，实现高端战略定位，还是发挥网络软化带来的红利，实现高效、高质量的业务和网络运营都离不开高端人才队伍的建立。网络软化后，核心是运营方式和思维模式实现 CT 和 IT 的融合。电信运营商缺乏 IT 知识技能和兼有 CT 和 IT 技能的符合性核心人才，也缺乏了解网络和用户需求以及能将用户需求用网络的逻辑实现的项目经理。由于业务贴近用户端，除了在集团集中部署大型业务外，在省及地市等末端也将会有部署，这类人才随着业务的增多会呈现出较大缺口。另外，由于网络从专业化的烟囱转变为平台式的层次化，同时自动化导致网络的运行边界不如硬件清晰，因此对网络人才的 IT 技能和多专业的综合能力以及专业能力同时有大幅的提升，这使得网络管理和维护人才稀缺。

拥有良好的人才队伍是电信运营商实现网络和业务差异化运营的核心，且这一优势一旦形成将难以被模仿。这将打破原有的由规模形成的核心优势。

目前，人才队伍对电信运营商形成较大的挑战。一是在全社会都在进行数字化的转型时，IT 人才稀缺。互联网公司以及设备制造商对 IT 人才的激励机制具有明显优势，同时已形成了 IT 优秀人才的聚集效应。这给电信运营商的人才吸引造成障碍，同时对原有或培养出来的优秀顶尖人才的保留带来挑战，这是电信运营商必须要解决的问题。电信运营商必须要思考的战略问题是培养自身的研发能力，努力提升核心能力，还是继续将高精尖的技术问题给外部团队。AT&T 在转型之初就将自己定位为软件公司，该公司还收购了博科公司的虚拟网络软件技术团队，增强网络转型的技术核心能力。可见，培养自身的竞争力是一件多么重要的事情。

电信运营商的转型走到今天，应该说是已经明确方向，但前途光明、道路艰难。与电信运营商之前只做运营管理，当项目经理不同的是，未来电信运营商需要大量的研发生产一线人员，开发新业务，优化网络。使新的丰富个性化的网络服务源源不断，如雨后雨后春笋般地生长，才能满足社会日益增长的需求，带动产业的繁荣昌盛。

《网络安全法》的制定实施与展望

中国信息通信研究院 何 波

2016 年 11 月 7 日，十二届全国人大常委会第二十四次会议审议通过了《中华人民共和国网络安全法》（以下简称网络安全法），2017 年 6 月 1 日，《网络安全法》正式实施。《网络安全法》是我国网络安全领域的基础性法律，也是互联网领域首部专门立法和国家安全领域的一部重要法律。（网络安全法）规定了网络空间安全管理的基本法律制度，为网络强国建设提供了坚实的法律基础和保障。《网络安全法》的制定和审改过程如图 1 所示。

■ 一、《网络安全法》出台的背景和重要意义

近年来，我国互联网基础设施建设和产业快速发展，取得了重大成就。根据 41 次《中国互联网络发展状况统计报告》，截至 2017 年 12 月，我国网民规模达 7.72 亿，普及率达到 55.8%，超过全球平均水平（51.7%）4.1 个百分点。在基础设施建设方面，《中国宽带普及状况报告》（2017 年）显示，截至 2017 年第二季度，我国固定宽带家庭用户数累计达到 30 607.3 万，普及率达到 69.1%；移动宽带（3G 和 4G）用户数累计达到 108 266.2 万，移动宽带用户普及率达到 78.3%，均位于世界前列。在产业方面，各种互联网应用得到全面发展，中国互联网企业跻身全球前列的数量不断增加，其中市值目前在全球前 20 中的企业数量达到 6 家。

网络和信息技术的迅猛发展极大地改变和影响着人们的社会活动和生活方式，在促进技术创新、经济发展文化繁荣、社会进步的同时，互联网泛在互联、扁平化、去中心化的结构也带来前所未有的挑战，网络信息安全问题日益凸显。

■ 二、《网络安全法》的主要内容

《网络安全法》一共七章七十九条。立法从我国国情出发，坚持问题导向，总结实际经验，借鉴其他国家做法，有针对性地建立和完善相关制度，全系统确立了国家主管部门、网络运营者、网络使用者等主体的网络安全责任，确立了网络空间主权原则、网络运行安全制度、关键信息基础设施保护制度、网络信息安全保护制度、应急和监测预警制度以及法律责任。

（一）明确网络空间主权原则

作为我国网络安全管理的基本法，《网络安全法》在总则部分确立了网络主权原则及域外的适用效力，如图 2 所示。《网络安全法》也明确规定了在特定情

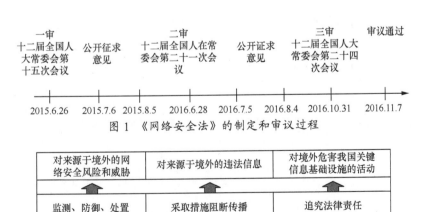

图 1 《网络安全法》的制定和审议过程

图 2 《网络安全法》的域外效力

况下的域外适应效力。作为中华人民共和国制定的法律，其效力原则上限于我国境内，但考虑到网络活动的跨境特殊性，《网络安全法》还规定了特定的域外效力，如图 2 所示。

（二）网络运行安全制度

网络运行安全制度主要通过规定网络运营者、网络产品和服务提供者等主体的责任义务来强化网络运行的安全管理。首先，明确了网络运营者的安全合规义务；其次，明确了网络产品、服务提供者的安全义务。

（三）关键信息基础设施保护制度

当前，关键信息基础设施的重要性进一步凸显，为了保障关键信息基础设施安全，维护国家安全、经济安全和保障民生，《网络安全法》设专节对关键信息基础设施的运行安全做了规定，实行重点保护。

首先，规定了关键信息基础设施的范围。其次，明确了关键信息基础设施管理机制；再次，规定了关键信息基础设施建设的要求；最后，规定了关键信息基础设施运营者安全保护义务。

（四）网络信息保护制度

网络信息安全保护是《网络安全法》的核心内容之一。首先，《网络安全法》统一并明确了个人信息的基本概念；其次，确立了个人信息保护的基本原则；再次，规定了相关主体的个人信息保护义务；最后，强化了违法犯罪信息管理。

（五）监测预警与预警处置工作制度

为了加强国家的网络安全监测预警和应急制度

建设，提高网络安全保障能力，《网络安全法》设专章对网络安全监测预警与应急处置制度做出了规定。此外，《网络安全法》还明确了各相关主体在检测预警与处置中的具体职责，如图 3 所示。

（六）法律责任

对违反网络安全法的行为，第六章规定了民事责任、行政责任和刑事责任。

三、《网络安全法》的实施效果

（一）取得的经验与成效

2017 年 6 月 1 日，《网络安全法》正式实施。根据 2017 年监督工作计划，全国人大常委会执法检查组于 2017 年 8 月至 10 月对《全国人民代表大会常务委员会关于加强网络信息保护的决定》和《网络安全法》（以下简称"一法一决定"）的实施情况进行了检查。主要体现在以下 6 个方面：一是深入开展宣传教育，增强网络安全意识。国家互联网信息办公室、工业和信息化部、公安部等 9 部组织开展网络安全周和主题日宣传活动，宣传解读《网络安全法》的核心内容。二是制定配套法规政策，构建网络安全制度体系。为配合《网络安全法》的实施，近年来，国务院相关部门出台了《国家网络空间安全战略》《网络安全产品和服务安全审查办法（试行）》等配套规划和政策文件。三是提升安全防范能力，着力保障网络运行安全。国家互联网信息办公室牵头建立了关键信息基础设施应急技术支持和协

责任主体	具体制度
国家网信部门	统筹网络安全信息收集、分析和通报，统一发布网络安全监测预警信息；制定网络安全事件应急预案，定期组织演练
负责关键基础设施安全保护工作部门	建立健全本行业、本领域的网络安全监测预警和信息通报制度，按照规定报送预警信息；制定本行业、本领域的网络安全事件应急预案，定期组织演练
省级以上人民政府有关部门	网络安全事件发生的风险增大时，采取信息报送、网络安全风险信息评估、向社会预警等措施；按照规定程序及权限对网络运营者法定代表人进行约谈
网络运营者	采取技术措施和其他必要措施，消除安全隐患，防止危害扩大，并及时向社会发布与公众有关的警示信息；按照省级以上人民政府要求进行整改，消除隐患

图 3　各相关主体的具体职责

助机制,不断提升关键信息基础设施整体应急反应能力、安全保障能力和协调联动能力。四是治理违法信息,维护网络空间清朗。各地各有关部门认真落实法律要求,扎实做好网络意识形态工作,坚决清理各类违法违规信息。五是加强个人信息保护,打击侵犯用户信息安全的犯罪行为。全面落实《网络安全法》关于网络接入、固定电话、移动电话实名制办理要求,针对侵犯用户个人信息犯罪高发态势,部署开展专项打击行动,取得了较好的法律效果和社会效果。六是加强对网络安全的支持力度,推进网络安全核心技术创新。围绕提高我国关键信息基础设施和数据安全的防护能力、支撑网络空间可信管理和数字资产保护、提升网络空间防护能力等目标,确立若干重点研究方向,增设了网络空间安全一级学科,启动了一流网络安全学院建设示范项目,为网络安全技术创新提供人才支持。

(二)存在的问题和不足

《网络安全法》正式实施以来,成效非常明显,但目前来看仍然存在一些问题和不足,需要在未来的工作中加以解决。根据全国人大常委会的执法检查报告,目前的问题主要体现在以下 6 个方面:一是网络安全意识亟待增强,许多关键信息基础设施运营单位对网络安全的重要性认识不到位,缺乏主动防御意识;二是网络安全基础建设总体薄弱,网络安全态势感知平台建设、容灾备份体系建设滞后,重要工业控制企业的设备和控制系统国产化程度有待提高;三是网络安全风险和隐患突出,对可能面临的网络安全态势缺乏认知,许多单位不重视内网和专网安全建设,有的单位在内网系统未部署任何安全防护设施,长期不进行漏洞扫描,存在重大网络安全隐患。四是用户个人信息保护工作形势严峻,

现有很多规定执行得不好。例如在发现本人信息被泄露或者被滥用后,举报难、投诉难、立案难现象比较普遍。五是网络安全执法体制有待进一步理顺,《网络安全法》虽然规定了国家网信部门负责统筹协调网络安全工作和相关监督管理工作,但网络安全监管中权责不清、各自为战、执法推诿、效率低下等问题尚未被有效解决,法律赋予网信部门的统筹协调职能履行不够顺畅。六是《网络安全法》配套法规有待完善,作为网络安全管理方面的基础性法律,《网络安全法》的许多内容还只是原则性规定,真正"落地"还有赖于配套制度的完善。

四、展望与建议

党的十九大报告指出,要统筹发展和安全,推进国家治理体系和治理能力现代化,坚持全面依法治国,建设中国特色社会主义法制体系。《网络安全立法》是全面依法治国在网络信息安全领域的重要实践,是加快推进网络强国建设的重要保障。《网络安全法》已经通过实施,确立了网络安全领域基本管理制度,但对于其中一些具体制度问题仍需要配套立法细化明确。建议加快《关键信息基础设施安全保护条例》《数据处境安全评估管理规定》等法律法规的立法进程,明确规定关键信息基础设施保护、数据出境等各方普遍关注的问题。建议国家网信部门和国务院工业和信息化部、公安部等部根据《网络安全法》的要求和自身职责,尽快制定配套规章或者文件,进一步细化网络安全法中个人信息保护、网络数据管理、网络安全监测预警和数据泄露通知、网络安全审查、网络安全认证和安全检测结果互认等制度,以有效解决当前网络安全法实施中存在的问题和不足。

我国量子通信最新进展及未来发展建议

中国信息通信研究院　赵文玉　赖俊森　张海懿

在全球网络信息安全日益持续复杂的背景下，量子通信作为理论上绝对安全的通信方式，近几年持续成为业界关注的焦点。本文在对量子通信中量子隐形传态和量子密钥分发两种主要技术发展水平分析的基础上，着重介绍了 2017 年以来量子通信技术及应用的最新进展、目前存在的主要问题以及未来发展的相关建议，并展望了我国量子通信的未来发展趋势。

一、概述

随着高性能计算、量子计算等技术的快速发展，未来网络信息安全形势将日益复杂，亟需安全性更高的网络信息传输方式。量子通信是一种利用微观粒子的量子态或量子纠缠效应等进行密钥或信息传递的新型通信方式，也是一种理论上绝对安全的通信方式，随着技术发展受到全球多国政府和研究机构的关注。我国也将量子通信列入"十三五"规划，并在网络强国战略中列为网络信息技术自主创新领域的重要组成部分，2017 年 5 月正式发布《"十三五"国家基础研究专项规划》。

量子通信主要分为量子隐形传态（Quantum Teleportation，QT）和量子密钥分发（Quantum Key Distribution，QKD）两类：QT 通过制备纠缠量子对，进行分发传输和接收测量，实现信息的直接传输，其中纠缠量子对的接收测量仍然需要借助传统通信方式（基于经典信道）的辅助才能完成；QKD 通过量子态的传输和测量，在收发双方间实现无法被窃听的密钥安全传递。在完成量子密钥传递之后，如果再采用"一次一密"的加密方式对信息进行加密并结合哈希校验认证等，可以在理论上保证信息传输的绝对安全。从量子通信技术整体的发展来看，量子隐形传态目前仍处于研究探索阶段，距离实用化为时尚早，而量子密钥分发目前已基本成熟并进入产业试点应用阶段，也是现阶段量子通信领域在产业应用方面最关注也是最主要的技术。

二、最新进展

2017 年，我国量子通信无论是在量子隐形传态研究探索方面，还是在量子密钥分发应用试点方面，都进一步取得了一些令人瞩目的成果，其中最具代表性的成果包括基于"墨子号"量子科学实验卫星的 3 种科学实验、国家量子保密通信"京沪干线"项目通过技术验收等。

综合量子通信的整体发展情况，2017 年量子隐形传态和量子密钥分发取得的最新发展（包括取得的标志性成果）如下。

（一）立足"墨子号"量子科学实验卫星，星地量子通信基础研究取得预期进展

基于"墨子"号量子科学实验卫星，我国星地量子通信新型实验研究取得明显进展。中国科大研究团队分别在 2017 年 6 月的《科学》、2017 年 8 月的《自然》期刊上正式发布了星地量子通信三大实验研究成果：首次在 1 000 千米量级的传输距离实现了星地双向纠缠分发、星地量子密钥分发和地星量子隐形传态（其中后面两项发布在《自然》），其中量子密钥分发的平均码率达到 1.1kbit/s。

（二）结合重要领域高安全需求，量子密钥分发试点应用持续推进

在量子密钥分发试点应用方面，结合政务、金融等领域高安全应用需求，2017 年以来除了国家量子保密通信"京沪干线"项目通过技术验收之外，其他一些区域量子保密通信网络也相继启动建设，最典型的如沪杭干线、宁苏干线和武合干线，武汉、天津和乌鲁木齐等城域网等，量子密钥分发试点应用的整体网络规模进一步扩大，同时国家发展和改

革委员会 2017 年 11 月也启动了"国家广域量子保密通信骨干网络建设一期工程"项目。

（三）国家专项持续投入资助，标准化工作同期全力推进

2017—2018 年国家重点研发计划"量子调控与量子信息"、国家自然科学基金等相继对于量子通信等领域进行重点支持。另外，受量子密钥分发应用试点等标准化和应用的迫切需求驱动，中国通信标准化协会（CCSA）于 2017 年 6 月成立了量子通信与信息技术特设任务组（ST7），集中围绕量子通信和量子信息开展标准化研究和制定工作。

三、发展建议

对我国未来的量子通信技术发展与应用提出如下建议。

（一）持续加大基础科研投入

考虑到量子通信是未来国家网络信息安全的主要候选方案之一，建议我国今后进一步加大量子通信技术领域的基础科研支持和投入力度，依托国家重大科技项目、重点研发计划和国家自然科学基金等项目，在量子存储中继技术、高品质量子纠缠源、高性能光子探测器、新型编码协议算法等基础研究的关键领域和方向，集中力量重点突破，破解量子通信技术发展和应用中面临的基础共性难题和应用瓶颈障碍，进一步推动建立我国在量子通信领域的核心竞争优势，并力求实现跨越引领。

（二）依托试点探索商用模式，并结合市场化推进产业发展

在量子通信产业发展方面，建议量子密钥分发产业链上下游各环节紧密配合，依托试点应用和示范项目的已有基础，积极探索和拓展应用场景、商业模式和市场化发展路径，力求实现单纯从国家专项和政策扶持的外援式发展转变为有效契合信息安全市场需求的内生式发展。另外，建议以市场化的方式和手段，促进和加强量子密钥分发与信息通信行业、信息安全行业等不同领域的充分融合，将原有行之有效的技术体系和体制机制引入量子保密通信行业，进一步提升整体技术成熟度和产业发展水平。

（三）加强标准化协同研究并重视竞争性方案

在量子保密通信标准体系和测评认证方面，建议进一步加大标准研究工作的推进力度，协调产业链上下游各环节广泛参与，共同推动形成具有普适性、指导意义的标准体系和测评认证规范，为量子保密通信技术的规模化部署应用提供支撑和引导。

四、展望

在全球新技术革新加速发展的驱动下，以量子通信、量子计算和量子测量等为代表的量子信息已掀起了第二次量子技术发展浪潮。量子通信作为目前唯一理论上可以提供绝对安全的前沿技术，未来具有广阔的发展前景。考虑到量子及其器件特性的基础性，未来几年量子通信将结合量子计算、量子测量等量子信息技术共同发展和革新，其中量子隐形传态主要侧重于基础理论研究和实验验证，并力求与量子计算应用结合发展，而量子密钥分发则侧重应用用户、应用模式等推广及试验验证。考虑到我国未来安全应用需求、重大项目支撑以及量子通信整体发展水平等因素，我国的量子通信技术未来发展环境整体良好，预计在网络信息技术自主创新领域将继续取得重要成果。

附录 A　政策法规

国务院印发《新一代人工智能发展规划》（摘要）

2017 年 7 月 8 日，国务院印发《新一代人工智能发展规划》，提出了面向 2030 年我国新一代人工智能发展的指导思想、战略目标、重点任务和保障措施，部署构筑我国人工智能发展的先发优势，加快建设创新型国家和世界科技强国。摘要如下。

一、战略态势（略）

二、总体要求

（一）指导思想（略）

（二）基本原则（略）

（三）战略目标。

第一步，到 2020 年人工智能总体技术和应用与世界先进水平同步，人工智能产业成为新的重要经济增长点，人工智能技术应用成为改善民生的新途径，有力支撑进入创新型国家行列和实现全面建成小康社会的奋斗目标。（略）

第二步，到 2025 年人工智能基础理论实现重大突破，部分技术与应用达到世界领先水平，人工智能成为带动我国产业升级和经济转型的主要动力，智能社会建设取得积极进展。（略）

第三步，到 2030 年人工智能理论、技术与应用总体达到世界领先水平，成为世界主要人工智能创新中心，智能经济、智能社会取得明显成效，为跻身创新型国家前列和经济强国奠定重要基础。（略）

（四）总体部署。（略）

三、重点任务

立足国家发展全局，准确把握全球人工智能发展态势，找准突破口和主攻方向，全面增强科技创新基础能力，全面拓展重点领域应用深度广度，全面提升经济社会发展和国防应用智能化水平。

（一）构建开放协同的人工智能科技创新体系。

围绕增加人工智能创新的源头供给，从前沿基础理论、关键共性技术、基础平台、人才队伍等方面强化部署，促进开源共享，系统提升持续创新能力，确保我国人工智能科技水平跻身世界前列，为世界人工智能发展作出更多贡献。

1. 建立新一代人工智能基础理论体系。（略）

专栏 1　基础理论

1. 大数据智能理论。研究数据驱动与知识引导相结合的人工智能新方法、以自然语言理解和图像图形为核心的认知计算理论和方法、综合深度推理与创意人工智能理论与方法、非完全信息下智能决策基础理论与框架、数据驱动的通用人工智能数学模型与理论等。

2. 跨媒体感知计算理论。研究超越人类视觉能力的感知获取、面向真实世界的主动视觉感知及计算、自然声学场景的听知觉感知及计算、自然交互环境的言语感知及计算、面向异步序列的类人感知及计算、面向媒体智能感知的自主学习、城市全维度智能感知推理引擎。

3. 混合增强智能理论。研究"人在回路"的混合增强智能、人机智能共生的行为增强与脑机协同、机器直觉推理与因果模型、联想记忆模型与知识演化方法、复杂数据和任务的混合增强智能学习方法、云机器人协同计算方法、真实世界环境下的情境理解及人机群组协同。

4. 群体智能理论。研究群体智能结构理论与组织方法、群体智能激励机制与涌现机理、群体智能学习理论与方法、群体智能通用计算范式与模型。

5. 自主协同控制与优化决策理论。研究面向自主无人系统的协同感知与交互,面向自主无人系统的协同控制与优化决策,知识驱动的人机物三元协同与互操作等理论。

6.高级机器学习理论。研究统计学习基础理论、不确定性推理与决策、分布式学习与交互、隐私保护学习、小样本学习、深度强化学习、无监督学习、半监督学习、主动学习等学习理论和高效模型。

7.类脑智能计算理论。研究类脑感知、类脑学习、类脑记忆机制与计算融合、类脑复杂系统、类脑控制等理论与方法。

8.量子智能计算理论。探索脑认知的量子模式与内在机制,研究高效的量子智能模型和算法、高性能高比特的量子人工智能处理器、可与外界环境交互信息的实时量子人工智能系统等。

2.建立新一代人工智能关键共性技术体系。(略)

专栏 2　关键共性技术

1.知识计算引擎与知识服务技术。研究知识计算和可视交互引擎,研究创新设计、数字创意和以可视媒体为核心的商业智能等知识服务技术,开展大规模生物数据的知识发现。

2.跨媒体分析推理技术。研究跨媒体统一表征、关联理解与知识挖掘、知识图谱构建与学习、知识演化与推理、智能描述与生成等技术,开发跨媒体分析推理引擎与验证系统。

3.群体智能关键技术。开展群体智能的主动感知与发现、知识获取与生成、协同与共享、评估与演化、人机整合与增强、自我维持与安全交互等关键技术研究,构建群智空间的服务体系结构,研究移动群体智能的协同决策与控制技术。

4.混合增强智能新架构和新技术。研究混合增强智能核心技术、认知计算框架,新型混合计算架构,人机共驾、在线智能学习技术,平行管理与控制的混合增强智能框架。

5.自主无人系统的智能技术。研究无人机自主控制和汽车、船舶、轨道交通自动驾驶等智能技术,服务机器人、空间机器人、海洋机器人、极地机器人技术,无人车间／智能工厂智能技术,高端智能控制技术和自主无人操作系统。研究复杂环境下基于计算机视觉的定位、导航、识别等机器人及机械手臂自主控制技术。

6.虚拟现实智能建模技术。研究虚拟对象智能行为的数学表达与建模方法,虚拟对象与虚拟环境和用户之间进行自然、持续、深入交互等问题,智能对象建模的技术与方法体系。

7.智能计算芯片与系统。研发神经网络处理器以及高能效、可重构类脑计算芯片等,新型感知芯片与系统、智能计算体系结构与系统,人工智能操作系统。研究适合人工智能的混合计算架构等。

8.自然语言处理技术。研究短文本的计算与分析技术,跨语言文本挖掘技术和面向机器认知智能的语义理解技术,多媒体信息理解的人机对话系统。

3.统筹布局人工智能创新平台。(略)

专栏 3　基础支撑平台

1.人工智能开源软硬件基础平台。建立大数据人工智能开源软件基础平台、终端与云端协同的人工智能云服务平台、新型多元智能传感器件与集成平台、基于人工智能硬件的新产品设计平台、未来网络中的大数据智能化服务平台等。

2.群体智能服务平台。建立群智众创计算支撑平台、科技众创服务系统、群智软件开发与验证自动化系统、群智软件学习与创新系统、开放环境的群智决策系统、群智共享经济服务系统。

3.混合增强智能支撑平台。建立人工智能超级计算中心、大规模超级智能计算支撑环境、在线智能教育平台、"人在回路"驾驶脑、产业发展复杂性分析与风险评估的智能平台、支撑核电安全运营的智能保障平台、人机共驾技术研发与测试平台等。

4.自主无人系统支撑平台。建立自主无人系统共性核心技术支撑平台,无人机自主控制以及汽车、船舶和轨道交通自动驾驶支撑平台,服务机器人、空间机器人、海洋机器人、极地机器人支撑平台,智能工厂与智能控制装备技术支撑平台等。

5.人工智能基础数据与安全检测平台。建设面向人工智能的公共数据资源库、标准测试数据集、云服务平台,建立人工智能算法与平台安全性测试模型及评估模型,研发人工智能算法与平台安全性测评工具集。

4. 加快培养聚集人工智能高端人才。（略）

（二）培育高端高效的智能经济。

1. 大力发展人工智能新兴产业。

加快人工智能关键技术转化应用，促进技术集成与商业模式创新，推动重点领域智能产品创新，积极培育人工智能新兴业态，布局产业链高端，打造具有国际竞争力的人工智能产业集群。

智能软硬件。开发面向人工智能的操作系统、数据库、中间件、开发工具等关键基础软件，突破图形处理器等核心硬件，研究图像识别、语音识别、机器翻译、智能交互、知识处理、控制决策等智能系统解决方案，培育壮大面向人工智能应用的基础软硬件产业。

智能机器人。攻克智能机器人核心零部件、专用传感器，完善智能机器人硬件接口标准、软件接口协议标准以及安全使用标准。研制智能工业机器人、智能服务机器人，实现大规模应用并进入国际市场。研制和推广空间机器人、海洋机器人、极地机器人等特种智能机器人。建立智能机器人标准体系和安全规则。

智能运载工具。发展自动驾驶汽车和轨道交通系统，加强车载感知、自动驾驶、车联网、物联网等技术集成和配套，开发交通智能感知系统，形成我国自主的自动驾驶平台技术体系和产品总成能力，探索自动驾驶汽车共享模式。发展消费类和商用类无人机、无人船，建立试验鉴定、测试、竞技等专业化服务体系，完善空域、水域管理措施。

虚拟现实与增强现实。突破高性能软件建模、内容拍摄生成、增强现实与人机交互、集成环境与工具等关键技术，研制虚拟显示器件、光学器件、高性能真三维显示器、开发引擎等产品，建立虚拟现实与增强现实的技术、产品、服务标准和评价体系，推动重点行业融合应用。

智能终端。加快智能终端核心技术和产品研发，发展新一代智能手机、车载智能终端等移动智能终端产品和设备，鼓励开发智能手表、智能耳机、智能眼镜等可穿戴终端产品，拓展产品形态和应用服务。

物联网基础器件。发展支撑新一代物联网的高灵敏度、高可靠性智能传感器件和芯片，攻克射频识别、近距离机器通信等物联网核心技术和低功耗处理器等关键器件。

2. 加快推进产业智能化升级。

推动人工智能与各行业融合创新，在制造、农业、物流、金融、商务、家居等重点行业和领域开展人工智能应用试点示范，推动人工智能规模化应用，全面提升产业发展智能化水平。

智能制造。围绕制造强国重大需求，推进智能制造关键技术装备、核心支撑软件、工业互联网等系统集成应用，研发智能产品及智能互联产品、智能制造使能工具与系统、智能制造云服务平台，推广流程智能制造、离散智能制造、网络化协同制造、远程诊断与运维服务等新型制造模式，建立智能制造标准体系，推进制造全生命周期活动智能化。

智能农业。研制农业智能传感与控制系统、智能化农业装备、农机田间作业自主系统等。建立完善天空地一体化的智能农业信息遥感监测网络。建立典型农业大数据智能决策分析系统，开展智能农场、智能化植物工厂、智能牧场、智能渔场、智能果园、农产品加工智能车间、农产品绿色智能供应链等集成应用示范。

智能物流。加强智能化装卸搬运、分拣包装、加工配送等智能物流装备研发和推广应用，建设深度感知智能仓储系统，提升仓储运营管理水平和效率。完善智能物流公共信息平台和指挥系统、产品质量认证及追溯系统、智能配货调度体系等。

智能金融。建立金融大数据系统，提升金融多媒体数据处理与理解能力。创新智能金融产品和服务，发展金融新业态。鼓励金融行业应用智能客服、智能监控等技术和装备。建立金融风险智能预警与防控系统。

智能商务。鼓励跨媒体分析与推理、知识计算引擎与知识服务等新技术在商务领域应用，推广基于人工智能的新型商务服务与决策系统。建设涵盖地理位置、网络媒体和城市基础数据等跨媒体大数据平台，支持企业开展智能商务。鼓励围绕个人需求、企业管理提供定制化商务智能决策服务。

智能家居。加强人工智能技术与家居建筑系统的融合应用，提升建筑设备及家居产品的智能化水平。研发适应不同应用场景的家庭互联互通协议、接口标准，提升家电、耐用品等家居产品感知和联通能力。支持智能家居企业创新服务模式，提供互联共享解决方案。

3. 大力发展智能企业。

大规模推动企业智能化升级。支持和引导企业在设计、生产、管理、物流和营销等核心业务环节应用人工智能新技术，构建新型企业组织结构和运营方式，形成制造与服务、金融智能化融合的业态模式，发展个性化定制，扩大智能产品供给。鼓励大型互联网企业建设云制造平台和服务平台，面向制造企业在线提供关键工业软件和模型库，开展制造能力外包服务，推动中小企业智能化发展。

推广应用智能工厂。加强智能工厂关键技术和体系方法的应用示范，重点推广生产线重构与动态智能调度、生产装备智能物联与云化数据采集、多维人机物协同与互操作等技术，鼓励和引导企业建设工厂大数据系统、网络化分布式生产设施等，实现生产设备网络化、生产数据可视化、生产过程透明化、生产现场无人化，提升工厂运营管理智能化水平。

加快培育人工智能产业领军企业。在无人机、语音识别、图像识别等优势领域加快打造人工智能全球领军企业和品牌。在智能机器人、智能汽车、可穿戴设备、虚拟现实等新兴领域加快培育一批龙头企业。支持人工智能企业加强专利布局，牵头或参与国际标准制定。推动国内优势企业、行业组织、科研机构、高校等联合组建中国人工智能产业技术创新联盟。支持龙头骨干企业构建开源硬件工厂、开源软件平台，形成集聚各类资源的创新生态，促进人工智能中小微企业发展和各领域应用。支持各类机构和平台面向人工智能企业提供专业化服务。

4. 打造人工智能创新高地。

结合各地区基础和优势，按人工智能应用领域分门别类进行相关产业布局。鼓励地方围绕人工智能产业链和创新链，集聚高端要素、高端企业、高端人才，打造人工智能产业集群和创新高地。

开展人工智能创新应用试点示范。在人工智能基础较好、发展潜力较大的地区，组织开展国家人工智能创新试验，探索体制机制、政策法规、人才培育等方面的重大改革，推动人工智能成果转化、重大产品集成创新和示范应用，形成可复制、可推广的经验，引领带动智能经济和智能社会发展。

建设国家人工智能产业园。依托国家自主创新示范区和国家高新技术产业开发区等创新载体，加强科技、人才、金融、政策等要素的优化配置和组合，加快培育建设人工智能产业创新集群。

建设国家人工智能众创基地。依托从事人工智能研究的高校、科研院所集中地区，搭建人工智能领域专业化创新平台等新型创业服务机构，建设一批低成本、便利化、全要素、开放式的人工智能众创空间，完善孵化服务体系，推进人工智能科技成果转移转化，支持人工智能创新创业。

（三）建设安全便捷的智能社会。

围绕提高人民生活水平和质量的目标，加快人工智能深度应用，形成无时不有、无处不在的智能化环境，全社会的智能化水平大幅提升。越来越多的简单性、重复性、危险性任务由人工智能完成，个体创造力得到极大发挥，形成更多高质量和高舒适度的就业岗位；精准化智能服务更加丰富多样，人们能够最大限度享受高质量服务和便捷生活；社会治理智能化水平大幅提升，社会运行更加安全高效。

1. 发展便捷高效的智能服务。

围绕教育、医疗、养老等迫切民生需求，加快人工智能创新应用，为公众提供个性化、多元化、高品质服务。

智能教育。利用智能技术加快推动人才培养模式、教学方法改革，构建包含智能学习、交互式学习的新型教育体系。开展智能校园建设，推动人工智能在教学、管理、资源建设等全流程应用。开发立体综合教学场、基于大数据智能的在线学习教育平台。开发智能教育助理，建立智能、快速、全面的教育分析系统。建立以学习者为中心的教育环境，提供精准推送的教育服务，实现日常教育和终身教育定制化。

智能医疗。推广应用人工智能治疗新模式新手段，建立快速精准的智能医疗体系。探索智慧医院建设，开发人机协同的手术机器人、智能诊疗助手，研发柔性可穿戴、生物兼容的生理监测系统，研发人机协同临床智能诊疗方案，实现智能影像识别、病理分型和智能多学科会诊。基于人工智能开展大规模基因组识别、蛋白组学、代谢组学等研究和新药研发，推进医药监管智能化。加强流行病智能监测和防控。

智能健康和养老。加强群体智能健康管理，突破健康大数据分析、物联网等关键技术，研发健康管理可穿戴设备和家庭智能健康检测监测设备，推动健康管理实现从点状监测向连续监测、从短流程管理向长流程管理转变。建设智能养老社区和机构，构建安全便捷的智能化养老基础设施体系。加强老年人产品智能化和智能产品适老化，开发视听辅助设备、物理辅助设备等智能家居养老设备，拓展老年人活动空间。开发面向老年人的移动社交和服务平台、情感陪护助手，提升老年人生活质量。

2. 推进社会治理智能化。

围绕行政管理、司法管理、城市管理、环境保护等社会治理的热点难点问题，促进人工智能技术应用，推动社会治理现代化。

智能政务。开发适于政府服务与决策的人工智能平台，研制面向开放环境的决策引擎，在复杂社会问题研判、政策评估、风险预警、应急处置等重大战略决策方面推广应用。加强政务信息资源整合和公共需求精准预测，畅通政府与公众的交互渠道。

智慧法庭。建设集审判、人员、数据应用、司法公开和动态监控于一体的智慧法庭数据平台，促进人工智能在证据收集、案例分析、法律文件阅读与分析中的应用，实现法院审判体系和审判能力智能化。

智慧城市。构建城市智能化基础设施，发展智能建筑，推动地下管廊等市政基础设施智能化改造升级；建设城市大数据平台，构建多元异构数据融合的城市运行管理体系，实现对城市基础设施和城市绿地、湿地等重要生态要素的全面感知以及对城市复杂系统运行的深度认知；研发构建社区公共服务信息系统，促进社区服务系统与居民智能家庭系统协同；推进城市规划、建设、管理、运营全生命周期智能化。

智能交通。研究建立营运车辆自动驾驶与车路

协同的技术体系。研发复杂场景下的多维交通信息综合大数据应用平台，实现智能化交通疏导和综合运行协调指挥，建成覆盖地面、轨道、低空和海上的智能交通监控、管理和服务系统。

智能环保。建立涵盖大气、水、土壤等环境领域的智能监控大数据平台体系，建成陆海统筹、天地一体、上下协同、信息共享的智能环境监测网络和服务平台。研发资源能源消耗、环境污染物排放智能预测模型方法和预警方案。加强京津冀、长江经济带等国家重大战略区域环境保护和突发环境事件智能防控体系建设。

3. 利用人工智能提升公共安全保障能力。

促进人工智能在公共安全领域的深度应用，推动构建公共安全智能化监测预警与控制体系。围绕社会综合治理、新型犯罪侦查、反恐等迫切需求，研发集成多种探测传感技术、视频图像信息分析识别技术、生物特征识别技术的智能安防与警用产品，建立智能化监测平台。加强对重点公共区域安防设备的智能化改造升级，支持有条件的社区或城市开展基于人工智能的公共安防区域示范。强化人工智能对食品安全的保障，围绕食品分类、预警等级、食品安全隐患及评估等，建立智能化食品安全预警系统。加强人工智能对自然灾害的有效监测，围绕地震灾害、地质灾害、气象灾害、水旱灾害和海洋灾害等重大自然灾害，构建智能化监测预警与综合应对平台。

4. 促进社会交往共享互信。

充分发挥人工智能技术在增强社会互动、促进可信交流中的作用。加强下一代社交网络研发，加快增强现实、虚拟现实等技术推广应用，促进虚拟环境和实体环境协同融合，满足个人感知、分析、判断与决策等实时信息需求，实现在工作、学习、生活、娱乐等不同场景下的流畅切换。针对改善人际沟通障碍的需求，开发具有情感交互功能、能准确理解人的需求的智能助理产品，实现情感交流和需求满足的良性循环。促进区块链技术与人工智能的融合，建立新型社会信用体系，最大限度降低人际交往成本和风险。

（四）加强人工智能领域军民融合。（略）

（五）构建泛在安全高效的智能化基础设施体系。

（略）

专栏 4　智能化基础设施

1.网络基础设施。加快布局实时协同人工智能的 5G 增强技术研发及应用，建设面向空间协同人工智能的高精度导航定位网络，加强智能感知物联网核心技术攻关和关键设施建设，发展支撑智能化的工业互联网、面向无人驾驶的车联网等，研究智能化网络安全架构。加快建设天地一体化信息网络，推进天基信息网、未来互联网、移动通信网的全面融合。

2.大数据基础设施。依托国家数据共享交换平台、数据开放平台等公共基础设施，建设政府治理、公共服务、产业发展、技术研发等领域大数据基础信息数据库，支撑开展国家治理大数据应用。整合社会各类数据平台和数据中心资源，形成覆盖全国、布局合理、链接畅通的一体化服务能力。

3.高效能计算基础设施。继续加强超级计算基础设施、分布式计算基础设施和云计算中心建设，构建可持续发展的高性能计算应用生态环境。推进下一代超级计算机研发应用。

（六）前瞻布局新一代人工智能重大科技项目。

针对我国人工智能发展的迫切需求和薄弱环节，设立新一代人工智能重大科技项目。加强整体统筹，明确任务边界和研发重点，形成以新一代人工智能重大科技项目为核心、现有研发布局为支撑的"1+N"人工智能项目群。

"1"是指新一代人工智能重大科技项目，聚焦基础理论和关键共性技术的前瞻布局，包括研究大数据智能、跨媒体感知计算、混合增强智能、群体智能、自主协同控制与决策等理论，研究知识计算引擎与知识服务技术、跨媒体分析推理技术、群体智能关键技术、混合增强智能新架构与新技术、自主无人控制技术等，开源共享人工智能基础理论和共性技术。持续开展人工智能发展的预测和研判，加强人工智能对经济社会综合影响及对策研究。

"N"是指国家相关规划计划中部署的人工智能研发项目，重点是加强与新一代人工智能重大科技项目的衔接，协同推进人工智能的理论研究、技术突破和产品研发应用。加强与国家科技重大专项的衔接，在"核高基"（核心电子器件、高端通用芯片、基础软件）、集成电路装备等国家科技重大专项中支持人工智能软硬件发展。加强与其他"科技创新 2030—重大项目"的相互支持，加快脑科学与类脑计算、量子信息与量子计算、智能制造与机器人、大数据等研究，为人工智能重大技术突破提供支撑。国家重点研发计划继续推进高性能计算等重点专项实施，加大对人工智能相关技术研发和应用的支持；国家自然科学基金加强对人工智能前沿领域交叉学科研究和自由探索的支持。在深海空间站、健康保障等重大项目，以及智慧城市、智能农机装备等国家重点研发计划重点专项部署中，加强人工智能技术的应用示范。其他各类科技计划支持的人工智能相关基础理论和共性技术研究成果应开放共享。

创新新一代人工智能重大科技项目组织实施模式，坚持集中力量办大事、重点突破的原则，充分发挥市场机制作用，调动部门、地方、企业和社会各方面力量共同推进实施。明确管理责任，定期开展评估，加强动态调整，提高管理效率。

▌ 四、资源配置（略）

▌ 五、保障措施（略）

▌ 六、组织实施（略）

（全文约 19900 字）

国务院印发《关于进一步扩大和升级信息消费持续释放内需潜力的指导意见》（摘要）

2017年8月13日，国务院印发《关于进一步扩大和升级信息消费持续释放内需潜力的指导意见》，部署进一步扩大和升级信息消费，充分释放内需潜力，壮大经济发展内生动力。摘要如下。

一、总体要求

（一）指导思想（略）

（二）基本原则（略）

（三）发展目标。

到2020年，信息消费规模预计达到6万亿元，年均增长11%以上；信息技术在消费领域的带动作用显著增强，信息产品边界深度拓展，信息服务能力明显提升，拉动相关领域产出达到15万亿元，信息消费惠及广大人民群众。信息基础设施达到世界领先水平，"宽带中国"战略目标全面实现，建成高速、移动、安全、泛在的新一代信息基础设施，网络提速降费取得明显成效。基于网络平台的新型消费快速成长，线上线下协同互动的消费新生态发展壮大。公共数据资源开放共享体系基本建立，面向企业和公民的一体化公共服务体系基本建成。网络空间法律法规体系日趋完善，高效便捷、安全可信、公平有序的信息消费环境基本形成。

（四）重点领域。

生活类信息消费。（略）

公共服务类信息消费。（略）

行业类信息消费。（略）

新型信息产品消费。（略）

二、提高信息消费供给水平

（五）推广数字家庭产品。（略）

（六）拓展电子产品应用。（略）

（七）提升信息技术服务能力。（略）

（八）丰富数字创意内容和服务。（略）

（九）壮大在线教育和健康医疗。（略）

（十）扩大电子商务服务领域。（略）

三、扩大信息消费覆盖面

（十一）推动信息基础设施提速升级。加大信息基础设施建设投入力度，进一步拓展光纤宽带和第四代移动通信（4G）网络覆盖的深度和广度，促进网间互联互通。积极参与"一带一路"沿线重要国家、节点城市网络建设。加快第五代移动通信（5G）标准研究、技术试验和产业推进，力争2020年启动商用。加快推进物联网基础设施部署。统筹发展工业互联网，开展工业互联网产业推进试点示范。推进实施云计算工程，引导各类企业积极拓展应用云服务。积极研究推动数据中心和内容分发网络优化布局。

（十二）推动信息消费全过程成本下降。重点在通信、物流、信贷、支付、售后服务等关键环节全面提升效率、降低成本。深入挖掘网络降费潜力，加快实现网络资费合理下降，充分释放提速降费的改革红利，支持信息消费发展。建立标准化、信息化的现代物流服务体系，推进物流业信息消费降本增效。鼓励金融机构开发更多适合信息消费的金融产品和服务，推广小额、快捷、便民的小微支付方式，降低信息消费金融服务成本。

（十三）提高农村地区信息接入能力。深化电信普遍服务试点，助力网络扶贫攻坚、农村信息化等工作，组织实施"百兆乡村"等示范工程，引导社会资本加大投入力度，重点支持中西部省份、贫困地区、革命老区、民族地区等农村及偏远地区宽带建设，到2020年实现98%的行政村通光纤。全面实施信息进村入户工程，开展整省推进示范，力争到2020年村级信息服务站覆盖率达到 80%。

（十四）加快信息终端普及和升级。支持企业推广面向低收入人群的经济适用的智能手机、数字电视等信息终端设备，开发面向老年人的健康管理类智能可穿戴设备。推介适合农村及偏远地区的移动应用软件和移动智能终端。构建面向新型农业经营主体的生产和学习交流平台。推动民族语言软件研发，减少少数民族使用移动智能终端和获取信息服务的障碍。鼓励各地采用多种方式促进信息终端普及。

（十五）提升消费者信息技能。实施消费者信息技能提升工程，选择部分地区开展 100 个以上信息技能培训项目，通过多种方式开展宣传引导活动，面向各类消费主体特别是信息知识相对薄弱的农牧民、老年人等群体，普及信息应用、网络支付、风险甄别等相关知识。组织开展信息类职业技能大赛，鼓励企业、行业协会等社会力量开展信息技能培训。

（十六）增强信息消费体验。组织开展"信息消费城市行"活动。鼓励地方和行业开展信息消费体验周、优秀案例展示等各种体验活动，扩大信息消费影响力。鼓励企业利用互联网平台深化用户在产品设计、应用场景定制、内容提供等方面的协同参与，提高消费者满意度。支持企业加快线上线下体验中心建设，积极运用虚拟现实、增强现实、交互娱乐等技术丰富消费体验，培养消费者信息消费习惯。

四、优化信息消费发展环境

（十七）加强和改进监管。（略）

（十八）加快信用体系建设。（略）

（十九）加强个人信息和知识产权保护。（略）

（二十）提高信息消费安全性。（略）

（二十一）加大财税支持力度。（略）

（二十二）加强统计监测和评价。（略）

各地区、各部门要进一步统一思想，充分认识新形势下扩大和升级信息消费对释放内需潜力、促进经济升级、支持民生改善的重要作用，按照本意见要求，根据职责分工，加强组织实施，抓紧制定出台配套政策措施，强化协调联动，形成工作合力。各地方要因地制宜制定具体实施方案，明确任务、落实责任，扎实做好相关工作，确保各项任务措施落实到位。

附件：重点任务分工方案

重点任务分工方案
（有关任务目标截至 2020 年）

序号	工作任务	负责单位
1	推动智能网联汽车与智能交通示范区建设	国家发展改革委、工业和信息化部、交通运输部等
2	推进农业物联网区域试验工程	农业部、工业和信息化部等
3	实施数字内容创新发展工程	文化部、中央网信办、新闻出版广电总局等
4	建设课程教学与应用服务有机结合的优质在线开放课程和资源库	教育部等
5	推广网上预约、网络支付、结果查询等在线就医服务，推动在线健康咨询、居家健康服务、个性化健康管理等应用	国家卫生计生委、人力资源社会保障部等
6	支持重点行业骨干企业建立在线采购、销售、服务平台，推动建设一批第三方工业电商服务平台	工业和信息化部、国家发展改革委等
7	积极稳妥推进跨境电子商务发展	商务部、国家发展改革委等
8	支持大型企业建立基于互联网的"双创"平台	工业和信息化部、国家发展改革委等
9	发挥好中小企业公共服务平台作用，引导小微企业创业创新示范基地平台化、生态化发展	工业和信息化部等

（续表）

序号	工作任务	负责单位
10	推动信息技术服务企业提升"互联网＋"环境下的综合集成服务能力。鼓励利用开源代码开发个性化软件，开展基于区块链、人工智能等新技术的试点应用	工业和信息化部、国家发展改革委、科技部等
11	加大信息基础设施建设投入力度，进一步拓展光纤宽带和第四代移动通信（4G）网络覆盖的深度和广度	工业和信息化部、国家发展改革委等
12	加快第五代移动通信（5G）标准研究、技术试验和产业推进，力争 2020 年启动商用	工业和信息化部、国家发展改革委、科技部等
13	加快推进物联网基础设施部署	工业和信息化部、国家发展改革委等
14	统筹发展工业互联网，开展工业互联网产业推进试点示范	工业和信息化部、国家发展改革委等
15	推进实施云计算工程，引导各类企业积极拓展应用云服务	国家发展改革委、工业和信息化部等
16	深化电信普遍服务试点，组织实施"百兆乡村"等示范工程	工业和信息化部、财政部、国家发展改革委等
17	全面实施信息进村入户工程	农业部、工业和信息化部等
18	支持企业推广面向低收入人群的经济适用的智能手机、数字电视等信息终端设备，开发面向老年人的健康管理类智能可穿戴设备	工业和信息化部等
19	推介适合农村及偏远地区的移动应用软件和移动智能终端。构建面向新型农业经营主体的生产和学习交流平台	农业部、工业和信息化部等
20	鼓励各地采用多种方式促进信息终端普及	地方各级政府
21	实施消费者信息技能提升工程，选择部分地区开展 100 个以上信息技能培训项目	工业和信息化部、国家发展改革委、人力资源社会保障部、教育部、农业部等
22	组织开展信息类职业技能大赛，鼓励企业、行业协会等社会力量开展信息技能培训	人力资源社会保障部、教育部、工业和信息化部等
23	深入推进信息消费试点示范城市建设。组织开展"信息消费城市行"活动，鼓励地方和行业开展信息消费体验周、优秀案例示范等各种体验活动，扩大信息消费影响力	工业和信息化部等，有关地方政府
24	深入挖掘网络降费潜力，加快实现网络资费合理下降	工业和信息化部等
25	建立标准化、信息化的现代物流服务体系，推进物流业信息消费降本增效	国家发展改革委、交通运输部、商务部、工业和信息化部等
26	鼓励金融机构开发更多适合信息消费的金融产品和服务，推广小额、快捷、便民的小微支付方式，降低信息消费金融服务成本	人民银行、银监会、保监会等
27	坚持包容审慎监管，加强分类指导	工业和信息化部等
28	深入推进"放管服"改革，继续推进信息消费领域"证照分离"试点	国务院审改办、工商总局等
29	深化电信体制改革，鼓励民间资本通过多种形式参与信息通信业投融资	国家发展改革委、工业和信息化部等
30	做好自由贸易试验区电信领域开放试点，加大基础电信领域竞争性业务开放力度，适时在全国其他地区复制推广	工业和信息化部、商务部、国家发展改革委等
31	健全用户身份及网站认证服务等信任机制	工业和信息化部、国家发展改革委、人民银行、中央网信办等
32	加大对信息消费领域不正当竞争行为的惩戒力度，推动建立健全企业"黑名单"制度	工业和信息化部、工商总局、商务部、质检总局等

（续表）

序号	工作任务	负责单位
33	加强个人信息保护，全面规范个人信息采集、存储、使用等行为，防范个人信息泄露和滥用，加大对窃取、贩卖个人信息等行为的处罚力度	中央网信办、工业和信息化部、公安部等
34	提升网络领域知识产权执法维权水平，加强网络文化知识产权保护	国家知识产权局、文化部、新闻出版广电总局、中央网信办等
35	严厉打击电信网络诈骗、制售假冒伪劣商品等违法违规行为	公安部、工业和信息化部、中央网信办、人民银行、工商总局、质检总局等
36	落实网络安全等级保护制度，深入推进互联网管理和网络信息安全保障体系建设，加强移动应用程序和应用商店网络安全管理，规范移动互联网信息传播	中央网信办、工业和信息化部、公安部等
37	完善网络安全标准体系，建设标准验证平台，支持第三方专业机构开展安全评估和认证工作	中央网信办、工业和信息化部、公安部、新闻出版广电总局、质检总局等
38	做好网络购物等领域消费者权益保护工作，依法受理和处理消费者投诉举报	工商总局等
39	鼓励各地依法依规采用政府购买服务、政府和社会资本合作（PPP）等方式，加大对信息消费领域技术研发、内容创作、平台建设、技术改造等方面的财政支持，支持新型信息消费示范项目建设	财政部等，有关地方政府
40	落实企业研发费用加计扣除等税收优惠政策，经认定为高新技术企业的互联网企业依法享受相应的所得税优惠政策	科技部、财政部、税务总局等
41	完善信息消费统计监测制度	工业和信息化部、国家统计局等
42	建立健全信息消费评价机制，研究建立并定期发布信息消费发展指数	工业和信息化部、国家统计局等

（全文约 7600 字）

中共中央办公厅、国务院办公厅印发《推进互联网协议第六版（IPv6）规模部署行动计划》（摘要）

2017年11月26日，中共中央办公厅、国务院办公厅印发《推进互联网协议第六版（IPv6）规模部署行动计划》，提出了IPv6部署的总体要求和主要目标，并安排了实施步骤。摘要如下。

■ 一、重要意义（略）

■ 二、总体要求

（一）指导思想（略）

（二）基本原则（略）

（三）主要目标

用5到10年时间，形成下一代互联网自主技术体系和产业生态，建成全球最大规模的IPv6商业应用网络，实现下一代互联网在经济社会各领域深度融合应用，成为全球下一代互联网发展的重要主导力量。

1.到2018年末，市场驱动的良性发展环境基本形成，IPv6活跃用户数达到2亿，在互联网用户中的占比不低于20%，并在以下领域全面支持IPv6：国内用户量排名前50位的商业网站及应用，省部级以上政府和中央企业外网网站系统，中央和省级新闻及广播电视媒体网站系统，工业互联网等新兴领域的网络与应用；域名托管服务企业、顶级域运营机构、域名注册服务机构的域名服务器，超大型互联网数据中心（IDC），排名前5位的内容分发网络（CDN），排名前10位云服务平台的50%云产品；互联网骨干网、骨干网网间互联体系、城域网和接入网，广电骨干网，LTE网络及业务，新增网络设备、固定网络终端、移动终端。

2.到2020年末，市场驱动的良性发展环境日臻完善，IPv6活跃用户数超过5亿，在互联网用户中的占比超过50%，新增网络地址不再使用私有IPv4地址，并在以下领域全面支持IPv6：国内用户量排名前100位的商业网站及应用，市地级以上政府外网网站系统，市地级以上新闻及广播电视媒体网站系统；大型互联网数据中心，排名前10位的内容分发网络，排名前10位云服务平台的全部云产品；广电网络，5G网络及业务，各类新增移动和固定终端，国际出入口。

3.到2025年末，我国IPv6网络规模、用户规模、流量规模位居世界第一位，网络、应用、终端全面支持IPv6，全面完成向下一代互联网的平滑演进升级，形成全球领先的下一代互联网技术产业体系。

（四）发展路径（略）

■ 三、重点任务

（一）加快互联网应用服务升级，不断丰富网络信源

1.升级典型应用。推动用户量大、服务面广的门户、社交、视频、电商、搜索、游戏、应用商店及上线应用等网络服务和应用全面支持IPv6。

2.升级政府、中央媒体、中央企业网站。强化政府网站、新闻及广播电视媒体网站和应用的示范带动作用，在相关政府采购活动中明确提出支持IPv6的具体需求，积极开展各级政府网站、新闻及广播电视媒体网站、中央企业外网网站IPv6升级改造。

3.创新特色应用。支持地址需求量大的特色IPv6应用创新与示范，在宽带中国、"互联网+"、新型智慧城市、工业互联网、云计算、物联网、智能制造、人工智能等重大战略行动中加大IPv6推广应用力度。

（二）开展网络基础设施改造，提升网络服务水平

1.升级改造移动和固定网络。以LTE语音

（VoLTE）业务商业应用、光纤到户改造为契机，全面部署支持 IPv6 的 LTE 移动网络和固定宽带接入网络。

2. 推广移动和固定终端应用。新增移动终端和固定终端全面支持 IPv6，引导不支持 IPv6 的存量终端逐步退网。

3. 实现骨干网互联互通。建立完善 IPv6 骨干网网间互联体系，升级改造我国互联网骨干网互联节点，实现互联网、广电网骨干网络 IPv6 的互联互通。

4. 扩容国际出入口。逐步扩容 IPv6 国际出入口带宽，在保障网络安全前提下，实现与全球下一代互联网的高效互联互通。

5. 升级改造广电网络。以全国有线电视互联互通平台建设为契机，加快推动广播电视领域平台、网络、终端等支持 IPv6，促进文化传媒领域业务创新升级。

（三）加快应用基础设施改造，优化流量调度能力

1. 升级改造互联网数据中心。加强互联网数据中心接入能力建设，完成互联网数据中心内网和出口改造，为用户提供 IPv6 访问通道。

2. 升级改造内容分发网络和云服务平台。加快内容分发网络、云服务平台的 IPv6 改造，全面提升 IPv6 网络流量优化调度能力。

3. 升级改造域名系统。加快互联网域名系统（DNS）的全面改造，构建域名注册、解析、管理全链条 IPv6 支持能力，开展面向 IPv6 的新型根域名服务体系的创新与试验。

4. 建设监测平台。建设国家级 IPv6 发展监测平台，全面监测和深入分析互联网网络、应用、终端、用户、流量等 IPv6 发展情况，服务推进 IPv6 规模部署工作。

（四）强化网络安全保障，维护国家网络安全

1. 升级安全系统。进一步升级改造现有网络安全保障系统，提高网络安全态势感知、快速处置、侦查打击能力。

2. 强化地址管理。统筹 IPv6 地址申请、分配、备案等管理工作，严格落实 IPv6 网络地址编码规划方案，协同推进 IPv6 部署与网络实名制。

3. 加强安全防护。开展针对 IPv6 的网络安全等级保护、个人信息保护、风险评估、通报预警、灾难备份及恢复等工作。

4. 构筑新兴领域安全保障能力。加强 IPv6 环境下工业互联网、物联网、车联网、云计算、大数据、人工智能等领域的网络安全技术、管理及机制研究，增强新兴领域网络安全保障能力。

（五）突破关键前沿技术，构建自主技术产业生态

1. 加强 IPv6 关键技术研发。支持网络过渡、网络安全、新型路由等关键技术创新，支持网络处理器、嵌入式操作系统、重要应用软件、终端与网络设备、安全设备与系统、网络测量仪器仪表等核心设备系统研发，加强 IPv6 技术标准研制。

2. 强化网络前沿技术创新。处理好 IPv6 发展与网络技术创新、互联网中长期演进的关系，加强下一代互联网的顶层设计和统筹谋划。超前布局新型网络体系结构、编址路由、网络虚拟化、网络智能化、IPv6 安全可信体系等技术研发，加快国家未来网络试验设施等重大科研基础设施建设，支持 IPv6 下一代互联网先进网络基础设施创新平台建设，进一步加大对网络基础性、前瞻性、创新性研究的支持力度。

四、实施步骤

（一）2017—2018 年重点工作

1. 互联网应用

（1）典型互联网应用升级。鼓励和支持国内龙头互联网企业制定并发布主流互联网应用 IPv6 升级计划，明确"十三五"期间年度工作时间表。推动企业完成主流互联网门户、社交、视频、电商、搜索、游戏等应用的 IPv6 改造，鼓励和支持国内用户量排名前 50 位的商业网站及应用支持 IPv6 接入。推动国产主流互联网浏览器、电子邮件、文件下载等应用软件全面支持 IPv6。完成主流移动应用商店升级改造，新上线和新版本的移动互联网应用必须支持 IPv6。在 IPv4/IPv6 双栈连接的情况下，上述应用均需优先采用 IPv6 连接访问。

（2）省部级以上政府网站 IPv6 改造。初步完成国家电子政务外网改造，完成中央部委、省级政府门户网站改造。新建电子政务系统、信息化系统及服务平台全面支持 IPv6。

（3）省级以上新闻及广播电视媒体网站 IPv6 改造。完成中央及省级新闻宣传媒体门户网站改造，新建新闻及广播电视媒体网络信息系统全面支持 IPv6。

（4）中央企业网站 IPv6 改造。完成中央企业门户网站和面向公众的在线服务窗口改造，加快企业生产管理信息系统等内部网络和应用的 IPv6 改造。基础电信企业的门户网站、移动互联网应用（App）以及应用商店等系统服务器全面支持 IPv6。

（5）新型智慧城市 IPv6 应用。在社会治理、公共安全视频监控、安全生产、健康医疗、教育、社保等领域的系统建设中采用 IPv6 技术，加快推进信息惠民。

（6）工业互联网 IPv6 应用。选择典型行业、重点企业开展工厂企业网络改造，创新工业互联网应用，构建工业互联网 IPv6 标准体系。

2. 网络基础设施

（1）LTE 网络 IPv6 升级。开展 LTE 网络端到端 IPv6 业务承载能力建设，推动 LTE 网络、业务及终端全面支持 IPv6，移动互联网 IPv6 用户规模不少于 5 000 万户。

（2）骨干网 IPv6 互联互通。推进我国骨干网互联节点的 IPv6 升级，基于 IPv6 的网间互联带宽达到 1Tbps，实现高效互联互通。

（3）城域网和接入网改造。基础电信企业完成城域网和接入网的 IPv6 升级改造，完善网络管理和支撑服务系统，面向公众用户和政企客户开通商用 IPv6 宽带接入服务。

（4）IPv6 网络国际出入口建设。扩容升级互联网国际出入口，保障国际互联网 IPv6 流量有效转接互通。

（5）广播电视网络 IPv6 能力建设。加快广电 IPv6 骨干网建设、东中部有线电视接入网升级改造，推进广播电视应用基础设施建设和 IPv6 应用示范。

（6）移动和固定终端升级。基础电信企业集采的移动终端和固定终端全面支持 IPv6，推广支持 IPv6 的广播电视融合终端。

3. 应用基础设施

（1）超大型数据中心 IPv6 升级。开展超大型数据中心改造，完成相关系统升级。

（2）内容分发网络和云服务平台 IPv6 升级。推

动排名前 5 位的内容分发网络和排名前 10 位的云服务平台的 50% 云产品完成升级改造，形成 IPv6 流量优化调度能力。

（3）域名系统 IPv6 升级。开展域名系统等重要互联网应用基础设施改造，推动域名注册服务机构、顶级域运营机构、域名托管服务企业的域名服务器全面支持 IPv6 访问与解析。

（4）IPv6 根域名服务体系试验示范。推动根镜像服务器的引进，进一步提升域名系统解析性能。开展新型根域名服务体系结构及应用的技术创新，建设具有一定规模的试验验证网络设施，开展应用示范。

（5）IPv6 发展监测平台建设。建成国家级 IPv6 发展监测平台，形成对网络、应用、终端、用户、流量等关键发展指标的实时监测和分析能力，定期发布 IPv6 规模部署监测报告。

4. 网络安全

IPv6 网络安全提升计划。升级改造现有网络安全保障系统，提升对 IPv6 地址和网络环境的支持能力。严格落实 IPv6 网络地址编码规划方案，加强 IPv6 地址备案管理，协同推进 IPv6 部署与网络实名制，落实技术接口要求，增强 IPv6 地址精准定位、侦查打击和快速处置能力。开展针对 IPv6 的网络安全等级保护、个人信息保护、风险评估、通报预警、灾难备份及恢复等工作。开展 IPv6 环境下工业互联网、物联网、云计算、大数据、人工智能等领域网络安全技术、管理及机制研究工作。

5. 关键前沿技术

下一代互联网技术创新项目。不断完善 IPv6 技术标准体系，加强基于 IPv6 的网络路由、网络过渡、网络管理、网络智能化、网络虚拟化及网络安全等核心技术研发。加快研发支持 IPv6 的网络处理器、嵌入式操作系统、重要应用软件、终端与网络设备、安全设备与系统、网络测量仪器仪表等自主可控核心设备系统。加强下一代互联网新型网络体系结构与关键技术创新，探索网络设施演进方向。加快建设国家未来网络试验设施，积极开展网络新技术、新应用的试验验证与应用示范。

（二）2019—2020 年重点工作

1. 互联网应用

（1）互联网应用升级（滚动）。继续鼓励和支

持主流互联网门户、社交、视频、电商、搜索、游戏等应用，以及主流移动应用商店、互联网浏览器、电子邮件、文件下载等应用软件的 IPv6 升级和应用部署。鼓励和支持国内用户量排名前 100 位的商业网站及应用支持 IPv6 接入。在 IPv4/IPv6 双栈连接的情况下，上述应用均需优先支持 IPv6 访问。

（2）市地级以上政府网站 IPv6 改造。继续推进既有电子政务系统升级改造，全面完成电子政务外网升级。完成市地级以上政府门户网站升级改造。完成综治、金融、医疗等领域公共管理、民生公益等服务平台改造。

（3）市地级以上新闻及广播电视媒体网站 IPv6 改造。完成市地级以上新闻及广播电视媒体网站升级改造，新上业务及应用全面支持 IPv6。

（4）工业互联网 IPv6 应用（滚动）。持续开展工厂企业网络改造，推动工业互联网创新应用的规模部署，不断完善工业互联网 IPv6 应用、管理、安全等相关标准。

2．网络基础设施

（1）骨干网 IPv6 互联互通（滚动）。新增和扩容我国 IPv6 骨干网互联节点，互联带宽达到 5Tbps。

（2）IPv6 网络国际出入口扩容（滚动）。持续扩容 IPv6 网络国际出入口，进一步提升与国际下一代互联网的互联互通能力。

（3）广播电视网络 IPv6 能力建设（滚动）。完善广电 IPv6 骨干网，实施西部地区有线电视接入网 IPv6 升级改造，基本实现广播电视内容、平台、网络、终端全流程 IPv6 部署。

（4）移动和固定终端升级（滚动）。全面部署支持 IPv6 的移动终端、固定网络终端以及广播电视融合终端，加快存量终端的淘汰替换。

3．应用基础设施

（1）大型以上数据中心 IPv6 升级（滚动）。开展大型以上数据中心改造，完成相关系统升级，实现与网络基础设施的协同发展。

（2）内容分发网络和云服务平台的 IPv6 升级（滚动）。完成排名前 10 位的内容分发网络和排名前 10 位的云服务平台全部云产品改造，形成 IPv6 流量的优化调度能力。

（3）IPv6 发展监测平台建设（滚动）。增加监测指标和对象，不断完善监测平台功能和性能。定期开展企业、行业、区域 IPv6 发展情况评测。

4．网络安全

IPv6 网络安全提升计划（滚动）。持续升级改造相关网络安全保障系统。深入落实网络安全等级保护制度、网络实名制和 IPv6 地址备案管理办法，继续开展相关网络安全技术、管理及机制研究工作，强化网络数据安全管理及个人信息保护能力，确保网络安全。

5．关键前沿技术

下一代互联网技术创新项目（滚动）。持续开展支持 IPv6 的芯片、操作系统、终端及网络设备、安全系统的技术攻关和产业化。进一步加快互联网新型体系结构，以及新型编址与路由、内生网络安全、网络虚拟化等前沿基础技术创新，加强网络新技术、新应用的试验验证和应用示范，不断提升创新成果的生产力转化水平，显著增强网络信息技术自主创新能力，形成未来网络技术先发优势。

五、保障措施（略）

（全文约 7300 字）

国务院办公厅印发《国家突发事件应急体系建设"十三五"规划》(摘要)

2017年1月12日,国务院办公厅印发《国家突发事件应急体系建设"十三五"规划》。摘要如下。

1 现状与形势(略)

2 指导思想、基本原则和建设目标

2.1 指导思想(略)
2.2 基本原则(略)
2.3 建设目标

2.3.1 总体目标

到2020年,建成与有效应对公共安全风险挑战相匹配、与全面建成小康社会要求相适应、覆盖应急管理全过程、全社会共同参与的突发事件应急体系,应急管理基础能力持续提升,核心应急救援能力显著增强,综合应急保障能力全面加强,社会协同应对能力明显改善,涉外应急能力得到加强,应急管理体系进一步完善,应急管理水平再上新台阶。

2.3.2 分类目标

与总体目标和主要任务相对应,按照相关性、针对性、综合性、可实现、可分解落实、定性与定量相结合的原则,确定"十三五"期间各重点建设领域的规划分类目标。

——应急管理基础能力持续提升。(略)
——核心应急救援能力显著增强。(略)
——综合应急保障能力全面加强。(略)
——社会协同应对能力明显改善。(略)
——应急管理体系进一步完善。(略)

3 主要任务

3.1 加强应急管理基础能力建设

健全完善突发事件风险管控体系,加强城乡社区和基础设施抗灾能力,完善监测预警服务体系,强化城市和基层应急管理能力建设,提升应急管理基础能力和水平。

3.1.1 完善突发事件风险管控体系(略)
3.1.2 提升城乡社区和基础设施抗灾能力(略)
3.1.3 完善突发事件监测预警服务体系(略)
3.1.4 强化城市公共安全风险管理(略)
3.1.5 强化基层应急管理能力(略)

3.2 加强核心应急救援能力建设

强化公安、军队和武警突击力量应急能力建设,支持重点行业领域专业应急队伍建设,形成我国突发事件应对的核心力量,承担急难险重抢险救援使命。

3.2.1 强化应急救援突击力量建设(略)
3.2.2 提高重点行业领域专业应急救援能力(略)

3.3 加强综合应急保障能力建设

统筹利用社会资源,加快新技术应用,推进应急协同保障能力建设,进一步完善应急平台、应急通信、应急物资和紧急运输保障体系。

3.3.1 提升应急平台支撑能力(略)
3.3.2 强化应急通信保障能力

3.3.2.1 基于国家民用空间基础设施建设,构建公用应急卫星通信系统;加强各部门卫星应急专网的统筹规划，统筹使用应急体系所需卫星资源，提升卫星应急通信服务保障能力与集约化水平。

3.3.2.2 加强公众通信网络多路由、多节点和关键基础设施的容灾备份体系建设，在灾害多发易发地区、重要城市及核设施周边区域建设一定数量的塔架坚固抗毁、供电双备份、光缆卫星双路由的超级基站，提升公众通信网络防灾抗毁能力。

3.3.2.3 完善国家应急通信专业保障队伍装备配置，支持基层各类专业救援队伍和应急机构配备小型便携应急通信终端。

3.3.2.4 制定不同类别通信系统的现场应急通信互联互通标准，研发基于4G/5G的应急通信手段，加快城市基于1.4G频段的宽带数字集群专网系统建设，加强无线电频率管理，满足应急状态下海量数据、高宽带视频传输和无线应急通信等业务需要。

3.3.3 完善应急物资保障体系（略）

3.3.4 提高紧急运输保障能力（略）

3.4 加强社会协同应对能力建设（略）

3.5 进一步完善应急管理体系（略）

4 重点建设项目

"十三五"期间，依托现有资源，着重强化综合应急能力和社会协同应急能力，提出8个具有综合性、全局性，需要多个部门和地区统筹推进的重点建设项目。

4.1 国家突发事件预警信息发布能力提升工程

在国家突发事件预警信息发布系统前期建设基础上，打造基于云架构的国家突发事件预警信息发布系统，健全国家、省、市、县四级一体化预警信息发布平台；建设突发事件综合风险分析与预警决策支持系统，实现对突发事件影响区域、影响人群预警信息的精准定向发布；加强预警信息发布渠道和手段建设，充分利用各部门和社会媒体现有资源和新技术，重点加强偏远农村、牧区、山区、海区等区域的预警信息传播和接收能力建设，并发挥各类应急信息员队伍作用；建立突发事件预警信息发布标准体系，完善实时监控、安全保障和运行维护体系，保障系统稳定、可靠、高效运行。积极运

用"互联网＋"理念，开发支持文字、声音、图片、视频的突发事件信息报送手机客户端及配套管理系统，实现事发现场智能终端与政府应急平台的联通及现场多媒体信息直播，提供应急科普宣教和交流平台。

4.2 国家应急平台体系完善提升工程

在国家应急平台体系一期工程建设成果基础上，推进国务院应急平台和部门、省级应急平台的升级改造，完善平台功能，提升可靠性、易操作性和实战化水平。推进国务院应急平台与部门、省级应急平台的互联互通和系统对接，按照区域联动机制设立应急平台体系视频会议系统分中心，进一步扩大视频会议和图像接入等系统的覆盖范围，汇聚整合互联网相关信息资源；规范基础数据接入标准，推动地方和部门建立完善风险、隐患、应急队伍、应急物资等基础数据库并接入国务院应急平台；依托有关专业力量和信息资源，加强辅助决策系统建设，强化信息集成、事态预判和应急演练等功能；完善平台运行技术保障机制。通过平台体系化升级改造，实现图像传输高清化、视频会商多极化、辅助决策智能化、技术保障多样化。

4.3 国家航空医学救援基地建设

依托现有优质医疗卫生资源和通航企业等，在全国分区域建设一批国家航空医学救援基地，重点强化航空医学救援、航空器加改装、直升机起降点、培训演练等设施装备建设，承担重特大突发事件伤病员空中转运、途中救治、卫生防疫、医疗人员现场输送、紧急药品器械调用等应急任务。建立健全通航企业、保险机构等参与的航空医学救援机制，带动形成社会化航空医学救援体系。

4.4 国家应急资源保障信息服务系统建设

建设国家应急资源保障信息服务系统，整合全国应急物资储备、社会生产能力、应急物流资源、应急专业服务等保障信息，加强跨部门、跨地区、跨行业的协同保障和信息共享，作为国务院应急平台的应急资源支撑系统，并向有关部门、地方和企业提供供需衔接、调度指挥、决策参考、科学评估等服务，提高各类应急资源的综合协调、科学调配

和有效利用水平。

4.5 国家应急通信保障能力建设

充分利用卫星通信、公众通信和相关专网现有资源及最新发展成果，建设公用应急卫星通信专业系统，整合和完善我国空间和地面应急通信网络资源，提升公众通信网络防灾抗毁能力和应急服务能力，形成天地一体、互通共享的公用应急通信保障能力；建设"互联网＋应急通信"指挥调度和服务管理云平台，为应急管理提供通信、预警、决策、调度支撑服务，满足突发事件处置中各部门、各行业的应急通信需求。

4.6 国家公共安全应急体验基地建设

依托中央企业现有资源，模拟地震、海啸、洪涝、地质灾害、火灾、溺水、交通事故、电梯事故、危险化学品事故、矿山事故、紧急救护、突发急性传染病疫情、家居安全等灾害和应急场景，并采用声光电和多媒体等技术，建设基于真实三维环境的突发事件模拟仿真设施、沉浸式体验设施、应急装备模拟操作设施、应急自救互救技能演示和训练设施等，建成科普展示、虚拟体验和实训演练的公共安全应急体验基地。

4.7 国家应急管理基础标准研制工程

组织开展应急管理标准体系研究，建立统一的应急管理标准体系框架，推进应急管理基础标准研制，协调不同领域专业标准研制；重点研制一批风险评估、隐患治理、突发事件预警、应急资源建设及管理、应急通信与信息、应急组织与指挥、应急培训与演练等关键基础标准，并开展相关标准的推广应用示范，提升应急管理标准化水平。

4.8 中欧应急管理学院建设

依托国家行政学院应急管理培训中心（中欧应急管理学院），在充分利用现有培训设施和资源基础上，结合培训疗养机构改革，加强校区建设，完善必要的教育、培训基础设施，配备教学科研设备，充实师资力量，开发系列课程，形成具有国际影响的应急管理教育、高端智库和国际合作交流平台。

5 保障措施（略）

（全文约 16500 字）

工业和信息化部印发云计算发展三年行动计划（2017—2019年）（摘要）

2017年3月30日，工业和信息化部编制印发了《云计算发展三年行动计划（2017—2019年）》。摘要如下。

■ 一、背景情况（略）

■ 二、总体思路和发展目标

（一）指导思想（略）
（二）基本原则（略）
（三）发展目标

到2019年，我国云计算产业规模达到4 300亿元，突破一批核心关键技术，云计算服务能力达到国际先进水平，对新一代信息产业发展的带动效应显著增强。云计算在制造、政务等领域的应用水平显著提升。云计算数据中心布局得到优化，使用率和集约化水平显著提升，绿色节能水平不断提高，新建数据中心PUE值普遍优于1.4。发布云计算相关标准超过20项，形成较为完整的云计算标准体系和第三方测评服务体系。云计算企业的国际影响力显著增强，涌现2～3家在全球云计算市场中具有较大份额的领军企业。云计算网络安全保障能力明显提高，网络安全监管体系和法规体系逐步健全。云计算成为信息化建设主要形态和建设网络强国、制造强国的重要支撑，推动经济社会各领域信息化水平大幅提高。

■ 三、重点任务

（一）技术增强行动

持续提升关键核心技术能力。支持大型专业云计算企业牵头，联合科研院所、高等院校建立云计算领域制造业创新中心，组织实施一批重点产业化创新工程，掌握云计算发展制高点。积极发展容器、微内核、超融合等新型虚拟化技术，提升虚拟机热迁移的处理能力、处理效率和用户资源隔离水平。面向大规模数据处理、内存计算、科学计算等应用需求，持续提升超大规模分布式存储、计算资源的管理效率和能效管理水平。支持企业、研究机构、产业组织参与主流开源社区，利用开源社区技术和开发者资源，提升云计算软件技术水平和系统服务能力。引导企业加强云计算领域的核心专利布局，开展云计算知识产权分析和风险评估，发布分析预警研究成果，引导企业加强知识产权布局。开展知识产权相关法律法规宣传和培训，提高企业知识产权意识和管理水平。

加快完善云计算标准体系。落实《云计算综合标准化体系建设指南》，推进完善标准体系框架。指导标准化机构加快制定云计算资源监控、服务计量计费、应用和数据迁移、工业云服务能力总体要求、云计算服务器技术要求等关键急需技术、服务和应用标准。积极开展标准的宣贯实施和应用示范工作，在应用中检验和完善标准。探索创新标准化工作形式，积极培育和发展团体标准，指导和支持标准组织、产业联盟、核心企业等主体制定发布高质量的云计算标准成果。支持骨干企业及行业协会实质性参与云计算技术、管理、服务等方面国际标准的制定。

深入开展云服务能力测评。依托第三方测试机构和骨干企业力量，以相关国家、行业、团体标准为依托，以用户需求为导向，围绕人员、技术、过程、资源等云计算服务关键环节，建立健全测评指标体系和工作流程，开展云计算服务能力、可信度测评工作，引导云计算企业提升服务水平、保障服务质量，提高安全保障能力。积极推动与国际主流测评体系的结果互认。

（二）产业发展行动

支持软件企业向云计算转型。支持地方主管部门联合云计算骨干企业建立面向云计算开发测试的公共服务平台，提供咨询、培训、研发、商务等公共服务。支持软件和信息技术服务企业基于开发测试平台发展产品、服务和解决方案，加速向云计算转型，丰富完善办公、生产管理、财务管理、营销管理、人力资源管理等企业级 SaaS 服务，发展面向个人信息存储、家居生活、学习娱乐的云服务，培育信息消费新热点。

加快培育骨干龙头企业。面向重点行业领域创新发展需求，加大资金、信贷、人才等方面支持力度，加快培育一批有一定技术实力和业务规模、创新能力突出、市场前景好、影响力强的云计算企业及云计算平台。支持骨干龙头企业丰富服务种类，提高服务能力，创新商业模式，打造生态体系，推动形成云计算领域的产业梯队，不断增强我国在云计算领域的体系化发展实力。

推动产业生态体系建设。建设一批云计算领域的新型工业化产业示范基地，完善产业载体建设。依托产业联盟等行业组织，充分发挥骨干云计算企业的带动作用和技术溢出效应，加快云计算关键设备研发和产业化，引导芯片、基础软件、服务器、存储、网络等领域的企业，在软件定义网络、新型架构计算设备、超融合设备、绿色数据中心、模块化数据中心、存储设备、信息安全产品等方面实现技术与产品突破，带动信息产业发展，强化产业支撑能力。大力发展面向云计算的信息系统规划咨询、方案设计、系统集成和测试评估等服务。

（三）应用促进行动

积极发展工业云服务。贯彻落实《关于深化制造业与互联网融合发展的指导意见》，深入推进工业云应用试点示范工作。支持骨干制造业企业、云计算企业联合牵头搭建面向制造业特色领域的工业云平台，汇集工具库、模型库、知识库等资源，提供工业专用软件、工业数据分析、在线虚拟仿真、协同研发设计等类型的云服务，促进制造业企业加快基于云计算的业务模式和商业模式创新，发展协同创新、个性化定制等业务形态，培育"云制造"模式，提升制造业快捷化、服务化、智能化水平，推动制造业转型升级和提质增效。支持钢铁、汽车、轻工等制造业重点领域行业协会与专业机构、骨干云计算企业合作建设行业云平台，促进各类信息系统向云平台迁移，丰富专业云服务内容，推进云计算在制造业细分行业的应用，提高行业发展水平和管理水平。

协同推进政务云应用。推进基于云计算的政务信息化建设模式，鼓励地方主管部门加大利用云计算服务的力度，应用云计算整合改造现有电子政务信息系统，提高政府运行效率。积极发展安全可靠云计算解决方案，在重要信息系统和关键基础设施建设过程中，探索利用云计算系统架构和模式弥补软硬件单品性能不足，推动实现安全可靠软硬件产品规模化应用。

支持基于云计算的创新创业。深入推进大企业"双创"，鼓励和支持利用云计算发展创业创新平台，通过建立开放平台、设立创投基金、提供创业指导等形式，推动线上线下资源聚集，带动中小企业的协同创新。通过举办创客大赛等形式，支持中小企业、个人开发者基于云计算平台，开展大数据、物联网、人工智能、区块链等新技术、新业务的研发和产业化，培育一批基于云计算的平台经济、分享经济等新兴业态，进一步拓宽云计算应用范畴。

（四）安全保障行动

完善云计算网络安全保障制度。贯彻落实《网络安全法》相关规定，推动建立健全云计算相关法律法规和管理制度。加强云计算网络安全防护管理，落实公有云服务安全防护和信息安全管理系统建设要求，完善云计算服务网络安全防护标准。加大公有云服务定级备案、安全评估等工作力度，开展公有云服务网络安全防护检查工作，督促指导云服务企业切实落实网络与信息安全责任，促进安全防护手段落实和能力提升。逐步建立云安全评估认证体系。

推动云计算网络安全技术发展。针对虚拟机逃逸、多租户数据保护等云计算环境下产生的新型安全问题，着力突破云计算平台的关键核心安全技术，强化云计算环境下的安全风险应对。引导企业加大投入，推动云计算环境下网络与边界类、终端与数字内容类、管理类等安全产品和服务的研发及产业应用，加快云计算专业化安全服务队伍建设。

推动云计算安全服务产业发展。支持企业和第三方机构创新云安全服务模式，推动建设基于云计算和大数据的网络安全态势感知预警平台，实现对各类安全事件的及时发现和有效处置。持续面向电信企业、互联网企业、安全企业开展云计算安全领域的网络安全试点示范工作，推动企业加大新兴领域的研发，促进先进技术和经验的推广应用。

（五）环境优化行动

推进网络基础设施升级。落实《"宽带中国"战略及实施方案》，引导基础电信企业和互联网企业加快网络升级改造，引导建成一批全光网省、市，推动宽带接入光纤化进程，实施共建共享，进一步提升光纤宽带网络承载能力。推动互联网骨干网络建设，扩容骨干直联点带宽，持续优化网络结构。

完善云计算市场监管措施。进一步明确云计算相关业务的监管要求，依法做好互联网数据中心（IDC）、互联网资源协作服务等相关业务经营许可审批和事中事后监管工作。加快出台规范云服务市场经营行为的管理要求，规范市场秩序，促进云服务市场健康有序发展。

落实数据中心布局指导意见。进一步推动落实《关于数据中心建设布局的指导意见》，在供给侧提升能力，通过开展示范等方式，树立高水平标杆，引导对标差距，提升数据中心利用率和建设应用水平；在需求侧引导对接，通过编制发展指引，对国内数据中心按照容量能力、服务覆盖地区、适宜业务类型等要素进行分类，指导用户按照需求合理选择使用数据中心资源，推动跨区域资源共享。

四、保障措施（略）

（全文约 5300 字）

工业和信息化部印发《公共互联网网络安全威胁监测与处置办法》

2017 年 8 月 9 日，工业和信息化部根据《中华人民共和国网络安全法》等有关法律法规，制定《公共互联网网络安全威胁监测与处置办法》。全文如下。

公共互联网网络安全威胁监测与处置办法

第一条　为加强和规范公共互联网网络安全威胁监测与处置工作，消除安全隐患，制止攻击行为，避免危害发生，降低安全风险，维护网络秩序和公共利益，保护公民、法人和其他组织的合法权益，根据《中华人民共和国网络安全法》《全国人民代表大会常务委员会关于加强网络信息保护的决定》《中华人民共和国电信条例》等有关法律法规和工业和信息化部职责，制定本办法。

第二条　本办法所称公共互联网网络安全威胁是指公共互联网上存在或传播的、可能或已经对公众造成危害的网络资源、恶意程序、安全隐患或安全事件，包括：

（一）被用于实施网络攻击的恶意 IP 地址、恶意域名、恶意 URL、恶意电子信息，包括木马和僵尸网络控制端，钓鱼网站，钓鱼电子邮件、短信 / 彩信、即时通信等；

（二）被用于实施网络攻击的恶意程序，包括木马、病毒、僵尸程序、移动恶意程序等；

（三）网络服务和产品中存在的安全隐患，包括硬件漏洞、代码漏洞、业务逻辑漏洞、弱口令、后门等；

（四）网络服务和产品已被非法入侵、非法控制的网络安全事件，包括主机受控、数据泄露、网页篡改等；

（五）其他威胁网络安全或存在安全隐患的情形。

第三条　工业和信息化部负责组织开展全国公共互联网网络安全威胁监测与处置工作。各省、自治区、直辖市通信管理局负责组织开展本行政区域内公共互联网网络安全威胁监测与处置工作。工业和信息化部和各省、自治区、直辖市通信管理局以下统称为电信主管部门。

第四条　网络安全威胁监测与处置工作坚持及时发现、科学认定、有效处置的原则。

第五条　相关专业机构、基础电信企业、网络安全企业、互联网企业、域名注册管理和服务机构等应当加强网络安全威胁监测与处置工作，明确责任部门、责任人和联系人，加强相关技术手段建设，不断提高网络安全威胁监测与处置的及时性、准确性和有效性。

第六条　相关专业机构、基础电信企业、网络安全企业、互联网企业、域名注册管理和服务机构等监测发现网络安全威胁后，属于本单位自身问题的，应当立即进行处置，涉及其他主体的，应当及时将有关信息按照规定的内容要素和格式提交至工业和信息化部和相关省、自治区、直辖市通信管理局。

工业和信息化部建立网络安全威胁信息共享平台，统一汇集、存储、分析、通报、发布网络安全威胁信息；制定相关接口规范，与相关单位网络安全监测平台实现对接。国家计算机网络应急技术处理协调中心负责平台建设和运行维护工作。

第七条　电信主管部门委托国家计算机网络应急技术处理协调中心、中国信息通信研究院等专业机构对相关单位提交的网络安全威胁信息进行认定，并提出处置建议。认定工作应当坚持科学严谨、公平公正、及时高效的原则。电信主管部门对参与认定工作的专业机构和人员加强管理与培训。

第八条　电信主管部门对专业机构的认定和处置意见进行审查后，可以对网络安全威胁采取以下一项或多项处置措施：

（一）通知基础电信企业、互联网企业、域名注册管理和服务机构等，由其对恶意 IP 地址（或宽带接入账号）、恶意域名、恶意 URL、恶意电子邮件账号或恶意手机号码等，采取停止服务或屏蔽等措施。

（二）通知网络服务提供者，由其清除本单位网络、系统或网站中存在的可能传播扩散的恶意程序。

（三）通知存在漏洞、后门或已经被非法入侵、控制、篡改的网络服务和产品的提供者，由其采取整改措施，消除安全隐患；对涉及党政机关和关键信息基础设施的，同时通报其上级主管单位和网信部门。

（四）其他可以消除、制止或控制网络安全威胁的技术措施。

电信主管部门的处置通知应当通过书面或可验证来源的电子方式等形式送达相关单位，紧急情况下，可先电话通知，后补书面通知。

第九条　基础电信企业、互联网企业、域名注册管理和服务机构等应当为电信主管部门依法查询 IP 地址归属、域名注册等信息提供技术支持和协助，并按照电信主管部门的通知和时限要求采取相应处置措施，反馈处置结果。负责网络安全威胁认定的专业机构应当对相关处置情况进行验证。

第十条　相关组织或个人对按照本办法第八条第（一）款采取的处置措施不服的，有权在 10 个工作日内向做出处置决定的电信主管部门进行申诉。相关电信主管部门接到申诉后应当及时组织核查，并在 30 个工作日内予以答复。

第十一条　鼓励相关单位以行业自律或技术合作、技术服务等形式开展网络安全威胁监测与处置工作，并对处置行为负责，监测与处置结果应当及时报送电信主管部门。

第十二条　基础电信企业、互联网企业、域名注册管理和服务机构等未按照电信主管部门通知要求采取网络安全威胁处置措施的，由电信主管部门依据《中华人民共和国网络安全法》第五十六条、第五十九条、第六十条、第六十八条等规定进行约谈或给予警告、罚款等行政处罚。

第十三条　造成或可能造成严重社会危害或影响的公共互联网网络安全突发事件的监测与处置工作，按照国家和电信主管部门有关应急预案执行。

第十四条　各省、自治区、直辖市通信管理局可参照本办法制定本行政区域网络安全威胁监测与处置办法实施细则。

第十五条　本办法自 2018 年 1 月 1 日起实施。2009 年 4 月 13 日印发的《木马和僵尸网络监测与处置机制》和 2011 年 12 月 9 日印发的《移动互联网恶意程序监测与处置机制》同时废止。

附录 B 创新
成果类

2017 年中国通信学会科学技术奖获奖名单

获奖项目	获奖单位	申报奖种	推荐单位	获奖者	获奖等级
基于无状态翻译的 IPv6 融合过渡技术及应用	清华大学、中国电信股份有限公司北京研究院	技术发明类	清华大学	李星、包丛笑、吴建平、马严、解冲锋、李崇荣、许俊、王兴伟、李子木、陈刚	一等奖
大容量弹性化灵活带宽光网络技术创新与规模应用	北京邮电大学、华为技术有限公司、中国移动通信集团公司	科技进步类	北京邮电大学	张杰、赵永利、李晗、陶本金、白立荣、张德江、王磊、罗贤龙、杨辉、李允博、汪浩、张佳玮、郁小松、林毅、高冠军	一等奖
面向软定义总线的单载波超宽带短距通信技术	清华大学、中国科学院微电子研究所	技术发明类	清华大学	葛宁、裴玉奎、苏厉、李志强、张海英、金德鹏、李博华、朱亮、张家琦、陈曦、王云峰、李晨、陆希玉、王小松、杨宁国	一等奖
VoLTE 关键技术创新与规模应用	中国移动通信集团公司、华为技术有限公司、中兴通讯股份有限公司、杭州东信北邮信息技术有限公司	科技进步类	中国移动通信集团公司	杨志强、王亚晨、侯志强、李继、孙红芳、胡臻平、姜怡、曹艳艳、谢懿、张晓京、刘磊、赵琳、王永德、穆凌江、王晶	一等奖
面向服务定制的网络管控与内容调度融合平台	北京邮电大学、江苏省未来网络创新研究院、中国联合网络通信集团有限公司	技术发明类	北京邮电大学	黄韬、刘韵洁、张云勇、刘江、谢人超、魏亮、张娇、徐雷、杨帆、潘恬、檀朝红、戴云伟	一等奖
电磁空间频谱资源认知、协同与竞争理论方法研究	南京航空航天大学、浙江大学、北京邮电大学	自然科学类	南京航空航天大学	吴启晖、张朝阳、冯志勇、史清江、张小飞	一等奖
中国联通基于 SDN 的智能专线关键技术与应用	中国联合网络通信有限公司网络技术研究院、中国联合网络通信集团有限公司、中国联合网络通信有限公司广东省分公司、中国联合网络通信有限公司江苏省分公司、中国联合网络通信有限公司天津市分公司	科技进步类	中国联合网络通信集团有限公司	邵广禄、唐雄燕、陈孟尝、朱常波、王光全、赫罡、王海军、吕洪涛、孙新莉、邓玲、胥锋、张亚鹏、郑毅、师严、满祥锟	一等奖
复杂通信环境下移动性管理技术	电信科学技术研究院、北京邮电大学	技术发明类	电信科学技术研究院	陈山枝、胡博、时岩、蔡月民、艾明、胡金玲	一等奖

（续表）

获奖项目	获奖单位	申报奖种	推荐单位	获奖者	获奖等级
面向网络重构的超大容量多业务路由器关键技术研发及产业化	中兴通讯股份有限公司、中国电信股份有限公司广东研究院	科技进步类	中兴通讯股份有限公司	胡龙斌、唐宏、陶文强、李光、朱永庆、王延松、朱超国、刘嵘、洪先进、陈华南	二等奖
面向智慧家庭的天翼网关技术创新与规模应用	中国电信集团公司	科技进步类	中国电信集团公司	吕品、张明杰、刘文超、王作强、杨永辉、金海、郭宁、赵伟峰、侯象飞、黄倩	二等奖
多运营商4G网络共享部署方案研究验证与大规模工程实践	中国电信集团公司、中国联合网络通信集团有限公司	科技进步类	中国电信集团公司	蔡佶、马红兵、王睿、陈建刚、李英奇、邱涛、王波、宋谱、张光辉、周瑶	二等奖
开放式独立型OTN技术创新与全球大容量OTN网络	中国电信集团公司、华为技术有限公司	科技进步类	中国电信集团公司	袁海涛、霍晓莉、卢毅权、尹立云、荆瑞泉、孔金荣、杜英田、王占京、吴秋游、汪令全	二等奖
空间受限MIMO系统天线多域协同理论与方法	清华大学	自然科学类	清华大学	李越、张志军、冯正和	二等奖
超长距大容量高可靠海洋通信光纤及其应用	江苏亨通光纤科技有限公司东南大学	科技进步类	江苏省通信学会	袁健、孙小菡、陈伟、张功会、王林、严勇虎、黄秋实、胡涛平	二等奖
通讯信息反欺诈系统的关键技术及应用	中国移动通信集团公司、北京邮电大学、杭州东信北邮信息技术有限公司	科技进步类	中国移动通信集团公司	廖建新、张滨、王敬宇、刘利军、徐童、袁捷、张磊、娄涛、石川、冯运波	二等奖
面向多频多制式融合的天线创新与规模应用	中国移动通信集团公司、京信通信系统（中国）有限公司、华为技术有限公司、武汉虹信通信技术有限责任公司	科技进步类	中国移动通信集团公司	黄宇红、丁海煜、许灵军、王安娜、曹景阳、孙善球、胡志东、赵杰、肖伟宏、张申科	二等奖
国家无线电管理一体化平台的建设与应用创新	国家无线电监测中心	科技进步类	国家无线电监测中心	蒲星、丛远东、黄颖、周吉阳、平锐、胡莹莹、赵千里、谭光林、许梦竹、黄标	二等奖
4G频率重耕策略研究、方案制定与应用	国家无线电监测中心、中国电信集团公司、中国联合网络通信集团有限公司、中国移动通信集团公司、中国信息通信研究院	科技进步类	国家无线电监测中心	方箭、芒戈、刘婧迪、聂昌、李芃芃、李英华、丁家昕、朱禹涛、周瑶、李培煜	二等奖
车联网接入系统关键技术研究与产业化	西安邮电大学、长安大学、中兴通讯股份有限公司、中国信息通信研究院	科技进步类	西安邮电大学	禹忠、赵祥模、卢忱、许辉、惠飞、安旭东、孙波、马子江、支周、赵恺	二等奖

（续表）

获奖项目	获奖单位	申报奖种	推荐单位	获奖者	获奖等级
面向演进的 4G+ 技术方案研究验证和规模部署	中国电信集团公司	科技进步类	中国电信集团公司	沈少艾、陈建刚、曹磊、孙震强、赵晔、胡春雷、李鹏、张光辉、李路鹏、许森	二等奖
基于大数据分析的智能交通诱导关键技术与系统应用	南京邮电大学	技术发明类	南京邮电大学	赵海涛、赵凤、朱晓荣、张晖、郭永安、李大鹏、江凌云	二等奖
基于网络大数据的智能化运维系统关键技术研发及应用	中国移动通信集团公司	科技进步类	中国移动通信集团公司	魏丽红、孙金霞、徐海勇、葛澍、王晋龙、孔松、孙伟、李春明、王灿如、胥健	二等奖
新型宽带移动融合业务智能控制开放平台关键技术及应用	西安交通大学、中兴通讯股份有限公司、中国联合网络通信有限公司陕西省分公司	科技进步类	陕西省通信学会	曲桦、赵季红、别业楠、李武、刘建利、别玲、刘帅、陈梁骏、段斌、张艳鹏	二等奖
无线接入网关（基站）的资源优化技术	南京邮电大学	科技进步类	南京邮电大学	潘甦、宋荣方、孙希霞、鲍楠、刘胜美	二等奖
中国联通 4G+ 演进技术研究	中国联合网络通信有限公司、中兴通讯股份有限公司、爱立信（中国）通信有限公司、诺基亚通信系统技术（北京）有限公司、华为技术有限公司	科技进步类	中国联合网络通信集团有限公司	张涛、李福昌、冯毅、马红兵、邱涛、王波、王友祥、韩玉楠、郭希蕊、王伟	二等奖
协作通信参数学习机理与传输优化方法	清华大学、北京交通大学、西安交通大学、西安电子科技大学	自然科学类	清华大学	高飞飞、王公仆、张渭乐、张顺	二等奖
光纤通信传输损伤物理机制研究及高速光传输系统实现	北京大学、烽火科技集团有限公司、上海交通大学	自然科学类	北京大学	张帆、杨奇、义理林、杨川川	二等奖
基于 SDN 的下一代云数据中心产业应用	中兴通讯股份有限公司	科技进步类	中兴通讯股份有限公司	陆平、威晨、申光、程希、张晗	三等奖
融合异构集群通信系统关键技术及城市共网系统整体解决方案	东方通信股份有限公司	科技进步类	中国普天信息产业集团公司	张宗军、陈池、应允良、王得道、周利满	三等奖
面向未知威胁的终端检测与防御技术研究和应用	北京安天网络安全技术有限公司、中国科学院信息工程研究所	技术发明类	中国互联网协会	肖新光、徐翰隆、庞齐、王小丰、刘奇旭	三等奖
数据驱动的工业互联网研究及示范应用	西安邮电大学	科技进步类	西安邮电大学	陈彦萍、王忠民、吕慧、王小耿、孙韩林	三等奖

（续表）

获奖项目	获奖单位	申报奖种	推荐单位	获奖者	获奖等级
移动互联网促进制造业智能化转型升级的路径与模式研究	西安邮电大学	科技进步类	西安邮电大学	李永红、赵晓玲、曹宁、董明明、王晟	三等奖
基于大数据的移动通信网络立体覆盖分析系统研发与应用	中国移动通信集团广东有限公司	科技进步类	广东省通信学会	凌浩、杨文俊、刘大洋、黄海晖、陆庆杭	三等奖
基于云计算架构的 P2P 智能视频监控系统技术创新与规模应用	中国电信集团公司	科技进步类	中国电信集团公司	周杰、冯明、张坚平、张园、张琳姝	三等奖
电信运营商云资源池软件定义技术创新与应用	中国电信集团公司	科技进步类	中国电信集团公司	樊勇兵、冯明、刘健民、马卫民、王峰	三等奖
中国电信 IT 互联网化混搭架构研究与规模应用	中国电信集团公司	科技进步类	中国电信集团公司	胡志强、蔡康、王桂荣、胡军军、李嫚	三等奖
国务院关于深化制造业与互联网融合发展的指导意见	中国电子信息产业发展研究院	科技进步类	中国电子信息产业发展研究院	樊会文、杨春立、姚磊、袁晓庆、许旭	三等奖
基于运营商大数据的金融征信和风控技术研究及应用	中国移动通信集团四川有限公司	科技进步类	四川省通信学会	刘耕、陈刚、陈继刚、张航友、徐苛杰	三等奖
信息通信技术推进实体经济转型升级研究及实施支撑	中国信息通信研究院	科技进步类	中国信息通信研究院	鲁春丛、辛勇飞、何伟、肖荣美、孙克	三等奖
安测云—基于云的智能终端安全检测平台	中国信息通信研究院	科技进步类	中国信息通信研究院	潘娟、邓样辉、余泉、姚一楠、董霁	三等奖
《信息通信百科全书——打开信息通信之门》	人民邮电出版社	科技进步类	人民邮电出版社	刘华鲁、王建军、李静	三等奖
基于 SDS 的 O 域大数据平台研究与实践	中国移动通信集团江苏有限公司	科技进步类	江苏省通信学会	唐忠伟、余冰、卢海杨、胥健、宗建光	三等奖
面向产业互联网规模化应用的第三代大数据开放公共平台及双创孵化	中国联合网络通信集团有限公司	科技进步类	中国联合网络通信集团有限公司	魏进武、张云勇、范济安、陈扬帆、马彦	三等奖

（续表）

获奖项目	获奖单位	申报奖种	推荐单位	获奖者	获奖等级
全网集中运维支撑模式研究及系统应用实践	中国联合网络通信集团有限公司	科技进步类	中国联合网络通信集团有限公司	刘洪波、崔荣春、沈洪波、傅强、雷磊	三等奖
多网协同提升 4G 网络质量与效能的优化技术研究与实践	中国联合网络通信有限公司广东省分公司	科技进步类	中国联合网络通信集团有限公司	李慧莲、杜成、曾樟华、唐学军、付晓东	三等奖
LTE 空中接口监测仪研发	中国电子科技集团公司第四十一研究所	科技进步类	上海无线通信研究中心	刘祖深、凌云志、张煜、许虎、王嘉嘉	三等奖
新型热镀锌接地钢排替换接地铜排	中国铁塔股份有限公司河南省分公司	科技进步类	中国铁塔股份有限公司	马明、郑杜威、井元田、刘金虎、黄牛	三等奖
基于大数据的移动互联网端到端品质保障理论与应用实践	中国移动通信集团福建有限公司	科技进步类	福建省通信学会	杨慰民、雷日东、罗卫鸿、蔡鸿祥、潘延涛	三等奖
基于大数据技术的通信网防信息诈骗系统研发及应用实践	中国电信股份有限公司广东研究院、中国电信股份有限公司广东分公司	科技进步类	广东省通信学会	李力卡、陈庆年、郭效辉、刘志军、马泽雄	三等奖
智慧家庭业务体系关键技术研究与应用	南京邮电大学、中国移动通信集团江苏有限公司、赛特斯信息科技股份有限公司	科技进步类	南京邮电大学	丁飞、张登银、童恩、逯利军、封栋梁	三等奖
中国联通面向业务的混合云架构及落地应用	中国联合网络通信集团有限公司	科技进步类	中国联合网络通信集团有限公司	陈清金、房秉毅、焦刚、张云勇、徐雷	三等奖
新型 IP 移动网络时间同步及回传网络地面定时传送技术研究及应用	中国联合网络通信集团有限公司、华为技术有限公司、大唐电信（成都）信息技术有限公司、烽火通信科技股份有限公司、中兴通讯股份有限公司	科技进步类	中国联合网络通信集团有限公司	王光全、张贺、周晓霞、刘欣、刘晔莹	三等奖
面向亿级用户的移动互联网高并发架构研究与应用	中国联合网络通信集团有限公司	科技进步类	中国联合网络通信集团有限公司	黄文良、李立新、赵锡成、冯丽芳、马永亮	三等奖
基于分布式温度测量的数据中心机房温度监测与节能项目	中国联合网络通信有限公司浙江省分公司	科技进步类	中国联合网络通信集团有限公司	葛志刚、周小军、陈刚、杨明哲、王振华	三等奖
中国联通网络数据价值共享与跨领域应用系统	中国联合网络通信集团有限公司	科技进步类	中国联合网络通信集团有限公司	万玉海、刘桂清、张云勇、傅强、欧大春	三等奖
移动网集中优化模式研究及系统工具开发	联通网络技术研究院、中国联合网络通信集团有限公司、中国联合网络通信有限公司河北省分公司	科技进步类	中国联合网络通信集团有限公司	陈崴嵬、朱佳佳、吕非彼、何伟、张进锁	三等奖

（续表）

获奖项目	获奖单位	申报奖种	推荐单位	获奖者	获奖等级
基于自主研发的全云化平台集中号卡资源管理系统	中国联合网络通信有限公司	科技进步类	中国联合网络通信集团有限公司	耿向东、李莞菁、娄瑜、尚一多、李海燕	三等奖
基于三位一体数据智能学习的三维精准定位与楼宇覆盖评估系统	中国移动通信集团浙江有限公司	科技进步类	浙江省通信学会	陈洪涛、彭陈发、杨占军、戚志良、范永升	三等奖
郑州市肉类蔬菜流通追溯体系集成系统建设项目	中国电信股份有限公司河南分公司、中国电信集团系统集成有限责任公司河南分公司	科技进步类	河南省通信学会	向兵、谷红勋、王永志、姚东杰、赵晓冰	三等奖
公共安全领域跨媒体数据内容挖掘关键技术研究	中通服公众信息产业股份有限公司	科技进步类	新疆维吾尔族自治区通信学会	舒泓新、蔡晓东、王爱华、王秀英、杜翔	三等奖

2017 年中国通信标准化协会科学技术奖获奖项目

获奖等级	项目名称	完成单位	完成人
一等奖	《NB-IoT 基站和终端无线发送及接收》等 27 项国际标准	中国移动通信集团公司、中国信息通信研究院、大唐电信科技产业集团、华为技术有限公司、中兴通讯股份有限公司、中国电信集团公司、中国联合网络通信有限公司	黄宇红、刘晓峰、邢艳萍、张维良、方惠英、卞宏梁、徐克航、胡南、孙建成、程型清、马志锋、童辉、李娜、焦慧颖、余政
一等奖	《数据中心和通信机房基础设施能效测评及节能技术指南》等 10 项国际标准、行业和协会标准	中国信息通信研究院、中国电信集团公司、中国联合网络通信集团有限公司、中国移动通信集团公司、深圳市英维克科技股份有限公司、中兴通讯股份有限公司、艾默生网络能源有限公司、杭州中恒电气股份有限公司、华为技术有限公司、江苏省邮电规划设计院有限责任公司	熊兰英、齐曙光、侯福平、杜民、余斌、王殿魁、吕威、王平、陈川、谢凤华、朱莉、胥飞飞、李马林、朱关峰
一等奖	《基于 LTE 技术的宽带集群通信（B-TrunC）系统总体技术要求（第一阶段）》等 28 项行业标准／国际标准	中国信息通信研究院、鼎桥通信技术有限公司、北京中兴高达通信技术有限公司、中国普天信息产业股份有限公司、北京信威通信技术股份有限公司、华为技术有限公司、中兴通讯股份有限公司、大唐电信科技产业集团、北京政务网管理中心、海能达通信股份有限公司	辛伟、龚达宁、毛磊、陈迎、李晓华、郑伟、杨兵强、徐霞艳、褚丽、徐晖、郎保真、许玲、杨小倩、郄卫军、宋得龙
二等奖	《云计算 - 网络即服务功能架构》等 5 项网络即服务及云管理系列国际标准	中国联合网络通信集团有限公司、华为技术有限公司、中国电信集团公司、大唐软件技术股份有限公司	程莹、焦刚、陈清金、贺佳、周倩、王燕川、严磊、顾旻霞
二等奖	《终端 MIMO 天线性能要求和测量方法》等 11 项终端 MIMO 技术国际标准和行业标准	中国信息通信研究院、中国移动通信集团公司、北京邮电大学、北京航空航天大学、西安邮电大学、北京三星通信技术研究有限公司、广东欧珀移动通信有限公司	安旭东、刘元安、刘政、刘启飞、禹忠、田亚飞、邢金强、黎淑兰、张霄、张维伟
二等奖	《智能光分配网络总体技术要求》等 17 项智能 ODN 行业标准／企业标准／国际建议	中国移动通信集团公司、中国信息通信研究院、华为技术有限公司、中国电信集团公司、中国联合网络通信有限公司、烽火科技集团有限公司	敖立、王磊、张德朝、吴文新、陈洁、任艳、陈国、李晗、朱丽丽、白立荣
二等奖	《3GPP TS 23.203》等 17 项面向流量经营的移动分组核心网演进系列国际标准和企业标准	中国移动通信集团公司、华为技术有限公司、中兴通讯股份有限公司	杨志强、包建益、段晓东、邝薇、苑红、黄震宁、李爱华、时书锋、周晓云、魏彬
二等奖	《宽带网络接入服务器（BNAS）层次化的网络架构和技术要求》等 3 项行业标准	中国电信集团公司	陈华南、朱永庆、伍佑明、王哲、田葆
三等奖	《汽车网关的功能需求》等 10 项面向汽车网关／平台的 ITU 国际标准／行业标准／企业标准	中国联合网络通信集团有限公司、中国电信集团公司	陶蒙华、张云勇、李洁、冯立华、陈大川、王彬、齐飞

（续表）

获奖等级	项目名称	完成单位	完成人
三等奖	《LTE 语音视频业务增强研究》等 17 项 3GPP 国际标准	中国电信股份有限公司技术创新中心	毕奇、杨峰义、陈鹏、佘小明、朱剑驰、王达、韩斌
三等奖	《手机支付基于 13.56MHz 近场通信技术的移动终端技术要求》等 19 项行业标准	中国信息通信研究院、中国联合网络通信集团公司、中国电信集团公司、中国移动通信集团公司、国民技术股份有限公司	龚双瑾、袁琦、逄淑宁、孙宇涛、张强、戴军尧、王文超
三等奖	《混合光纤放大器》等 4 项行业标准	烽火科技集团有限公司、中兴通讯股份有限公司、中国信息通信研究院、深圳日海通讯技术股份有限公司	陈俊、付成鹏、卜勤练、武成宾、赵文玉、王冰、江毅
三等奖	《数据业务品质评价通用模型及指标体系》等 11 项企业标准\研究报告	中国移动通信集团公司	李稳、颜红燕、郭海燕、王向博、么东、文涛、邹澍
三等奖	《TV 业务平台及 CDN 相关标准》等 2 项国际标准及 7 企业标准	中国联合网络通信集团有限公司	李彤、于翔、张沛、乔治、刘雨涵、孙莉
三等奖	《邮件处理中心工程设计规范》企业标准	邮政科学研究规划院	孟硕、朱晓忠、韩松、李晶晶、钟谆谆、李晓彤、魏俊荣

2017 年通信行业企业管理现代化创新优秀成果名单

中国通信企业协会发布

序号	等级	成果名称	单位名称
1	一等	电信大数据智慧审计体系的构建与应用	中国电信集团公司审计部
2	一等	"管理无边界，数据有乾坤"——大数据智观中心管理模式创新	中国电信股份有限公司江苏分公司
3	一等	打造互联网化的资源优化配置模式，提升行业解决方案推广效能	中国电信股份有限公司广州分公司
4	一等	构建三域融合的组织管理体系，推动 IT 支撑向 IT 运营转型	中国移动通信集团上海有限公司
5	一等	基于业财融合的"三全五化"网络运维全成本嵌入式风险管控体系	中国移动通信集团陕西有限公司
6	一等	服务领先，品质创优——打造智慧家庭运维体系	中国移动通信集团四川有限公司
7	一等	六维一体创新驱动发展管理体系的构建与实施	中国移动通信集团广东有限公司
8	一等	创新运用"六步法"，构建重点领域合规管理工作机制	中国移动通信集团公司 法律部
9	一等	B2I2C 营销及一体化运营模式的探索和实践	中国联合网络通信集团有限公司电子商务部
10	一等	构建全流程产业链协同运营体系 强化合作共赢的战略关系	中国联合网络通信集团有限公司财务部
11	一等	从"铁塔共享"到"基站共享"，移动通信基础设施共享竞合的实践与探索	中国联合网络通信有限公司北京市分公司
12	一等	构建面向业务创新的能力共享开放生态体系	中国联合网络通信集团有限公司信息化事业部
13	一等	邮政陆运网运营质量评价考核体系的构建	中国邮政集团公司网路运行部
14	一等	借力"精准脱贫"助推邮政农村电商发展	中国邮政集团公司江西省分公司
15	一等	基于集邮业务转型的生肖邮票发行	中国邮政集团公司邮票发行部
16	一等	基于互联网金融的农村信贷产品体系建设	中国邮政集团公司电商分销局
17	二等	省级电信公司深化改革专业化运营探索与创新——属地主战、专业主建	中国电信股份有限公司河南分公司
18	二等	基于"互联网＋"的营业厅 O2O 排队机服务模式创新与实践	中国电信股份有限公司广西分公司
19	二等	打造"四位一体"全方位重大活动通信保障体系	中国电信股份有限公司杭州分公司
20	二等	力推集约化维护改革，助力运维向运营转变	中国电信集团公司网络运行维护事业部
21	二等	集约模式下渠道的管理与运营支撑	中国电信集团公司企业信息化事业部
22	二等	以高效网络简化实现网络重构新旧网无缝衔接	中国电信股份有限公司广东分公司
23	二等	"后队变前队"网络运营队伍的管理创新	中国电信股份有限公司宁夏分公司
24	二等	以助力打造企业中台为目标的集中 MSS 智慧运营管理创新与实践	中国电信集团公司企业信息化事业部
25	二等	"天翼＋支付"，红包套餐助力业务生态化	天翼电子商务有限公司

（续表）

序号	等级	成果名称	单位名称
26	二等	新兴 ICT 业务规模发展的探索与实践	中国电信上海公司新兴业务运营管理部
27	二等	立足感知基于大数据的客户满意度管理体系	中国电信集团公司客户服务部
28	二等	以"大协同"提升供应链端到端效能	中国移动通信集团江苏有限公司
29	二等	基于客户感知的互联网电视品质管理	中国移动通信集团福建有限公司
30	二等	流程决策授权清单全景管理体系建设与实践	中国移动通信集团江西有限公司
31	二等	构建"一三八"管理体系，创新重大活动网络通信和信息安全保障模式	中国移动通信集团浙江有限公司
32	二等	第三代业务支撑系统云化架构运维管理模式的转型探索	中国移动通信集团江苏有限公司
33	二等	面向四轮驱动的一张光缆网"四统一"管理体系	中国移动通信集团安徽有限公司
34	二等	基于业务域的多维可视化 IDC 运维管理	中国移动通信集团湖北有限公司 中移（苏州）软件技术有限公司
35	二等	业法融合、协同创新，打造"集中化"与"共享化"齐头并进的法务共享中心新机制	咪咕文化科技有限公司
36	二等	重塑核心能力 重构人才价值——四川公司核心能力回收的探索、实践与效果	中国移动通信集团四川有限公司
37	二等	生产方式新变革 渠道集中新发展——构建实体渠道省级集中运营管理体系	中国移动通信集团山西有限公司
38	二等	聚焦客户感知提升，打造"宽带即时通"+"抢单"+"行销"新型装维服务体系	中国联合网络通信有限公司辽宁省分公司
39	二等	聚焦投资效益、效率、效果提升的创新型固定资产投资管理体系	中国联合网络通信集团有限公司资产运营部
40	二等	基于互联网思维，构建企业高效营收管理体系	中国联合网络通信集团有限公司资金管理部
41	二等	以效率、效益双提升为核心的全量管理体系建设与实践	中国联合网络通信有限公司北京市分公司
42	二等	打造精品视频网络 实现提质降本增效	中国联合网络通信有限公司山东省分公司
43	二等	基于全流程、端到端的视频业务质量管理模式创新与实践	中国联合网络通信有限公司天津市分公司
44	二等	创新移动号卡集中与共享，解决公司经营痛点，有效支撑互联网转型	中国联合网络通信集团有限公司市场营销部
45	二等	广东联通物联网产业整合创新实践	中国联合网络通信有限公司广东省分公司
46	二等	构建简政放权和分级运营环境下的产品监控评价体系	中国联合网络通信集团有限公司市场营销部
47	二等	以供给侧改革为导向的邮银代理消费金融业务协同管理	中国邮政集团公司市场协同部
48	二等	大型寄递企业基于跨境电商平台的多渠道协同客服管理体系建设	中国邮政集团公司邮政业务局
49	二等	邮政企业微信矩阵的属地化运营和集中管理	中国邮政集团公司电商分销局
50	二等	以板块联动为核心的校园邮乐场品牌管理	中国邮政集团公司市场协同部
51	二等	以实施"百亿工程"为契机的期交业务营销体系构建	中邮人寿保险股份有限公司
52	二等	跨境电商包裹大数据运营管理体系建设	中国邮政集团公司数据中心
53	二等	以"滴滴运邮"为平台的网运、投递作业模式创新	中国邮政集团公司上海市分公司
54	二等	以提升业务品质为目标的电子化承保管理体系构建	中邮人寿保险股份有限公司
55	三等	智慧城市"一城一案"建设新模式	杭州天翼智慧城市科技有限公司

（续表）

序号	等级	成果名称	单位名称
56	三等	构建门店数字化管理模式，推进门店标准化、精细化运营	中国电信股份有限公司销售及渠道拓展事业部
57	三等	基于影像识别与结构化信息处理的智慧会计核算体系	中国电信股份有限公司江苏分公司
58	三等	构建"三管四化"的网络安全风险闭环管理体系	中国电信股份有限公司新疆分公司
59	三等	创新信息化提升中国电信应急通信指挥调度能力	中国电信集团公司网络运行维护事业部
60	三等	构建网络资源智慧运营体系，助力运维转型和四全发展	中国电信股份有限公司北京分公司
61	三等	行业应用陪伴体系创新与实践	中国电信股份有限公司北京分公司
62	三等	聚焦客户需求深化行业应用转型 "大数据"添翼云南精准扶贫	中国电信股份有限公司云南分公司
63	三等	基于大数据的"四个精准"主动服务运营体系	中国电信股份有限公司浙江分公司
64	三等	强化战略驱动，保障战略落地，打造卓越战略管理体系	中国移动通信集团北京有限公司
65	三等	构建多维度成本分析模型，助力 IDC 业务健康持续发展	中国移动通信集团内蒙古有限公司
66	三等	建立基于"互联网+"的代销商营业款自动划扣体系	中国移动通信集团宁夏有限公司
67	三等	构建新型家庭宽带维护管理支撑体系	中国移动通信集团公司网络部
68	三等	"灰度管理"理念下"资费+优惠"管理模式创新	中国移动通信集团公司市场部
69	三等	链上打通，协同互联——创新电商型分销物流供应链管理	中国移动通信集团终端有限公司
70	三等	面向行业"互联网+"的产品共享模式创新与实践	中国移动通信集团公司政企客户分公司
71	三等	构建流程 IT 化的网络维修费用管控体系，推进网维费精细化管理与风险防控	中国移动通信集团广西有限公司
72	三等	通过"一个渠道一张表"构建实体渠道效能评价体系的探索和实践	中国联合网络通信集团有限公司实体渠道部
73	三等	基于共享经济运营模式的智能话务管理	中国联合网络通信集团有限公司江苏省分公司
74	三等	打造一体两翼技术创新引擎，驱动运营商转型发展	中国联合网络通信集团有限公司运行维护部、中国联合网络通信集团有限公司北京市分公司
75	三等	基于正向激励和效益导向的光改专项工程管理	中国联合网络通信集团有限公司网络建设部
76	三等	面向电信运营商战略创新及转型变革的情报体系规划与实践	中国联合网络通信集团有限公司企业发展部、联通研究院
77	三等	河南联通集约化维护管理体系研究与实践	中国联合网络通信有限公司河南省分公司
78	三等	线上线下一体化的商品运营体系构建	中国联合网络通信有限公司上海市分公司
79	三等	集约化、智能化、产品化服务模式的创新实践	中国联合网络通信集团有限公司客户服务部
80	三等	打造"铁三角"体系 提升集客线团队作战能力	中国联合网络通信有限公司吉林省分公司
81	三等	通信企业面向大型政企客户的网络安全服务创新与实践	中国联合网络通信有限公司北京市分公司
82	三等	"互联网+"环境下函件创新经营管理体系的构建	中国邮政集团公司江苏省分公司
83	三等	邮政企业面向市场的合体运营体系构建	中国邮政集团公司山西省分公司
84	三等	基于载人航天重点社会热点题材的邮政综合营销体系建设	中国邮政集团公司北京市海淀区分公司
85	三等	基于特色模式下的邮政自办保险联动合规管控体系创新	中邮人寿保险股份有限公司江苏分公司
86	三等	基于"四化"的邮政本地实物网优化升级管理	中国邮政集团公司江苏省分公司

（续表）

序号	等级	成果名称	单位名称
87	三等	多层次、立体化战略客户综合服务管理体系建设	中国邮政储蓄银行股份有限公司战略客户部
88	三等	基于差异化竞争的城市高端农产品配送服务体系建设	中国邮政集团公司北京市邮政电子商务局
89	三等	"以客户为中心"的营销管理体系构建	中国邮政集团公司市场协同部
90	三等	"互联网＋"时代邮政企业自媒体营销平台体系建设	中国邮政集团公司北京市分公司
91	三等	构建专业营销与区域营销相结合的速递物流营销体系	中国邮政速递物流股份有限公司南京市分公司
92	三等	基于供应链的邮政业务外包全流程管控	中国邮政集团公司苏州市分公司
93	三等	邮政业务技术技能积累体系建设与实施	石家庄邮电职业技术学院
94	三等	以项目管理实施企业人才战略	中天科技精密材料有限公司

2017 年通信行业优秀质量管理小组名单

中国通信企业协会发布

序号	单位名称	QC 小组名称	成果名称
1	中国电信股份有限公司新疆长途传输局	"光速行动" QC 小组	降低一干波分系统月均告警次数
2	中国电信股份有限公司新疆长途传输局	"火炬" QC 小组	提高乌鲁木齐地区新建光缆工程验收及时率
3	中国电信股份有限公司上海网络操作维护中心	"风火轮" QC 小组	提升固网宽带用户上网可溯率
4	中国电信股份有限公司新疆长途传输局	"源动力" QC 小组	降低巴州地区 CDT 类基站断站时长
5	中国电信股份有限公司中山分公司	"网络资源圆梦" QC 小组	提高建筑物光资源覆盖率
6	中国电信江西分公司无线网络优化中心	"畅优" QC 小组	降低 FTTH 宽带用户网络类投诉占比
7	中国电信股份有限公司乌鲁木齐分公司	"精益" QC 小组	提升南郊片区高速端口占比
8	中国电信股份有限公司杭州分公司	"NO.1" QC 小组	降低高速率光宽带用户月均投诉率
9	中国电信股份有限公司佛山分公司	"政企支撑" QC 小组	提高 IDC DDOS 攻击防护成功率
10	中国电信股份有限公司上海北区电信局	"E 路探索" QC 小组	提高北区局 "装维营" 营销成功率
11	中国电信股份有限公司杭州分公司	"动环" QC 小组	重大活动通信保障系统创新
12	中国电信股份有限公司北京分公司	"翼助手" QC 小组	研究快速定制 4G 带宽的新方法
13	中国电信股份有限公司江门分公司	"光网络保障" QC 小组	降低天翼高清用户质差率
14	中国电信股份有限公司浙江分公司	"热气球" QC 小组	研究通信诈骗拦截新方法
15	中国电信山西分公司信息化部	"计费结算" QC 小组	提高互联网查询响应及时率
16	中国电信股份有限公司海南分公司	"数据支撑" QC 小组	研究自动补齐宽带接入设备用户数据的新方法
17	中国电信股份有限公司泰安分公司	"网优添翼" QC 小组	提高 LTE 网络 CQI 优良率
18	中国电信股份有限公司上海移动互联网部	"护翼" QC 行动小组	提升上海迪士尼乐园 4G 网络优良感知率
19	中国电信股份有限公司湖州分公司	无线维护中心 "添翼无线" QC 小组	提升湖州电信 4G 网络室内深度覆盖率
20	中国电信股份有限公司新疆分公司网络监控维护中心	"联合攻略" QC 小组	降低政企客户带宽型业务故障量
21	中国电信江西分公司无线网络优化中心	"破冰" QC 小组	研究光猫主动测速的新方法
22	中国电信青海分公司企业信息化部	"极速飞 Young" QC 小组	缩短 4G 融合套餐销售时长
23	中国电信股份有限公司广东分公司 10000 号运营中心	"春雷" QC 小组	提升 10000 号一次解决率
24	上海理想信息产业（集团）有限公司	"大数据精准" QC 小组	降低迪士尼位置标签定位偏差
25	中国电信青海分公司综合维护事业部	"TP" QC 小组	提高行业用户无线数据工单开通成功率
26	中国电信股份有限公司徐州分公司	"倒三角服务支撑" QC 小组	提高倒三角服务支撑工单点赞率

（续表）

序号	单位名称	QC 小组名称	成果名称
27	中国电信股份有限公司北京分公司	"智³" QC 小组	降低网络类故障工单数量
28	中国电信股份有限公司上海账务中心	"账务极速" QC 小组	提高一次退信处理率
29	中国电信股份有限公司海南分公司	"宽带支撑" QC 小组	减少 FTTH 语音电话故障量
30	中国电信湖南网络运行维护分公司	"传输维护提效" QC 小组	提升省干波分单波收光功率的端口达标率
31	中国电信股份有限公司广西分公司	"移动网端到端业务感知研究" QC 小组	降低 4G 浏览类业务首包时延
32	中国电信股份有限公司深圳分公司	"转型业务支撑" QC 小组	研究 Linux 操作系统安全加固新方法
33	中国电信江西分公司无线网络优化中心	"破冰" QC 小组	提升 FTTH 末梢资源准确率
34	中国电信股份有限公司北海分公司	"海浪" QC 小组	提升斜阳岛村无线宽带 512kbit/s 覆盖率
35	中国电信股份有限公司南京分公司	"产品支撑" QC 小组	降低 ITV 资源树关联错误率
36	中国电信股份有限公司聊城分公司	"天翼展翅" QC 小组	降低 CDMA 基站退服率
37	中国电信宁夏长途传输局	"虎啸塞上" QC 小组	提高传输网资源与网管数据匹配率
38	中国电信股份有限公司北京分公司	"京城翼网感知" QC 小组	提升 4G 网络驻留时长比
39	中国电信有限公司厦门分公司	活力 "互联网＋" QC 小组	创新网格化机房 "互联网＋" 管理新方法
40	中国电信股份有限公司北京分公司	"机房峰行者" QC 小组	降低局站低压供电三相负荷不平衡度
41	中国电信股份有限公司无锡分公司	"客调中心分析支撑班" QC 小组	提高电信电视 iTV 新装激活率
42	天翼电信终端有限公司	"翼飞翔" QC 小组	降低终端产品的运输盒损率
43	中国电信股份有限公司西安分公司	"我心飞翔" QC 小组	提高数字电路接入侧逻辑资源录入完成率
44	中国电信股份有限公司宿迁分公司	"天翼无限" QC 小组	提高居民区 4G 覆盖达标率
45	中国电信股份有限公司广西分公司	"睿智" QC 小组	降低越级投诉率
46	中国电信股份有限公司泉州分公司	"啄木鸟" QC 小组	提高泉州鲤城 4G 室外基站开通合格率
47	中国电信股份有限公司汉中分公司	"翼支付" QC 小组	提高翼支付活跃用户数
48	中国电信股份有限公司海东分公司	"磐石" QC 小组	降低宽带用户装移机历时
49	中国电信股份有限公司宁波分公司	"F8 精英" QC 小组	提高政企延伸服务商机成功率
50	中国电信山西分公司网络操作维护中心	"上山下乡" QC 小组	提高故障定位准确率
51	海南省电信实业集团有限公司	"提质增效" QC 小组	提高微信公众号用户活跃度
52	中国电信江西分公司网络运营支撑事业部	售后 "服务领先" QC 小组	提升省级大客户告警准确率
53	中国电信山西分公司信息化部	金拇指 QC 小组	提高代理商资金归集成功率
54	中国电信股份有限公司财务共享服务中心福州分部	"酷龙无限" QC 小组	降低 MSS 上线后报账单退单率
55	中国电信青海分公司综合维护事业部	"挑战者" QC 小组	降低软交换主叫号码传送不合格率
56	中国电信股份有限公司安徽分公司	"翼网畅优" QC 小组	提升校园 4G 用户速率感知
57	中国电信股份有限公司吉安分公司	"流量先锋" QC 小组	提高在网智能手机月户均流量
58	中国电信山西分公司 10000 客服中心	"满意一百" QC 小组	研究文字客服与传统语音客服协同提升服务接应水平的新方法
59	中国电信股份有限公司北京分公司	"翼网直前" QC 小组	研究楼宇资源能力前置的新方法

（续表）

序号	单位名称	QC 小组名称	成果名称
60	中国电信股份有限公司西安分公司	"小数点" QC 小组	提高网龄租机电话营销成功率
61	中国电信股份有限公司辽宁分公司	"建设成本控制" QC 小组	降低山区 4G 网络部署成本
62	中国电信股份有限公司宁夏分公司 10000 号客服中心	"智联 10000" QC 小组	提升 10000 号文字客服 5 分钟接通率
63	福建省电信技术发展公司三明分公司	"扬翼" QC 小组	缩短 IPRAN 网络业务自动开通时长
64	中国电信股份有限公司银川分公司	"网络资源中心质跃" QC 小组	有效提升 FTTH 工单资源配置数据一致率
65	中国电信股份有限公司江苏分公司	"NOC 中心运行监控部" QC 小组	提高终端核销与实装一致率
66	中国电信股份有限公司海南分公司	"翼心服务" QC 小组	提高 10000 号随销新装成功率
67	中国电信股份有限公司泰安分公司	"精准建设" QC 小组	降低 C 网小区平均中断时长
68	中国电信股份有限公司广西分公司	"勇士" QC 小组	提升代理商预存款充值系统处理及时率
69	中国电信股份有限公司天津分公司网络监控维护中心	"蚂蚁搬家" QC 小组	提升地铁感知优良率
70	中国电信股份有限公司武汉分公司	"绿色精灵" QC 小组	提高 IDC 机房基础设施可用性
71	中国电信宁夏长途传输局	"光端班" QC 小组	缩短 LTE 基站业务开通配置时长
72	福建省电信技术发展公司厦门分公司	"让流量飞" QC 小组	提升厦门北站用户 4G 下载速率
73	中国电信福建直属运营分公司	"感知添翼" QC 小组	提升福清 MR 话单优良率
74	中国电信山西分公司信息化部	"翼先锋" QC 小组	提高 IT 投诉单局内处理及时率
75	中国电信股份有限公司武汉分公司	"天翼在线" QC 小组	提高倒三角支撑热线电话接通率
76	中国电信股份有限公司云南分公司网络监控维护中心	"扬帆" QC 小组	降低疑似诈骗鉴权失败率
77	中国电信股份有限公司天津分公司网络监控维护中心	"核心动力" QC 小组	天津电信话单综合备份系统的开发
78	中国电信股份有限公司安庆分公司	"网优无限" QC 小组	提升安庆市区 LTE 网络下载速率
79	中国移动通信集团浙江有限公司	"潮起钱塘" QC 小组	提升互联网内容网络攻击拦截成功率
80	中国移动通信集团广东有限公司珠海分公司	"探索 2 号" QC 小组	研究伪基站欺诈短信拦截的新方法
81	中国移动通信集团浙江有限公司	"阿尔法" QC 小组	研究基于大数据识别电信诈骗的新方法
82	中国移动通信集团山西有限公司财务部	"金算盘" QC 小组	降低沉淀资金
83	中国移动通信集团四川有限公司内江分公司	"网络服务使者" QC 小组	降低中高价值用户网络投诉比
84	中国移动通信集团公司信息安全管理与运行中心	"大数据识别" QC 小组	研究垃圾短信大数据自动识别的新方法
85	中国移动通信集团江苏有限公司南通分公司	"亮剑" QC 小组	降低 4G 每万用户投诉比
86	中国移动通信集团公司业务支撑系统部	"精益求精" QC 小组	研究一级业务支撑枢纽资源调度的新方法
87	中国移动通信集团浙江有限公司	"钱塘逐风" QC 小组	研究被叫企业名片投递 VoLTE 用户的新方法

（续表）

序号	单位名称	QC 小组名称	成果名称
88	中国移动通信集团上海有限公司	"畅通无限" QC 小组	降低车联网业务办理失败率
89	中国移动通信集团广东有限公司湛江分公司	"数据网先锋" QC 小组	缩短互联网 Web 页面首屏加载时长
90	中国移动通信集团浙江有限公司湖州分公司	"环环相扣" QC 小组	研究承载 4G 业务的 PTN 网络组网新方法
91	中国移动通信集团河南有限公司网络管理中心	"Let'S VoLTE" QC 小组	提高 VoLTE 用户注册成功率
92	中国移动通信集团安徽有限公司	"飓风行动" QC 小组	提高结算系统结出准确率
93	中国移动通信集团福建有限公司	"迅雷疾电" QC 小组	VoLTE 语音质量端到端定界方法的研究
94	中国移动通信集团湖北有限公司	"VoLTE 先锋" QC 小组	提高 VoLTE 注册成功率
95	中国移动通信集团陕西有限公司	"和包梦工厂" QC 小组	提升和包 NFC 客户活跃度
96	中国移动通信集团上海有限公司	"欣星向荣" QC 小组	提升 VoLTE 语音接通率
97	中国移动通信集团公司业务支撑系统部	"追求卓越" QC 小组	研究全网数据漫游话单高效查重的新方法
98	中国移动通信集团天津有限公司	"技术专题" QC 小组	研究集中优化 VoLTE 异常小区分析新方法
99	中国移动通信集团北京有限公司	"头脑特工队" QC 小组	研究提升 LTE 网络规划精准度的新方法
100	中国移动通信集团江苏有限公司宿迁分公司	"极速网络" QC 小组	降低互联网单用户网间结算费用
101	中国移动通信集团河南有限公司网络管理中心	"变形金刚" QC 小组	降低 EPC 核心网计费网关超负荷频次
102	中国移动通信集团安徽公司网管中心	"探索" QC 小组	研究用户光缆网监控新方法
103	中国移动通信集团四川有限公司成都分公司	"卓越骐骥" QC 小组	降低 VoLTE 投诉率
104	中国移动通信集团福建有限公司	"网络卫士" QC 小组	提升 4G 用户 HTTP 下载速率
105	中国移动通信集团河南有限公司信息与业务支撑中心	"鹰眼" QC 小组	提高业务支撑网告警通知及时率
106	中国移动通信集团天津有限公司	"智睿" QC 小组	提升全网用户的 DOU 人均使用量
107	中国移动通信集团天津有限公司	"湛蓝" QC 小组	缩短 LTE 数据统计上报时延
108	中国移动通信集团云南有限公司曲靖分公司	"传输网优化突击小分队" QC 小组	降低传输网每网元告警量
109	中国移动通信集团陕西有限公司	"集思广益" QC 小组	研究 NFV "裸、云、微" 业务迭代新系统
110	中国移动通信集团贵州有限公司	"杀虫剂" QC 小组	降低 LTE 上行干扰小区占比
111	中国移动通信集团山东有限公司业务支撑系统部	"基业常青" QC 小组	提升物联网业务开通成功率
112	中国移动通信集团广东有限公司网络管理中心	"猎鹰" QC 小组	提高汇聚机房停电告警的智能处理率
113	中国移动通信集团黑龙江有限公司	"无线先锋" QC 小组	提升核心城区楼宇 4G 网络覆盖率
114	中国移动通信集团福建有限公司	"核聚堂" QC 小组	压降 VoLTE 语音掉话率
115	中国移动通信集团广西有限公司	"我能" QC 小组	提升南宁 LTE 网络深度覆盖率

（续表）

序号	单位名称	QC 小组名称	成果名称
116	中国移动通信集团福建有限公司	"泉承载" QC 小组	提高宽带账号端口匹配率
117	中国移动通信集团江苏有限公司徐州分公司	"无限光网" QC 小组	提高业务密集区 LTE 网络下载速率
118	中国移动通信集团山西有限公司业务支撑系统部	"守护者联盟" QC 小组	缩短虚拟机资源交付时间
119	中国移动通信集团北京有限公司	"盒"你同行 QC 小组	提高互联网电视业务活跃度
120	中国移动通信集团山东有限公司支撑系统部	"北斗星" QC 小组	提高 VoLTE 业务数据一致率
121	中国移动通信集团广东有限公司东莞分公司	"传送网络守护者" QC 小组	降低 SDH 网络告警发生量
122	中国移动通信集团江苏有限公司连云港分公司	"给力支撑" QC 小组	提高宽带用户带宽下载速率比
123	中国移动通信集团上海有限公司	"先锋" QC 小组	提升电子渠道库存周转率
124	中国移动通信集团广西有限公司	"客运站" QC 小组	户外精准营销 App 的研发
125	中国移动通信集团四川有限公司达州分公司	"疯狂" QC 小组	提升达州 4G 流量驻留比
126	中国移动通信集团湖北有限公司	"探路者" QC 小组	提升 VoLTE 语音质量 MOS3.0 占比
127	中国移动通信集团云南有限公司网优中心	"专项攻坚" QC 小组	提升 4G 小基站平均 PRB 利用率
128	中国移动通信集团河南有限公司网络管理中心	"天天向上，短信飞扬" QC 小组	降低来电提醒业务投诉占比
129	中国移动（深圳）有限公司	"充值保障" QC 小组	研究统一支付系统持续在线新方法
130	中国移动通信集团新疆有限公司	"雷厉风行" QC 小组	降低新市区公司家客万投比
131	中国移动通信集团终端有限公司山东分公司	"雷达小组" QC 小组	提升渠道提货客户数量
132	中国移动通信集团山西有限公司网络部	"支撑领航" QC 小组	缩短家客开通时长
133	中国移动通信集团重庆有限公司	"网优尖兵" QC 小组	提升 VoLTE 网络高 MOS 值占比
134	中国移动通信集团四川有限公司业务支撑中心	"飞翔的心" QC 小组	研究识别潜在宽带用户的新方法
135	中国移动通信集团辽宁有限公司网络管理中心	"接入网支撑" QC 小组	降低无线接入网故障工单平均历时
136	中国移动通信集团甘肃有限公司	"聚力" QC 小组	缩短掌上营业厅业务办理响应时长
137	中国移动通信集团浙江有限公司嘉兴分公司	"猴赛雷" QC 小组	研究基于 NB-IoT 的蜂窝物联网连接新方法
138	中国移动通信集团安徽公司网管中心	"追梦" QC 小组	提高 VoLTE 用户 eSRVCC 切换成功率
139	中国移动通信集团海南有限公司网络维护中心核心网室	"VIP" QC 小组	研究缩短 VoLTE 域内呼叫时延的新方法
140	中国移动通信集团江苏有限公司盐城分公司	"湿地之都" QC 小组	提升节点机房传输资源准确率
141	中移在线服务有限公司山西分公司	"风信子" QC 小组	提高 VoLTE 业务投诉处理及时率

（续表）

序号	单位名称	QC 小组名称	成果名称
142	中国移动通信集团陕西有限公司	"全业务服务质量攻坚" QC 小组	降低宽带业务开通流程卡单率
143	中国移动通信集团甘肃有限公司	"前进" QC 小组	提升 eSRVCC 切换成功率
144	中国移动通信集团黑龙江有限公司	"卓越先锋" QC 小组	提升家宽业务开通激活成功率
145	中国移动通信集团云南有限公司网优中心	"专项攻坚" QC 小组	降低昆明城区乒乓切换占比
146	中国移动通信集团北京有限公司	"网络啄木鸟" QC 小组	缩短核心网应急抢修时长
147	中移在线服务有限公司江西分公司	"机智小移" QC 小组	提升机器人服务准确率
148	中国移动通信集团贵州有限公司	"畅通列车" QC 小组	降低 IP 承载网集中化故障工单数量
149	中国移动通信集团北京有限公司	"4G 行业应用支撑" QC 小组	研究 4G 网络保密通信新业务
150	中国移动通信集团安徽有限公司信息系统部	"账务管理" QC 小组	缩短业支系统异常中断时长
151	中国移动通信集团吉林有限公司	"只争朝夕" QC 小组	提升家宽端到端故障定位准确率
152	中国移动通信集团天津有限公司	"求实" QC 小组	减少高清语音业务接续时长
153	中国移动通信集团山东有限公司支撑系统部	"星星之火" QC 小组	降低流量统付业务投诉率
154	中国移动通信集团陕西有限公司	"智豹" QC 小组	提升代维工单合规率
155	中国移动通信集团湖南有限公司	"VoLTE 攻坚" QC 小组	提升 VoLTE eSRVCC 切换成功率
156	中国移动通信集团天津有限公司	"孔明灯" QC 小组	研究解决 LTE 网络弱覆盖的新方法
157	中国移动通信集团宁夏有限公司政企客户分公司	"互联网＋" 智慧教育 QC 小组	提高 "和教育" 产品页面加载成功率
158	中国移动通信集团重庆有限公司	"互联网质量提升" QC 小组	降低互联网电视每小时卡顿次数
159	中国移动通信集团杭州研发中心	"智能家庭网关落地测试" QC 小组	减少智能家庭网关落地测试时间
160	中国移动通信集团宁夏有限公司银川分公司网络部	"心思维" QC 小组	提升银川地区 4G 网络流量驻留比
161	中国移动通信集团黑龙江有限公司	"四网协同" QC 小组	研究 4G 投诉快速定位的新方法
162	中国移动通信集团湖北有限公司	"红杉树" QC 小组	提升家庭宽带 App 激活成功率
163	中国移动通信集团陕西有限公司	"速度与激情" QC 小组	提升高速公路 VoLTE 网络 MOS3.0 占比
164	中国移动通信集团山西有限公司太原分公司	"和信" QC 小组	提升 4G 网络驻留比
165	中国移动通信集团四川有限公司资阳分公司	"无线" QC 小组	提升 VoLTE 无线接通率
166	中国移动通信集团黑龙江有限公司哈尔滨分公司	"威武 4 哥" QC 小组	降低 VoLTE 测试掉话率
167	中国移动通信集团广西有限公司	"齐心合力" QC 小组	提高 LTE 下载速率 10Mbit/s 以上占比
168	中国移动通信集团河北有限公司石家庄分公司	"风险管控" QC 小组	降低业务支撑条线风险点审计时长

（续表）

序号	单位名称	QC 小组名称	成果名称
169	中国移动通信集团山西有限公司新业务发展部	"产品达人" QC 小组	降低 MM 业务投诉率
170	中移铁通有限公司郑州分公司	"臻善品质" QC 小组	提高铁通固话实名认证率
171	中国移动通信集团重庆有限公司	"数据星探" QC 小组	降低手机上网欺诈流量占比
172	中国移动通信集团湖北有限公司	"HULK" QC 小组	提高手机实名率
173	中国移动通信集团广东有限公司汕头分公司	"魔兽部落" QC 小组	缩短无线网络状态库工单平均内验时长
174	中国移动通信集团公司网络部	"冲上云霄" 私有云 QC 小组	提高业务系统 CPU 资源利用率
175	中国移动通信集团设计院有限公司安徽分院	"精彩无线" QC 小组	提高住宅小区楼顶射灯天线方向角调节效率
176	中国移动通信集团江西有限公司信息化支撑中心	"产品满意度提升" QC 小组	提升和我信用户满意度
177	中国移动通信集团云南有限公司网优中心	"专项攻坚" QC 小组	降低城区 4G 重叠覆盖率
178	中国移动通信集团西藏有限公司	"一表三法" QC 小组	提升藏区通信工程建设完工率
179	中国移动通信集团江西有限公司抚州分公司网络优化中心	"抚州网优中心" QC 小组	提升 4G MR 覆盖率
180	中国联通北京市分公司网络优化中心	"功夫熊猫" QC 小组	缩短 4G 视频业务初始缓冲时延
181	中国联通天津市分公司	"健壮传输" QC 小组	研究 4G 共享基站开通新方法
182	中国联通天津市分公司	"沃．智慧" QC 小组	提高 4G+ 用户个性订单智能提交成功率
183	中国联通山东省济南市分公司	"七零八零" QC 小组	提高 4G 用户上网业务接通率
184	联通系统集成有限公司	"信息创新" QC 小组	降低联通云门户 4A 数据分发失败率
185	中国联通北京市分公司计划建设部	"物联网建设" QC 小组	研究智享出行共享单车定位网络建设的新方法
186	中国联通山东省威海市分公司	"火焰" QC 小组	降低移网跨区用户语音投诉数量
187	中国联通北京市分公司运行维护部	"精益求精" QC 小组	提高宽带用户一体化装机成功率
188	中国联通天津市分公司	"匠心筑梦" QC 小组	提升沃 TV 视频业务开通合格率
189	中国联通内蒙古分公司	"草原增智" QC 小组	提高 4G 用户增值业务使用成功率
190	中国联通北京市分公司网络优化中心	"网络鹰眼" QC 小组	提升北京用户 4G 驻留比
191	中国联通北京市分公司网络运行中心	"资源系统建设" QC 小组	研究 LTE 基站快速开通的新方法
192	中国联通衡水市分公司	"知行合一" QC 小组	提升 114 智能出行客户满意度
193	中国联通河南省郑州地市分公司	"千里马" QC 小组	提高高校小流量业务的数据流量
194	联通系统集成有限公司	"网运先锋" QC 小组	提高车载信息服务用户续约率
195	中国联通湖北省分公司运行维护部	"移动网质量评估" QC 小组	研究伪基站定位的新方法
196	中国联通湖北省武汉市分公司	"宽带沃" QC 小组	降低 FTTH 宽带 ONU 终端互通卡单率
197	中国联通天津市分公司	"畅通" QC 小组	提升 100M FTTH 宽带网络质量测试合格率
198	中国联通河南省郑州地市分公司	"迎风飘扬" QC 小组	研究微商营销控制面拥塞解决的新方法

（续表）

序号	单位名称	QC 小组名称	成果名称
199	中国联通山东省分公司信息化部	"牛人部落" QC 小组	提升 4G LTE 预约工单成功率
200	中国联通河北省邢台市分公司	"LTE 网优化" QC 小组	提升重点场景 4G 流量驻留比
201	中国联通河北省石家庄市分公司	"移动核心网优化" QC 小组	研究基于核心网数据分析用户通信行为的新方法
202	中国联通重庆市分公司网络运行维护部	"沃维先锋" QC 小组	研究基于 O 域特性的 4G 用户离网预判新方法
203	中国联通内蒙古分公司	"服务支撑" QC 小组	降低呼市住宅楼 4G 室内 MR 弱覆盖小区占比
204	中国联通重庆市分公司网络运行维护部、客户服务部	"宽带服务提升" QC 小组	降低宽带装移修万人投诉率
205	中国联通河南省濮阳地市分公司	"网优" QC 小组	提升 LTE 网络 X2 切换占比
206	中国联通河北省石家庄市分公司	"石联雄鹰" QC 小组	提高互联网专线开通及时率
207	中国联通重庆市分公司网络维护中心	"旋风小子" QC 小组	降低 4G 基站断缆故障占比
208	中国联通山东省青岛市分公司	"北斗星" QC 小组	降低青岛市区互联网专线故障率
209	中国联通广东省深圳市分公司	"网络创优" QC 小组	研究移动网络用户口碑评估的新方法
210	中国联通江西省分公司运维部	"沃"虎藏龙 QC 小组	江西 6- 降低单站能耗成本
211	中国联通湖北省分公司运行维护部	"沃的 IT 沃的团" QC 小组	研究网管软件客户端集中使用的新方法
212	中国联通福建省分公司运行维护部	"小蜜蜂" QC 小组	提高 IMS 用户开通成功率
213	中国联通河北省分公司网优中心	"沃 + 速度" QC 小组	提升移动视频体验 vMOS 得分
214	中国联通福建省泉州市分公司	"光明之城" QC 小组	提升 4G 网络 X2 切换占比
215	中国联通湖州市分公司	"千里眼" QC 小组	研究湖州本地化合作 Wi-Fi 营销新方法
216	中国联通天津市分公司	"畅通无阻" QC 小组	提升 IDC 光纤资源可用率
217	中国联通内蒙古分公司	"大客户网络保障" QC 小组	提高 4G 基站故障自动派单成功率
218	中国联通山东省威海市分公司	"快乐修障" QC 小组	提高 IPTV 持续质差用户整改完成率
219	中国联通嘉兴市分公司	"黑蚂蚁" QC 小组	提升 4G 沪杭高铁用户数据业务
220	中国联通重庆市分公司网络优化中心	"沃保.先锋" QC 小组	提升重庆联通 4G 用户 4G 流量驻留比
221	中国联通河南省郑州地市分公司	"无线支撑" QC 小组	提升重点场景领先比例
222	中国联合网络通信有限公司玉林市分公司	"提升用户感知" QC 小组	提升城区 4G 网络下载速率
223	中国联通安徽省亳州市分公司	"宽带守护有沃" QC 小组	缩短 LTE 基站开通时长
224	中国联通广东省广州市分公司	"沃领未来" QC 小组	降低 4G 网络倒流比差小区占比
225	中国联通广东省深圳市分公司	"网络创优" QC 小组	提升 4G 网络驻留比
226	中国联通舟山市分公司	"天天向上" QC 小组	提升临城城区 4G 下行边缘速率
227	中国联通湖北省武汉市分公司	"诗嫣" QC 小组	降低移动智能网呼叫失败率
228	中国联通湖北省武汉市分公司	"微网优" QC 小组	提高 4G 网络视频业务 vMOS 值
229	中国联通新疆分公司	"希望腾飞" QC 小组	探索基站信息管理新方法
230	中国联通河南省郑州地市分公司	"中原 IDC" QC 小组	提高 IDC 服务器资源利用率

（续表）

序号	单位名称	QC 小组名称	成果名称
231	中国联通台州市分公司	"勇网直前" QC 小组	降低超短断站占比
232	中国联通衢州市分公司	"资源提升" QC 小组	提升 50M 以上高速宽带用户
233	中国联通内蒙古分公司	"凝心聚力" QC 小组	提高 4G 网络故障恢复及时率
234	中国联通广东省佛山市分公司	"增效" QC 小组	降低 4G 低效能小区占比
235	中国联通太原分公司	"网优卓越" QC 小组	提高视频感知 VOMS 值
236	中国联通上海市分公司（网络优化中心）	"沃优化" QC 小组	提升上海京沪高铁 4G 用户页面下载速率
237	中国联通福建省分公司运行维护部	"监控能力提升" QC 小组	提升重保场景故障处理及时率
238	联通云数据有限公司	"绿色技术" QC 小组	降低大型数据中心 PUE
239	中国联通黑龙江省分公司网络优化中心	"奥卡姆剃刀" QC 小组	提高哈尔滨高校网格 4G 网络 MR 良好采样点比例
240	中国联合网络通信有限公司广西区分公司	"数据掘金" QC 小组	降低持 4G 终端无法使用 4G 网络用户占比
241	中国联通福建省分公司运行维护部	"客响一体化" QC 小组	提高固网宽带装移机一日通及时率
242	中国联通山西省分公司网优中心	"网络优化中心飞虎" QC 小组	降低长治潞城 LTE 网络单站运行成本
243	中国联通新疆分公司乌鲁木齐市分公司	"绿叶" QC 小组	降低米东区一卡通高校 WLAN 投诉率
244	中国联通黑龙江省分公司客户服务中心	"方舟" QC 小组	有效提升客服热线 "NPS"
245	中国联通内蒙古赤峰市分公司	"新锐" QC 小组	研究基于智能手机的 4G 网络优化辅助系统
246	中国联合网络通信有限公司崇左市分公司	"服务沃满意" QC 小组	提升校园网用户 4G 下载速率
247	中国联通太原分公司	"网优卓越" QC 小组	提高 4G 网络流量吸纳比
248	中国联合网络通信有限公司广西区分公司	"探索者" QC 小组	提高动环网管自检告警处理及时率
249	中国联通新疆分公司	"北极星" QC 小组	提高 FTTH 资源端口利用率
250	中国联通江西省上饶市分公司	"沃"虎藏龙 QC 小组	江西 2- 提升 FDD-LTE 网络驻留比
251	中国联通安徽省淮南市分公司	"沃速飞翔" QC 小组	提升淮南联通 4G 流量驻留比
252	中国联通新疆分公司客户服务部	"星月晨曦" QC 小组	提高互联网服务话务分流率
253	中国联通安徽省分公司宣城市分公司	"滴水穿石" QC 小组	降低基站电费成本
254	中国联合网络通信有限公司玉林市分公司	"流量经营" QC 小组	提高 4G 网络 CSFB 接通率
255	中国联通安徽省分公司滁州市分公司	"先锋" QC 小组	降低传输故障次数占比
256	中国联通小沃科技有限公司	"创新之剑" QC 小组	降低游戏计费业务投诉率
257	中国联通福建省分公司运行维护部	"托马斯" QC 小组	降低高铁网络干扰小区比例
258	江苏永鼎股份有限公司	"光缆渗水指标改善" QC 小组	改善（1+5）结构普通光缆的渗水合格率
259	西安西古光通信有限公司	"光纤奋进" QC 小组	降低光纤拉丝过程断纤次数
260	长飞光纤光缆股份有限公司	"流星雨" QC 小组	降低 GI62.5 光纤背向散射报废比例

附录 C　数据类

2017 年全国通信业主要指标完成情况

指标名称	单位	2017 年年末累计到达	与 2016 年同期相比（%）	比 2016 年年末净增
电信营业收入	亿元	14 532.7	3.7	
其中：电信业务收入	亿元	12 620.2	6.4	
其中：移动通信收入	亿元	9 071.5	5.7	
其中：固定通信收入	亿元	3 548.7	8.4	
全国电话用户数量	亿户	16.1	5.4	
其中：固定电话用户数量	亿户	1.94		−1 286.3 万户
其中：移动电话用户数量	亿户	14.2		9 555.3 万户
其中：3G 用户数量	亿户	1.34		−3 617.3 万户
其中：4G 用户数量	亿户	9.97		22 694.1 万户
全国互联网宽带接入用户	万户	34 854.0		5 133.3 万户
其中：xDSL 用户数量	万户	1 120.4		−856.7 万户
其中：FTTH/0 用户数量	万户	29 392.5		6 626.9 万户
全国移动互联网用户	万户	127 153.7		17 758.7 万户
固定本地电话通话时长合计	万分钟	15 275 719.2	−18.6	
固定长途电话通话时长合计	万分钟	3 141 184.0	−21.6	
移动电话去通话时长合计	万分钟	268 958 956.9	−4.3	
其中：国内长途通话时长	万分钟	41 585 894.2	−33.0	
其中：国际长途通话时长	万分钟	89 893.7	1.1	
移动短信业务量	万条	66 443 279.1	−0.4	
移动互联网接入流量	万 GB	2 459 983.9	162.7	

数据来源：工业和信息化部网站。

2017年全国电话用户和通信水平分省情况

	固定电话用户			移动电话用户		
	2017年（万户）	比2016年（万户）	普及率（部/百人）	2017年（万户）	比2016年（万户）	普及率（部/百人）
全 国	19 376.2	−1 286.2	14.0	141 748.8	9 555.4	102.5
东 部	10 127.9	−911.8	17.7	67 409.2	2 866.7	117.6
北 京	649.4	−45.6	29.9	3 752.1	−116.9	172.7
天 津	295.9	−15.4	18.9	1 580.1	80.3	101.2
河 北	763.8	−86.8	10.2	7 581.8	460.8	101.5
辽 宁	777.2	−113.4	17.8	4 755.7	328.6	108.6
上 海	691.0	−40.6	28.6	3 298.7	142.6	136.3
江 苏	1 512.1	−196.2	18.9	8 807.7	608.9	110.1
浙 江	1 211.1	−76.1	21.7	7 590.6	364.7	135.8
福 建	776.9	−38.8	20.1	4 295.0	136	110.9
山 东	884.0	−86.4	8.9	9 943.9	349.4	100.0
广 东	2 406.1	−203.6	21.9	14 796.2	447.2	134.5
海 南	160.5	−8.7	17.5	1 007.5	65.2	109.8
中 部	4 326.7	−379.1	10.0	37 738.2	3 222	87.3
山 西	302.3	−41.4	8.2	3 647.9	282.2	99.1
吉 林	497.6	−22.7	18.2	2 868.8	214	105.0
黑龙江	430.3	−67.1	11.3	3 657.1	211.5	96.3
安 徽	551.4	−62.5	8.9	4 884.3	541.3	78.8
江 西	477.0	−40.5	10.4	3 449.2	308.5	75.1
河 南	735.0	−63.6	7.7	8 553.4	664.4	89.7
湖 北	658.8	−72.9	11.2	4 994.1	310.3	84.9
湖 南	674.4	−8.3	9.9	5 683.4	689.8	83.3
西 部	4 921.5	4.5	13.2	36 601.4	3 466.7	97.8
内蒙古	232.3	−35.8	9.2	2 841.2	370.4	112.7
广 西	307.7	−41.2	6.4	4 385.1	610.9	90.6
重 庆	566.8	25.2	18.6	3 274.9	394.8	107.4
四 川	1 636.0	149.9	19.8	7 693.6	399.1	93.1
贵 州	247.9	−10.8	7.0	3 485.7	403	98.0

（续表）

	固定电话用户			移动电话用户		
	2017 年（万户）	比 2016 年（万户）	普及率（部 / 百人）	2017 年（万户）	比 2016 年（万户）	普及率（部 / 百人）
云 南	301.1	−33.9	6.3	4 228.4	285.6	88.6
西 藏	47.3	8.4	14.3	290.3	5.9	87.7
陕 西	622.8	−57.1	16.3	4 220.6	407.3	110.7
甘 肃	326.8	14.5	12.5	2 526.4	322.6	96.8
青 海	106.7	4.6	18.0	610.9	71.1	102.9
宁 夏	62.2	−8.3	9.2	792.0	75.6	117.3
新 疆	464.0	−7	19.4	2 252.3	120.2	93.9

数据来源：工业和信息化部网站。

2015—2017 年全国农村固定电话用户情况

	全国农村固定电话（万户）		
	2017 年	2016 年	2015 年
全 国	4 644.9	5 043.3	6 069.0
东 部	2 241.9	2 540.7	3 304.3
北 京	119.7	133.7	146.6
天 津	2.6	2.3	3.1
河 北	122.7	156.5	211.5
辽 宁	110.0	118.7	419.9
上 海	0.0	0.0	0.0
江 苏	508.9	611.4	755.0
浙 江	233.0	251.1	375.3
福 建	288.8	303.5	324.7
山 东	245.0	292.2	343.9
广 东	555.4	618.4	675.8
海 南	56.0	53.0	48.5
中 部	1 109.4	1 267.9	1 542.8
山 西	43.1	55.9	90.4
吉 林	109.6	115.4	123.7
黑龙江	53.4	66.8	92.2
安 徽	158.7	181.9	234.1
江 西	159.6	180.1	204.6
河 南	215.1	255.4	330.1
湖 北	163.0	199.9	240.0
湖 南	206.9	212.4	227.8
西 部	1 293.6	1 234.7	1 221.8
内蒙古	27.7	35.1	47.0
广 西	86.4	104.6	127.7
重 庆	131.0	121.4	128.3
四 川	608.1	508.8	414.4
贵 州	45.4	48.3	62.9
云 南	54.1	67.9	83.4

（续表）

	全国农村固定电话（万户）		
	2017 年	2016 年	2015 年
西　藏	0.1	0.1	0.2
陕　西	138.9	155.7	165.2
甘　肃	87.6	71.1	64.1
青　海	11.8	12.9	12.7
宁　夏	6.9	8.8	10.6
新　疆	95.7	100.1	105.4

数据来源：工业和信息化部网站。

2017 年全国宽带用户指标完成情况

截至日期	互联网宽带用户总数（万户）	光纤接入 FTTH/O 用户（万户）	移动宽带（3G/4G）（万户）用户总数（万户）	3G 用户数（万户）	4G 用户数（万户）
2017 年 12 月	34 854.0	29 392.5	113 152.0	13 463.2	99 688.9
2017 年 11 月	34 603.8	28 939.0	111 243.9	13 912.0	97 331.9
2017 年 10 月	34 196.7	28 409.8	110 149.5	13 963.4	96 186.1
2017 年 9 月	33 728.1	27 878.2	108 849.3	14 173.2	94 676.1
2017 年 8 月	33 002.2	27 174.4	107 177.5	14 252.0	92 925.5
2017 年 7 月	32 581.2	26 640.2	105 536.6	14 486.7	91 049.9
2017 年 6 月	32 195.2	26 054.9	103 680.7	14 868.7	88 812.0
2017 年 5 月	31 815.6	25 531.8	102 199.8	15 216.1	86 983.7
2017 年 4 月	31 458.2	24 972.0	100 546.6	15 608.5	84 938.1
2017 年 3 月	31 109.3	24 561.7	99 724.9	16 102.9	83 622.0
2017 年 2 月	30 686.2	24 027.4	97 784.5	16 363.2	81 421.3
2016 年 12 月	29 720.7	22 765.6	94 075.4	17 080.5	76 994.9

数据来源：工业和信息化部网站。

2017 年第三季度全国固定宽带家庭普及率情况

省份	固定宽带家庭普及率	区域内排名	全国排名
东部			
浙江	104.4%	1	1
江苏	102.9%	2	2
广东	92.9%	3	3
福建	89.4%	4	4
上海	88.0%	5	5
北京	86.7%	6	6
天津	80.1%	7	9
河北	77.8%	8	10
海南	69.9%	9	12
辽宁	69.5%	10	13
山东	67.2%	11	15
中部			
湖北	68.0%	1	14
山西	65.6%	2	17
江西	64.1%	3	19
河南	61.2%	4	20
安徽	60.4%	5	22
吉林	55.8%	6	25
黑龙江	52.0%	7	28
湖南	50.0%	8	29
西部			
重庆	83.7%	1	7
四川	82.0%	2	8
陕西	71.6%	3	11
宁夏	66.8%	4	16
甘肃	64.5%	5	18
广西	60.8%	6	21
西藏	57.4%	7	23
新疆	57.0%	8	24
贵州	52.2%	9（并列）	26（并列）
青海	52.2%	9（并列）	26（并列）
云南	44.7%	11	30
内蒙古	44.1%	12	31

数据来源：宽带发展联盟《中国宽带普及状况报告》2017 年第三季度。

2017 年第三季度全国移动宽带用户普及率情况

省份	移动宽带用户普及率	区域内排名	全国排名
东部			
北京	155.0%	1	1
上海	120.9%	2	2
广东	118.9%	3	3
浙江	115.7%	4	4
江苏	94.3%	6	6
海南	92.8%	7	7
福建	90.0%	8	9
天津	88.7%	9	10
辽宁	87.8%	10	11
河北	79.2%	11	15
山东	74.5%	12	20
中部			
吉林	78.3%	1	16
山西	77.8%	2	17
河南	73.4%	3	22
黑龙江	70.8%	4	23
湖北	67.6%	5	27
湖南	63.9%	6	28
安徽	62.2%	7	30
江西	60.1%	8	31
西部			
宁夏	99.2%	1	5
陕西	91.1%	2	8
内蒙古	85.4%	3	12
青海	83.4%	4	13
重庆	83.0%	5	14
贵州	76.1%	6	18
甘肃	75.9%	7	19
四川	73.4%	8	21
广西	70.7%	9	24
新疆	68.9%	10	25
云南	68.1%	11	26
西藏	62.9%	12	29

数据来源：宽带发展联盟《中国宽带普及状况报告》2017 年第三季度。

2017 年全国固定宽带速率状况

省份	忙闲时加权平均可用下载速率（Mbit/s）	忙时平均可用下载速率（Mbit/s）	闲时平均可用下载速率（Mbit/s）	忙闲时加权平均首屏呈现时间（s）	忙闲时加权平均视频下载速率（Mbit/s）
东部					
上海	20.52	19.37	20.92	1.06	16.02
北京	20.04	18.88	20.50	1.04	15.67
辽宁	19.87	19.24	20.34	1.06	15.47
山东	19.67	18.83	20.45	1.07	15.49
浙江	19.46	18.48	19.96	1.06	16.13
天津	19.45	18.40	19.94	1.06	15.45
江苏	19.44	18.54	19.99	1.06	15.66
河北	19.38	18.84	19.79	1.06	15.29
海南	19.16	18.30	20.24	1.05	15.46
福建	19.05	18.15	19.60	1.04	15.48
广东	18.09	17.17	18.75	1.06	14.77
中部					
河南	19.81	18.84	20.59	1.05	15.53
江西	19.35	18.56	20.06	1.07	15.34
湖北	19.07	18.20	19.73	1.03	15.43
安徽	18.98	18.21	19.57	1.11	15.42
湖南	18.94	18.24	19.51	1.05	15.42
山西	18.93	18.21	19.55	1.08	15.14
黑龙江	18.16	17.47	18.75	1.11	14.84
吉林	18.15	17.43	18.76	1.10	15.46
西部					
重庆	19.07	18.11	19.61	1.07	15.20
陕西	18.99	18.14	19.59	1.06	15.01
甘肃	18.52	17.79	19.22	1.06	13.78
四川	18.33	17.38	19.10	1.06	15.19
云南	18.31	17.34	19.11	1.11	14.38
宁夏	18.18	17.78	18.77	1.10	14.62
贵州	18.14	17.40	18.84	1.13	14.37

（续表）

省份	忙闲时加权平均可用下载速率（Mbit/s）	忙时平均可用下载速率（Mbit/s）	闲时平均可用下载速率（Mbit/s）	忙闲时加权平均首屏呈现时间（s）	忙闲时加权平均视频下载速率（Mbit/s）
青海	18.03	17.13	18.82	1.12	14.28
内蒙古	17.86	17.33	18.39	1.11	14.65
广西	17.00	16.53	17.50	1.08	14.99
新疆	16.77	16.33	17.27	1.19	12.41
西藏	15.65	14.54	16.93	1.23	12.37

数据来源：宽带发展联盟《中国宽带速率状况报告》2017 年第四季度。

2017 年国内主要骨干网络国际出口带宽和互联网基础资源对比

主要骨干网络国际出口带宽数

	国际出口带宽数（Mbit/s）
中国电信	3 625 830
中国联通	2 081 662
中国移动	1 498 000
中国教育和科研计算机网	61 440
中国科技网	53 248
合计	7 320 180

2016 年 12 月—2017 年 12 月中国互联网基础资源对比

	2016 年 12 月	2017 年 12 月	年增长量	年增长率
IPv4（个）	338 102 784	338 704 640	601 856	0.2%
IPv6（块 /32）	21 188	23 430	2 242	10.6%
域名（个）	42 275 702	38 480 355	−3 795 347	−9.0%
其中 .CN 域名（个）	20 608 428	20 845 513	237 085	1.2%
网站（万个）	482	533（不含 .EDU/.CN 下网站）		10.6%
.CN 下网站（万个）	259	315		21.8%
国际出口带宽（Mbit/s）	6 640 291	7 320 180	679 889	10.2%

数据来源：CNNIC 第 41 次《中国互联网络发展状况统计报告》。

2017 年全国移动通信业务发展分析

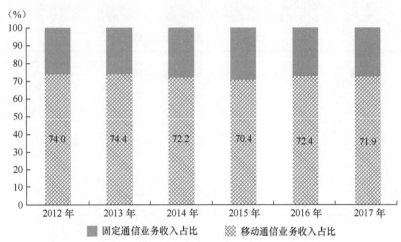

2012—2017 年固定通信和移动通信收入占比变化情况

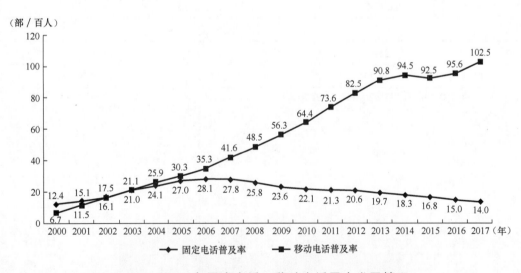

2000—2017 年固定电话、移动电话用户发展情况

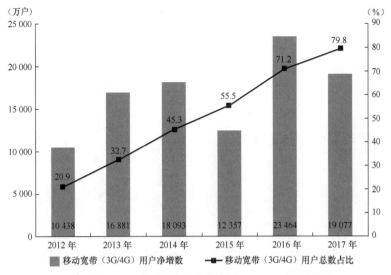

2012—2017 年移动宽带用户 3G/4G 发展情况

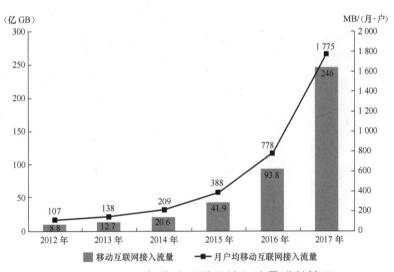

2012—2017 年移动互联网接入流量增长情况

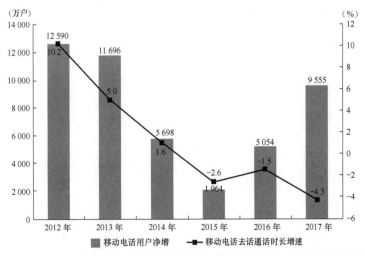

2012—2017 年移动电话去话通话时长增速和移动用户净增情况

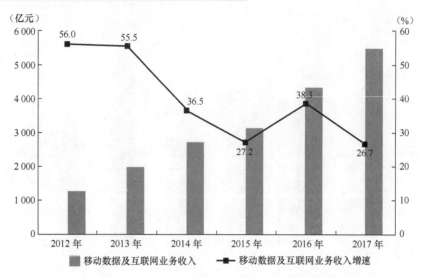

2012—2017 年移动数据及互联网业务收入情况

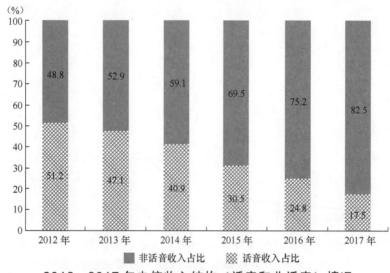

2012—2017 年电信收入结构（话音和非话音）情况

数据来源：工业和信息化部 2017 年通信业统计公报。

2017年东、中、西部地区电信业务发展情况

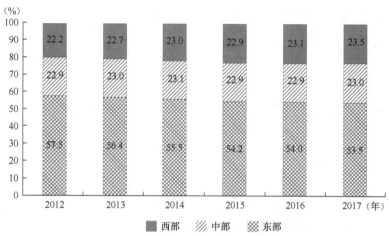

2012—2017年东、中、西部地区电信业务收入比重

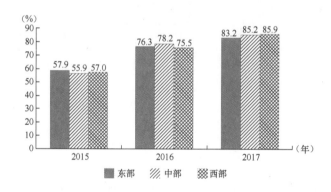

2015—2017年东、中、西部地区光纤宽带接入用户渗透率

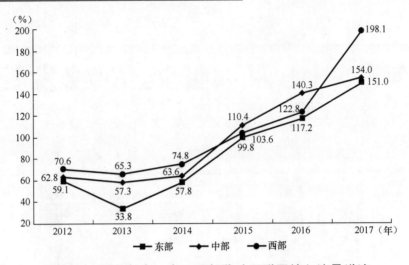

2012—2017 年东、中、西部移动互联网接入流量增速

数据来源：工业和信息化部 2017 年通信业统计公报。

2017 年通信网络基础设施发展情况

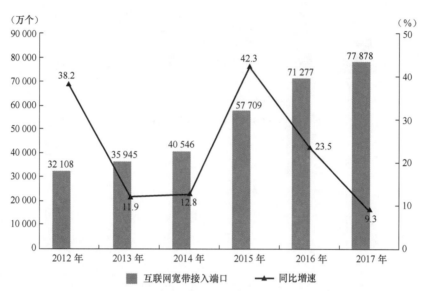

2012—2017 年互联网宽带接入端口发展情况

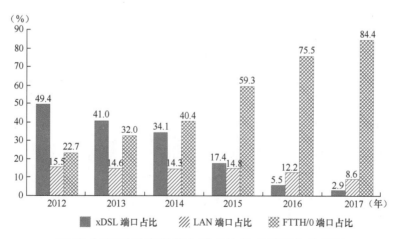

2017 年互联网宽带接入端口按技术类型占比情况

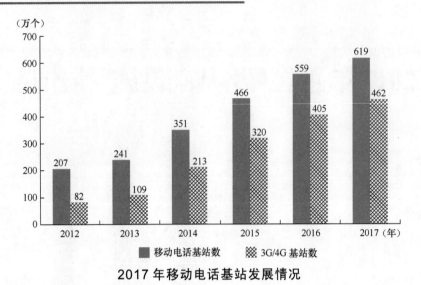

2017 年移动电话基站发展情况

数据来源：工业和信息化部 2017 年通信业统计公报。

2017年中国网民规模及互联网普及率情况

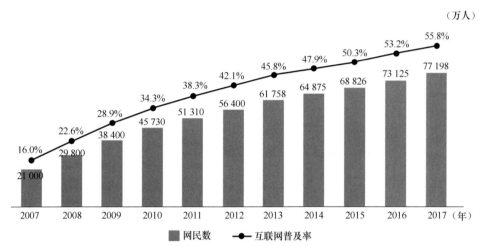

（万人）

2007—2017 年中国网民规模和互联网普及率

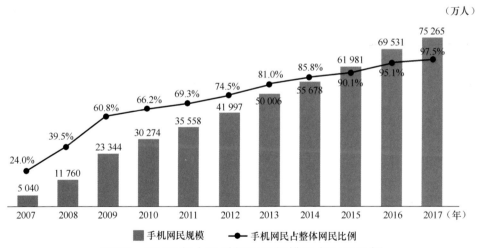

（万人）

2007—2017 年中国手机网民规模及占网民比例

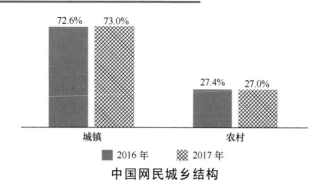

中国网民城乡结构

2012—2017 年农村宽带接入用户情况

数据来源：CNNIC 第 41 次《中国互联网络发展状况统计报告》。

工业和信息化部 2017 年通信业统计公报。

2016—2017 年中国网民各类互联网应用的使用率

应用	2017 年		2016 年		
	用户规模（万）	网民使用率（%）	用户规模（万）	网民使用率（%）	年增长率（%）
即时通信	72 023	93.3	66 628	91.1	8.1
搜索引擎	63 956	82.8	60 238	82.4	6.2
网络新闻	64 689	83.8	61 390	84.0	5.4
网络视频	57 892	75.0	54 455	74.5	6.3
网络音乐	54 809	71.0	50 313	68.8	8.9
网上支付	53 110	68.8	47 450	64.9	11.9
网络购物	53 332	69.1	46 670	63,8	14.3
网络游戏	44 161	57.2	41 704	57.0	5.9
网上银行	39 911	51.7	36 552	50.0	9.2
网络文学	37 774	48.9	33 319	45.6	13.4
旅行预订	37 578	48.7	29 922	40.9	25.6
电子邮件	28 422	36.8	24 815	33.9	14.5
互联网理财	12 881	16.7	9 890	13.5	30.2
网上炒股或炒基金	6 730	8.7	6 276	8.6	7.2
微博	31 601	40.9	27 143	37.1	16.4
地图查询	49 247	63.8	46 166	63.1	6.7
网上订外卖	34 338	44.5	20 856	28.5	64.6
在线教育	15 518	20.1	13 764	18.8	12.7
网约出租车	28 651	37.1	22 463	30.7	27.5
网约专车或快车	23 623	30.6	16 799	23.0	40.6
网络直播	42 209	54.7	34 431	47.1	22.6
共享单车	22 078	28.6			

数据来源：CNNIC 第 41 次《中国互联网络发展状况统计报告》。

2016—2017年中国网民各类手机互联网应用的使用率

应用	2017 年		2016 年		
	用户规模（万）	网民使用率（%）	用户规模（万）	网民使用率（%）	全年增长率（%）
手机即时通信	69 359	92.2	63 797	91.8	8.7
手机网络新闻	61 959	82.3	57 126	82.2	8.5
手机搜索	62 398	82.9	57 511	82.7	8.5
手机网络音乐	51 173	68.0	46 791	67.3	9.4
手机网络视频	54 857	72.9	49 987	71.9	9.7
手机网上支付	52 703	70.0	46 920	67.5	12.3
手机网络购物	50 563	67.2	44 093	63.4	14.7
手机网络游戏	40 710	54.1	35 166	50.6	15.8
手机网上银行	37 024	49.2	33 357	48.0	11.0
手机网络文学	34 352	45.6	30 377	43.7	13.1
手机旅行预订	33 961	45.1	26 179	37.7	29.7
手机邮件	23 276	30.9	19 713	28.4	18.1
手机在线教育课程	11 890	15.8	9 798	14.1	21.3
手机微博	28 634	38.0	24 086	34.6	18.9
手机地图、手机导航	46 504	61.8	43 123	62.0	7.8
手机网上订外卖	32 229	42.8	19 387	27.9	66.2

数据来源：CNNIC 第 41 次《中国互联网络发展状况统计报告》。

2016—2017 年微信城市服务用户数及覆盖省市情况

服务类型	2016 年			2017 年		
	累计用户数	覆盖城市数量	覆盖省份数量	累计用户数	覆盖城市数量	覆盖省份数量
交通违法	24 112 768	245	29	52 364 753	247	27
气象	22 168 845	318	31	33 975 905	362	31
人社	10 154 379	126	21	31 306 288	160	26
生活缴费	8 757 860	93	22	30 096 991	221	27
医疗	11 507 127	364	32	28 666 509	186	30
公共交通	14 996 524	338	32	27 021 290	362	31
车船票	13 622 039	271	29	26 478 671	124	11
教育	4 983 805	278	26	20 084 516	362	31
加油	10 093 602	363	32	18 390 987	362	31
出入境	11 210 198	73	13	16 758 293	55	10

数据来源：CNNIC 第 41 次《中国互联网络发展状况统计报告》。

2016 和 2017 年世界主要国家和地区 ICT 发展指数（IDI）

经济体	2017 年		2016 年		经济体	2017 年		2016 年	
	排名	IDI	排名	IDI		排名	IDI	排名	IDI
冰岛	1	8.98	2	8.78	阿尔巴尼亚	89	5.14	89	4.90
韩国	2	8.85	1	8.80	塞舌尔	90	5.03	92	4.80
瑞士	3	8.74	4	8.66	蒙古	91	4.96	87	4.91
丹麦	4	8.71	3	8.68	南非	92	4.96	88	4.91
英国	5	8.65	5	8.53	佛得角	93	4.92	91	4.83
中国香港	6	8.61	6	8.47	巴拿马	94	4.91	93	4.80
荷兰	7	8.49	10	8.40	乌兹别克斯坦	95	4.90	103	4.48
挪威	8	8.47	7	8.45	秘鲁	96	4.85	97	4.61
卢森堡	9	8.47	9	8.40	厄瓜多尔	97	4.84	101	4.52
日本	10	8.43	11	8.32	牙买加	98	4.84	96	4.63
瑞典	11	8.41	8	8.41	突尼斯	99	4.82	95	4.70
德国	12	8.39	13	8.20	摩洛哥	100	4.77	98	4.57
新西兰	13	8.33	12	8.23	菲律宾	101	4.67	100	4.52
澳大利亚	14	8.24	16	8.08	阿尔及利亚	102	4.67	106	4.32
法国	15	8.24	17	8.05	埃及	103	4.63	104	4.44
美国	16	8.18	15	8.13	圣卢西亚	104	4.63	99	4.53
爱沙尼亚	17	8.14	14	8.16	博茨瓦纳	105	4.59	102	4.51
新加坡	18	8.05	20	7.85	多明尼加共和国	106	4.51	107	4.26
摩纳哥	19	8.05	18	8.03	斐济	107	4.49	105	4.34
爱尔兰	20	8.02	19	7.90	越南	108	4.43	108	4.18
奥地利	21	8.02	24	7.70	吉尔吉斯斯坦	109	4.37	110	4.06
芬兰	22	7.88	21	7.83	汤加	110	4.34	109	4.13
以色列	23	7.88	22	7.71	印度尼西亚	111	4.33	114	3.85
马耳他	24	7.86	25	7.65	玻利维亚	112	4.31	115	3.84
比利时	25	7.81	23	7.70	巴拉圭	113	4.18	111	4.02
中国澳门	26	7.80	29	7.55	加蓬	114	4.11	118	3.62
西班牙	27	7.79	27	7.61	利比亚	115	4.11	112	3.93

（续表）

经济体	2017 年		2016 年		经济体	2017 年		2016 年	
	排名	IDI	排名	IDI		排名	IDI	排名	IDI
塞浦路斯	28	7.77	31	7.30	加纳	116	4.05	113	3.88
加拿大	29	7.77	26	7.64	斯里兰卡	117	3.91	116	3.77
安道尔	30	7.71	28	7.58	纳米比亚	118	3.89	123	3.33
巴林	31	7.60	30	7.46	萨尔瓦多	119	3.82	117	3.62
白俄罗斯	32	7.55	32	7.29	伯利兹	120	3.71	120	3.54
斯洛文尼亚	33	7.38	33	7.20	不丹	121	3.69	119	3.58
巴巴多斯	34	7.31	37	7.11	东帝汶	122	3.57	127	3.11
拉脱维亚	35	7.26	40	7.05	巴基斯坦	123	3.55	122	3.42
克罗地亚	36	7.24	42	6.96	圭亚那	124	3.44	121	3.44
圣基茨和尼维斯	37	7.24	35	7.18	危地马拉	125	3.35	125	3.19
希腊	38	7.23	38	7.08	叙利亚	126	3.34	124	3.32
卡塔尔	39	7.21	36	7.12	萨摩亚	127	3.30	129	2.95
阿联酋	40	7.21	34	7.18	柬埔寨	128	3.28	128	3.04
立陶宛	41	7.19	41	6.97	洪都拉斯	129	3.28	126	3.14
乌拉圭	42	7.16	48	6.75	尼加拉瓜	130	3.27	132	2.85
捷克共和国	43	7.16	39	7.06	科特迪瓦	131	3.14	134	2.84
葡萄牙	44	7.13	44	6.88	圣多美和普林西比	132	3.09	131	2.91
俄罗斯	45	7.07	43	6.91	莱索托	133	3.04	130	2.94
斯洛伐克	46	7.06	47	6.84	印度	134	3.03	138	2.65
意大利	47	7.04	46	6.84	缅甸	135	3.00	140	2.59
匈牙利	48	6.93	49	6.74	津巴布韦	136	2.92	133	2.85
波兰	49	6.89	50	6.73	古巴	137	2.91	135	2.80
保加利亚	50	6.86	53	6.66	肯尼亚	138	2.91	137	2.67
阿根廷	51	6.79	52	6.68	老挝	139	2.91	144	2.43
哈萨克斯坦	52	6.79	51	6.72	尼泊尔	140	2.88	139	2.60
文莱	53	6.75	54	6.56	瓦努阿图	141	2.81	136	2.75
沙特阿拉伯	54	6.67	45	6.87	塞内加尔	142	2.66	142	2.48
塞尔维亚	55	6.61	55	6.51	尼日利亚	143	2.60	143	2.44
智利	56	6.57	59	6.28	冈比亚	144	2.59	145	2.43
巴哈马	57	6.51	58	6.29	苏丹	145	2.55	141	2.56
罗马尼亚	58	6.48	61	6.23	赞比亚	146	2.54	149	2.19

（续表）

经济体	2017 年		2016 年		经济体	2017 年		2016 年	
	排名	IDI	排名	IDI		排名	IDI	排名	IDI
摩尔多瓦	59	6.45	63	6.21	孟加拉	147	2.53	146	2.37
哥斯达黎加	60	6.44	57	6.29	巴基斯坦	148	2.42	148	2.21
黑山	61	6.44	56	6.30	喀麦隆	149	2.38	150	2.14
阿曼	62	6.43	64	6.14	莫桑比克	150	2.32	147	2.23
马来西亚	63	6.38	62	6.22	毛里塔尼亚	151	2.26	152	2.08
黎巴嫩	64	6.30	65	6.09	乌干达	152	2.19	158	1.90
阿塞拜疆	65	6.20	60	6.25	卢旺达	153	2.18	151	2.10
巴西	66	6.12	67	5.89	基里巴斯	154	2.17	155	2.04
土耳其	67	6.08	72	5.66	马里	155	2.16	153	2.05
特立尼达和多巴哥	68	6.04	71	5.71	多哥	156	2.15	159	1.86
马其顿	69	6.01	68	5.88	所罗门群岛	157	2.11	154	2.04
约旦	70	6.00	66	5.97	吉布提	158	1.98	161	1.80
科威特	71	5.98	70	5.75	阿富汗	159	1.95	165	1.71
毛里求斯	72	5.88	75	5.51	安哥拉	160	1.94	156	2.00
格林纳达	73	5.80	77	5.39	贝宁	161	1.94	157	1.92
格鲁吉亚	74	5.79	73	5.59	布基纳法索	162	1.90	163	1.74
亚美尼亚	75	5.76	74	5.56	赤道几内亚	163	1.86	160	1.82
安提瓜和巴布达	76	5.71	76	5.48	科摩罗	164	1.82	162	1.78
多米尼加	77	5.69	69	5.76	坦桑尼亚	165	1.81	164	1.73
泰国	78	5.67	79	5.31	几内亚	166	1.78	166	1.71
乌克兰	79	5.62	78	5.31	马拉维	167	1.74	169	1.58
中国	80	5.60	83	5.17	海地	168	1.72	168	1.63
伊朗	81	5.58	85	5.04	马达加斯加	169	1.68	167	1.70
圣文森特和格林纳丁斯	82	5.54	80	5.27	埃塞俄比亚	170	1.65	171	1.42
波黑	83	5.39	81	5.23	刚果	171	1.55	170	1.48
哥伦比亚	84	5.36	84	5.12	布隆迪	172	1.48	172	1.39
马尔代夫	85	5.25	86	4.97	几内亚比绍	173	1.48	173	1.38
委内瑞拉	86	5.17	82	5.22	乍得	174	1.27	174	1.06
墨西哥	87	5.16	90	4.87	中非共和国	175	1.04	176	0.89
苏里南	88	5.15	94	4.77	厄立特里亚	176	0.96	175	0.96

数据来源：国际电联《2017 衡量信息社会发展报告》。

信息网络的建设者

广东省通信产业服务有限公司

注册资本28亿元人民币，总资产超过100亿元，2017年营业额超过240亿元，是率先在海外上市的生产性服务类集团型企业——中国通信服务股份有限公司（HK0552）旗下规模较大、业务范围遍及全国及海外的省级全资子公司，亦是广东省百亿级大型骨干企业之一。

业务范围

业务外包服务
- 网络维护服务
- 设施管理
- 供应链服务
- 贸易服务
- ......

信息网络建设
- 咨询设计
- 网络建设
- 项目监理与管理
- ......

应用内容服务
- 应用软件开发
- 系统集成
- 增值服务（呼叫中心、ICP/ISP）
- ......

联系方式

地　　址：广东省广州市中山大道西191号
联系电话：020-38266899

传　真：020-38266800
邮　箱：market@gdccs.com.cn
网　址：www.gdccs.com.cn
邮政编码：510630

中国通信服务
CHINA COMSERVICE

南方通信建设
Southern Comconstruction

- 通信工程施工总承包资质　一级
- 信息通信网络系统集成服务能力资质　甲级
- 通信网络代维（外包）企业资质（通信基站专业、通信线路专业、铁塔专业、装维专业、综合代维专业）　甲级
- 电子与智能化工程专业承包资质　一级
- 建筑智能化系统设计专项资质　甲级
- 企业涉密信息系统集成资质(系统集成、综合布线、安防监控)　甲级
- 广东省安全技术防范系统设计、施工、维修资格证　一级
- 信息通信行业运维领域企业信用等级评价　AAA
- 信息系统集成及服务资质　二级
- 信息系统安全集成服务资质　二级
- 建筑装饰工程设计专项资质　乙级
- 建筑装修装饰工程专业承包资质　二级
- 消防设施工程专业承包　二级
- 机电工程施工总承包资质　三级
- 市政公用工程施工总承包资质　三级
- 建筑工程施工总承包资质　三级
- 电力工程施工总承包资质　三级
- 钢结构工程专业总承包资质　三级
- 承装（修、试）电力设施许可证　承装类四级、承修类四级、承试类五级
- 高新技术企业证书
- 质量管理体系认证证书（包含GB50430认证）
- 环境管理体系认证证书
- 职工健康安全管理体系认证证书
- 信息技术服务管理体系认证证书
- 信息安全管理体系认证证书
- 广东省有线广播电视台工程设计（安装）许可证
- 增值电信业务经营许可证
- CMMI 3级证书（软件能力成熟度模型集成3级）

南方通信大厦

企业简介 COMPANY INTRODUCTION

　　广东南方通信建设有限公司（以下简称"南建公司"），注册资本达1.4亿元，是国内专业的信息网络服务提供商，为中国通信服务旗下国有大型骨干企业。公司自1993年10月成立以来，专注技术创新，打造高技术与高知识含量业务类型，形成以管线类业务为基础，以无线类、设备类、网优类业务为核心，以整体网格运营解决方案为体系的三大业务版块，服务网格遍布广东全省各地市、全国各省份、以及东南亚、欧洲、非洲等国家和地区。

　　公司凭借不断增强的创新能力、突出的通信专业技术能力、日趋完善的服务能力，赢得行业客户的信赖和良好的行业口碑，相继获得政府颁发的多项行业证书，包括通信工程施工总承包一级、通信信息网络系统集成甲级等行业领先资质，并顺利通过ISO9001及GB/T50430标准认证，是高新技术企业、中国通信企业协会通信网络运营及工程建设专业委员会常委单位，被中国通信企业协会评为信息通信行业运维领域企业信用AAA等级单位。

地址：广州市中山大道华景路1号南方通信大厦24-25楼
电话：020-38637788　　邮编：510630　　网站：www.teleland.net

中国通信服务
CHINA COMSERVICE

广西壮族自治区通信产业服务有限公司（简称中国通信服务广西公司）于2007年7月正式成立，注册资本1.92亿元，是一家在香港上市的生产性服务类企业——中国通信服务股份有限公司（HK552）在广西设立的省级全资子公司。

中国通信服务广西公司拥有先进的技术、完备的资质、优秀的管理团队，致力于为国内外通信运营商、信息和媒体运营商、政府及企业客户等提供专业的网络建设（TIS）、维护运营（BPO）、内容应用集成(AC0)三大板块一站式、一体化服务，涵盖咨询、设计、施工、监理、网络维护、渠道服务、设施管理、ICT服务和运营支撑服务、语音增值、互联网增值服务及其他10多个专业。公司还在智慧城市、视频监控等领域具备了丰富的咨询、设计、建设和服务经验，多项专业能力处于广西区内领先水平。目前，广西公司下设9家专业子（分）公司、14个市分公司、业务范围立足于广西区市县，辐射至周边其他省、市乃至东南亚国家，公司具有完善的本地一体化服务网络，拥有一支优秀的属地化交付运营服务团队，同时管理广西电信实业集团公司（存续企业）。公司年业务收入规模超十五亿元，是广西信息化领域生产性服务业的主导企业。"**为信息化服务，建世界级网络**"。在全球信息产业迅速发展的今天，公司将进一步推动创新发展，秉承"**上善若水的乙方文化**"，携手业内优秀合作伙伴，致力追求企业价值、客户价值和员工价值的共同成长，努力构建品质优异的信息化服务提供商，成为信息化生产服务领域主导者。

广西壮族自治区通信产业服务有限公司

地址：南宁市大学东路89号
邮编：530007
网站：guangxi.chinaccs.cn

中邮建技术有限公司
CHINA COMMUNICATIONS TECHNOLOGY CO.,LTD.

中邮建技术有限公司,是中国通信服务集团(HK00552)江苏公司旗下的全资子公司,公司注册资金为5亿元。

公司拥有行业内高规格的建设服务资质,包括"通信工程施工总承包一级""涉密信息系统集成资质甲级""建筑智能化工程设计与施工一级""有线广播电视工程总承包壹级"等诸多行业资质。

公司始建于1958年,前身为"江苏省邮电建设工程有限公司"。作为国内通信工程服务的龙头企业,公司始终致力于国家信息化建设,业务涵盖通信和信息服务的全部领域,突出培育IDC建设总包与运维、智慧城市、智慧水务、建筑智能化、IP服务业务、计算机系统集成、网规网优、光传输网、移动通信、小区接入、强电工程等具有业内优秀水平的专业服务领域,拥有多项自主知识产权的核心技术。

公司先后参与了川气东送、南水北调、东方之门、南京地铁、中国电信云计算内蒙古信息园、中国电信和中国移动一级、二级干线以及北京奥运场馆、南京亚青、南京青奥场馆等国家重大战略项目通信建设,是率先获联合国 WSIS Winner大奖的中国企业,是国家优质工程金奖获得者。目前,国内业务覆盖30多个省(市)、自治区,国外业务覆盖亚洲、非洲、南美洲、欧洲约20多个国家。

1958-2018

风雨同舟六十载
初心不改迎百年

中邮建技术有限公司

地址:江苏省南京市雨花台区雨花西路210号
公司网址:www.chinacctc.com 传真:025-58768980 邮编:210012
综合管理部电话:025-58805022 市场经营部电话:025-58765888 集团客户部电话:025-58305678

公司简介：

陕西中科网络科技发展有限公司（以下简称陕西中科）成立于2008年，公司位于陕西西安。业务分布陕西省西安、宝鸡、延安、榆林、汉中、安康等11个地市及青海省西宁、福建省福州等地。自成立以来，陕西中科进入飞速发展时代，累计完成各类通信施工工程项目达数万项，业务收入每年增长持续突破亿元大关。

业务介绍：

第一事业部：负责移动通信工程设计与施工，通信设备督导，移动通信网络网络规划、勘察设计、优化解决，通信硬件设备安装、督导测试、维护、室内分布及小区覆盖一体的新型无线技术服务，工程管理，具备移动通信系统服务的全业务交付能力。

第二事业部：负责铁路、高速公路、机场等客户运营商无线工程施工，政府投资类系统集成项目建设。

第三事业部：负责国防光缆建设、电网建设及改造，钢结构相关业务，非传统通信业务。如场馆覆盖等政企合作类型项目，提供从勘测、设计、方案、实施、维护、到售后的整体服务。

第四事业部：负责通信网络基础建设，计算机信息集成，智能化建筑集成，项目总承包模式及一体化管理的咨询建设。

第五事业部：负责城市道路施工，公路桥梁工程项目建设，地铁及配套工程项目建设，加油站项目开发建设及经营，工程建设项目管理咨询，房地产项目代理与销售。

企业发展规划：

陕西中科拥有通信总包二级资质，已通过ISO9001:2015质量管理体系认证，是具有一定规模和雄厚技术实力的综合性通信工程技术服务企业。在未来的发展过程中，陕西中科将借助全球通信行业创新转型和我国深入推进信息化与工业化融合带来的新机遇和新挑战，采用现代化的企业管理模式，依照市场运行规律及企业化科学发展思路，坚持以客户为中心，加强技术、服务、管理水平提升以及人才培养力度，不断提升公司综合实力和核心竞争力，朝着法人治理结构完善、盈利模式健康、具有核心竞争力的综合服务集团企业迈进，为社会贡献一份有力的发展力量。

企业精神：

积极、彪悍、突破、敏锐、正向、理性

陕西中科网络科技发展有限公司

地址：陕西省西安市高新区沣惠南路16号泰华金贸国际7栋28层
电话：029-89560680　　邮编：710075　　网址：http://chinazk.net

日出东方 海纳百川

日海恒联通信技术有限公司成立于2002年，为上市公司深圳日海通讯技术股份有限公司（股票代码：002313）下属全资控股公司。

公司具有国家颁发通信工程勘察资质、设计甲级资质、通信工程施工总承包一级资质，中国通信企业协会颁发的通信信息网络系统集成企业甲级资质，工程咨询乙级资质以及电子与智能化工程专业承包二级资质，获得河南省高新技术企业称号等荣誉。

公司成立十多年以来，企业规模不断扩大，技术实力持续增强，始终处于稳健高速的发展态势，分别在广东、湖南、四川、山西、甘肃、青海、西藏、新疆、辽宁、北京等省、市（自治区）设立分公司或分支机构，业务范围涵盖通信工程设计、施工、维护、信息智能化等方面。

公司始终秉承"保证质量、信誉至上、精心设计、服务一流"的质量方针，坚持"以客户为中心、客户至上"的服务理念，在企业发展过程中，注重企业人才培养，不断强化质量管理，并顺利通过ISO9001质量管理体系、OHSAS18001职业健康安全管理体系和ISO14001环境管理体系认证。且被河南省授予"守合同重信用"荣誉。

多年以来，公司诚信经营，树立了诚信服务、品质一流、承诺至上的公司形象。公司多次荣获"河南省优秀勘察设计企业""河南省工程勘察设计行业精神文明先进单位""河南省优秀勘察设计院长"等荣誉，并被授予"河南省工程勘察与岩土行业AAA级诚信单位""河南省工程设计行业AAA级诚信单位""河南省通信行业（建设）诚信企业"等荣誉称号。同时，我公司被中国通信企业协会授予2015年第一批信息通信行业企业施工、设计咨询、运维服务AAA级信用企业2016～2017年度通信网络维护服务支撑先进单位、2016～2017年度通信网络优化创新先进单位、2016～2017年信息通信行业信用建设先锋企业等称号。

展望未来，我们充满信心！日海恒联愿与您携手共赢！

- 01 咨询设计
- 02 工程施工
- 03 综合代维
- 04 系统集成
- 05 网络优化

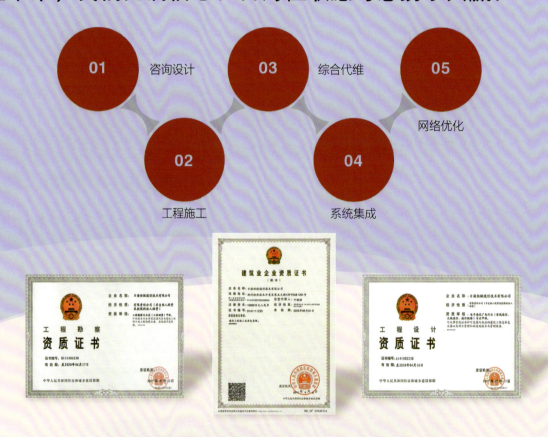

日海恒联通信技术有限公司

广告索引

前插

后插

《2017～2018 中国信息通信业发展分析报告》
征订单（复印有效）

书　　名	《2017～2018 中国信息通信业发展分析报告》			
书　　号	ISBN 978-7-115-48345-4			
开　　本	大 16 开	定价	360 元/册	
订阅单位				
邮寄地址	（邮编：　　　　　　）			
联系电话		联 系 人		
订阅册数		金　　额		
邮箱		传　　真		
银行汇款	户名	北京信通传媒有限责任公司	专票信息	税号	
	开户行	中国工商银行北京体育馆路支行		公司地址及电话	
	账号	0200008109200044661		开户行及账号	
是否需要发票		发票抬头		

《2017～2018 中国信息通信业发展分析报告》
征订启事

《中国信息通信业发展分析报告》由中国通信企业协会主编，人民邮电出版社出版，每年出版一本，旨在反映当年中国通信业的发展变化情况，分析行业发展的趋势，探讨行业热点、难点问题，为政府和相关部门提供行业发展方面的分析与建议。自 2006 年出版以来，其因为客观、中立的视角，翔实丰富的数据，而受到业界的欢迎和认可。

《2017～2018 中国信息通信业发展分析报告》聚焦通信、互联网及战略性新兴产业领域，全面梳理了中国通信业的发展变化情况，包括中国信息通信业的行业发展、宽带及移动通信发展、互联网与信息服务、网络与信息安全、新技术新应用发展、通信设备制造及建设运维、电信运营企业（包括互联网企业）的发展。对过去一年的重大研究成果及问题进行了比较全面的论述、分析和研究，同时，也对 2018 年通信业的发展做出了预测和展望。另外，从不同角度对人工智能、"互联网+"、工业物联网、5G 发展、电信资费、《网络安全法》等热点问题进行了深度阐述。同时，书中还搜集了 2017 年中国通信业的大事记和通信业的各项评奖结果，并提供了大量全面反映当前通信业发展状况的专业统计数据。总之，《2017～2018 中国信息通信业发展分析报告》内容丰富，数据翔实，具有较强的分析性、研究性和参考性。

各单位如需订购，请按以下方式联系。

联 系 人：李娅绮　刘　婷

联系电话：010-81055492

　　　　　010-68209057

通信地址：北京市丰台区成寿寺路 11 号邮电出版大厦 814 室

邮政编码：100164

E-mail：liyaqi @bjxintong.com.cn